U0917579

北京高等教育精品教材
普通高等教育经济管理类专业规划教材

国际贸易理论与实务

主　编　李雁玲
参　编　王润红　任丽明　徐秀芳
宋小娜　李淑清　张彦欣
韩之怡　张素芳

机械工业出版社

本教材共由16章组成，主要包括三大部分内容。第一部分为国际贸易的基本概念和理论，具体包括第一章国际贸易的基本概念及分类和第二章国际贸易理论与政策。这些内容是学习和理解国际贸易措施和实务的基础。第二部分以国际贸易措施和体系为主，包括第三章到第六章的内容，这些内容是政府政策的具体表现形式，同时也是企业经营的外部环境。第三部分包括第七章到第十六章的内容，这部分内容相对来说更独立一些，主要与国际买卖合同的签订和履行密切相关。

本教材是针对高等院校经管类专业教学计划中“国际贸易理论与实务”课程或“国际贸易基础”等课程编写的，适合经济类、管理类、外贸英语专业以及其他相关专业的学生使用。本教材也对刚走上相关工作岗位的人员具有一定的指导作用和参考价值。

图书在版编目（CIP）数据

国际贸易理论与实务/李雁玲主编. —北京：机械工业出版社，2011.3（2016.7重印）
普通高等教育经济管理类专业规划教材
ISBN 978-7-111-32805-6

Ⅰ.①国…　Ⅱ.①李…　Ⅲ.①国际贸易-经济理论-高等学校-教材②国际贸易-贸易实务-高等学校-教材　Ⅳ.①F740

中国版本图书馆CIP数据核字（2010）第251062号

机械工业出版社（北京市百万庄大街22号　邮政编码100037）
策划编辑：曹俊玲　责任编辑：曹俊玲　孙晶晶
版式设计：张世琴　责任校对：赵　蕊
责任印制：刘　岚
北京鑫海金澳胶印有限公司印刷
2016年7月第1版第3次印刷
169mm×239mm·24.5印张·477千字
标准书号：ISBN 978-7-111-32805-6
定价：39.80元

凡购本书，如有缺页、倒页、脱页，由本社发行部调换

电话服务
服务咨询热线：010-88379833
读者购书热线：010-88379649

网络服务
机 工 官 网：www.cmpbook.com
机 工 官 博：weibo.com/cmp1952
教育服务网：www.cmpedu.com
金 书 网：www.golden-book.com

普通高等教育经济管理类
专业教材编审委员会

北京交通大学经济管理学院
中央财经大学商学院
中国政法大学商学院
首都经济贸易大学金融学院
北京建筑工程学院
北京印刷学院经济管理系
机械工业出版社

编者的话

新世纪伊始，北京地区部分高等院校联合成立了管理类专业教材编审委员会，组织编写出版一套适合各校情况、满足本科层次教学需要的管理类专业系列教材。在各校管理学院、系领导及教师的大力支持和参与下，经过一年多的努力，系列教材终于面世了。

改革开放以来，我国管理学科的发展极其迅猛。在这种形势下，各高等院校普遍设置了管理专业，其发展速度之快，规模之大，是前所未有的。而教材建设一直是专业建设和教学改革的瓶颈。

编委会认为，集中各校优势，通过合作方式实现教学资源优化配置，编出一套适合各校情况的教材，对加强各校的合作交流，推动师资培养，促进相关课程的教学改革，是一件一举多得的好事。

“质量第一，开拓创新”是我们编写这套教材的指导思想，出版精品是我们的奋斗目标。现阶段应该从教材特色做起。有特色才能有市场，才能为各校师生所接受和欢迎。这套教材具有以下特点：一是内容上有创新，在继承的基础上，反映了当代管理学科的新发展；二是适用、好用，教材编写精练，并留有余地，各教材每章后都附有相配套的作业题；三是有理工科特色，合作院校的教学对象多数是理工科学生。

为了确保教材质量，经过编委会遴选，各门课程教材都由资深的教授担任主编，同时各教材编写组成员相对稳定，教材根据使用情况及时修订，使其常用常新，不断提高。

为了配合各校开展多媒体教学的需要，某些教材编写组将合作制作与教材配套的课件，以方便广大师生使用。

机械工业出版社是我国于20世纪50年代初成立的国家级出版社，数十年来，曾出版过许多在国内外有重大影响的科技和经济管理类图书，改革开放以来曾经负责全国理工科院校管理工程专业全国统编教材的出版发行，为我国经济管理类专业的建设和发展作出了重大贡献。这套系列教材出版得到机械工业出版社的大力支持，谨表示衷心感谢！

普通高等教育经济管理类专业教材编审委员会

前　言

众所周知，改革开放以来，中国对外贸易发生了巨大的变化。1997 年中国在世界贸易中的排名从 1979 年的第 32 位，第一次跻身世界贸易十强，货物贸易进出口总额为 3 240 亿美元。2007 年，货物贸易总额突破 2 万亿美元，居世界第 3 位。2008 年，货物贸易总额达到 2. 5 万亿美元。2009 年，虽然受国际金融危机的影响，货物贸易总额比 2008 年下降了 13. 9%，但是仍略高于 2007 年的对外贸易总值。对外贸易在中国经济社会中发挥着越来越重要的作用。

本教材是针对高等院校经管类专业教学计划中“国际贸易理论与实务”课程或“国际贸易基础”等课程编写的。本教材适合经济类、管理类、外贸英语专业以及其他相关专业的学生使用。本教材也对刚走上相关工作岗位的人员具有一定的指导作用和参考价值。

本教材最突出的特点表现在以下两个方面：一方面，强调知识的应用，注重学生实际操作能力的培养和训练。具体表现在每章后附有大量的思考题、作业题和案例分析题。特别是国际贸易理论、政策和措施这方面的实际训练也不少，这是与其他同类教材最大的区别。另一方面，反映了截至 2009 年初国际贸易领域中的最新变化。具体表现在对国际区域经济一体化的最新发展变化的归纳和总结，对国际贸易服务统计涉及的国际收支平衡表的最新变化的说明，对国际货物运输保险条款的国内外最新版本（2009 版）的介绍等方面。

本教材共由 16 章组成，主要包括三大部分内容。第一部分为国际贸易的基本概念和理论，具体包括第一章国际贸易的基本概念及分类和第二章国际贸易理论与政策。这些内容是学习和理解国际贸易措施和实务的基础。第二部分以国际贸易措施和体系为主，包括第三章到第六章的内容，这些内容是政府政策的具体表现形式，同时也是企业经营的外部环境。第三部分包括第七章到第十六章的内容，这部分内容相对来说更独立一些，主要与国际买卖合同的签订和履行密切相关。

本教材各章的编写分工如下：第一章国际贸易的基本概念及分类、第三章国际贸易措施、第四章国际服务贸易、第五章国际区域经济一体化、第六章世界贸易组织、第七章国际贸易术语、第九章合同中的价格条款和各章小结由李雁玲执笔；第二章国际贸易理论与政策由王润红执笔；第八章商品的名称、品质、数量和包装由任丽明执笔；第十章国际货物运输由徐秀芳执笔；第十一章国际货物运输保险由宋小娜执笔；第十二章国际货款结算由李淑清执笔；第十三章商检、索赔、不可抗力与仲裁和第十六章国际贸易方式由张彦欣执笔；第十四章进出口合同的商订由韩之怡执笔；第十五章进出口合同的履行由张素芳执笔。

为了方便教师的教学，本教材配有 PPT 教学课件，同时为选用本教材的教师提供章后作业题和案例分析题的参考答案，可登录机械工业出版社教育服务网 www. cmpedu. com 注册后下载。

由于作者能力有限，书中不妥之处在所难免，欢迎读者、学者和专家多提宝贵意见和建议，任何建议和意见可直接与主编联系（li_y_l@ 263. net）。

李雁玲

目录

第一章　国际贸易的基本概念及分类

本章内容要点

- 国际贸易的基本概念
- 国际贸易的分类

第一节　国际贸易的基本概念

一、国际贸易与对外贸易

1. 国际贸易（International Trade）

国际贸易是指世界各国（或地区）之间商品（货物和服务）的交换活动。国际贸易也称世界贸易（World Trade）或全球贸易（Global Trade）。

2. 对外贸易（Foreign Trade）

对外贸易是指一国（或一个地区）同别国（或地区）所进行的商品（货物和服务）交换活动。对于一些岛国或地区，其对外贸易也被称为海外贸易（Oversea Trade）。例如，英国、爱尔兰、日本和韩国。对一些单独关税区，通常被称为区外贸易（External Trade），例如，中国香港地区和欧盟关税区。

国际贸易是从整个世界角度来考察各国或地区之间的贸易活动，而对外贸易是从一个国家或地区的角度出发去考察它与别国或地区之间的贸易活动。这里的"地区"既可以指区域经济一体化组织，也可以指按地理区域划分的各大洲，还可以指单独的关税区。例如，欧盟地区和中国香港特别行政区。科技和社会经济的发展，使得服务业在各国和地区的经济和社会发展中的重要性越来越大，在国内生产总值中所占比例也越来越大，因此，国际贸易与对外贸易均应该包括货物贸易和服务贸易。但是有关服务贸易的统计制度在很多国家还不完善，因此，目前仍有一些国家或地区的对外贸易统计中没有包含服务贸易，但仍称为对外贸易。

对于有形商品贸易和无形商品贸易的说法，由于两者没有明确的权威定义、分类和统计，因此，不建议将有形商品贸易和无形商品贸易直接对应于货物贸易和服务贸易。

二、国际贸易额和对外贸易额

国际贸易额（Value of International Trade）是指世界各国或地区一定时期内的出口额或进口额相加，也称世界出口额和世界进口额。表 1-1 为 1948 ~ 2008 年世界货物出口额。

表 1-1 1948 ~ 2008 年世界货物出口额 （单位：10 亿美元）

年份	1948 年	1953 年	1963 年	1973 年	1983 年	1993 年	2003 年	2008 年
金额	59	84	157	579	1 838	3 676	7 377	15 717

（资料来源：世界贸易组织 2009 年统计年报）

对外贸易额（Value of Foreign Trade）是指一国或一个地区一定时期内的全部进口和出口商品的总值，也就是一国或一个地区一定时期内的进出口总额，或称以金额表示的一国或一个地区的对外贸易。它是反映一国或一个地区一定时期内的对外贸易规模的重要指标。表 1-2 为 1997 ~ 2009 年中国货物进出口额和对外贸易额。

表 1-2 1997 ~ 2009 年中国货物进出口额和对外贸易额

（单位：10 亿美元）

年份	对外贸易额	出口额	进口额
1997 年	325. 10	182. 70	142. 40
1998 年	324. 00	183. 80	140. 20
1999 年	361. 00	195. 20	165. 80
2000 年	474. 40	249. 30	225. 10
2001 年	509. 40	266. 20	243. 20
2002 年	620. 80	325. 60	295. 20
2003 年	851. 00	437. 90	413. 10
2004 年	1 154. 50	593. 30	561. 20
2005 年	1 422. 00	762. 00	660. 00
2006 年	1 760. 40	968. 90	791. 50
2007 年	2 173. 80	1 217. 80	956. 00
2008 年	2 560. 80	1 428. 30	1 132. 50
2009 年	2 207. 27	1 201. 66	10 056. 0

（资料来源：1997 ~ 2008 年的数据来源于世界贸易组织统计年报；2009 年的数据来源于中华人民共和国商务部网站）

一国的出口即为另一国的进口，因此，简单地将各国对外贸易额相加会造成重复计算，所以国际贸易额不等于世界各国或地区对外贸易额总和。通常各国出口额的统计是以 FOB 价格计算的，进口额是以 CIF 价格为基础进行统计计算的。由于 CIF 价格比 FOB 价格多了两项费用——运费和保险费，因此，世界进口总额并不等于世界出口总额，从理论上来说，世界进口总额要大于世界出口总额。

美国有关货物出口贸易额的统计是以 FAS（Free Alongside Ship）即船边交货价为基础的，进口贸易额是以 CIF 价为基础的。按美国的统计，美国 2009 年货物出口额 10 569 亿美元，进口额 15 581 亿美元；服务出口额 5 092 亿美元，进口额 3 708 亿美元。

中国进口统计采用到岸价格（CIF）计价，其中，包括保险费和运输费；美国出口统计采用船边交货价（FAS）计价，不包括保险费和运输费。根据 2009 年 10 月中美双方公布的《中美货物贸易统计差异研究报告》推算，2000 年、2004 年和 2006 年，双方由于统计所采用的计价方式不同而产生的统计差异分别为 12 亿美元、24 亿美元和 39 亿美元。

三、贸易差额

贸易差额（Balance of Trade）是指一国或一个地区一定时期内的出口额与进口额之间的差额。一国或一个地区的贸易差额的大小经常被贸易伙伴用来作为评判其市场开放程度的指标。一国或一个地区的贸易顺差（surplus）或盈余是指一定时期内该国或该地区的出口额大于进口额；反之，为贸易逆差（deficit）或赤字。如果二者相等，则为贸易平衡。如果二者不相等，且差额较大、持续时间较长，则意味着一国或地区出现了贸易不平衡现象。表 1-3 为 2005 ~ 2009 年中国贸易平衡状况。

表 1-3　2005 ~ 2009 年中国贸易平衡状况　（单位：亿美元）

国别或地区 \ 年份	2005 年	2006 年	2007 年	2008 年
美国	1 141. 7	1 442. 6	1 633. 3	1 708. 6
欧盟	701. 2	916. 6	1 342. 3	1 601. 8
日本	－164. 6	－240. 8	－318. 8	－345. 2
韩国	－417. 1	－452. 5	－476. 2	－382. 1
中国台湾	－581. 3	－663. 7	－775. 6	－774. 6
东盟	－196. 3	－182. 1	－139. 8	－28. 3

（资料来源：中华人民共和国商务部）

一国或一个地区的贸易收支是该国或地区国际收支平衡表的经常项目中最重要的组成部分，因此，它对一国或一个地区的国际收支有着重要的影响。

在中美关系中，贸易不平衡问题一直是政府和两国大的利益集团及一些学者关注的焦点问题。《中美货物贸易统计差异研究报告》指出，1943 ~ 2006 年，根据中国的统计，两国贸易额从 277 亿美元增至 2 627 亿美元，中国对美国的贸易顺差从 63 亿美元增至 1 443 亿美元。按美国的统计，同期两国贸易额从 403 亿美元增至 3 430 亿美元，美国对中国的贸易逆差从 228 亿美元增至 2 326 亿美元。

目前，人们对于顺差的普遍认识是：顺差可以在一定程度上保证国民经济的增长。因为一国的国民收入，$Y=C+I+G+X$，其中 X = 出口 - 进口。顺差可以在一定程度上保证进口高新技术所需的外汇，这对于经济发展水平比较低和外汇短缺的国家来说尤为重要。顺差可以保证一国或地区有充足的外汇资金积累来偿还外债。适度的顺差可以在一定程度上保证汇率的稳定。但是，顺差过大容易造成贸易伙伴的不满，引起贸易摩擦。

日本的前三大顺差来源地分别为美国、中国香港和韩国，2009 年顺差额分别为 348.7 亿美元、307.6 亿美元和 252.8 亿美元。日本的前三大逆差来源地是沙特阿拉伯、澳大利亚和阿拉伯联合酋长国，2009 年逆差额分别为 238 亿美元、224.9 亿美元和 161.9 亿美元。

四、国际贸易量和对外贸易量

国际贸易量（Volume of International Trade）是指经过价格指数调整后的全球贸易额；对外贸易量（Volume of Foreign Trade）是指经过价格指数调整后的一国或一个地区的对外贸易额。用公式表示为：对外贸易量 = 对外贸易额/对外贸易商品价格指数。

贸易量的概念实际上为按不变价格计算的对外贸易额，也就是说，它剔除了价格变动的因素。因此，与同期的贸易额相比，贸易量能更准确地反映一定时期贸易规模的实际变化情况，也便于对不同时期的贸易规模进行比较和分析。

与对外贸易量类似，还可计算进口量、出口量等指标。需要注意的是，此处的量不是重量，其单位仍为货币单位。2000 ~ 2008 年全球货物出口量、产量和 GDP 的增长见表 1-4。

表 1-4　2000 ~ 2008 年全球货物出口量、产量和 GDP 的增长（%）

指标 \ 年份	2000 年	2006 年	2007 年	2008 年
全球货物出口	5.0	8.5	6.0	1.5
农产品	4.0	6.0	5.0	2.5
燃料和矿产品	3.0	4.0	3.5	0.5
制成品	6.0	10.5	7.5	2.0
全球货物生产	2.5	4.0	1.5	-0.5
农产品	2.5	1.5	2.5	3.0
燃料和矿产品	1.5	1.0	0.0	1.0
制成品	2.5	5.5	1.5	-1.5
全球 GDP	3.0	3.5	3.5	1.5

（资料来源：世界贸易组织 2009 年统计年报）

五、对外贸易依存度

对外贸易依存度（Ratio of Foreign Trade to GDP）也称对外贸易系数。这一指标是指一国或一个地区一定时期内的对外贸易额与该国或该地区同期的国民生产总值（或国内生产总值）之比。用公式表示为：对外贸易依存度＝对外贸易额/GNP（或GDP）×100%。这一指标可以在一定程度上反映对外贸易在一国国民经济中的重要程度，另外，也可以反映出不同国家参与国际分工的程度。第二次世界大战后，各国的这一数字均有提高，这说明世界各国和地区经济生活联系更加紧密，经济更趋于全球一体化。对外贸易依存度的变化意味着对外贸易在国民经济中所处地位的变化。对于经济大国或以服务业为主的国家，这一指标通常并不是很高。1985年，中国的对外贸易依存度为22.8%，1995年为38.6%，2008年为66.2%。2008年，德国、韩国的对外贸易依存度分别高达73%和92%，以贸易立国的新加坡的对外贸易依存度超过了300%。2006年，美国的对外贸易依存度为28.2%。图1-1为部分国家2008年的对外贸易依存度。

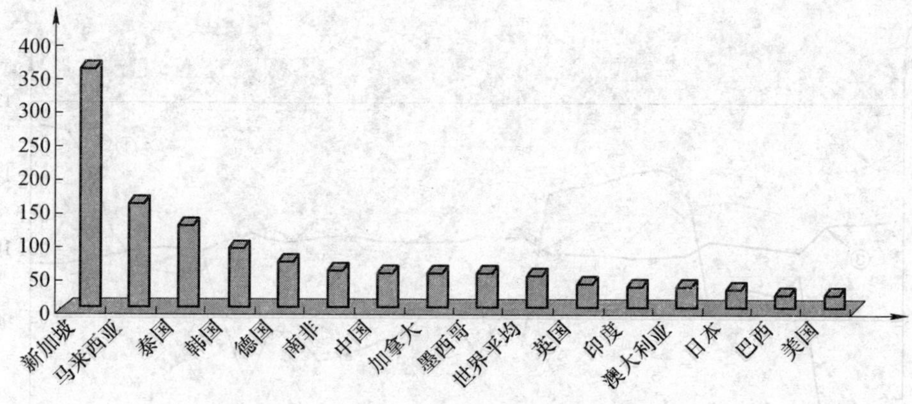

图1-1 部分国家2008年的对外贸易依存度

例1-1 根据中国统计局的统计，2004年中国的GDP为136 515亿元，根据中国海关的统计，当年中国对外贸易额为11 547.4亿美元。按8.276 5元兑换1美元，计算2004年中国的对外贸易依存度。

解：2004年中国对外贸易依存度＝11 547.4×8.276 5/136 515＝70%。

在对一国对外贸易状况进行深入分析时，也可以计算出口或进口与GDP的比，服务进口和出口与GDP的比。例如，柬埔寨2007年的旅游出口收入占其GDP的13%，2008年最后一个季度和2009年第一季度其旅游出口收入下降，这无疑会对其经济产生消极影响。

六、贸易条件

贸易条件（Terms of Trade）是指一国一定时期内的出口价格指数与进口价格指数之比。用公式表示为：贸易条件＝（出口价格指数/进口价格指数）×100。这里所说的贸易条件也称净贸易条件。

如果贸易条件大于100，则说明贸易条件改善了，反之，则说明贸易条件恶化了。由NationMaster根据2002年世界银行的统计数据以1980年为基期计算出的1999年的主要国家的贸易条件，中国的贸易条件为105，在全球排名第二十八位。日本的贸易条件为196，排名第二位。美国的贸易条件为116，排名第十五位。

例1-2 假定某国在1980年以1950年为基期的出口价格指数下降了10%，进口价格指数上升了20%，计算该国1980年的贸易条件为多少？并对结果加以说明。

解： 贸易条件=(出口价格指数/进口价格指数)×100=(90/120)×100=75

该国1980年的贸易条件为75，说明该国1980年的贸易条件与1950年的相比恶化了25。

图1-2显示，以2000年为基期，2000年以来燃料输出国的贸易条件改善得最大。

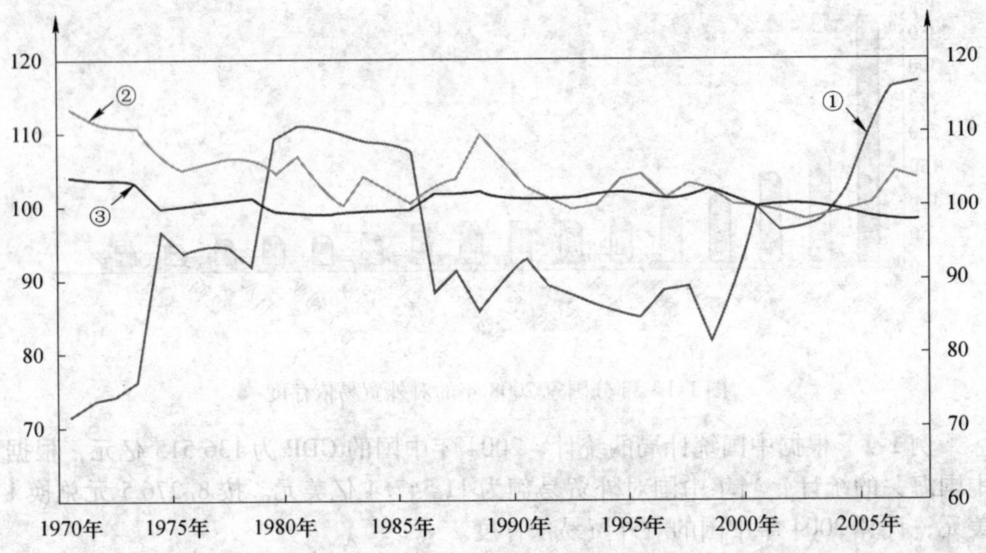

图1-2 不同商品出口国的贸易条件

注：①表示燃料输出国的贸易条件；②表示非燃料输出国的贸易条件；③表示其他国家的贸易条件。

七、贸易的商品结构

国际贸易的商品结构与对外贸易的商品结构（Composition of Foreign Trade & Composition of International Trade）也称国际贸易的商品构成与对外贸易的商品构成。国际贸易的商品结构是指不同种类的商品在世界贸易中的比重。对外贸易的商品结构是指不同种类的商品在一国对外贸易中所占的比重。表1-5为2005～2008年中国进出口商品构成。

表 1-5　2005 ~ 2008 年中国进出口商品构成　（单位：亿美元）

构成要素＼年份	2005 年	2006 年	2007 年	2008 年
货物进出口总额	14 219. 1	17 604. 0	21 737. 3	25 632. 6
出口总额	7 619. 6	9 689. 4	12 177. 8	14 307. 0
初级产品	490. 4	529. 2	615. 1	779. 6
工业制成品	7 129. 2	9 160. 2	11 562. 7	13 527. 4
进口总额	6 599. 5	7 914. 6	9 559. 5	11 325. 6
初级产品	1 477. 1	1 871. 3	2 430. 9	3 623. 9
工业制成品	5 122. 4	6 043. 3	7 128. 6	7 701. 7

（资料来源：中华人民共和国商务部）

国际贸易的商品结构可以反映世界的经济和产业发展状况。反之，世界经济发展水平以及其他因素也会影响国际贸易的商品结构。

同样，对外贸易的商品结构也可以反映一国经济发展水平、产业结构和自然资源状况等。反之，一国经济发展水平、自然禀赋等其他因素，例如，国家经济贸易政策也会影响一国的对外贸易商品结构。

《联合国国际贸易标准分类》（Standard International Trade Classification, SITC）是世界上大多数国家统计贸易商品构成采用的一种分类标准。1950 年，联合国秘书处起草出版了 SITC，并于 1960 年、1974 年、1995 年和 2006 年对其进行了修订。SITC 将国际贸易商品分为 10 大类。在国际贸易统计中，一般将前五类归为初级产品，5 ~ 8 类称为制成品，9 类称为其他。这 10 大类商品的分类如下：

0 类：食品和活动物。

1 类：饮料及烟草。

2 类：非食用原料（不包括燃料）。

3 类：矿物燃料、润滑油及有关原料。

4 类：动植物油、脂和蜡。

5 类：未另列明的化学品和有关产品。

6 类：主要按原料分类的制成品。

7 类：机械及运输设备。

8 类：杂项制品。

9 类：《国际贸易标准分类》未另分类的其他商品和交易。

日本的主要出口商品为机电产品、运输设备和贱金属及制品，2009 年出口额分别为 2 092. 5 亿美元、1 284. 5 亿美元和 531. 2 亿美元，分别占日本出口总额的 36%、22. 1% 和 9. 2%。日本前三大类进口商品是矿产品、机电产品和化工产品，2009 年进口额分别为 1 732. 2 亿美元、1 107. 9 亿美元和 436. 4 亿美元，占日本进口总额的31.5%、20.1%和7.9%。

2009年，日本对中国前三位的出口产品是机电产品、贱金属及制品和化工产品，分别占日本对中国出口总额的41.1%、13.2%和9.4%。日本自中国进口的主要商品为机电产品、纺织品及原料和家具玩具，2009年进口额分别为460.8亿美元、245.2亿美元和87.9亿美元，占日本自中国进口总额的37.6%、20%和7.2%。

八、国际贸易与对外贸易的地理方向

国际贸易地理方向（Direction of International Trade）是指一定时期内世界各洲、各国或地区在国际贸易中所占的比重。也称世界贸易的地区分布（International Trade by Region）。表1-6为2008年国际货物贸易的主要进出口国或地区。

表1-6 2008年国际货物贸易的主要进出口国或地区 （单位：亿美元）

国别	出口额	国别	进口额
德国	14 619	美国	21 695
中国	14 283	德国	12 038
美国	12 874	中国	11 325
日本	7 820	日本	7 626
荷兰	6 330	法国	7 056

（资料来源：世界贸易组织2009年统计年报）

对外贸易地理方向（Direction of Foreign Trade）是指一定时期内不同国家或地区在其对外贸易中所处的地位，或称所占的比重，也称对外贸易地区分布或国别构成。图1-3为1967～2006年中国香港按目的地划分的出口额。

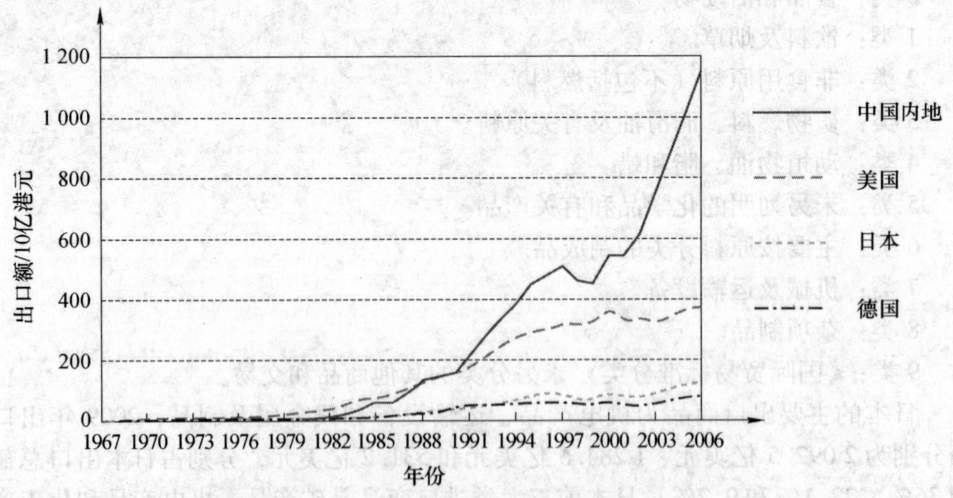

图1-3 1967～2006年中国香港按目的地划分的出口额

2009年，日本对其三大出口贸易伙伴——中国、美国和韩国的出口额分别为1 096.1亿美元、937.4亿美元和472.5亿美元。

中国是日本的第一大贸易伙伴，既是第一大出口目的地，又是最大的进口来源地。

通过贸易地理方向的分析和研究可以反映出进出口商品的流向，进而可以反映出该国与其他国家之间贸易的密切程度。影响对外贸易地理方向和国际贸易地理方向的因素有许多，例如，经济的互补性、国际分工状况以及贸易政策和政治因素等。

第二节 国际贸易的分类

一、出口贸易和进口贸易

国际贸易、对外贸易和任何一类商品贸易按商品移动的方向均可以分为出口贸易和进口贸易。

出口贸易（Export Trade）是指将本国或本地区所生产或加工的商品输往境外市场进行销售的商品交换活动；进口贸易（Import Trade）是指一国或地区购进境外商品，在本国或本地市场进行销售的商品交换活动。

二、复出口和转口贸易

复出口（Re-export）是指输入到本国或本地区的商品再出口。在统计全球贸易时，为避免重复计算，复出口要从中扣除。转口贸易（Entrepot Trade）是指商品的生产国或地区与商品的消费国或地区之间没有直接进行商品买卖，而是通过第三方的贸易商进行商品买卖。这种贸易对中转国或地区来说就是转口贸易。新加坡和中国香港是目前世界上的主要转口地。

中国香港的进口货物包括留在本地使用的货物以及作为转口用途的货物，前者被称为香港的留用进口（Retained Imports）。根据世界贸易组织的统计，2008年，中国香港的出口额为3 702亿美元，进口额为3 930亿美元，其中，复出口为3 533亿美元，留用进口为976亿美元。

2003年，中国香港的主要留用进口来源地是日本，占留用进口的16%。表1-7为1999～2003年中国香港留用进口的原料和半制成品的贸易金额和比例。

表1-7 1999～2003年中国香港留用进口的原料和半制成品的贸易金额和比例

（单位：10亿港元）

年份	1999年	2000年	2001年	2002年	2003年
留用进口额/10亿港元	166.0	208.3	161.7	159.1	176.1
占留用进口的百分比（%）	36.6	37.2	31.8	34.4	37.1

（资料来源：香港留用进口分析。http：//www.statistics.gov.hk/publication/general_stat_digest/B10100022004MM09B0303.pdf）

转口毛利比率是指转口毛利相对于转口货价值的百分率。转口毛利则是指某货物的转口价值与其进口时价值的差额，其中包括贸易商的利润及其在安排货物转口时所需支付的各项费用。表 1-8 为 1994～2003 年中国香港留用进口按来源地的转口毛利比率。

表 1-8　1994～2003 年中国香港留用进口按来源地的转口毛利比率（%）

年份	1994 年	1995 年	1996 年	1997 年	1998 年	1999 年	2000 年	2001 年	2002 年	2003 年
内地	24.9	24.7	25.6	25.7	26.0	27.7	28.5	27.0	25.5	23.9
其他地区	5.7	5.6	6.2	6.9	7.9	8.8	9.5	9.6	9.3	9.0
总计	16.7	16.5	17.3	17.8	18.7	20.3	21.1	20.2	19.1	17.9

（资料来源：香港留用进口分析。http：//www.statistics.gov.hk/publication/general_stat_digest/B10100022004MM09B0303.pdf）

三、货物贸易和服务贸易

货物贸易（Goods Trade）和服务贸易（Service Trade）是根据交易对象来划分的，或者称是按交易商品的形式来划分的。

目前，按统计方式划分，服务贸易分为政府服务和商业性服务。另外，还有外国附属机构服务贸易。商业性服务又可以分为旅游、运输和其他服务。按交易对象划分，服务贸易可以分为金融服务、运输服务和教育服务等。WTO 列出的服务行业涉及如下 12 个部门：商业、通信、建筑、销售、教育、环境、金融、卫生、旅游、娱乐、运输及其他。在中国较为常见的劳务贸易只是服务贸易中的一部分内容。

货物贸易具体商品的统计主要有 SITC 和《商品名称及编码协调制度》（Harmonized Commodity Description And Coding System，HS）两类标准。表 1-9 为全球货物进口额。

表 1-9　全球货物进口额　（单位：10 亿美元）

年份	1948 年	1953 年	1963 年	1973 年	1983 年	1993 年	2003 年	2007 年
金额	62	85	164	595	1 882	3 787	7 691	13 968

（资料来源：世界贸易组织 2009 年统计年报）

四、总贸易和专门贸易

总贸易（General Trade）和专门贸易（Special Trade）是按不同的贸易统计体系，或根据国境与关境来划分的。总贸易是以国境为标准来统计货物进出口的，所有进入一国国境的商品被列为总进口，而离开一国国境的商品被列为总出口。专门贸易则是指以关境为标准来统计货物进出口的贸易。专门出口是指商品运出关境。专门进口是指商品进入关境，并向海关缴纳关税。

总贸易这种记录和编制进出口货物的方法通常也被称为总贸易体系，或者一般贸易体系。专门贸易这种记录和编制进出口货物的方法也被称为专门贸易体系，或者特殊贸易体系。

国境是国家实施主权的界线。关境，即关税国境，是一国或地区执行其统一海关法的领土。通常情况下，关境与国境是一致的。但是，在某些特定情况下，两者是不一致的。例如，欧盟的关境就大于其各成员国的国境，美国的关境也包括美国本土、波多黎各和美属维尔京群岛。设有自由贸易区和保税仓库的国家，其关境就小于国境。例如，中华人民共和国的关境就不包括中国香港、中国澳门、中国台湾单独关税区。进入一国的商品，在总贸易中计为进口，而在专门贸易中，不结关就不算进口。因此，同样商品的进出总贸易额一定大于或等于专门贸易的统计额。

五、过境贸易

过境贸易（Transit Trade）是指商品生产国与商品消费国之间所进行的贸易活动，其货物运输过程经过了第三国的国境。这样对第三国来说，就构成了该国的过境贸易。有些内陆国家必须经第三国运输。内陆国家是指其边界四面均与别国接壤，完全没有海岸线的国家。目前全球共有 44 个内陆国家。亚洲、欧洲、非洲和美洲都有内陆国家。例如，亚洲的尼泊尔、蒙古、阿富汗等，欧洲的瑞士、奥地利、匈牙利等。世界最大的内陆国是亚洲的哈萨克斯坦。

本章小结

作为本书的开篇，本章主要介绍了国际贸易的基本概念和分类。基本概念包括国际贸易（额）、国际贸易差额、国际贸易量、国际贸易的商品结构、国际贸易的地理方向、（净）贸易条件、对外贸易（额）、外贸依存度、进口贸易和出口贸易、转口贸易和过境贸易、总贸易和专门贸易、货物贸易和服务贸易，以及复出口等一些国际贸易中常见的概念。掌握这些概念有助于读者对后续章节的学习和对相关参考文献的阅读和理解。

本章重要概念

国际贸易　对外贸易　贸易的商品结构　复出口　总贸易　货物贸易　对外贸易依存度

本章推荐阅读文献

[1] 商务部网站．进出口统计［DB/OL］．http：//zhs. mofcom. gov. cn/tongji. shtml. 2010-03-05.
[2] 商务部网站．中美货物贸易统计差异研究报告［DB/OL］．http：//www. mofcom. gov. cn/

article/i/dxfw/nbgz/201003/20100306806806. html. 2010-03-05.
[3] 钟山．理性看待我国外贸依存度问题［DB/OL］．http://www. mofcom. gov. cn/aarticle/subject/zhcjd/subjectb/201003/20100306841614. html. 2010-03-1.
[4] 香港政府一站通．香港留用进口分析［DB/OL］．http://www. censtatd. gov. hk/products_and_services/products/publications/statistical_report/feature_articles/external_trade/index_cd_B70409FA_dt_latest. jsp. 2010-03-1.

思 考 题

1. 对外贸易与国际贸易的区别是什么？
2. 对外贸易量与对外贸易额有什么不同？
3. 国际服务贸易与货物贸易有什么不同？
4. 为什么要对贸易的商品结构进行分析？
5. 分析一个国家或地区贸易国别构成的意义。
6. （净）贸易条件是如何定义的？
7. 转口贸易与过境贸易有何区别？
8. 一国或地区的贸易差额是顺差好，还是逆差好？你是如何理解的？

作 业 题

一、判断题

1. 复出口是指输出到外国的商品再进口。（　）
2. SITC 没有包括对服务贸易商品的分类。（　）
3. 以金额表示的一国对外贸易规模，称之为贸易差额。（　）
4. 贸易失衡是指一定时期内一国出口总额过多地超过进口总额；或进口总额过多地超过出口总额。（　）
5. 转口贸易是指商品的生产国与消费国之间没有直接进行商品的买卖，而是通过第三国的贸易商来完成的。（　）
6. 中国香港的进口货物包括留在本地使用的货物及作为转口用途的货物，其中大部分为留用进口。（　）
7. 国际贸易地理方向是用来衡量一定时期内各种商品在国际贸易中所占的比重。（　）
8. 通常各国出口额的统计是以 FOB 价格计算的，进口额是以 CIF 价格为基础进行统计计算的。（　）
9. 在国际货物贸易中，中国多年来一直保持顺差。（　）
10. 在国际货物贸易中，美国多年来一直保持顺差。（　）

二、单项选择题

1. 一国按总贸易统计出来的进口额与按专门贸易统计的进口额相比，前者（　）后者。

A. 小于　　B. 大于或等于
C. 等于　　D. 小于或等于

2. 中国2000年的进口额为2 251亿美元，出口额为2 493亿美元，当年GDP为11 985亿美元；2008年进口额为11 325亿美元，出口额为14 283亿美元，GDP为43 262亿美元，则中国2000年和2008年的对外贸易依存度分别是（　　）。

A. 20.80%，33.02%　　B. 39.58%，59.19%

C. 18.78%，26.18%　　D. 40.52%，60.10%

3. 通常，在其他条件不变的情况下，一国贸易顺差大，（　　）。

A. 外汇储备多　　B. 外汇储备短缺

C. 本币贬值　　D. 无法确定外汇储备的多少

4. 以2000年为基期，价格指数为100。2007年，美国出口价格指数为116.1，进口价格指数为120.2。则2007年与2000年相比，美国的净贸易条件（　　）。

A. 改善了　　B. 不变

C. 恶化了　　D. 不确定

5. 其他两个国家的进出口货物，未经加工改制，通过本国国境，对本国而言，这种贸易活动为（　　）。

A. 过境贸易　　B. 转口贸易

C. 出口贸易　　D. 进口贸易

6. 以通过关境作为统计进出口货物的标准是（　　）。

A. 服务贸易　　B. 留存进口

C. 总贸易　　D. 专门贸易

7. 下列各项贸易指标中，能够反映一国或地区作为一个整体在国际贸易中地位的指标是（　　）。

A. 对外贸易依存度　　B. 贸易的商品结构

C. 对外贸易地理方向　　D. 国际贸易地区分布

8. 目前，日本的第一大贸易伙伴是（　　）。

A. 中国　　B. 美国

C. 韩国　　D. 德国

9. 2008年，在世界贸易中进出口额都没有排在前五位的国家是（　　）。

A. 中国　　B. 德国

C. 韩国　　D. 美国

10. 以2000年为基期，2000～2005年以来（　　）的贸易条件改善得最大。

A. 燃料输出国　　B. 非燃料输出国

C. 其他国家　　D. 最不发达国家

案例分析题

1. 图1-4所显示的是2008年至2009年年初中国的对外贸易状况，根据图中所给出的信息说明这一时期中国的进口、出口和贸易差额的变化情况，并解释这一现象背后可能的原因。

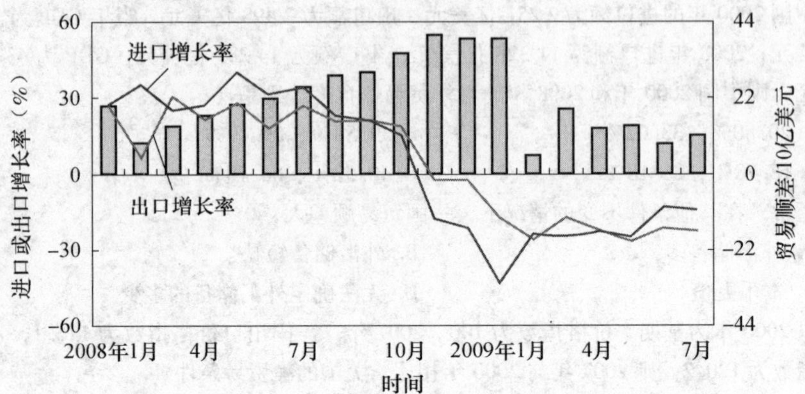

图 1-4　2008 年至 2009 年年初中国的对外贸易状况

（资料来源：CEIC 数据有限公司，2009 年 8 月 31 日。亚洲开发银行估计）

2. 中国对外贸易依存度 1985 年为 22.8%，1995 年为 38.6%，2008 年为 66.2%。2008 年，德国、韩国的对外贸易依存度分别高达 73% 和 92%，以贸易立国的新加坡的对外贸易依存度超过了 300%。美国这一数值不到 50%。根据上述数据，我们能否得出以下结论，为什么？

（1）2008 年中国的 GDP 中，对外贸易的贡献是 66.2%。

（2）美国的贸易政策是最不开放的。

第二章　国际贸易理论与政策

本章内容要点

- 古典贸易理论的主要内容
- 新古典贸易理论的主要内容及其扩展
- 第二次世界大战后新贸易理论的主要内容
- 国际贸易政策的演变
- 不同时期贸易政策理论的主要内容及政策主张

第一节　国际贸易理论

国际贸易理论主要分析三个问题：①国际贸易产生的原因，即为什么要进行国际贸易。②国际贸易的模式如何来决定。③国际贸易中的利益分配。在经济发展的不同时期，国际贸易理论也在不断发展。国际贸易理论经历了从古典贸易理论到新古典贸易理论，再到新贸易理论三个发展阶段，这一过程始终伴随着现实经济的发展而不断向前推进。

一、古典贸易理论

国际贸易理论发展的第一个阶段是古典贸易理论。古典贸易理论产生于18世纪中叶，是在批判重商主义的基础上发展起来的，主要包括亚当·斯密的绝对优势理论和大卫·李嘉图提出的比较优势理论。

（一）亚当·斯密前的重商主义贸易思想

重商主义学说产生于15~16世纪，是对国际贸易问题进行系统研究的开始。重商主义学说的观点主要有两个方面：①将财富与金银货币等同起来，认为一国财富的多寡是由它所拥有的金银货币来衡量的。②强调国家对对外贸易的干预。这一学说认为，国内贸易不增加本国金银货币的总量，也就不能增加本国的财富。对外贸易可以改变一国货币的总量，实现贸易顺差是增加本国财富的重要途径。为了实现贸易顺差，就需要国家对本国的对外贸易实行管制，尽量增加出口，减少进口，保持货币收支顺差，使金银大量流入国内。由于任一时点上的金银总量是固定不变的，一国实现贸易顺差的同时，必有一国出现贸易逆差，也就是说，一国获利总是建立在其他国家损失的基础上，因此，重商主义得出国际贸易是“零和博弈”的结论。

重商主义的发展分为两个阶段：早期重商主义（15~16世纪中叶）和晚期重商主义（16世纪下半叶~18世纪）。早期重商主义强调绝对的贸易顺差，禁止货币的输出，称为货币平衡论。晚期重商主义认为，一定时期的贸易逆差是允许的，只要长期和总体上实现贸易顺差即可。晚期重商主义又称为贸易平衡论。

重商主义促进了资本的原始积累，为资本主义生产方式的确立创造了条件。但这一理论对财富的认识是片面的，另外它的“重流通轻生产”思想也是不正确的。随着经济的发展，重商主义的历史局限性越来越明显，在18世纪后期，逐渐被绝对优势与比较优势的自由贸易思想所取代。

（二）绝对优势理论

绝对优势理论是国际分工和国际贸易理论的创始人英国经济学家亚当·斯密提出的。他在1776年发表的代表著作《国富论》中，充分阐述了国际分工产生的原因、方式及其效果。亚当·斯密的绝对优势理论是在批判重商主义的基础上产生的。首先，亚当·斯密批判了重商主义关于财富的认识，认为财富的多寡应以商品和劳务来衡量，提高劳动生产率是增加财富的重要方式；其次，他批判了重商主义主张国家干预经济的观点，认为国家应采取自由放任的政策，通过市场这只“看不见的手”来调节经济；最后，他指出一国要通过长期保持顺差来积累财富是不可能实现的。在批判重商主义的同时，亚当·斯密提出了绝对优势理论。

1. 绝对优势理论的主要内容

亚当·斯密认为，分工可以极大地提高社会劳动生产率。而国与国之间也应进行分工，分工应按照绝对优势的原则进行。即每一个国家应生产本国具有绝对优势的产品，然后用这种产品去换取外国具有优势的产品，这样双方都可以获利。如果一国生产某种产品的成本低于其他国家，或一国生产某种产品的劳动生产率高于其他国家，那么该国就在该产品生产上具有绝对优势。

亚当·斯密所说的绝对优势包括两类：①自然优势，主要是指一国先天所具有的气候、土壤、矿产等方面的优势。②获得优势，是指一国后天所获得的优势，比如，生产某种产品的特殊技术、设备以及长期积累的经验或资金。

这一理论的假设前提是：两个国家生产两种产品，生产只需一种生产要素——劳动力的投入；生产规模报酬不变；商品与要素市场都属于完全竞争市场；生产要素在国内可以自由流动，但在国与国之间不能自由流动；各国对商品贸易不加以干预。

2. 对绝对优势理论的分析

假定世界上只有A国和B国两个国家，各自拥有90个劳动力，生产大米和小麦两种产品。两国所有的劳动力全部用来生产大米，A 国可生产 90t，B 国可生产 60t。两国所有的劳动力都用来生产小麦，A 国可生产 45t，B 国可生产 90t。A 国和 B 国生产大米与小麦的劳动生产率如表 2-1 所示。

表 2-1 A 国和 B 国生产大米与小麦的劳动生产率

国别	大米	小麦
A 国	1	1/2
B 国	2/3	1

在分工前，两国是封闭经济，为了满足国内不同的消费需求，每个国家都要生产两种产品。假设两国将自己的劳动资源作如下分配：A 国用 45 个劳动力生产 45t 大米，用剩余的 45 个劳动力生产 22. 5t 小麦；B 国用 45 个劳动力生产 30t 大米，用剩余的 45 个劳动力生产45t 小麦。由于没有对外贸易，两国消费的商品组合与本国生产的商品组合完全相同。分工前两国的生产与消费状况如表 2-2 所示。

表 2-2 分工前 A 国和 B 国的生产与消费状况

生产与消费状况 / 国别	生产		消费	
	大米/t	小麦/t	大米/t	小麦/t
A 国	45	22. 5	45	22. 5
B 国	30	45	30	45
世界	75	67. 5	75	67. 5

通过表 2-1 可以看到，A 国生产大米的劳动生产率高于 B 国，B 国生产小麦的劳动生产率高于 A 国。按照绝对优势理论，A 国在大米生产上具有绝对优势，B 国在小麦生产上具有绝对优势。A、B 两国进行分工，A 国专门生产大米，B 国专门生产小麦。A 国用 90 个劳动力生产 90t 大米，B 国用 90 个劳动力生产 90t 小麦。然后两国按照 1t 大米换 1t 小麦的交换价格，进行商品贸易。假设 A 国用 45t 大米换回 45t 小麦，B 国用 45t 小麦换回 45t 大米。分工后，两国的生产与消费状况如表 2-3 所示。

表 2-3 分工后 A 国和 B 国的生产与消费状况

生产与消费状况 / 国别	生产		消费	
	大米/t	小麦/t	大米/t	小麦/t
A 国	90	—	45	45
B 国	—	90	45	45
世界	90	90	90	90

分工前，两国用 180 个劳动力，共生产 75t 大米和 67. 5t 小麦。而分工后，

两国用同样的劳动力数量，共生产 90t 大米和 90t 小麦，比分工前多生产了 15t 大米和 22.5t 小麦。显然，在劳动力投入不变的情况下，分工后两国的总产出增加了。

分工前后相比，两国的消费情况也发生了变化。分工后，A 国消费 45t 大米与 45t 小麦，比分工前多消费 22.5t 小麦；B 国消费 45t 大米与 45t 小麦，比分工前多消费 15t 大米。显然，两国通过分工和交换，都增加了财富，提高了福利水平。

亚当·斯密的绝对优势理论证明了国际贸易是双赢的活动，而非“零和博弈”，为各国实行国际分工，进行自由贸易提供了理论依据。但这一理论只说明了国际贸易中的一种特殊现象，即一国要参与国际分工与贸易，至少要在一种商品生产上具有绝对优势。若一国在所有商品生产上都不具有绝对优势，是否还可以参加国际分工与交换，通过交换是否还能获利，对于这一问题该理论并没有回答。为了弥补绝对优势理论的上述局限性，大卫·李嘉图提出了比较优势理论。该理论论证了国际分工的基础不仅限于绝对成本的差异，只要各国存在相对成本的差异，即可进行国际分工。

（三）比较优势理论

英国经济学家大卫·李嘉图继承和发展了亚当·斯密的经济思想，在他的代表作《政治经济学及赋税原理》一书中，提出了比较优势理论。

1. 比较优势理论的主要内容

比较优势理论的假设条件与绝对优势理论的假设前提基本相同。比较优势理论的基本思想是“两利相权取其重，两弊相权取其轻”。大卫·李嘉图认为，国际分工应按照比较优势原则来进行，每个国家应生产并出口具有比较优势的产品，进口处于比较劣势的产品。在两个国家两种产品的模式下，甲国生产任何一种产品的成本均低于乙国，甲国处于绝对优势，而乙国在任何一种产品生产上均处于绝对劣势。在这种情况下，甲国不需要生产所有产品，乙国也不需要停产所有产品。因为两国的生产成本间的差距并不是在任何产品上都一样，这样，甲乙两国应集中生产各自具有比较优势的产品，即甲国应集中生产本国具有最大优势的产品，乙国应集中生产本国劣势最小的产品。通过分工和交换，贸易双方可以节约社会劳动时间，提高劳动生产率，增加产品消费，提高福利水平。

2. 对比较优势理论的分析

假设世界上只有 A 国和 B 国两个国家，各自拥有 90 个劳动力，生产大米和小麦两种产品。两国所有的劳动力全部用来生产大米，A 国可生产 30t，B 国可生产 45t。两国所有的劳动力都用来生产小麦，A 国可生产 15t，B 国可生产 90t。两国的生产可能性如表 2-4 所示。

表 2-4 A 国和 B 国的生产可能性

国别	大米/t	小麦/t
A 国	30	15
B 国	45	90

在分工前，假设两国将自己的劳动资源作如下分配：A 国用 30 个劳动力生产 10t 大米，用剩余的 60 个劳动力生产 10t 小麦；B 国用 20 个劳动力生产 10t 大米，用剩余的 70 个劳动力生产 70t 小麦。分工前两国生产与消费情况如表 2-5 所示。

表 2-5 分工前 A 国和 B 国的生产与消费状况

生产与消费状况 / 国别	生产		消费	
	大米/t	小麦/t	大米/t	小麦/t
A 国	10	10	10	10
B 国	10	70	10	70
世界	20	80	20	80

从表 2-4 可以看出，B 国生产两种产品的劳动生产率均高于 A 国，在两种产品生产上都处于绝对优势，且在小麦生产上优势最大。相反，A 国在两种产品生产上都处于绝对劣势，但在大米生产上劣势较小。两国按照比较优势原理进行分工，A 国应集中生产大米，B 国应集中生产小麦。分工后，A 国生产 30t 大米，B 国生产 90t 小麦。然后两国按照 1t 大米换 1t 小麦的国际交换价格进行商品贸易。假设 B 国用 12t 小麦换回 12t 大米；A 国用 12t 大米换回 12t 小麦。分工后两国的生产与消费状况如表 2-6 所示。

表 2-6 分工后 A 国和 B 国的生产与消费状况

生产与消费状况 / 国别	生产		消费	
	大米/t	小麦/t	大米/t	小麦/t
A 国	30	—	18	12
B 国	—	90	12	78
世界	30	90	30	90

将两国分工前后的生产和消费状况进行比较可以看出，在劳动投入量不变的情况下，分工后两国的总产量比分工前增加了 10t 大米和 10t 小麦。A 国分工后比分工前多消费 8t 大米和 2t 小麦，B 国分工后比分工前多消费 2t 大米与 8t 小麦。两国消费水平比分工前都有所提高，通过分工和贸易两国都获益了。

绝对优势理论与比较优势理论都认为，生产技术的差异导致的劳动生产率的差异是国际贸易产生的基础。只不过绝对优势理论强调生产技术的绝对差异，而比较优势理论强调生产技术的相对差异。一国可能在所有产品生产上都不具有绝对优势，但一般总会在一些产品生产上具有比较优势，所以比较优势理论的适用范围比绝对优势理论要广得多。

二、新古典贸易理论

新古典贸易理论是指要素禀赋理论，这一理论是由瑞典经济学家赫克歇尔和俄林共同提出的，因此又称为 H-O 模型。新古典贸易理论与古典贸易理论的相同点是，认为各国应生产并出口本国具有比较优势的产品，进口处于比较劣势的产品。但与古典贸易理论不同的是，新古典贸易理论认为，比较成本的差异并不是基于各国技术或劳动生产率的不同，而是由各国资源禀赋的差异和不同商品生产要素的密集度不同所导致的。

（一）H-O 模型的基本假设条件

（1）两个国家生产两种产品——X 和 Y。

（2）生产产品需要两种生产要素——劳动力与资本。

（3）不同产品的要素密集度不同。X 属于劳动密集型产品，Y 属于资本密集型产品。

（4）两国相同产品的生产函数相同，没有技术差距。

（5）两国在两种产品的生产上规模报酬不变。

（6）两国的消费需求偏好相同。

（7）在产品和生产要素市场上，竞争是完全的。

（8）生产要素在国内可以自由流动，在国与国之间不能自由转移。

（9）假定没有运输费用，没有关税或其他贸易限制。

以上假设条件与古典贸易理论假定前提的主要区别有：①古典贸易理论假定生产产品只需一种生产要素——劳动力的投入；而 H-O 模型认为，生产产品需要两种生产要素——劳动力和资本。②古典贸易理论认为，各国生产技术的不同是国际贸易产生的原因；H-O 模型则直接假定不同国家生产相同产品的生产技术完全相同。

（二）H-O 模型的主要内容

1. 各国的生产要素禀赋不同

要素禀赋是指一国拥有各种生产要素的存量。不同国家要素禀赋状况有很大差异，有的国家劳动力相对丰裕，而有的国家资本相对丰裕。要素相对丰裕是指在一国的生产要素禀赋中，某种要素供给所占比例大于别国同种要素的供给比例，或一国该要素的相对价格低于别国同种要素的相对价格。

衡量要素丰裕程度有两种方法：一种是以生产要素供给总量衡量，若一国某要素的供给比例大于别国同种要素的供给比例，则该国相对于别国而言，该要素丰裕。如假设 A 国拥有 2 000 万美元的资本和 1 000 万劳动力，而 B 国拥有 1 500 万美元的资本和 300 万劳动力。A 国资本与劳动力的比值为 2，B 国资本与劳动力的比值为5，B国资本与劳动力的比值大于A国。这说明A、B两国相比，B国是资本相对丰裕的国家，而A国则是劳动力相对丰裕的国家。

另一种方法是以要素相对价格衡量。若一国某种要素的相对价格低于别国同种要素相对价格，则该国该要素相对丰裕。以总量法衡量的要素丰裕度只考虑了要素的供给，而以价格法衡量的要素丰裕度，考虑了供给与需求两个方面，因而更为科学。

2. 不同产品的要素密集度有差异

要素密集度是指产品生产中各种要素投入比例的大小，若某种要素投入的比例最大，则称该产品为该要素密集型产品。如纺织品生产中劳动力投入的比例最大，则称纺织品为劳动密集型产品，而钢铁生产中资本投入比例最大，则称钢铁为资本密集型产品。

3. 各国要素禀赋差异及产品要素密集度的差异决定贸易模式

H-O模型分析的逻辑思路如下：国与国之间之所以进行商品交换，是因为商品的相对价格有差异。在各国消费偏好相同、生产技术相同的前提下，商品相对价格的差异由生产要素价格差异和产品要素密集度的差异共同决定。其中各国生产要素价格差异又主要是由各国要素禀赋差异而导致的。综上所述，H-O模型认为各国要素禀赋差异及产品要素密集度的差异是国际贸易的基础。

在各国要素禀赋差异和产品要素密集度差异的基础上，一国应生产并出口密集使用本国相对丰裕的生产要素生产的产品，而进口密集使用本国相对稀缺的生产要素生产的产品。也就是说，劳动力丰裕的国家，在劳动密集型产品生产上具有优势，应集中生产并出口劳动密集型产品，进口资本密集型产品。而资本相对丰裕的国家，在资本密集型产品生产上具有优势，应集中生产并出口资本密集型产品，进口劳动密集型产品。这种分工和贸易模式可使贸易双方获利。

(三) H-O模型的拓展

1. 斯托尔珀—萨缪尔森定理

H-O模型证明，自由贸易会使参加贸易的国家获益，福利水平提高，但未说明贸易对国内不同生产要素收益的具体影响。1941年，美国经济学家斯托尔珀和萨缪尔森在H-O理论的基础上，提出了斯托尔珀—萨缪尔森定理：在满足H-O模型全部假设条件的前提下，一种产品的相对价格上升，将导致该产品密集使用的生产要素实际报酬或实际价格提高，而另一种生产要素的实际报酬或实际价格下降。

自由贸易会使一国出口产品的相对价格提高，进口产品的相对价格降低。所以，根据斯托尔珀—萨缪尔森定理，从长期来看，自由贸易对本国生产要素收益的影响是，在出口产品生产中，密集使用的生产要素（本国丰裕要素）的报酬提高，在进口产品生产中密集使用的生产要素（本国稀缺要素）的报酬降低，而不论这些要素在哪个行业中使用。也就是说，劳动力供给丰裕的国家，通过分工和自由贸易，会使本国劳动力价格提高，资本价格降低。而资本供给丰裕的国家情况正好相反。这意味着国际贸易尽管会提高一国整体的福利水平，但福利水平的增长并不是所有人都可以分享，在一部分人收入增加的同时，另一部分人的收入反而减少了。这一定理可以很好地解释为什么自由贸易可以使一国获利，却还会遭到有些人的反对。

2. 要素价格均等化定理

俄林在研究国际贸易对要素价格的影响时指出，在各国要素缺乏流动性的情况下，商品的自由贸易可以部分地代替要素的流动，使生产要素的价格在各国之间趋于均等，但均等化只是一种趋势，生产要素价格完全相同几乎是不可能的。在20世纪40年代，美国经济学家萨缪尔森对这一理论进行了验证，用数学方法证明了在满足H-O模型的假设前提下，自由贸易通过商品相对价格的均等化，使各国同种要素的相对价格和绝对价格都趋于相等，这就是要素价格均等化定理。

要素价格均等化定理分析的是国际贸易对各国要素收益差距的影响。要素在国与国之间不能自由流动的情况下，商品的自由贸易使参与贸易的国家的国内生产发生变化，进而使国内要素市场供求产生变化，最终影响了要素的价格。比如，美国与中国两国进行钢铁和纺织品的自由贸易，中国是劳动力相对丰裕、资本相对稀缺的国家，在贸易前中国劳动力价格低、资本价格高；美国是劳动力相对稀缺、资本相对丰裕的国家，在贸易前美国劳动力价格高、资本价格低。现在两国进行自由贸易，由于中国在劳动密集型产品——纺织品生产上具有比较优势，中国会扩大纺织品生产，这样纺织品生产部门就需要雇用更多的劳动力和需要较少的资本；而同时中国会缩小资本密集型产品——钢铁的生产规模，这样钢铁生产部门就会释放出较少的劳动力和较多的资本。由于生产的变化，要素市场上就呈现出这样的状况：劳动力供给小于需求，价格上涨；而资本供给大于需求，价格下降。也就是在贸易后，中国原来较低的劳动力价格上涨了，而原来较高的资本价格下降了。同理，美国的情况正好相反，原来较高的劳动力价格下降了，而原来较低的资本价格上涨了。最后，这两个国家劳动的价格与资本的价格趋于相等，也就是所谓的要素价格均等。在现实生活中，由于贸易保护、技术进步等因素的影响，实际上要素价格完全均等是无法实现的。

（四）对H-O模型的验证——里昂惕夫之谜

H-O模型比古典贸易理论更深入和全面地研究了国际贸易的产生和发展，正确指出了生产要素在国际贸易中的地位，客观反映了经济的实际情况，能够对当时的国际贸易作出较好的解释，因而被西方经济学界广泛接受，成为国际贸易领域中的核心理论之一。但随着经济的发展与技术的进步，其理论与现实的矛盾逐渐显现出来。

1. 里昂惕夫对H-O模型的验证

1953年，美国著名经济学家里昂惕夫利用美国1947年的数据对要素禀赋理论进行经验检验。当时美国是世界上公认的资本最丰裕、劳动力相对稀缺的国家，按照H-O模型分析，美国应出口资本密集型产品，进口劳动密集型产品。而里昂惕夫的验证结果正好与H-O模型的分析结果相反，这一现象被称之为"里昂惕夫之谜"。

里昂惕夫运用投入—产出分析法，对美国1947年对外贸易结构进行计算，把生产要素分为劳动力和资本两种类型。在200个行业中选出具有代表性的一揽子出口品和一揽子进口替代品，计算每100万美元出口产品和进口替代品中的资本和劳动力的数量及其比例，计算结果如表2-7所示。

表2-7 美国每100万美元进出口商品所需的资本与劳动力的数量及其比例

每100万美元商品要素投入量	1947年		1951年	
	出口	进口替代	出口	进口替代
资本/美元	2 550 780	3 091 339	2 256 800	2 303 400
劳动力/(人/年)	182 313	170 004	17 391	16 781
资本/劳动力	13.991	18.185	129.77	137.26
人均资本量比率（进口/出口）	1.30		1.06	

从表2-7可以看出，美国1947年进口与出口产品的资本与劳动力的比率，即生产进口替代品的人均资本使用量与生产出口商品的人均资本使用量的比率是1.30。说明美国进口替代品的资本密集度高于出口产品的资本密集度，约高出30%。从而得出了与H-O模型相反的结论：美国出口的是劳动密集型产品，进口的是资本密集型产品。1956年里昂惕夫用相同的方法对美国1951年的贸易结构再次进行验证，其结果与第一次一致，进口与出口产品资本与劳动力的比率为1.06，里昂惕夫之谜仍然存在。

里昂惕夫之谜提出后，引起了经济学界的极大关注。一些经济学家对加拿大、日本、印度等其他国家的贸易结构也进行了验证。验证结果表明：有的国家贸易结构符合H-O模型，有的国家贸易结构与H-O模型相悖，有的国家如印度在与美国的贸易中，存在"里昂惕夫之谜"，而与其他国家的贸易模式则与H-O模型一致。

2. 关于里昂惕夫之谜的解释

围绕里昂惕夫之谜，西方经济学家从不同角度对此进行了解释，其中有代表性的解释主要有以下几种。

（1）要素密集型发生逆转。要素密集型逆转是指同一种产品在劳动力丰裕的国家是劳动密集型产品，而在资本丰裕的国家成为资本密集型产品。比如，中国作为劳动力丰裕的国家，在生产玩具这种产品时，大量使用了廉价的劳动力，所以玩具在中国属于劳动密集型产品。而在美国，由于资本价格低廉，劳动力价格昂贵，为了降低成本会使用资本密集型技术生产玩具，在生产中用更多的资本来代替劳动，从而使玩具在美国成为资本密集型产品，玩具的要素密集型就发生了逆转。

里昂惕夫在分析美国进口产品要素密集度时，由于资料不全，所用数据并非进口产品在出口国生产时实际使用的资本、劳动量，而是用美国生产进口替代品的相应数据来代替。如果进口产品在美国生产发生要素密集型逆转，就会产生里昂惕夫之谜。应该说，要素密集型逆转从理论上能很好地解释里昂惕夫之谜的产生，但在现实中，要素密集型逆转发生的概率很小（里昂惕夫通过对所研究数据的定量分析，发现这种情况发生的概率只有1%），所以它并非里昂惕夫之谜产生的主要原因。

（2）人力资本差异。基辛、凯能等经济学家从人力资本的角度解释里昂惕夫之谜。他们认为，要素禀赋理论假设各国生产要素是同质的，但在现实中，劳动力有熟练劳动与非熟练劳动之分。非熟练劳动转化为熟练劳动需要投入大量的教育、培训费用，这种能够提高劳动生产率的费用开支就是人力资本。在产品生产过程中使用的成本，既有有形资本，也包括人力资本。里昂惕夫在计算过程中，只考虑了有形资本，而忽略了人力资本。美国出口部门中熟练劳动的比例大于进口部门，若将熟练劳动高于非熟练劳动的工资收入作为人力资本，与有形资本相加，作为总资本，再计算进出口产品的资本与劳动力的比率，则能成功地解开里昂惕夫之谜。

（3）自然资源因素的影响。里昂惕夫在分析时，只考察了劳动力与资本两种生产要素。这种双要素模型没有考虑其他生产要素如自然资源因素的影响。实际上，很多产品既不属于资本密集型，也不属于劳动密集型，而属于自然资源密集型产品。如美国大量进口的木材和矿产品，这些产品属于自然资源密集型产品，同时在生产中也需大量实物资本，里昂惕夫在验证时，就把它们都归入了资本密集型产品，这样无形中就加大了美国进口产品的资本与劳动力的比率，导致“谜”的产生。后来，里昂惕夫从代表性产品中，剔除掉19种明显属于自然资源密集型的产品，再进行验证，其结果与H-O模型分析的结果一致。

（4）贸易保护政策的影响。要素禀赋理论假设国家之间的产品贸易是完全自由的，不存在任何贸易壁垒。而在现实中完全意义上的自由贸易并不存在，各国政府为了保护本国生产、提高就业等目的，建立了关税、非关税等多种贸易壁垒，限制产品的自由进口。美国在劳动密集型产品生产上处于比较劣势，而劳动密集型产业的发展对就业又有较大的影响，迫于就业压力，美国对劳动密集型产业实施了程度最强的保护，这就人为地降低了美国进口劳动密集型产品的数量。

三、第二次世界大战后的新贸易理论

第二次世界大战后特别是20世纪60年代以来，由于第三次产业革命、国际分工的进一步深化、跨国公司的发展等原因，使得国际贸易在迅速发展的同时，出现了许多新现象：①工业发达国家之间的贸易量大大增加。据《关贸总协定》统计，1953年，发达国家之间的相互贸易占世界总出口额的42%，国际贸易主要在发达国家与发展中国家之间进行。但到1973年，这一比重上升到了63%，发达国家之间的贸易成为国际贸易的主要部分。②产业内贸易迅速发展。产业内贸易就是一国在出口某类产品的同时又进口该类产品，比如，美国在出口汽车的同时又进口汽车。产业内贸易主要在发达国家之间进行，到20世纪80年代末，工业国产业内贸易占总贸易的比重高达60%，大大高于发展中国家的比重。③产品比较优势动态变化，产业领先地位不断转移。这种现象在纺织、汽车、家电等多个行业中出现。

当国际贸易出现了新的变化时，人们发现用原有理论无法解释这些现象，于是，在对传统理论进行反思的过程中，一些学者从不同的角度创立了新的学说。这些新的理论并不是对传统理论的否定，而是对其进行了补充和发展，使之更切合国际贸易实践。

（一）产品生命周期理论

产品生命周期理论由美国经济学家雷蒙德·弗农于1966年在他发表的《产品生命周期中的国际贸易和国际投资》一文中提出。这一理论突破了传统贸易理论从静态的角度分析国际贸易的局限，以生产技术的变化为基础分析贸易格局的变化。

产品的生命周期从其技术发展的角度可以分为三个阶段：创新阶段、成熟阶段和标准化阶段。雷蒙德·弗农把贸易参加国分为三类：①创新国（美国），其技术、知识与资本都很丰裕。②其他发达国家（欧洲发达国家、日本），其资本和熟练劳动力供给丰裕。③发展中国家，其劳动力供给丰裕。在产品生命周期的不同阶段，产品的要素密集型会发生变化，各国的比较优势和贸易模式也会随之发生变化。

在创新阶段，产品由创新国刚刚研发成功投入市场，生产技术尚不稳定，技术由创新国垄断。创新国生产产品主要满足本国需求，并有一定量的出口，出口主要面对的是经济发展水平相似、消费偏好相同的其他发达国家。这一阶段由于技术尚不稳定仍需改进，需要大量科研人员和高度熟练的技术工人的劳动，因此，这一阶段的产品属于技术—知识密集型产品。

在成熟阶段，产品生产技术已经稳定，而且随着产品出口量的增加，生产技术向外扩散，创新国的技术垄断优势开始丧失。进口的发达国家开始模仿生产，并在国内和国际市场上与创新国展开竞争，并逐渐取代创新国。由于产品大致已

经定型，这时生产优势取决于生产规模的扩大和熟练劳动力的使用。因此产品由技术—知识密集型变成资本密集型。

在标准化阶段，产品已逐渐老化，技术已经扩散到世界范围，许多技术都已包含在生产该商品的成套设备或生产线中，很多发展中国家也开始掌握产品的生产技术。这一阶段由于技术的标准化，劳动力的熟练程度已经不再是重要因素，产品生产优势主要取决于劳动力价格的高低，产品由资本密集型转化为劳动密集型。

产品生命周期的动态变动，使得产品生产的比较优势和贸易模式也呈现动态变动。在产品的创新阶段，产品属于技术—知识密集型，资本雄厚、科研力量最强的美国显然在这一阶段拥有绝对优势。所以这一阶段的贸易是美国生产并出口该产品，其他发达国家进口该产品。在成熟阶段，产品成为资本密集型产品，拥有大量资本和熟练劳动力的欧洲发达国家和日本在这一阶段具有生产优势。随着生产规模的扩大，它们从产品的进口国转为了出口国，既向发展中国家出口，也向美国出口。而美国的生产规模逐渐缩小，从产品的出口国转变为进口国。在标准化阶段，产品由资本密集型转化为劳动密集型，生产优势也由一般发达国家转向了拥有丰富劳动力资源的发展中国家。这时产品生产由欧洲发达国家、日本等转移到了发展中国家，发展中国家成为产品的主要出口国，发达国家成为进口国，尤其是美国甚至会把生产完全转移到国外，本国的消费需求完全由进口来满足。

（二）以规模经济和不完全竞争为基础的新贸易理论

这一理论的主要贡献者是美国经济学家保罗·克鲁格曼。这一理论以企业生产中的规模经济和市场的不完全竞争为基础，解释第二次世界大战后增长迅速的工业国之间的产业内贸易现象。

1. 规模经济与国际贸易

规模经济是指随着产品生产规模的扩大，产品的平均成本不断降低，即规模报酬递增。规模经济与国际贸易的关系可以概括为：国际贸易的发展可以扩大市场规模，使企业获得规模经济效益，同时规模经济又能够影响贸易模式。

在封闭经济中，一国生产规模受本国市场需求的制约。由于本国市场有限，从而限制了生产规模的扩展，难以取得规模经济效益。如果企业参与国际贸易，面临的市场需求增加，由国内市场扩大为国内和国际两个市场，企业或行业生产规模扩大，产品的平均成本下降，增强了产品在国际市场的竞争能力，赢得了市场竞争优势。

规模经济是国际贸易的基础之一。在各国技术水平相同、要素禀赋相同、需求偏好一致的前提下，规模经济决定贸易模式。假设 A、B 两国生产 X、Y 两种产品，X、Y 两种产品的生产都具有规模经济，而且两国生产技术水平完全相同，生产要素禀赋相同，需求偏好也完全相同。这就决定了在封闭经济中，两国产品的相对价格、相对成本、生产量和消费量完全相同，按照比较优势和要素禀赋理论，两国不会发生贸易。现在假设，由于某种原因（政府产业政策、协议分工、历史原因）A 国生产 X 产品的规模扩大，生产 Y 产品的规模缩小，而 B 国生产 Y 产品的规模扩大，生产 X 产品的规模缩小。由于规模经济，A 国生产 X 产品的相对成本下降，生产 Y 产品的相对成本上升；B 国生产 Y 产品的相对成本下降，生产 X 产品的相对成本上升。两国生产成本的变化，使得 A 国生产 X 产品的相对成本低于 B 国，在 X 产品生产上具有比较优势；而 B 国生产 Y 产品的相对成本低于 A 国，在 Y 产品生产上具有比较优势。两国展开贸易，贸易模式为 A 国向 B 国出口 X 产品，B 国向 A 国出口 Y 产品。

很显然，这种分工和贸易模式既不是由生产技术决定，也不是由要素禀赋差异或需求偏好决定，而是由规模经济决定的。需要注意的是，建立在规模经济基础上的国际分工和贸易模式与建立在技术差异或要素禀赋差异基础上的分工模式不同，后者的模式是确定的，而前者是不确定的。由规模经济决定的国际分工模式受以下三种因素的影响：①历史原因。某个国家在某种产品生产上较早实现了规模经济，就排除了其他国家进入的可能。后起的国家可能会掌握与先进入国家相同的技术，但由于市场份额有限，生产规模不能达到或超过先进入国家，因而生产成本始终高于先进入国家，而无法取代先进入国家获得优势。②协议分工。两个起步时间相同的国家为了避免相互竞争，都能取得规模经济的好处，可以通过达成协议实行协议分工，相互让渡部分产品市场，分别在不同产品生产上实现规模经济。③国家产业政策的影响。后起国家可能会选定某个特定的可实现规模经济效果的行业，通过实施产业政策使其生产规模扩大，超过最早进入的国家，占领其市场份额。

2. 不完全竞争与国际贸易

在传统贸易理论中，假定市场是完全竞争的市场，市场上有无数厂商，产品是同质的，信息完全对称。因此，每个厂商都是价格的被动接受者，面对的都是一条水平需求曲线，任何单个厂商的产量变动都不会影响市场价格。这一假定在第二次世界大战后以工业制成品为主的市场上不再成立。

首先，工业制成品千差万别，花色品种非常多。同类不同质的情况普遍存在。比如，同为汽车，但由于品牌、性能、型号等各有不同，给消费者带来的效用也有差异，消费者认为它们是不同的产品，即差异产品。也就是说，各个厂商虽然同在一个行业中，但实际生产的不是完全相同的产品，他们所面临的需求曲线不再是一条水平直线，而是向下倾斜的需求曲线。他们也不再是价格的完全接受者，而是通过自己的产量影响价格的变动。

其次，由于规模经济的存在，一个市场不可能允许有多个厂商竞争，很多产品的生产与出口是由少数几个企业提供的，市场是不完全竞争（垄断竞争、寡头、垄断）市场。

规模报酬递增与不完全竞争结合起来，可以很好地解释当代工业发达国家之间的产业内贸易现象。由于产品的异质性以及规模经济的存在，一个国家往往不能同时生产同类产品中的所有产品，只能集中生产国内具有较多消费偏好的某种产品，以从规模经济中受益。本国需求是多样化的，国内对其他同类但不同质的产品的需求，则通过进口来满足。这种生产安排在经济上是合理的，也为贸易双方各自扩大某种产品的生产规模，形成产品的出口竞争优势提供了条件。

（三）需求相似理论

需求相似理论由瑞典经济学家林德提出，他从国内需求的角度来考察国际贸易的基础。传统贸易理论强调的是供给因素对贸易的影响，而需求相似理论则特别强调需求因素，它认为各国需求结构的状况决定了贸易的格局。这一理论的主要内容包括以下几点：

(1) 国内市场的需求是本国进行新产品开发、研制和生产的首要动力。先有本国市场的需求，才有本国的研发和生产，本国生产的产品首先用来满足国内需求。

(2) 需求决定出口市场。随着生产规模的扩大，在本国市场逐渐饱和的情况下，为进一步扩大生产，取得规模经济，本国会对外出口。一国出口首先会选择与本国需求结构类似的国家，因为只有在这样的国家本国产品才有市场。而一国的需求结构取决于该国的人均收入水平，收入水平不同的国家需求偏好有很大差异。一般来说，收入水平高的国家倾向于消费价值高、档次高、技术水平高的产品，而收入水平低的国家偏好消费中低档次、价格低的产品。因此，收入水平越接近的国家，其需求偏好越相似，它们之间就越容易产生贸易；相反，两国收入水平差距越大，消费结构差异也越大，它们产生贸易的可能性就越小。

偏好相似理论从需求的角度，很好地解释了发达国家之间双向贸易的现象。因为发达国家经济发展水平、收入水平相近，消费偏好相似，所以它们之间的贸易量会更大。当然，这一理论也有与现实不符的情况，比如，有些产品的研发和生产，直接面向国外需求用于出口，与国内市场需求没有任何关系。

（四）竞争优势理论

20 世纪 90 年代初，美国经济学家迈克尔·波特提出了竞争优势理论。他认为，一国兴衰的根本在于是否赢得国际竞争优势，一国的竞争优势取决于该国企业在国际市场上的竞争力，而良好的竞争环境对企业提升竞争能力至关重要。波特提出的“钻石体系”模型正是对这种竞争环境的描述。波特认为，一国的竞争优势由四个决定因素和两个辅助因素决定，这六个因素共同构成“钻石体系”，如图 2-1 所示。四个决定性因素分别是：

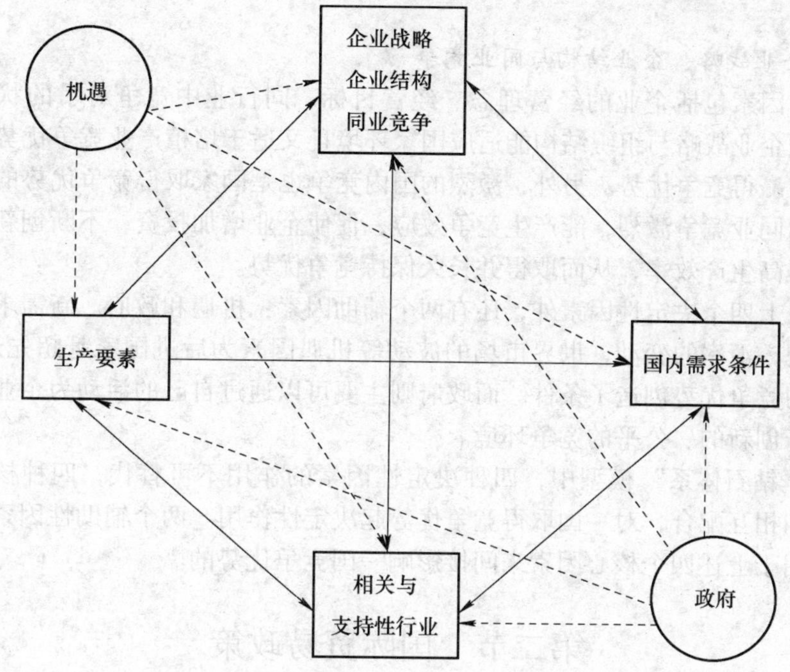

图 2-1 波特的“钻石体系”模型

1. 生产要素

波特认为，生产要素包括两种，一是初级生产要素，如自然资源、劳动力资源等；二是高级生产要素，它是指通过投资和发展创造出来的生产要素，包括人力资本、基础设施等。一国要取得竞争优势，高级生产要素远比初级生产要素重要。因为建立在初级生产要素基础上的优势容易被竞争对手超越，而建立在高级生产要素基础上的优势可以长期保持。

2. 国内需求条件

国内需求对竞争优势的影响主要是通过需求结构、需求质量、需求规模、需求超前性等方面进行的。比如，本国市场对某类产品需求广阔，而该产品生产又具有规模经济，则本国在该产品生产上就容易取得竞争优势。本国消费者需求复杂，对质量要求很高，这会给国内生产者造成压力，促使其不断改进产品品质、性能、售后服务等，从而提高本国的竞争优势。

3. 相关与支持性行业

一国要取得持久的竞争优势，必须要有高效的、有国际竞争力的相关与辅助行业的支持，包括纵向支持（如上游企业提供先进设备和优质的原材料）和横向支持（如相似企业之间信息共享和合作生产）。完善、高效的相关行业及辅助行业可以为企业带来新的资源、新的技术，帮助企业降低成本，促进企业技术创新。

4. 企业战略、企业结构与同业竞争

这一因素包括企业的经营理念、经营目标、同行业中竞争对手的状况等方面。国内企业战略与组织结构能适应国家环境且又适于培植产业竞争优势时，国家也容易赢得竞争优势。另外，激烈的国内竞争也是国家取得竞争优势的重要因素。国内同业竞争激烈，能产生竞争效应，促使企业增加投资，不断创新，更新产品，提高生产效率，从而取得并长久保持竞争优势。

除以上四个决定性因素外，还有两个辅助因素：机遇和政府。新需求、新技术的出现，汇率的变动，世界市场的波动等机遇因素为后进国家赶超先进国家，赢得新的竞争优势创造了条件。而政府则主要可以通过自己的活动为企业创造一个有利于创新的、公平的竞争环境。

在“钻石体系”模型中，四种决定性因素的作用不可替代，四种核心因素的存在和相互配合，对一国取得竞争优势起决定性作用。两个辅助性因素主要是通过作用于上述四个核心因素来间接影响一国竞争优势的。

第二节 国际贸易政策

国际贸易政策是一国在一定时期内对进口贸易和出口贸易所实行的政策。各国制定贸易政策主要是为了保护本国市场，扩大本国产品出口，促进本国产业结构改善，积累资本和资金，维护本国对外的经济政治关系等目的。一国对外贸易政策的制定会受到本国经济发展水平、产品国际竞争力、本国经济结构和产业结构、经济发展战略、本国物价、国内利益集团力量对比、经济周期等多种因素的影响。

从本质上讲，国际贸易政策包括两类：①自由贸易政策，即国家对本国贸易采取完全自由放任的态度，不加以任何干预。②保护贸易政策，即通过采取多种政策和措施来限制外国商品进口，同时促进本国商品出口，达到“奖出限入”的目的。纵观贸易政策历史，绝对自由或完全保护的贸易政策基本没有出现过，各国在不同历史时期根据本国发展的实际需要，采取相对自由或相对保护的贸易政策。

在15世纪末之前，国际贸易建立在自然经济基础之上，其作用主要是互通有无，对外贸易在各国经济中的地位并不重要，所以各国并没有制定专门的对外贸易政策。而15世纪末16世纪初的“地理大发现”以及由此带来的殖民扩张和殖民贸易，大大促进了世界贸易的发展，对外贸易从单纯的互通有无变成了牟取巨额利润的商业行为。对外贸易对一国经济发展和收入分配的影响越来越大，各国逐渐开始重视对外贸易的发展，并制定相应的对外贸易政策措施。

一、重商主义保护贸易政策

重商主义是最早对对外贸易政策进行系统研究的贸易理论。如前所述，重商主义思想认为各国政府应通过制定各种干预措施，实现贸易顺差，增加本国财富。资本主义生产方式准备时期欧洲各国的贸易政策主要受重商主义思想影响，表现出明显的保护贸易的特征。重商主义的政策主张主要表现在以下几个方面：

（1）禁止货币输出。早期的货币平衡论主张绝对禁止金银输出，晚期的贸易平衡论在货币输出方面政策有所放宽。

（2）限制进口。重商主义者反对输入昂贵的奢侈品，对一般制成品的进口也采取严格的限制措施，但对原材料的进口免税。限制进口的手段包括高关税和数量限制等。

（3）鼓励出口。重商主义者主张通过发放出口补贴、实行出口退税等政策，鼓励制成品的大量出口。

（4）垄断对外贸易。荷兰、英国、法国等国家都曾成立专门的商业公司（如荷兰的东印度公司和西印度公司，英国的东印度公司，法国的东印度公司和西印度公司），垄断殖民地贸易，获取巨额利润。

（5）发展本国航运业。贸易平衡论者认为，建立一支强大的商船队和渔船队是一个国家经济力量的重要组成部分，一国应禁止外国船只从事本国沿海航运和本国与殖民地之间的航运。英国的《航海法》就曾规定，殖民地商品的进出口必须先经过英国，进出口货物必须由英国或其殖民地的船只装载。

（6）发展本国工业。为提高出口商品竞争力，实现贸易顺差，重商主义时期各国都制定了鼓励发展工业的政策措施，如高薪聘请外国工匠，禁止熟练工人外流和机器设备输出，向工场手工业者发放贷款并提供各种优惠条件，鼓励人口增长以提供充足的劳动力，实行低工资政策以降低工业成本。

二、资本主义自由竞争时期的自由贸易政策

18 世纪后半叶，英国开始了产业革命，生产实现了从工场手工业到机器大工业的过渡，工业生产迅猛发展，一跃成为世界的工业制造中心和商品贸易中心。随着生产规模的扩张，英国一方面要从国外市场进口大量的原材料，另一方面又需将大量产品拿到国际市场去销售。而长期实行的重商主义保护贸易政策限制了这些活动的进行，严重阻碍了工业经济的发展。为此，英国新兴的工业资产阶级从维护自身利益出发，与地主贵族展开了激烈斗争，强烈要求实行自由贸易政策。在这一斗争过程中，亚当·斯密的绝对优势理论和大卫·李嘉图的比较优势理论为资产阶级的斗争提供了理论武器，最后资产阶级取得了胜利。从 19 世纪 20 年代开始，英国转向了自由贸易政策。

英国推行自由贸易政策的重要措施有：①取消外贸经营特权。1831 年和 1834 年，英国先后废止了东印度公司对印度和中国贸易的垄断权，将贸易经营

权范围扩大到一般涉外公司。②降低关税税率，缩减纳税商品项目。③废除《航海法》和《谷物法》。《航海法》从1824年逐步废除，至1854年，英国的沿海贸易和殖民地贸易全部向其他国家开放。《谷物法》是英国政府于1815年颁布的旨在限制或禁止谷物进口的法律，1846年《谷物法》的废除标志着英国自由贸易的胜利。④改变对殖民地的贸易政策。英国对殖民地逐步采取了自由放任的态度，它们不仅可以对任何国家输出或输入商品，而且可以与外国签订贸易协定，建立直接的贸易关系。⑤与外国签订体现自由贸易精神的贸易条约。比如，1860年，英国与法国签订了“科伯登”条约。根据条约规定，英国对法国葡萄酒和烧酒的进口给予减税待遇，并承诺允许煤炭的出口，法国则保证对从英国进口的一些制成品征收不超过商品价格30%的关税。

资本主义自由竞争时期，在英国的倡导下，欧洲多个国家都放弃了重商主义保护贸易政策，开始实行自由贸易。这一时期是历史上自由贸易程度最高的一个时期。

三、保护幼稚工业的贸易政策

资本主义自由竞争时期，在多数国家采取自由贸易政策的同时，当时的后进国家美国和德国从本国实际出发，采取了保护贸易政策。其理论基础是保护幼稚工业理论。

1776年美国宣布独立，当时，美国是英国原材料的供应地和制成品的销售市场，工业发展十分落后，工业产品与英国相比没有任何竞争力。是否发展以及如何发展本国工业是当时美国急需解决的重要问题。1791年，美国的第一任财政部长亚历山大·汉密尔顿向国会提交了一份《关于制造业的报告》，在报告中明确指出了制造业在国民经济发展中的重要地位，极力主张实行保护关税制度，扶持本国工业的发展。德国经济学家李斯特受汉密尔顿思想影响，对其保护关税理论进行了发展和完善，从当时德国的落后状况出发，提出了保护幼稚工业的理论。

（一）保护幼稚工业理论的主要内容

1. 主要观点

保护幼稚工业理论认为，一国的工业处于发展起步的阶段，并有强有力的、已经发展壮大的外国竞争对手与其在国内和国际市场上进行竞争时，一国必须通过高关税的保护贸易政策对本国处于幼稚阶段的工业加以保护，使其在保护下逐渐成长，并最终取得竞争能力。

李斯特认为之所以要对幼稚工业加以保护，是因为获得财富的生产力比获得财富本身更重要。工业落后国家向外国购买廉价工业品，表面看起来很合算，能以较少的劳动时间耗费换回更多的物质产品。但从长远发展来看，其结果是本国工业永远发展不起来，使本国处于落后和从属于他国的地位。而如果在本国工业发展初期对其加以保护，虽然会付出一定的代价，但当其成长起来后，会给本国带来更大的收益。

2. 政策主张

（1）保护对象。农业不需要保护，因为农业是落后生产力的代表。处于幼稚时期但没有强大竞争者的工业不需保护，只有刚刚开始发展而且有强有力的外国竞争者的幼稚工业才需要保护。

（2）保护手段。汉密尔顿和李斯特都主张政府实行高关税政策来保护幼稚工业。

（3）保护程度。对农产品和工业原料等的进口，给予减税或免税；对机械进口给予免税，或只课以少量的关税，以促进工业发展。对生产高价奢侈品的工业，只给予低度的保护；对建立与经营时需要大量资本、大规模机械设备、高度技术知识、丰富经验以及为数众多的工人、所生产的主要是生活必需品的重要部门，要给予较高程度的保护。

（4）保护措施应随工业竞争力的增强而逐渐减弱。保护幼稚工业理论并不否定自由贸易的作用，保护的最终目的还是要培育自由竞争的力量。所以在本国工业取得进步后，就应逐步降低关税税率，使企业逐渐适应自由竞争的需要。

（二）理论实践的难点

美国与德国通过实施幼稚工业保护政策，工业得到发展，经济取得长足进步，它们的成功经验激励了很多发展中国家。第二次世界大战后，许多发展中国家也对幼稚工业进行了保护，但从实践效果看并不理想，其中理论实践中存在的困难是影响其实施效果的原因之一。这一理论实践中存在的难点有以下几个方面：

（1）保护对象的选取。按照理论要求必须是对有潜力的工业进行保护。有潜力就是通过保护能够发展起来，而且会带来比保护支出更大的收益。在实践中，保护对象的选取，往往受到不同产业利益集团的左右，最后选择的对象并不一定是有潜力的、真正需要保护的产业。如保护对象选择错误，保护效果自然会受影响。

（2）保护手段的选择。对产业的保护可以采取关税政策和产业政策两种方式。如采取关税政策，会限制外国产品与本国产品在国内市场的自由竞争，容易使国内企业产生惰性，完全依赖于政府的保护，缺乏积极改进生产技术，提高产品竞争力的压力和动力，不利于企业的成长。如果采取产业政策，就不会出现这一问题。很显然，在培养产业竞争力方面，产业政策比关税政策更有利。但从政府的角度来看，他们更愿意采取关税政策而非产业政策。因为采取关税政策，政府的财政税收会增加，采取产业政策政府收入不仅不增加，反而每年还需支出大量的补贴费用。

（3）保护时间的问题。李斯特明确提出保护不是无限期的，最长以 30 年为限。如产业在保护期内没有发展壮大，说明对它的保护是没有意义的，到期应取消保护。但在实践中，通过保护形成了既得利益者，他们往往通过种种方式不断要求政府延长保护时间，使保护效果大打折扣。

四、超保护贸易政策

19 世纪 70 年代至第二次世界大战期间，资本主义由自由竞争向垄断过渡。在这一阶段，各资本主义国家先后完成了产业革命，工业得到迅速发展，世界市场的竞争日益激烈。1929～1933 年的世界性经济危机导致市场矛盾进一步尖锐化，社会失业现象严重。因此各资本主义国家普遍开始实行超保护贸易政策，不仅大幅度提高了关税，而且数量限制、外汇管制等非关税措施和出口补贴、外汇倾销等鼓励出口的政策被广泛采用。

（一）超保护贸易政策的特点

与保护幼稚工业贸易政策相比，超保护贸易政策有以下特点：

（1）保护对象扩大。不仅保护幼稚工业，而且更多保护已经高度发达工业甚至是夕阳工业。

（2）保护目的改变。保护幼稚工业贸易政策保护的目的是为了将来的自由竞争，而超保护贸易政策是为了巩固和加强对国内外市场的垄断。

（3）保护更具有进攻性。保护不仅是限制进口，更多的是对国外市场的进攻性扩张。

（4）保护的阶级利益从一般的工业资产阶级转向了垄断资产阶级。

（5）保护的措施多样化。保护措施不仅包括高关税，还有配额、许可证、补贴等多种"奖出限入"的措施。

（二）超保护贸易政策的理论基础

超保护贸易政策的理论依据是凯恩斯及其追随者提出的贸易乘数理论。在 1929～1933 年世界性经济危机之前，凯恩斯是一个自由贸易论者。在经济危机发生后，他转变了立场，从已经实现了工业化的国家寻求稳定的经济增长的角度出发，提出了保护贸易的思想。其主要观点是：贸易顺差和贸易逆差对国民经济与就业所产生的影响区别很大。一国的出口如同国内投资一样，有增加国民收入的作用，而且具有乘数效应，收入增加量将是出口增加量的若干倍；一国进口需向外国支付货币，收入减少，消费随之下降，会导致国民收入倍减。所以，一国出口大于进口即实现贸易顺差能增加国民收入，提高就业率；而贸易出现逆差则会减少国民收入，加重失业。该理论主张当一国处于经济萧条时期时，政府应采取"奖出限入"的政策干预贸易，实现贸易顺差，以增加收入，提高就业水平。

凯恩斯的贸易保护政策理论是萧条经济时期的贸易保护论，因而是临时性的贸易保护政策。政策的使用有一定的局限性：①在国内充分就业的状态下，出口的过快增长会导致国内供给减少，引发通货膨胀。②当世界市场总进口价值不变时，要增加出口只能是降低价格，这样会导致私人企业利润率下降而不愿扩大产量，也就不能达到提高就业率的目的。③各国都追求贸易顺差，可能会引发贸易战，从而不利于国际贸易的健康发展。

五、第二次世界大战后的贸易自由化

第二次世界大战后，各国经济逐渐恢复和发展，从20世纪50年代到70年代中期，在美国的倡导下，国际贸易政策出现了自由化的趋势，各国逐渐放宽了对进口的限制，出现了一股新的贸易自由化浪潮。

（一）第二次世界大战后贸易自由化的表现

第二次世界大战后贸易自由化的表现是：①1947年达成了以促进自由贸易为目的的国际贸易协定——《关税及贸易总协定》。②关税水平大幅度下降。关贸总协定在成立后的48年里主持了8轮多边贸易谈判，使成员国大幅度降低了关税；第二次世界大战后一些国家组成了多个经济贸易集团，集团成员间相互削减或取消关税；发达资本主义国家通过普惠制、特惠税等方式，向发展中国家提供单方面的关税优惠。通过这些措施，使得战后关税水平大幅下降，发达国家的平均关税水平从战后初期的40%左右下降到5%以下，发展中国家从更高水平下降到13%左右。③非关税壁垒降低。发达国家在战后初期曾普遍实行严格的进口限制，以保护国内经济。以后逐步放宽，扩大进口自由程度，放宽或解除了数量限制和外汇管制，恢复了货币自由兑换，实行了外汇自由化。

（二）第二次世界大战后贸易自由化的特点

第二次世界大战后出现的贸易自由化远没有达到资本主义自由竞争时期自由贸易的程度，它在一定程度上和保护贸易政策相结合，是一种有选择的贸易自由化。

首先，发达国家之间的自由化程度高于发达国家与发展中国家之间的贸易自由化。发达国家之间通过达成国际多边协定，大幅度降低了关税并放宽了数量限制，但对从发展中国家进口的产品征收较高的关税，并实施其他进口限制。

其次，不同产品的贸易自由化程度不同。工业制成品的自由贸易程度高于农产品；工业制成品中，资本品的自由贸易程度高于消费品，尤其是一些“敏感性”的劳动密集型产品，如纺织品、鞋、皮革制品等产品的贸易受到了发达国家的严格限制。

最后，区域经济集团内部成员国之间的贸易自由化超过了与非成员国的自由贸易程度。

六、20世纪70年代中期后的新贸易保护主义

进入20世纪70年代以后，西方国家普遍出现了经济“滞涨”的局面，在此期间，又发生了1973~1975年的世界性经济危机。在这样的背景下，第二次世

界大战后贸易自由化倾向由此发生转折，出现了新贸易保护主义。这一时期的贸易保护又呈现出一些新特点：限制进口的措施从关税壁垒为主转向以非关税壁垒为主，直接数量限制等传统非关税壁垒措施逐步被反倾销、反补贴、绿色贸易壁垒等更隐蔽的限制措施所取代；被保护的产品范围不断增加，从农产品、劳动密集型产品扩大到高科技领域产品，贸易保护所涉及的领域不断扩展；贸易政策向制度化、系统化和综合化的方向发展，强调政府管理贸易，实施战略贸易政策。

(一) 战略性贸易政策

战略性贸易理论是在20世纪80年代提出的一种新贸易保护理论，它以市场的不完全竞争和规模经济为基础。该理论的实质是强调政府对贸易活动的战略干预，认为一国政府在不完全竞争市场和规模经济条件下，可以通过鼓励出口或限制进口等各种措施，扶持本国战略性产业的成长，增强其在国际市场上的竞争力，逐步占领其他国家的市场份额，获得规模报酬和垄断利润。很显然，战略性贸易政策中政府干预的目的不再是单纯实现贸易顺差，而是要使本国获得最大限度的经济利益或利润。其政策主张包括如下方面：

(1) 利用关税分享外国企业的垄断利润。由于市场的不完全竞争性，很多产品的国际市场由少数几家公司所垄断。这些公司在进口国市场上拥有一定的垄断地位，产品价格定在高于其边际成本的水平上，因而会获得垄断利润，而这些利润全部来源于进口国消费者。进口国政府如对这些进口产品征收关税，则可以分享外国企业的部分垄断利润，弥补本国的损失。

(2) 通过政府补贴帮助企业获得更多的市场份额。在不完全竞争和规模经济的条件下，国际市场的竞争实际上就是少数几家企业的博弈，在竞争对手势均力敌的情况下，政府通过发放补贴，使国内企业采取进取性市场战略，从而改变整个博弈的态势，迫使外国竞争对手作出让步，使本国企业获得更多的国际市场份额。典型的例子就是欧盟对空中客车公司发放巨额补贴，使其迅速发展壮大，并在近年里超过了世界飞机制造业的霸主美国波音公司，一跃成为世界最大的民用飞机制造商。

(3) 通过实施关税或补贴等措施获得外部经济。新兴的高科技产业往往具有巨大的外部经济，其生产不仅给生产者带来利润，还可以促进社会技术进步和经济增长。而这些外部性的好处不能被本国生产企业所享有，这样单凭企业的自我决策很难使企业的生产规模达到令社会福利水平最大化的程度。这就要求政府通过实施关税、补贴等保护性政策，对外部性强的产业提供支持，使其在国内外市场得到扩张，以获得外部经济效应。

战略性贸易政策由于更接近于现实，所以为许多国家所推崇。日本早在第二次世界大战后恢复时期，就开始实施战略性贸易政策，政府通过关税、补贴等保护措施，使自己的钢铁、电子等原来没有优势的产业迅速得到发展。以钢铁行业为例，1963～1970年，日本的钢铁生产增长了3倍，不仅能够满足国内经济发展的需要，而且成为世界上最大的钢铁出口国。

在实施战略性贸易政策时有几个问题需要注意：①信息的完全性。政府在制定有效战略性贸易政策时，是基于完全信息基础之上的。一旦信息出现偏差，就会导致战略失误，使政策的预期效果无法实行。所以政府必须要保证信息的完全性和真实性。②战略性贸易政策与其他保护贸易政策相比具有更强的进攻性，也就更容易遭受其他国家的报复，如其他国家也采取相同程度的战略性贸易政策，则会导致两败俱伤。所以各国在采取战略性贸易政策时，需特别谨慎。③战略性产业的选取。战略性产业一般都是具有巨大规模经济、广泛外部经济效应或可获得出口垄断地位的产业，如果政府在选择产业时出现失误，也会影响政策效果。

（二）管理贸易政策

管理贸易政策又称为协调贸易政策，是介于自由贸易与保护贸易之间，又兼有两者特点的一种新的国际贸易政策。管理贸易一方面遵循自由贸易原则，另一方面又通过国内立法和双边或多边贸易协定，对本国的进出口贸易和全球贸易关系进行干预、协调和管理。

国内立法和双边或多边协定是各国对贸易进行管理的基础。20世纪70年代以来，许多国家逐渐加强了贸易立法，使贸易保护向合法化和制度化的方向发展。如美国从1974年起先后通过了《贸易改革法》、《贸易协定》、《贸易与关税法》等法案，在这些法案中确定了反倾销、反补贴、例外条款等非关税壁垒措施的法律地位，并授权政府对违反公平贸易的伙伴国进行谈判或实施报复。这些法律在美国保护国内市场和开拓国际市场方面起到了极大的推动作用。除国内立法外，各国还寻求通过达成双边、多边贸易协定来稳定对外贸易环境，解决贸易争端，实现贸易的有序增长。如国际纺织品贸易曾一直受《多种纤维协定》的约束，该协定主要采取配额的形式对发展中国家的纺织品出口进行管理，这一方面保证了配额内发达国家市场的开放，同时又限制了配额外的纺织品进口，保护了发达国家的纺织业。再如WTO（世界贸易组织）通过具体原则和条款制定，将成员国的货物贸易、服务贸易、与贸易有关的投资等问题都纳入自己的管辖范围，并设计了有效的争端解决机制，解决成员国之间的贸易纠纷。

管理贸易政策的运用在一定程度上可以缓减各国之间的贸易摩擦，避免了极端形式的贸易冲突，对国际贸易的健康有序发展起到了一定的作用。目前，管理贸易盛行于西方国家，也逐渐为发展中国家所采用，它在一定程度上反映了世界贸易发展的现实。

纵观整个贸易政策发展历史可以看出，既没有完全自由贸易的时代，也没有完全保护贸易的阶段，自由贸易政策与保护贸易政策始终相伴而行。自由贸易政策一直伴随国际贸易的发展，而不同的保护贸易政策则在不同的历史时期出现。

保护幼稚工业政策始终是后进国家实现工业化进程中的重要选择；超保护贸易政策在发达国家经济萧条时期被不断地重复使用；而战略性贸易政策则被包括发展中国家在内的越来越多的国家所重视。从国际贸易政策发展的长期趋势看，虽然保护贸易主义时常抬头，但贸易政策一直向自由化的方向发展。

本章小结

本章主要介绍了国际贸易理论和国际贸易政策的概念和演变。这些具有代表性的理论涉及了绝对优势理论、比较优势理论、H-O 理论和里昂惕夫之谜，以及由对里昂惕夫之谜的解释而进一步发展起来的其他国际贸易理论，另外，还对规模经济和不完全竞争为基础的新贸易理论进行了说明。比较优势理论和 H-O 理论分别从劳动生产力和生产要素两种不同的角度对如下国际贸易中的基本问题作出了解释：贸易基础，即贸易为什么会发生；贸易模式，即贸易如何进行；贸易结果，即贸易对生产、消费和福利等的影响。最后，本章介绍了依照不同的国际贸易理论所制定的国际贸易政策的历史演变和一些相关的基本概念。

本章重要概念

重商主义　比较优势　H-O 模型　里昂惕夫之谜　产品生命周期理论　竞争优势理论　战略性贸易政策

本章推荐阅读文献

[1] 保罗·克鲁格曼. 战略性贸易政策与新国际经济学［M］. 海闻，等译. 北京：北京大学出版社，2000.

[2] 迈克尔·波特. 国家竞争优势［M］. 李明轩，等译. 北京：华夏出版社，2002.

[3] 亚当·斯密. 国民财富的性质和原因的研究［M］. 郭大力，等译. 北京：商务印书馆，2002.

[4] 林毅夫，李永军. 比较优势、竞争优势与发展中国家的经济发展［EB/OL］. 2010-01-20. http：//new. 21ccom. net.

思考题

1. 古典贸易理论与新古典贸易理论的区别。

2. “一国在一种产品生产上具有比较优势，则一定也具有绝对优势。而一国在某种产品生产上具有绝对优势，则也一定具有比较优势。”请对这句话进行分析。

3. 简述 H-O 模型的基本内容。

4. “中国加入世贸组织会造成工人工资下降，失业增加。”你同意这种观点吗？请阐述。

5. 简述传统贸易理论与第二次世界大战后新贸易理论的区别。

6. 简述需求相似理论的主要内容。

7. 我国的一些家电产品从以前的大量进口转为现在开始逐步扩大出口，请用贸易理论来说明这一现象。

8. 分析比较优势与竞争优势的关系。

9. 简述超保护贸易政策与幼稚工业保护政策的区别。

10. 实施战略性贸易政策需注意哪些问题？

作 业 题

一、判断题

1. 从长期来看，国际贸易会使在出口产品生产中密集使用的生产要素的报酬提高。（ ）

2. 一个国家选择实行何种对外贸易政策，主要取决于该国的经济发展水平和在国际经济中所处的地位，以及其经济实力和产品的竞争能力。（ ）

3. 要素价格均等化定理预期国际贸易将会替代国际投资。（ ）

4. 要素禀赋理论认为国家之间要素禀赋差异越大，则发生贸易的可能性越小。（ ）

5. 传统贸易理论完全可以解释产业内贸易现象。（ ）

6. 日本的贸易立国战略的成功，可以用要素禀赋理论来解释。（ ）

7. 根据绝对优势理论，如一国在所有产品生产上都具有绝对优势，而另一国在所有产品生产上都处于劣势，两国仍会进行国际贸易，而且两国都可以获利。（ ）

8. 根据产品生命周期理论，新产品一般都属于技术知识密集型产品。（ ）

9. 李斯特并不否认自由贸易政策的一般正确性。（ ）

10. 战略性贸易政策强调政府的积极干预。（ ）

二、单项选择题

1. 如果甲国使用同等数量的资源比乙国能生产更多的产品 X，那么甲国在 X 产品的生产上（ ）。

A. 有相对优势　B. 相对有利　C. 绝对有利　D. 绝对不利

2. 一国拥有的劳动力丰裕，故它应专门生产劳动密集型产品对外进行交换，这种说法是根据（ ）。

A. 亚当·斯密的绝对优势理论　B. 大卫·李嘉图的比较优势理论

C. H-O 模型　D. 李斯特的保护幼稚工业理论

3. 按照要素禀赋理论，在中国与西方发达国家的贸易中，中国应出口（ ）。

A. 劳动密集型产品　B. 资本密集型产品

C. 技术密集型产品　D. 知识密集型产品

4. 从需求角度解释国际贸易产生原因的理论是（ ）。

A. 规模经济说　B. 要素禀赋说　C. 比较优势说　D. 偏好相似说

5. 俄林认为，随着贸易的发展，各国相同的生产要素的价格差异将趋于（ ）。

A. 扩大 B. 缩小 C. 不变 D. 不确定

6. 里昂惕夫之谜所验证的理论是（ ）。

A. 绝对优势理论 B. 比较优势理论

C. 要素禀赋理论 D. 技术差距理论

7. 假设生产1单位衣服需要的资本为1，需要的劳动力为3。生产1单位食品需要的资本为2，需要的劳动力为2。下列说法哪种正确？（ ）

A. 食品属于劳动密集型产品

B. 衣服既属于劳动密集型产品又属于资本密集型产品

C. 衣服属于劳动密集型产品

D. 不确定

8. 在当代国际贸易中，产业内贸易主要发生在（ ）。

A. 发达国家之间 B. 发展中国家之间

C. 发达国家与发展中国家之间 D. 地域相邻的国家之间

9.（ ）是指一个国家同时出口和进口同类产品。

A. 公司内贸易 B. 中间产品贸易

C. 产业间贸易 D. 产业内贸易

10. 美国和日本相互出口复印机，这一贸易模式取决于（ ）。

A. 比较优势 B. 绝对优势 C. 规模经济 D. 需求模式

11. 保护幼稚产业理论主张保护（ ）。

A. 农业 B. 工业

C. 幼稚工业 D. 面临强有力的国外竞争的幼稚工业

12. 强调贸易保护有助于增强高科技产业国际竞争力的是（ ）。

A. 重商主义 B. 战略性贸易理论

C. 超保护贸易理论 D. 幼稚工业保护理论

13. 第二次世界大战后积极推行贸易自由化的国家是（ ）。

A. 英国 B. 日本 C. 德国 D. 美国

14. 超保护贸易政策是（ ）。

A. 防御性限制进口 B. 主动地限制进口

C. 积极地促进进口 D. 对外国市场进行进攻性扩张

15. 新贸易保护主义出现在（ ）。

A. 资本主义生产方式准备时期 B. 资本主义自由竞争时期

C. 19世纪末到第二次世界大战前 D. 20世纪70年代后

三、多项选择题

1. 迈克尔·波特的“钻石体系”模型中，属于决定性因素的有（ ）。

A. 生产要素 B. 国内需求条件 C. 相关与支持性行业

D. 机遇和政府 E. 企业战略、企业结构与同业竞争

2. 根据国际贸易理论，一国应出口本国（ ）。

A. 比较成本低的产品 B. 比较成本高的产品 C. 稀缺要素密集型的产品

D. 丰裕要素密集型的产品　　E. 绝对成本低的产品

3. 战略性贸易政策是建立在（　　）基础上的。

A. 不完全竞争　　B. 要素报酬不变　　C. 规模经济

D. 要素禀赋差异　　E. 完全竞争

4. 关于超保护贸易政策，以下说法正确的是（　　）。

A. 超保护贸易政策属于临时性政策，主要在经济萧条时期使用

B. 超保护贸易政策不仅限制进口，更多的是对国外市场进攻性的扩张

C. 超保护贸易政策保护的是幼稚工业

D. 超保护贸易政策完全承认自由贸易的一般正确性

E. 超保护贸易政策就是重商主义政策

5. 对外贸易政策主要分为两大基本类型，包括（　　）。

A. 超保护贸易政策　　B. 新贸易保护主义政策　　C. 自由贸易政策

D. 保护贸易政策　　E. 保护幼稚工业贸易政策

案例分析题

1. 英国在工业生产上的世界第一地位在19世纪末被美国所取代。美国在1776年独立时还是一个落后的农业国，但在19世纪上半期就广泛发展起了使用机器的工业化生产，19世纪60年代的美国内战之后到第一次世界大战之间，美国工业取得了惊人的发展，到19世纪80年代初，美国的工业生产已经跃居世界首位，而到1913年，美国的工业产量已经占整个世界工业生产的36%。在这样高速的工业发展过程中，美国一直实行着高额的保护关税。

值得注意的是，正是在英国转向自由贸易政策的19世纪20年代，美国开始真正实行培植本国制造业的保护关税政策。到19世纪60年代，英国已经实行了进口关税接近于0的自由贸易政策，美国却在1857年的大恐慌之后转而不断提高保护性的关税。在19世纪后半期到20世纪前期，美国都是以高关税保护本国产业的代表。

试用国际贸易理论分析19世纪后半期到20世纪前期，英美两国实行不同外贸政策的主要原因。

2. 假设A、B两国生产技术相同且在短期内不变，两国生产衣服和钢铁两种产品。生产1单位衣服需要的资本为1，需要的劳动力为3；生产1单位钢铁需要的资本为6，需要的劳动力为2。A国拥有200单位劳动力和120单位资本；B国拥有160单位劳动力和80单位资本。则

（1）哪个国家是资本丰裕的国家？哪个国家是劳动力丰裕的国家？

（2）哪种产品为劳动密集型产品？

（3）假设两国偏好相同，两国间进行贸易往来，哪个国家出口衣服？哪个国家出口钢铁？

第三章　国际贸易措施

本章内容要点

- 关税的种类、特点和影响
- 非关税措施的特点和种类
- 鼓励出口的具体措施
- 出口管制的商品和形式

第一节　关税措施

根据世界贸易组织的统计，2007 年全球货物贸易和商业服务贸易进口分别为 13.97 万亿美元和 3.09 万亿美元。针对货物贸易的关税措施作为最简单和最古老的国际贸易措施，尽管从 20 世纪 50 ~ 70 年代开始大幅度下降，但在今天的国际贸易中仍处于重要地位。

一、关税的基本概念

（一）关税的含义

关税（Customs Duties，Tariff）是一国或地区的海关对经过其关境的进出口商品所征收的一种税。关境为一国或地区实施海关法的领土。关税措施是一国或地区在一定时期内的经济、产业和贸易政策的具体体现。

1992 年，中国关税水平为 43.2%。加入世界贸易组织以后，中国一项重要的承诺就是削减关税。2002 年 1 月 1 日起，中国对涉及 5 332 个税目的商品进口税率进行了不同程度的下调。2002 年，关税总水平由之前的 15.3% 降低至 12%，是入世后降税涉及商品品种最多、降税幅度最大的一年。2005 年，中国关税降至 9.9%，涉及的降税商品有 900 多种，这一年是我国履行义务的最后一次大范围降税；此后的几次降税涉及商品范围有限，对关税总水平的影响均不大。我国成为继新加坡（5.1%）、韩国（8.3%）等国家之后排名第五位的低关税发展中国家。2010 年，我国进出口税目总数由 2009 年的 7 868 个增至 7 923 个，关税总水平为 9.8%。其中，农产品平均税率由 2002 年的 18.8% 调整至目前的 15.2%，工业品平均税率由 14.7% 调整至目前的 8.9%。我国汽车整车及其零部件税率分别由入世前的 70% ~80% 和 18% ~65% 降至目前的 25% 和 10%。

（二）征收关税的目的

一国或地区的海关对经过其关境的进出口商品征收关税主要是为达到以下两个目的。

（1）增加本国的财政收入。

（2）保护本国的产业和国内市场。

目前，以财政为目的征收的关税对大多数国家来说作用均在下降。例如，美国政府在实施所得税之前，关税是其财政收入的主要来源。目前，在发达国家的税收总收入中，关税收入只占 5%，而 20 世纪初，这一数字为 40%。对发达国家来说，与非关税措施相比，关税用于保护本国产业和国内市场的作用也在下降。2008 年，美国的平均最惠国待遇关税税率约为 3.5%，欧盟为 5.5%，日本为 5.4%，韩国为 17%，中国为 10%，巴西为 31.4%。

二、关税的种类

（一）按征收对象和商品流向分类

1. 进口税

进口税（Import Duties）是进口国的海关对进口货物向本国进口商所征收的关税。进口税按差别待遇或税率的高低不同，主要分为最惠国税和普通税。

最惠国税主要适用于签订有包含最惠国待遇条款的贸易协定的国家或地区之间的进口商品。普通税则适用于没有签订贸易协定的国家或地区之间的进口商品。

最惠国待遇条款（Most-favored Nation Treatment Clause）是多边和双边贸易条约中的主要法律条款。它的含义是缔约方现在和将来所给予任意第三方的一切特权、优惠及豁免，也同样给予缔约对方。也就是使缔约方在缔约另一方享有不低于任意第三方所享有的待遇。例如，1979 年中美签署了《中美贸易关系协定》，根据该协定，双方于 1980 年 2 月起相互给予最惠国待遇。最惠国待遇条款分为无条件的最惠国待遇和有条件的最惠国待遇。无条件的最惠国待遇是指缔约方现在和将来所给予任意第三方的一切优惠待遇，立即无条件地、无补偿地、自动地适用于对方。有条件的最惠国待遇是指如果一方给予第三方的优惠是有条件的，则另一方必须提供同样的补偿，才能享受这种待遇。

第二次世界大战后，大多数国家加入了《关税及贸易总协定》（GATT），或者签订有双边贸易协定，故最惠国税通常被称为正常关税，比普通税率低很多。在各国关税税则中，通常情况下，最惠国税率往往是基本税率，有时也是最高的一栏税率。

2. 出口税

出口税（Export Duties）是出口国海关在本国的出口商品输往国外时，对出口商所征收的一种关税。出口国对本国的大多数出口商品通常并不征收出口税或只征收较低的出口税，这主要是为保证本国的出口商品在国外市场上具有竞争力。但是，根据一国的具体情况，一些国家或地区也会对一些出口商品征收出口税，主要是限制或使一些商品的出口能有秩序地进行。

例如，1997 年，我国就对鳗鱼苗（税号 03019210）等 35 种商品征收出口税，其中鳗鱼苗的出口税为 20%，2010 年仍然维持这一出口措施。对鳗鱼苗征收出口税，目的是保护这种无法通过人工进行孵化的资源和国内鳗鱼市场的供应。鳗鱼是一种在咸水、淡水交界带产籽、育苗的鱼种，因人工繁殖技术不成熟，养殖鳗鱼的苗种必须依靠在咸淡水交汇处的入海口捕捞。2003 年我国取消了鳗鱼苗的出口退税。

目前，中国还从法国、西班牙以及日本等国进口鳗鱼苗，进口税为 0。南通是江苏最大的进口鳗鱼苗繁育养殖基地，仅 2010 年第一季度就进口欧洲鳗鱼苗 1 560万尾。

浙江省宁波市鄞州区的鳗苗捕捞是从每年的 1 ~4 月，2010 年 1 月每船每天能捕获鳗鱼苗 10 多尾。2009 年每尾鳗苗的平均价格在 2 元左右，而 2010 年的价格一直维持在 18 ~20 元。每年 11 月到第二年开春时节，是福建省石狮市鳗鱼苗采苗的旺季，鳗鱼苗价格最高卖到了每尾 10 ~ 11 元。但在 2009 年，由于受到全球金融危机的影响，石狮市烤鳗和活鳗出口量减少，养鳗场的生产需求量锐减，鳗苗价格平均每尾只能卖 1. 5 ~2 元。

中国加入世界贸易组织时确认了包括鳗鱼苗在内的 84 种商品的出口关税的最高水平，不得超过。中国承诺的鳗鱼苗的出口关税的最高水平为 20%。如果中国要提高这些产品的出口关税，需要在提高实施关税前，与受影响的成员方进行磋商，以期找到双方均可接受的解决办法。

3. 过境税

过境税（Transit Duties）又称通过税，是一国对通过其关境的外国货物所征收的关税。因为过境商品对过境国或地区的市场没有影响，即并不在过境国或地区被消费，故大多数国家或地区废除了过境税，而只对过境货物收取少量的准许费、印花费、登记费和统计费等。

一些主要过境国和地区的过境收入十分可观。例如，埃及的过境税是其继旅游、侨汇和石油出口的第四大收汇产业。苏伊士运河全长大约 190km，连接地中海和红海，1859 年开凿，1869 年 11 月正式建成启用，是一条具有重要战略地位的国际航道。一方面，近年来，由于中东地区高速公路和铁路建设的飞速发展和输油管线的不断增加，大型油轮过境率急剧下降。1997 年，因过境船只减少，埃及苏伊士运河过境收入，为 17.9 亿美元下降了 5 900 万美元。过境船只为 14 431艘，比 1996 年减少了 355 艘。另一方面，随着全球贸易的增长，2004 ~ 2005 年苏伊士运河外汇收入又创下了运河有史以来的新高，达到 33 亿美元。苏伊士运河 2005 年总通行船只 16 500 艘，其中中国船只通过约 1 000 艘。2005 年仅中国船只支付的通行费用就约为 1.6 亿美元。

2010 年 3 月受沙尘暴影响，苏伊士运河交通受阻，苏伊士湾多处港口被关闭。2010 年 3 月 14 日当天，仅有 26 艘船通过运河，船只通行量为 20 年来最低。2009 年，平均每天有 47 艘船只通过这一运河。

（二）按照征税的目的分类

按照征收关税的目的进行分类，关税可分为财政关税和保护关税。财政和保护作用以谁为主的问题，在很大程度上取决于一国经济的发展水平和发展目标。从国际上看，一些国家在加入世贸组织后都出现过关税收入降低、关税在国家财政收入中比重逐渐降低的情况。美国在履行关税减让承诺的 1994 年，关税收入比 1993 年减少了 4%，在当年财政总收入中的比重也随之下降。需强调的是，无论财政关税和保护关税均不是越高越好。对此感兴趣的读者可阅读有关财政学和国际经济学方面的书籍。

2009 年我国海关税收为 9 213.6 亿元，比 2008 年多收入了 52.5 亿元。其中，关税收入 1 483.8 亿元，下降了 16.2%；进口环节税收入 7 729.8 亿元，增长了 4.6%。

（三）按照差别待遇和特定的实施情况分类

按照差别待遇和特定的实施情况进行分类，可将进口税分成进口附加税、差价税、特惠税和普惠税。

1. 进口附加税

一国对进口商品除征收一般进口税外，根据某种特定目的还要再加征进口税。所加征的进口税，叫做进口附加税（Import Surtaxes）。进口附加税通常是限制进口的临时性措施。进口附加税征收的目的主要是应付国际收支危机，维持进出口平衡；防止外国商品低价倾销；作为贸易歧视或报复的手段。

进口附加税主要分为反倾销税和反补贴税。

（1）反倾销税（Anti-dumping Duty）。反倾销税是指对倾销的进口商品所征收的一种进口附加税。倾销是指进口商品以低于正常价值的价格在进口国销售。正常价值通常是指该产品在出口国国内市场的可比价格。实施反倾销措施的条件，简单说应该分别确定倾销和损害的存在，并且说明在倾销和损害之间存在因果关系。另外，实施反倾销措施的国家对倾销商品所征收的反倾销税不应超过对该商品确定的倾销幅度。

反倾销措施的国际规则是《GATT》第六条和《实施 GATT 第六条的协议》，简称《反倾销协议》。《反倾销协议》于 1968 年 1 月生效，后经“东京回合”和“乌拉圭回合”的修改，形成目前的 WTO 的《反倾销协议》。

征收反倾销税的目的是阻止不公平的竞争行为。1997 年 3 月中国颁布了反倾销和反补贴条例，同年 10 月，国内九家新闻纸企业向美国和加拿大新闻纸出口企业提起反倾销诉讼。由于进口新闻纸的倾销使我国相关产业受到损害，导致工人失业以及企业亏损和倒闭。

另外，更多的是我国出口企业遭遇到来自许多国家的反倾销指控和被征收反倾销税。原因主要来自两个方面，我方的低价倾销和不应诉。对方不承认我国为市场经济国家，不恰当地选择替代国等。给我国出口企业造成的后果是出口销量下降，甚至失掉国外市场。

（2）反补贴税（Counter-vailling Duty）。反补贴税又称抵消税或补偿税，是对于直接或间接地接受奖金或补贴的外国进口商品所征收的一种进口附加税。

征收反补贴税的条件是进口商品在生产、制造、加工、买卖、输出过程中接受了直接或间接的奖金或补贴，并使进口国生产的同类产品遭受重大损害。反补贴税额的大小一般是按“补贴数额”来征收的。征收反补贴税的目的在于增加进口商品的成本，抵消出口国对该项商品所进行的补贴，维护公平的竞争秩序。补贴和反补贴的国际规则是 WTO 的《补贴和反补贴协议》。

对产品在原产国或输出国所征的捐税（增值税和消费税），在出口时退还或因出口而免税，进口国对这种退税或免税不得征收反补贴税，也就是说出口退税是符合国际惯例的。

美国国际贸易委员会（ITC）2009 年 12 月 30 日对从中国进口的油井管反倾销案反补贴部分的产业损害给出最终调查结果，认定中国政府向中国出口油井管企业提供了 10% ~16% 的补贴。

2009 年 9 月 9 日，我国商务部正式收到中国汽车工业协会代表国内排气量在 2.0L 及 2.0L 以上小轿车和越野车产业提交的反倾销反补贴调查申请，2009 年 11 月 6 日决定进行反补贴和反倾销的立案调查。

2008 年 2 月 7 日，加拿大边境贸易服务署（CBSA）对中国出口到加拿大的无缝石油套管反倾销、反补贴案作出了终裁决定，判定中国天津钢管集团股份有限公司等六家应诉企业的倾销幅度为 37% ~45%；补贴为 2% ~7%，其他企业的倾销幅度为 91%；补贴均为 38%。

表 3-1、表 3-2 和图 3-1、图 3-2 中的统计数据反映了目前国际贸易中反补贴和反倾销措施的应用的基本状况。

表 3-1 1996 ~ 2008 年 WTO 成员方发起反补贴调查和实施反补贴的案件数量

年份	1996年	1997年	1998年	1999年	2000年	2001年	2002年	2003年	2004年	2005年	2006年	2007年	2008年	总计
实施/件	5	3	6	14	19	14	14	6	8	4	3	2	11	109
调查/件	7	16	25	41	18	27	9	15	8	6	8	11	16	207

（资料来源：WTO 网站）

表 3-2 1995 ~ 2008 年 WTO 成员方发起反倾销调查和实施反倾销措施的案件数量

年份	1995年	1996年	1997年	1998年	1999年	2000年	2001年	2002年	2003年	2004年	2005年	2006年	2007年	2008年	总计
实施/件	119	92	125	170	186	229	169	214	220	152	132	137	107	138	2 190
调查/件	157	225	243	257	356	292	366	312	232	214	200	202	163	208	3 427

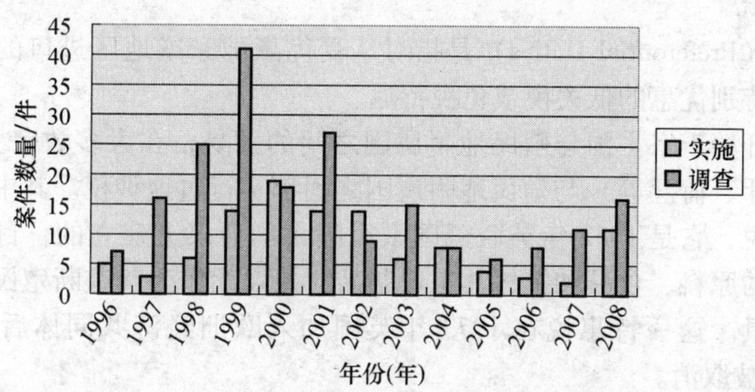

图 3-1 1996 ~ 2008 年 WTO 成员方发起反补贴调查和实施反补贴的案件数量

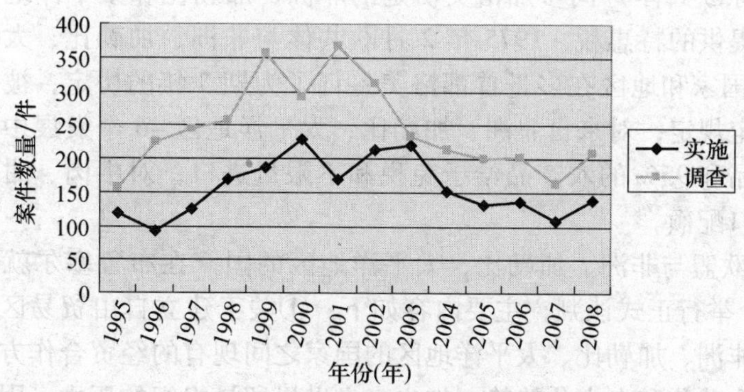

图 3-2 1995 ~ 2008 年 WTO 成员方发起反倾销调查和实施反倾销措施的案件数量

从 1995 ~ 2009 年 6 月 WTO 成员方发起的 226 件反补贴调查案件中美国发起了 94 件，实施的有 57 件；欧盟发起了 48 件，实施的有 23 件；加拿大发起了 23 件，实施的有 15 件。在总共实施的 133 件反补贴案件中，针对印度的有 28 件，针对中国的有17件。

仅2008年7月1日~2009年6月30日一年内，全球共发起反倾销调查217件，其中针对中国发起的反倾销调查就有25件，仅次于针对印度的59件。到2009年6月30日，针对中国仍然在实施的反倾销措施有106件。

2. 差价税

当本国生产的某种商品的国内价格高于同类进口商品的价格时，为了削弱进口商品的竞争力，保护国内生产和国内市场，按国内价格与进口价格之间的差额征收的一种关税，被称为差价税（Variable Levy）。因为差价税是随着国内价格与进口价格之间的差额变动而变动的，所以也称滑动关税。欧盟曾为实施其共同农业政策对农产品进口征收此种关税。这是欧盟实行共同农业政策的过渡措施，已于1968年停止征收。

3. 特惠税

特惠税（Preferential Duties）是指对从受优惠国家或地区进口的全部或部分商品，给予特别优惠的低关税或免税待遇。

特惠税开始于宗主国与殖民地附属国之间的贸易，在大多数宗主国（英国、法国、葡萄牙、荷兰等）与殖民地附属国之间都实行过这种税。其中最有名的是英联盟特惠税，它是1932年英联盟国家在渥太华会议上建立的，目的是确保英国获取廉价的原料、食品和销售其工业制品，并以此作为其垄断殖民地附属国市场的有力工具。这一特惠税在1973年英国加入欧洲经济共同体后，于1974~1977年逐步被取消。

参加洛美协定（Lome Convention）国家之间的特惠税是非互惠的。这种特惠税是欧盟（原欧共体）向参加洛美协定的非洲、加勒比和太平洋地区的发展中国家单方面提供的特惠税。1975年2月欧共体与非洲、加勒比、太平洋地区的46个发展中国家和地区在多哥首都洛美签订了为期5年的协定，被称为洛美协定。洛美协定规定，对来自非洲、加勒比、太平洋地区46个发展中国家和地区的全部工业品和95%的农产品给予免税和不限量进口；对牛肉、甜酒和香蕉规定有免税进口配额。

1998年欧盟与非洲、加勒比、太平洋地区的国家在布鲁塞尔就续签第五个“洛美协定”举行正式谈判，主要内容如下：①关于建立自由贸易区问题。欧盟认为欧盟与非洲、加勒比、太平洋地区的国家之间现有的经贸合作方式已难以适应世界贸易全球化和自由化趋势，加之来自世界贸易组织的压力，因此，主张取消非洲、加勒比、太平洋地区的国家单方面享受的贸易优惠，将建立自由贸易区作为双方在21世纪的奋斗目标。非洲、加勒比、太平洋地区的国家则要求保留贸易优惠制。②关于将发展援助与人权状况挂钩问题。非洲、加勒比、太平洋地区的国家反对附加政治条件的援助。③关于特惠税问题。双方同意取消原协议中有关非洲、加勒比、太平洋地区的国家工业品和95%农产品所享有的免税、不限量进入欧盟市场的特惠税，但双方在过渡期问题上有分歧。④关于非洲、加勒比、太平洋地区的国家某些商品进入欧盟市场问题。原协议规定，非洲、加勒比、太平洋地区的国家生产的香蕉、朗姆酒、糖、大米和牛肉等农产品在规定数量内可免税进入欧盟国家，超额部分则需征收关税。欧盟建议暂时保留此项协议，2004年以后再视情况而定。非洲、加勒比、太平洋地区的国家则要求新协议对此予以保留。⑤关于原产地"充分累积"制度问题。原协议规定，来自非洲、加勒比、太平洋地区的国家或欧盟国家的产品，在非洲、加勒比、太平洋地区的国家作进一步加工、制作后，即可被视为原产国产品，享受特惠税待遇。欧盟初步计划在2005年后，向非洲、加勒比、太平洋地区48个最不发达国家的全部产品免税开放市场，并进一步简化现行有关原产地的规定。非洲、加勒比、太平洋地区的国家对此表示欢迎，但希望能尽快实行。⑥关于古巴加入"洛美协定"问题。非洲、加勒比、太平洋地区的国家积极支持古巴加入，但欧盟只允许古巴以观察员身份参加谈判，并将其人权和民主状况作为正式加入的条件。

1999年，就"洛美协定"续签问题，欧盟和非洲、加勒比、太平洋地区的国家分别在塞内加尔首都达喀尔、比利时首都布鲁塞尔、多米尼加共和国首都圣多明各举行了4次部长级会议，因双方分歧太大未能达成协议。

2000年年初，双方在布鲁塞尔重开谈判，非洲、加勒比、太平洋地区国家在人权、贸易优惠制等问题上作出重大让步，双方于是就签署第五个"洛美协定"达成协议。第五个"洛美协定"于2002年正式生效，但除财政议定书外，大部分条款于2000年5月31日该协定正式签字后立即生效。协定有效期20年，其基本原则是民主、人权和法制。欧盟有权向违反上述原则的国家停止提供援助。欧盟将逐步取消对非洲、加勒比、太平洋地区的国家提供的单向贸易优惠，双方向自由贸易过渡，最终建立自由贸易区，完成与世界贸易组织规则的接轨。

在WTO第四次部长会议上欧盟得到了WTO的授权，即豁免其在WTO下的非歧视义务，以便欧盟可以对来自"非洲、加勒比、太平洋与欧盟伙伴协议"（ACP-EU Partnership Agreement，或称 Cotonou Agreement）下非洲、加勒比和太平洋国家集团的产品给予关税优惠待遇。这一协议的前身就是上面提到的洛美协定。

由于拉丁美洲的一些发展中国家对欧盟给予非洲、加勒比、太平洋地区的国家的特殊优惠表示不满，并向世界贸易组织投诉。世贸组织2001年裁定，欧盟与非洲、加勒比、太平洋地区的国家应在2007年年底之前取消单方面的贸易优惠安排，并达成新的贸易协定——《经济伙伴协议》（Economic and Partnership Agreement）。如果不能与欧盟达成《经济伙伴协议》，非洲国家出口到欧盟的商品将面临5%~25%的关税。如果达成协议，非洲国家在享受出口优惠的同时，其国内市场也必须向欧盟开放。欧盟2002年开始与非洲、加勒比、太平洋地区的国家就新的协定《经济伙伴协议》进行谈判。截至2010年，非洲国家在与欧盟就《经济伙伴协议》仍无法完全达成一致意见。南非和尼日利亚等大多数非洲国家主张非洲应作为一个整体与欧盟签订协议，迫于内外压力，科特迪瓦、加纳、喀麦隆和博茨瓦纳等一些非洲国家率先与欧盟签订了临时协定。2009年8月，东南部非洲六国（赞比亚、津巴布韦、科摩罗、马达加斯加、毛里求斯和塞舌尔）也与欧盟签署了《经济伙伴协议》。

实际上，在目前许多区域经济一体化组织成员之间所达成的取消贸易壁垒的协议中，区域经济一体化组织成员之间相互给予的关税减免，也是一种特惠税。这种特惠税是世界贸易组织最惠国待遇原则所允许的例外。其理由是特惠贸易协议中关税减免所带来的好处虽然比不上在世界范围内进行关税减让所带来的好处，但是总比没有强。例如，我国对老挝等东南亚4国、埃塞俄比亚等非洲31国、阿富汗等6国，共41个联合国认定的最不发达国家的部分税目商品实施特惠税率。区域经济一体化的影响究竟如何，在区域经济一体化章节中将有较为详细的介绍。

4. 普惠税

普惠制（Generalized System of Preferences，GSP）是普遍优惠制的简称。它是发展中国家在联合国贸易与发展会议（UNCTAD）上经过长期斗争，在1968年通过建立“普惠制决议”之后取得的，于1971年正式实施。

普惠制的主要内容是发达国家承诺对从发展中国家或地区输入的商品，特别是制成品和半制成品，给予普遍的、非歧视的和非互惠的关税优惠待遇，这种优惠税称为普惠税。普惠税比最惠国税要低。例如，欧盟针对花卉进口的最惠国税率高达15%～20%，普惠制优惠幅度在5%左右。

普惠制的原则是普遍的、非歧视的和非互惠的三项原则。普遍的是指发达国家应对发展中国家或地区出口的制成品和半制成品给予普遍的优惠待遇。非歧视的是指应使所有发展中国家或地区都不受歧视、无例外地享受普惠制的待遇。非互惠的是指发达国家应单方面给予发展中国家或地区关税优惠，而不要求发展中国家或地区提供反向优惠。

普惠制实施的目的在于增加发展中国家或地区的外汇收入，促进发展中国家或地区的工业化，加速发展中国家或地区的经济增长率。实践中，普惠制的使用可以给发展中国家的企业带来许多好处。许多外商甚至将取得普惠制原产地证书（FORMA）作为来中国投资办厂的必要条件。除此之外，利用普惠制还可以加速有关产品的国产化、灵活使用价格策略等。

目前给惠国和地区包括：欧盟、瑞士、挪威、日本、新西兰、澳大利亚、美国、加拿大、俄罗斯、白俄罗斯、乌克兰、哈萨克斯坦、土耳其和列支敦士登。

除美国以外，有 39 个国家给予了我国普惠制待遇。受惠国或地区达 170 多个。欧盟从 1981 年起给我国普惠制待遇。

各给惠国在实施普惠制时，都依各自的普惠制方案进行。各给惠国的普惠制方案不尽相同，但大多都包括如下一些主要内容：

（1）受惠国或地区的规定（Beneficiaries）。受惠国或地区的规定即受惠国或地区的名单。

（2）受惠产品范围的规定（Product Coverage）。受惠产品随给惠国的经济贸易政策的需要而有所增减和调整。在受惠产品中，农产品少，工业品多。

（3）受惠产品减税幅度的规定（Tariff Cut Depth）。不同商品的减税幅度不同。

（4）给惠国保护措施的规定（Protective Measures）。其中包括免责条款、预定限额、竞争需要标准（美国采用的标准）、毕业条款、原产地规定（包括原产地标准、直接运输规则、原产地证明文件）等。

1）免责条款规定，如果进口量过大，给进口国造成损害就可以不实施普惠制。预定限额是设定一个进口限额，超过这个限额的进口量，就不再享受普惠制待遇。

2）毕业条款是受惠国或受惠商品在达到给惠国规定的相关标准后，就不再享受普惠待遇。美国从 1981 年，欧盟从 1995 年 1 月 1 日起实施这项规定。毕业条款分“产品毕业”和“国家毕业”。

1996 年中国化工产品、玻璃、陶瓷制品和服装对欧盟“产品毕业”。“产品毕业”规定产品在市场上具有竞争力以后就“毕业”。竞争力的衡量标准是来自一国的某种进口商品大于进口国该种商品总进口额的 50% 或一定限额。从 1998 年 5 月 1 日起，新加坡、中国香港和韩国对欧盟“国家毕业”，即欧盟取消了这三方的普惠待遇。

3）普惠制中的原产地规则是各给惠国制定的关于受惠国出口产品能否享受普惠制待遇的条件的规定。它是普惠制方案的重要组成部分和核心，主要包括三部分：原产地标准、直接运输规则和原产地证明文件。

产品的原产地规定（Rules of Origin）主要分为完全原产产品、非完全原产产品。对非完全原产产品来说，判定是否符合原产地资格要看该产品是否发生了“实质性变化”。“实质性变化”的判定标准有两个：一是加工标准，一是增值标准（或称百分比标准）。加工标准是看加工前后产品的税则号是否有改变。百分比标准是看进口原材料的百分比是否小于规定的产品成本的百分比。例如，澳大利亚要求本国（这里指受惠国）的原料和劳务价值成本占产品成本的百分比大于50%。

$$\frac{\text{本国的原料} + \text{劳务价值}}{\text{产品出厂成本}} > 50\%$$

或 $$\frac{\text{进口原料}}{\text{产品出厂成本}} < 50\%$$

采用加工标准的给惠国和地区有欧盟、瑞士、挪威、土耳其和日本。采用百分比标准的国家有13个：加拿大、澳大利亚、新西兰、俄罗斯、乌克兰、白俄罗斯、哈萨克斯坦、捷克、斯洛伐克、波兰、匈牙利、保加利亚和美国。各给惠国采用的百分比各不相同，计算基础也不尽相同。

按照2006~2015年欧盟的普惠制方案，我国在2009年1月1日~2011年12月31日内能享受欧盟普惠制优惠待遇的产品有农产品、矿产品、木浆、纸及纸制品，而大部分工业产品依然被排除在欧盟普惠制优惠待遇之外。优惠幅度是在最惠国税率（或称协定税率）的基础上减3.5个百分点或免除关税。

直接运输规则是指受惠国的受惠出口产品必须从该受惠国直接运往给惠国。这项规定的目的是保证出口到给惠国的产品就是从出口产品受惠国发运的原产品，避免发生在途经第三国时可能进行的再加工和被换包，即避免非法转口。

我国普惠制项下的原产地证明文件的出证机构是各地的出入境商品检验检疫局。凡受惠国要求享受普惠制待遇的出口商品，均需持有能证明其符合有关给惠国原产地标准的普惠制原产地证书和能证明其符合有关给惠国直接运输规则的证明文件。实践中，如果出口单位是在北京地区申请签发普惠制原产地证书，必须预先在北京出入境商品检验检疫局办理产地证注册登记手续；申请签证时，须提交《普惠制产地证明书申请书》，填制正确的普惠制原产地证书和出口产品的商业发票及相关单证。

（四）按关税征收的方法分类

按关税征收的方法分，关税主要分为从量税、从价税、混合税和选择税。

1. 从量税

从量税（Specific Duties）是以商品的计量单位为标准所征收的关税。这些计量单位有重量、数量、容量、长度和面积等。从量税额＝商品的量×每单位商品的税。其中，商品的量大多数是以重量为基础计征的。而重量又有按毛重或净重计征的。在价格上涨时，从量税的保护和财政目的都很难实现，一般适用于低价产品。第二次世界大战后，由于商品的种类及价格不断变化，目前大多数国家对大部分进出口商品均采用从价税。

2010年，我国进口冻的整只鸡（02071200）普通税率和最惠国税率分别为5.6元/kg和1.3元/kg。

2. 从价税

从价税（Ad Valorem Duties）是以进口商品的价格为标准计征的关税。从价税额＝商品的总值×从价税率。这里，商品的总值即为商品的完税价格。商品的完税价格是指经海关审定的作为计征关税的商品的价格。

1947 年，GATT 订有第七条——海关估价条款，在此基础上“东京回合”订有海关估价协议，并已于 1981 年 1 月 1 日生效。WTO 的海关估价协议规定禁止使用武断的和虚假的海关价值，并提供了一套估价规则，扩展了 1947 年 GATT 的第七条，并且使其更加准确。

从价税征收简单，税率明确，较为公平，保护和财政作用随价格上涨而增加。其缺点是海关审价或估价比较复杂。

3. 混合税

混合税（Mixed or Compound Duties）又称复合税，是指对某种进口商品同时征收从价税和从量税的一种计征关税的方式。混合税额 = 从价税额 + 从量税额。

例如，2001 年，中国对每台完税价格低于或等于 2 000 美元的放像机（税则号为：85211020），执行单一从价税，税率为 45%；每台完税价格高于 2 000 美元，征收从量税，税额每台 7 000 元，加上 3% 的从价税。

2010 年，中国对磁带放像机（税则号为：85211020）的普通税率是完税价格不高于 2 000 美元/台：130%；完税价格高于 2 000 美元/台：6%，加 20 600 元。最惠国税率是完税价格不高于 2 000 美元/台：30%；完税价格高于 2 000 美元/台：3%，加 4 374 元。

4. 选择税

选择税（Alternative Duties）是指对某种进口商品同时订有从价税和从量税两种税率，征税时，一般取其高者的一种计征关税的方式，也有时取低征收。选择税额 = 从价税或从量税（择高或择低）。

例如，2007 年我国曾对天然橡胶产品的进口实行选择税，天然橡胶（包括烟片胶和标准胶）的从价税为 20%，从量税为 2 600 元/t，两者中从低计征关税；天然胶乳从价税为 10%，从量税为 720 元/t，两者中从低计征关税。这次调税一方面有利于保护我国天然橡胶产业的发展，保证了我国天然橡胶生产的最低价和种植企业的盈利水平；同时也兼顾到了下游橡胶行业（轮胎和乳胶）的利益。

（五）按照关税保护的程度和有效性分类

1. 名义关税率

名义关税率（Nominal Tariff）是指某种进口商品进入某国关境时海关根据海关税则所征收的关税税率。

名义关税率也称名义保护税率，它是用来衡量实行关税保护使价格提高的百分比。如果是从量税，则相应的名义保护税率 = 税额/（含税价 - 税额）。如果是从价税，则相应的名义保护税率为税则中公布的税率。

2. 有效关税率

有效关税率（Effective Tariff，or Rate of Effective Protection）也称保护关税

率、实际保护关税率，是指受保护行业的单位产品附加值增值的百分比。

有效关税率的定义式为：

$$E = \frac{(V' - V)}{V}$$

式中，E 是有效关税率；V'是商品的含税附加值；V 是商品不含税附加值，即自由贸易条件下的附加值。

由上述定义式可推导出另一计算公式为：

$$E = \frac{T - \sum_i a_i t_i}{1 - \sum_i a_i}$$

式中，T 是成品的名义关税；a_i，t_i 分别是第 i 种进口原材料占成品的百分比和该种原材料的进口关税。

下面由定义式推导上面的表达式，设 X 为成品的价值，根据 V 和 V'的定义，可得：

$$V = X - \sum_{i=1}^{n} a_i X$$

$$V' = X + TX - \left(\sum_{i=1}^{n} a_i X + \sum_{i=1}^{n} a_i t_i X \right)$$

将 $V' - V$ 代入 $E = (V' - V)/V$ 中可得：

$$E = \frac{T - \sum_i a_i t_i}{1 - \sum_i a_i}$$

下面对上式作一下简要分析：

当 $i = 1$，$a_1 = p$，$t_1 = t$ 时，$E = (T - pt)/(1 - p)$。

下面对 $i = 1$，即成品中仅有一种进口原料时，E 与 T 之间的关系作一下简单的讨论。

首先可将 $E = (T - pt)/(1 - p)$ 变换成 $E = T(1 - pt/T)/(1 - p)$ 的形式。

当 $t < T$，$t/T < 1$，$(1 - pt/T) > (1 - p)$，$E > T$，即有效保护高于名义保护。

当 $t > T$，$t/T > 1$，$(1 - pt/T) < (1 - p)$，$E < T$，即有效保护低于名义保护。

当 $t = T$，$t/T = 1$，$(1 - pt/T) = (1 - p)$，或 $p = 0$，$E = T$，即有效保护等于名义保护。

由此可见，比较合理的关税结构安排，应该是一种梯形结构，即原材料关税应低于成品的关税。这样才能有利于进口附加值低的原材料，提高附加值高的成品的生产。

例 3-1　在自由贸易条件下，进口一部汽车的价值为 8 000 美元，进口一部汽车所需的零部件价值为 6 000 美元。现在有 A、B 两国均对汽车征收 25% 的关税，而对进口汽车零部件分别征收 0 和 10% 的关税。问两国的这种关税措施安排是否有利于它们发展自己的汽车组装业。

解：$p=\frac{6\,000}{8\,000}=0.75$

$T=25\%$

$t_A=0$，$t_B=10\%$ 的关税

$$E_A=\frac{25\%-0.75\times 0}{1-0.75}=100\%$$

$$E_B=\frac{25\%-0.75\times 10\%}{1-0.75}=70\%$$

由上面的计算结果可知，A、B 两国相比，A 国的关税措施安排更利于其发展自己的汽车组装业。

（六）约束税率和实际税率

约束税率（Bound Tariff Rates）是指经过关贸总协定/WTO 谈判达成协议而确立的关税调整上限，列在各 WTO 成员方的关税减让表中，并作为 WTO 协议的一部分执行。《关税与贸易总协定》第 2 条强制各国实行约束关税。如果 WTO 一成员方把实际税率（Applied Tariff Rates）提高到约束水平以上，受到影响的出口方有权对进口方的等价值出口产品采取报复性措施或接受对方给予的赔偿。

例如，2008 年中国农产品的平均约束税率为 15.8%，平均最惠国待遇税率为 15.6%；欧盟国家的这一数字分别为 15.9% 和 16.0%；日本的这一数字分别为 24.0% 和 23.6%；美国的这一数字分别为 4.8% 和 5.3%。对于非农产品，中国的平均约束税率为 9.1%，平均最惠国待遇税率为 8.7%；欧盟国家的这一数字分别为 3.9% 和 4.0%；日本的这一数字分别为 2.5% 和 2.6%；美国的这一数字分别为 3.3% 和 3.3%。

三、关税的执行——关税税则和报关程序

（一）关税税则

1. 关税税则的含义

关税税则也称关税税率表（Tariff Schedule），是指一国制定和公布的对进出其关境的货物征收关税的条例和税率的分类表。它是一国关税政策的具体体现。关税税则包括各项征税或免税货物的详细名称、税率、征税标准（从价或从量）和计税单位等。

2. 关税税则的种类

海关税则分为单式税则和复式税则两种，大多数国家实行复式税则。单式税

则是指一个税目只有一个税率，适用于来自任何国家的同类商品的进口，不存在差别待遇。复式税则是指对应一个税目有两个以上税率，不同的税率适用来自不同国家的进口商品。复式税则也称多栏税则，目前大多数国家采用这种税则。各国复式税则也不尽相同，有二、三、四、五栏不等，设有普通税率、最惠国税率、协定税率、特惠税率等。一般来说，普通税率最高，特惠税率最低。

2009 年 12 月 8 日，中国国务院关税税则委员会发布了《2010 年关税实施方案》。《2010 年关税实施方案》包括进口关税调整、出口关税调整和税则税目调整。调整后，我国进出口税则（2010 年版）的税目总数为 7 923 个。《2010 年关税实施方案》包括八个附表：进口商品最惠国税率调整表、关税配额商品进口税率表、进口商品从量税及复合税税率表、进口商品暂定税率表、出口商品税率表、进出口税则税目调整表等。

3. 海关税则的货物分类

（1）世界海关组织。世界海关组织（World Customs Organization，WCO）是政府间协调关税制度和海关事务的国际组织。1952 年，根据 1950 年制定的《设立关税合作理事会公约》成立了海关合作理事会（Customs Cooperation Council，CCC），总部设在布鲁塞尔。中国于 1983 年 7 月正式加入该理事会。1994 年 10 月，这一机构采用 WCO 为其工作名称，而 CCC 则仍保留为官方名称，这样就不会有修改 CCC 公约的问题。世界海关组织有 176 名成员。

它建立了一套国际标准的商品分类原则——“商品名称及编码协调制度”。

（2）商品名称及编码协调制度。以往许多国际上通用的商品分类目录实施后均难以统一执行，其主要原因就是没有国际公约的约束。在制定《海关合作理事会商品分类目录》时，海关合作理事会总结过去的经验，1983 年 6 月，通过了《协调制度公约》。《商品名称及编码协调制度》（Harmonized Commodity Description and Coding System，HS）简称《协调制度》（Harmonize System），它作为一个国际上政府间《协调制度公约》的附件而存在，并于 1988 年 1 月 1 日在国际上正式实施。《协调制度》是一部科学、标准的多用途商品分类体系和编码体系，广泛应用于海关关税管理、进出口贸易申报和统计、关税和贸易谈判、进出口商品检验、国际商品运输、原产地证签证及管理等许多领域。目前，世界上有 160 多个国家和地区以 HS 为基础制定本国的海关税则。

我国的海关税则基础是《协调制度》。从 1990 年起，在普惠制签证和商检机构实施检验的进出口商品种类表方面，我国先后实施了 HS 编码，此后又陆续在海关、外贸运输、银行、保险以及其他领域推广使用 HS。HS 允许其编码 6 位数以后可由采用 HS 的国家根据自身的需要将商品作进一步细化分类。我国海关从 1992 年开始采用 HS，在 HS6 位数的基础上加列到 8 位数，目前为 10 位数。《协调制度》是进出口商品编码确定的依据，直接关系着进出口企业的税负及通关速度。2007年版《协调制度》已正式实施。2007年版《协调制度》在2002年版的基础上进行了大范围的修订，涉及30余章，其中很多产品的税目结构、税率以及监管条件均发生了较大变化。《协调制度》平均5~6年修订一次。《中华人民共和国进出口税则》（2010年版）的制定基础是新版的《协调制度》，其进出口税目总数将由2009年的7 868个增至7 923个。

对每一位从事国际贸易和与国际贸易有关的工作人员来说，熟悉和掌握HS无疑是十分重要的，因为在国际贸易实践中常会与HS打交道。例如，商务部、海关总署、国家质量监督检验检疫总局联合发布2009年第119号公告，即关于公布《2010年进口许可证管理货物目录》的公告。集装箱叉车（海关商品编号为8427201000）的进口需要申领进口许可证。《2010年出口许可证管理货物目录》中涉及需要申领汽车出口许可证的税目（十位）就有136个。2008年，中国政府与新西兰政府签订的自由贸易协定中有关羊毛和毛条的配额规定是指归类于下列税号（或称商品编码）的货物：51011100，51011900，51012100，51012900，51013000，51031010，51051000，51052100，51052900。

HS是在吸收了《海关合作理事会分类目录》（Customs Cooperation Council Nomenclature，CCCN，又称《布鲁塞尔税则目录》Brussels Tariff Nomenclature，BTN，《联合国国际贸易标准分类》——United Nations Standard International Trade Classification，SITC）和国际上其他分类体系优点的基础上，形成的一个6位数的多用途分类目录和一个4位数税目为基础的结构式分类目录。贸易统计和分析多用6位数，海关征税多用4位数。

HS将商品分为21类（Section），第一类：活动物，动物产品；第二类：植物产品；第三类：动、植物油、脂及其分解产品，精制的食用油脂，动、植物蜡；第四类：食品，饮料、酒及醋，烟草、烟草及烟草代用品的制品；第五类：矿产品；第六类：化学工业及其相关工业的产品；第七类：塑料及其制品，橡胶及其制品；第八类：生皮、皮革、毛皮及其制品，鞍具及挽具，旅游用品、手提包及类似容器，动物肠线（蚕胶丝除外）制品；第九类：木及木制品，木炭，软木及软木制品，稻草、秸秆、针茅或其他编结材料制品，篮筐及柳条编结品；第十类：木浆及其他纤维状纤维素浆，纸及纸板的废碎品，纸、纸板及其制品；第十一类：纺织原料及纺织制品；第十二类：鞋、帽、伞、杖、鞭及其零件，已加工的羽毛及其制品，人造花，人发制品；第十三类：石料、石膏、水泥、石棉、云母及类似材料的制品，陶瓷产品，玻璃及其制品；第十四类：天然或养殖珍珠、宝石或半宝石、贵金属、包贵金属及其制品，仿首饰，硬币；第十五类：贱金属及其制品；第十六类：机器、机械器具、电气设备及其零件，录音机及放声机、电视图像、声音的录制和重放设备及其零件、附件；第十七类：车辆、航空器、船舶及有关运输设备；第十八类：光学、照相、电影、计量、检验、医疗或外科用仪器及设备、精密仪器及设备，钟表，乐器，上述物品的零件、附件；第十九类：武器和军火，上述物品的零件、附件；第二十类：杂项制品；第二十一类：艺术品、收藏品及古物类及未分类商品。

类下面再分三层。第一层为章（Chapter），共有 96 章。第二层为品目（Heading），共有 1 242 个品目（Sub- Heading）。第三层为子目，共有 5 019 个子目。其中，1 ~24 章（属 1 ~4 类）为农副产品，25 ~96 章（属 5 –21 类）为工业产品，第 77 章留空作为备用章。每个品目编一个四位数的品目号，前两位数字表示该品目所属的章，后两位数字表示该品目在这一章内的顺序号，中间用圆点隔开。例如，62. 05 代表第 62 章，机织服装，05 顺序号下的商品，即机织男衬衫。

一个品目号可以代表一种商品，也可表示一组相关的商品。例如，品目号 04. 09 仅代表蜂蜜一种商品，而品目号 08. 04 却代表鲜的或干的椰枣、无花果、菠萝、鳄梨、芒果、番石榴和竹果等一组商品。品目号下面还可细分为子目号，子目号由 6 位数组成。如上面提到的 62. 05 还可细分为 6 205. 20（全棉男衬衣）和 6 205. 30（化纤男衬衣）。

为了避免在商品归类上产生争议，HS 还为每个类、章甚至品目和子目加了注释。这些注释也是确定商品最终归类的依据，被称为“法定注释”。相对来说，对商品的归类，各类、章的标题仅为查阅方便而设，没有法定的约束力。认识到这一点对正确查阅 HS 编码十分必要。例如，第 22 章的标题为“饮料、酒和醋”，而章注释却明确表明“本章不包括以重量计醋酸浓度超过 10% 的醋酸溶液”（该商品的品目为 29. 15）。

HS 的分类原则是按商品的原料来源、加工程度、用途以及所在的工业部门为商品分类的。这里原料来源为分类的主线条，加工程度及用途为辅线条。主辅线条相辅相成，再加上“法定注释”，就使人们能在 HS 所涉及的成千上万种商品中迅速、准确地确定某种商品所处的位置。这也正是 HS 分类法的科学性和系统性所在。

一般来说，相同原料制成的商品一般编排在同一章内。例如，塑料及其制品在第 39 章，橡胶及其制品在第 40 章，玻璃及其制品在第 70 章。在同一章内的商品按照从原料到成品的加工程度依次排列。即原材料 – 坯件 – 半成品 – 制成品。加工程度越深，商品的品目号排得越靠后。例如，第 44 章的“木和木制品”按燃料木料（44. 01）——原木（44. 03）——粗加工的木棍（44. 04）——锯木（44. 07）——制胶合板用的薄板（44. 08）——胶合板（44. 12）——木制品（44. 15——44. 21）的顺序列划分为 21 个品目号。不同原料的商品列入不同的章。例如，机织织物按其原料不同分别归入第 50 章（丝织物）、第 51 章（毛织物）、第 52 章（棉织物）、第 53 章（麻织物）以及第 54 章（人造丝织物）。金属制品也按其原料不同分别归入第 73 章（钢铁制品）、第 74 章（铜制品）、第 75 章（镍制品）、第 76 章（铝制品）、第 78 章（铅制品）、第 79 章（锌制品）、第 80 章（锡制品）。

章与章之间的编排也是如此。加工程度越复杂的商品排得越靠后。例如，活动物排在第 1 章，鲜肉排在第 2 章，肉类的保藏则排在第 16 章。活树排在第 6 章，木材排在第 44 章，木制玩具排在第 95 章，木制工艺品排在第 96 章。

由于商品的种类和性质的复杂性，不可能刻板地把所有商品都按原料分类，尤其对于那些由多种原料组成的商品或加工程度较高的工业产品，例如，精密仪器、光学仪器、航天航空器以及工艺品和艺术品等。所以有许多章是按商品的用途划分的，这时就不考虑其所使用的材料。例如，羽绒衣、羽绒被、羽毛球及羽毛掸，就没有按其所使用的原料归入第 67 章（羽毛，羽绒制品），而是按它们各自的用途分别归入第 62 章（机织服装）、第 94 章（床上用品）、第 95 章（体育用品）以及第 96 章（杂项制品）。此外，像第 57 章的地毯、第 64 章的鞋类以及第 95 章的玩具，也都不考虑其原料结构，而根据其用途单独列一章。

（二）报关程序

1. 报关的含义

报关涉及的对象可分为进出境的货物、物品和运输工具两大类。报关是指进出境运输工具的负责人、货物和物品的收发货人或他们委托的代理人（统称“报关人”），在通过海关监管口岸时，依法进行申报并办理有关手续的过程。由于报关涉及的对象不同，其报关程序各异。进出境运输工具的报关如船舶、飞机等通常应由船长、机长签署到达、离境报关单，交验载货清单、空运、海运单等单证向海关申报，作为海关对装卸货物和上下旅客实施监管的依据。货物和物品的报关则应由进口货物的收货人，出口货物的发货人，或者其代理人在货物进出口时，按照货物的贸易性质或物品的类别，填写进出口货物报关单，向海关申报，同时提供批准货物进出口的证件和有关的货运、商业单据，以便海关依据这些单据、证件审查货物的进出口是否合法，确定关税的征、减、免事宜并编制海关统计。

2. 进出境货物报关程序

有关进出境货物报关程序（Procedure of Applying to the Customs）各国海关的规定不尽相同，但是，各国海关对进出境货物的监管通常都包括这样几个环节：企业申报、海关查验货物和海关放行。有关具体细节进出口商可借助各国海关的网址查寻相关资料。

下面仅以中国海关一般进出口货物的报关程序为例进行简要说明。

在中国，办理进出境货物报关时，进（出）境货物因贸易方式、企业性质和开放地区不同，收、发货人或其代理人向海关办理报关手续和交验的单证也不尽相同。报关通常包括企业申报、海关查验货物和海关放行这三个步骤。

（1）企业申报。出口货物的发货人或其代理人除海关特许外，应当在装货的24h之内向海关申报。进口货物的收货人或其代理人应当自载运该货的运输工具申报进境之日起14天内向海关办理进口货物的通关申报手续。企业一般要填写一式二份（有的海关要求报关单份数不止二份）的报关单。报关单填报项目要准确、齐全，字迹清楚，不能用铅笔；报关单内各栏目，凡海关规定有统计代号的，以及税则号及税率一项，由报关员用红笔填写。任何进出口货物通关，都必须在向海关递交已填好的报关单的同时，交验有关的货运和商业单据。通常须向中国海关交验的单证主要有以下几种：

1）《进（出）口货物报关单》：一般进口货物应向海关递交进口报关单一式四份，出口货物报关单一式五份，但转口、转关输出的货物应填写六份《出口货物报关单》。

2）对外经贸行政管理部门签发的《进（出）口货物许可证》。

3）国家主管部门同意进（出）口的其他有关批准文件。

4）国家商品检验、动植物检疫、药物检验等机构签发的证件。

5）国家外汇管理部门印制的《出口收汇核销单》。

6）货运单据，包括提货单、装箱单、发票、货物明细单等。

7）减税、免税或免验的证明文件。

8）合同、产地证和海关认为必须提供的其他单证、账册等。

9）报关单位向海关办理备案登记手续后由主管海关核发的《登记手册》及《报关员证件》。

（2）海关查验货物。进出口货物，除海关总署特准的以外，都应接受海关查验。海关查验货物，应在海关规定的时间和场所进行。查验的目的是核对报关单证所报内容与实际到货是否相符，有无错报、漏报、瞒报、伪报等情况，审查货物的进出口是否合法。

海关查验货物时，要求货物的收、发货人或其代理人必须到场，并按海关的要求负责办理货物的搬移、拆装箱和查验货物的包装等工作。

（3）海关放行。海关经过审核进出口货物报关单据、查验实际货物，并依法办理了征收货物税费手续或减免税手续后，即在有关单据（通常出口为装货单，进口为提货单）上签盖放行章，然后货物的所有人或其代理人才能装运或提取货物。此时，海关对进出口货物的监管结束。

另外，进出口货物因各种原因需海关特殊处理的，可向海关申请担保放行。海关对担保的范围和方式均有明确的规定。

四、关税的影响

关税的影响可以用经济学中常用的供求曲线图来说明。在具体说明关税的影响之前，先介绍几个相关概念。国际贸易分析中的“大国”和“小国”的概念。

这里的“大国”和“小国”不是地理或人口的概念，而是以贸易量为指标来衡量的。图 3-3 中，在需求曲线的基础上可以描述消费者剩余的概念，即某种商品价格下降给消费者带来的净利益，用几何图形可以表示出这一净利益，即需求曲线与水平价格线和纵轴所围成的三角形面积（黑色的面积）。价格由 P_1 下降为 P_2，消费者剩余就是浅灰色的梯形面积，它表示的是消费者获得的净利益；反之，价格由 P_2 上升为 P_1，对消费者来说这块灰色的面积就是净损失（也称消费扭曲）。同理，可用图 3-4 来说明生产者剩余的概念，即某种商品价格上升给生产者带来的净利益。

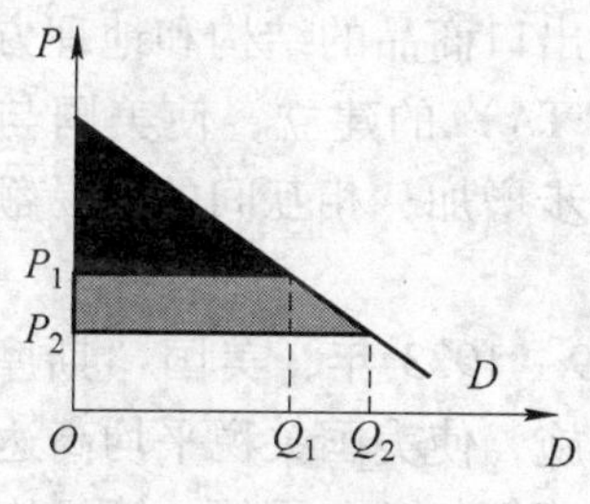

图 3-3　消费者剩余

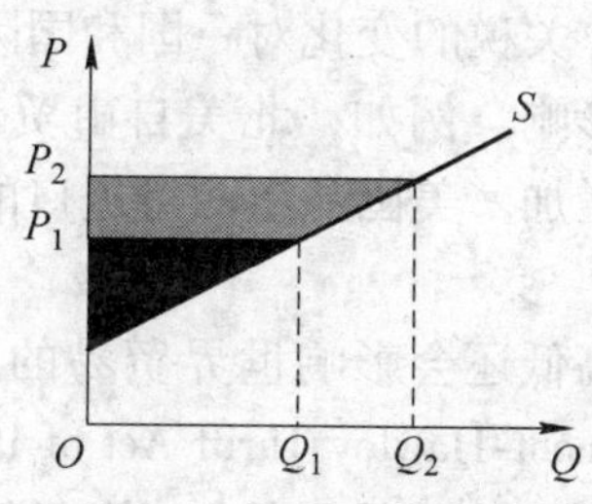

图 3-4　生产者剩余

由图 3-5 可知，关税对一国贸易条件的影响，一国对某种商品加征关税 t（t 为从量税）最直接的影响，是使进口商品的国内价格上升，价格由征税前的 P_w 上升至 P_w+t，其中，P_w 为自由贸易情况下的世界市场价格。进口量将由原来的 Q_c-Q_e 减少为 Q_d-Q_f（Q_c、Q_e、Q_d 和 Q_f 没有在图 3-5 中直接标出，但已间接给出 c、e、d 和 f 四点的位置）。而该产品的进口价格，即世界市场价格对“小国”来说不变，仍为 P_w。如果“大国”加征关税，则会因为其进口量的减少而使世界市场该产品的价格有所下降。因此对“小国”来说贸易条件是不变的，而对“大国”来说贸易条件因为进口价格的降低而得到了改善。

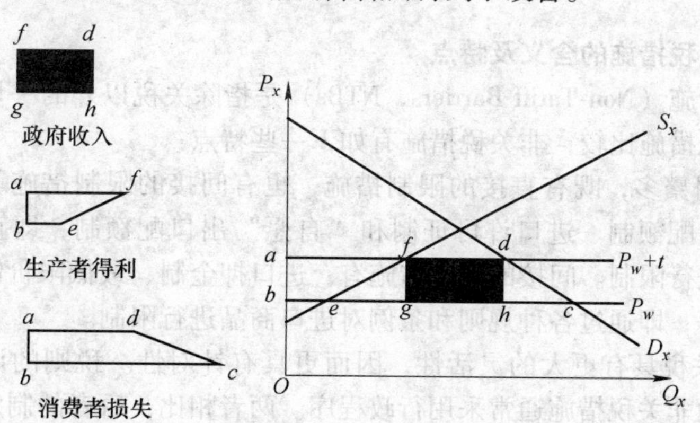

图 3-5　关税影响

由图3-5还可知关税对一国福利的影响。“小国”福利是净损失，损失的大小即为三角形 *efg* 的面积（生产扭曲）和三角形 *hdc* 的面积（消费扭曲）之和（读者可利用上面介绍的消费者剩余和生产者剩余的概念，再参照图3-5自己分析这一原因）。“大国”的福利影响则不确定，这主要取决于“大国”贸易条件的改善与关税提高带来的成本增加（包括生产扭曲和消费扭曲）两者谁大谁小的问题。

因此，某种商品关税的变化对该种商品的价格、生产、销售到底有多大的影响，取决于该商品的供求弹性、大国还是小国等许多因素。

另外，关税的变化对一国和国际贸易的进出口商品的结构和地理方向也会产生一定的影响。例如，北美自由贸易区（NAFTA）的建立，使美国与墨西哥之间的贸易增加。美国从墨西哥进口的纺织品逐步增加，相互间的贸易额也在逐步增大。

关税高低还会影响世界贸易的发展。1929～1933年，美国“斯摩特—郝莱税则”（Smoot-Hawley Tariff Act of 1930）的实施，使美国关税平均高达53%，主要贸易国之间的“关税战”，使国际贸易额下降了2/3。另外，第二次世界大战后到20世纪70年代随着关税的降低，国际贸易又有了快速发展，1950～1973年间，国际贸易额年均增长率达10.3%。

关税对贸易差额和国际收支也会产生影响。提高关税可以抑制进口，如果一国贸易为逆差，短期内，可以降低逆差，从而使国际收支得到改善。但从长期来看，可能因进口价格上涨，导致一国价格的普遍上涨，不利于出口，从而加重贸易逆差和国际收支的逆差。

第二节 非关税措施

一、非关税措施的含义及特点

非关税措施（Non-Tariff Barriers，NTBs）是指除关税以外的一切限制进口的措施。与关税措施比较，非关税措施有如下一些特点：

（1）名目繁多，既有直接的限制措施，也有间接的限制措施。直接的限制措施有：进口配额制、进口许可证制和“自愿”出口配额制，即直接对进口的数量和金额进行限制。间接的限制措施有：进口押金制、最低限价制、繁杂苛刻的技术标准等，即通过各种规则和条例对进口商品进行限制。

（2）比关税具有更大的灵活性，因而更具有针对性。税则的调整一般须经立法程序。而非关税措施通常采用行政程序。两者相比，后者的制定和实施更简单、快捷。

（3）更易达到直接限制的目的。例如，超过配额禁止进口或征收极高的关税。这样就直接达到了限制的目的。

（4）更具隐蔽性和歧视性。关税措施往往以法律的形式公开，且明确具体。而非关税措施则往往不公开，或规定的标准和手续繁杂，不易被很快了解。

二、非关税措施的种类

非关税措施是在20世纪30年代资本主义世界性经济危机爆发时才大量出现的。由于非关税措施种类繁多，这里主要讲解一些目前普遍存在的非关税措施。

（一）进口配额

进口配额（Import Quotas）是一国政府对一定时期某些商品的进口数量或金额所规定的直接限额。在限额以内的该进口商品，可以进口；超过限额则不准进口或对其征收高额关税或处以罚款后才能进口。

1931年，法国对化肥的进口首先采用了这一措施。目前，进口配额不仅用于限制进口，还是各国谈判、迫使对方让步的砝码。

进口配额可进一步分为以下几种。

1. 绝对配额

绝对配额（Absolute Quotas）即规定一个最高限额，超过不准进口。绝对配额按配额分配方式的不同可分为全球配额和国别配额。

（1）全球配额（Global Quotas or Unallocated Quotas）。全球配额是指对配额的使用依申请的先后顺序批给一定的配额，直至总配额发完为止。我国农产品进口关税配额为全球配额。

（2）国别配额（Country Quotas）。国别配额是按国别或地区分配固定的配额。国别配额又可细分为自主配额和协议配额，协议配额又称双边配额。

例如，2013年中国自新西兰进口羊毛、毛条协议国别配额分别为30 388t和547t。

2. 关税配额

关税配额（Tariff Quotas）是指对限额内的商品进口，给予低税、减税或免税待遇，对超过限额的商品征收高关税、附加税或罚款。关税配额可细分为优惠关税配额和非优惠关税配额。

欧盟GSP中就有关于优惠关税配额的规定，即对限额内的商品进口给予大幅度的关税减让，甚至免税，对超出限额的商品进口实施最惠国税。

例如，2010年中国自新西兰进口羊毛、毛条国别关税配额量分别为26 250t和473t。配额内的关税为零，配额外适用38%的最惠国税率。

（二）“自愿”出口配额制

1. “自愿”出口配额制的含义

出口国或地区迫于进口国的压力，通常“自愿”对某些商品向该进口国的输出在某一时期内进行限制，在限额内自行控制出口，超过限额的禁止出口，这就是“自愿”出口配额制（Voluntary Export Restraints，VERs）又称“自动”限制出口（“Voluntary” Restriction of Export）。

2. “自愿”出口配额制的种类

（1）协定“自动”出口。协定“自动”出口是指进出口双方之间签订有“自限协定”（Self-restrain Agreement）或称“有秩序销售协定”（Orderly Marketing Agreement）。对出口配额的管理实施出口许可证或出口配额签证制。

上述协定的主要内容包括：配额水平、商品分类、限额的融通、保护条款、出口管理规定和协定的有效期（通常为3~5年）等。

例如，《国际经贸消息》1999年3月10日消息，俄罗斯在面临被美国施以高额惩罚性关税的情况下，最终于1999年2月23日与美国签订一项协议，同意减少向美国出口钢材70%。其中热轧钢材最多可出口75万t，可被接受的最低价为255~280美元/t。此外，还将减少其他16种钢材在美国市场的出口量，大约降至1997年的水平。在此之前，美国钢铁产业部门曾向政府递交了一份提案，要求政府对外国廉价钢材产品实施进口限额，但最终遭到否决。

美国、欧盟与其他国家有关纺织品配额的安排也属于协定“自动”出口限制，是限制从其他国家进口纺织品的一项非关税措施。协定“自动”出口可在制定配额时，体现双方的政治经济关系。另外，进口时，进口国通常还要求提交原产地证明。2008年年底，历时三年的中美纺织品双边协议到期终止，中国输美纺织品再次恢复自由贸易。

（2）非协定“自动”出口。非协定“自动”出口是指进出口双方之间无协定约束，而是由出口国单方面规定出口配额，限制商品出口。出口商要出口受限商品，需向有关部门申请配额，领取出口许可证或出口授权书后才能出口。

（三）进口许可证制

1. 进口许可证制的含义

进口许可证制（Import License System）是指进口国规定，某些商品的进口必须申领进口许可证，否则不准进口。

2. 进口许可证制的种类

（1）自动进口许可证。自动进口许可证也称公开一般许可证（Open General License）、公开进口许可证。这种许可证的申领没有限制，一般只要填写即可得，只用于统计目的。尽管这种许可证的申领没有限制，但是申领与不申领相比还是增加了进口的成本，从而，事实上构成了进口限制。

（2）非自动进口许可证。非自动进口许可证也称特种进口许可证（Specific License）。这种许可证的申领必须经过特定程序，并且通常与进口数量限制有关。

3. WTO的《进口许可证程序协议》

WTO的《进口许可证程序协议》（Agreement on Import Licensing Procedures）

实施的目的是简化进口许可证的申领手续和程序。例如，在 WTO 的《进口许可证程序协议》中规定，进口许可证只能由一个行政机构管理，最多不能超过三个。在申领程序方面的任何变化应在变化前 21 天公布。

（四）外汇管制

1. 外汇管制的含义

外汇管制（Foreign Exchange Control）是指国家通过限制外汇的供给量和或规定不同的汇率，来达到限制进口的目的。另外，国家还可以通过外汇收支实行集中管理，要求所有外汇买卖都要通过指定的外汇管制机构来达到限制进口的目的。

2. 外汇管制的方式

（1）数量性外汇管制。数量性外汇管制是指对外汇买卖的数量直接进行限制，从而达到限制进口商品品种、数量和国别的目的。通常情况下，进口商必须要先获得进口许可证，才能获得所需的外汇。

（2）成本性外汇管制。成本性外汇管制是指对外汇买卖实行间接的复汇率限制制度，从而利用汇率的差别来限制和鼓励某些商品的进出口。需要进出口的商品使用有利于该商品进出口的汇率，不急需进出口的商品使用不利于该商品进出口的汇率。复汇率是指本币对外币不止一个汇率，而是存在两个或两个以上的汇率。

（3）混合性外汇管制。混合性外汇管制是指同时采用数量性外汇管制和成本性外汇管制，这是一种更为严格的外汇管制。

（五）进口和出口的国家垄断

进口和出口的国家垄断（State Monopoly）是指国家对部分或全部商品的进出口直接进行经营或者将这种垄断权给予某些垄断组织。

国家通常对以下商品实施垄断经营：

（1）对能取得巨大财政收入的商品的垄断。例如，烟和酒。

例如，2010 年我国食用糖进口关税配额量为 194.5 万 t，其中 70% 为国营贸易配额。国营贸易配额须通过国营贸易企业进口。

（2）农产品。美国是由美国的农产品信贷公司来垄断农产品的出口。通常以倾销或外援的方式出口。

（3）武器。

（六）歧视性的政府采购政策

1. 歧视性的政府采购政策的含义

歧视性的政府采购政策（Discriminatory Government Procurement Policy）是指国家通过法令，规定政府机构在进行政府采购时要优先购买本国商品，从而导致对外国产品的歧视。

例如，美国1933年开始实施的《购买美国货法案》（Buy American Act），直到“东京回合”后才废除。

2. WTO 的《政府采购协议》

WTO 的《政府采购协议》属于诸边协议（Pluralateral Agreement）。WTO 还有三个这样的协议——《民用航空器协议》、《国际奶制品协议》和《国际牛肉协议》。这些协议与 WTO 的其他多边协议相比因签字范围较窄，因而称这些协议为诸边协议，以区别于 WTO 的其他多边协议。

WTO 的《政府采购协议》（Agreement on Government Procurement，GPA）达成和生效的目的就是使政府采购市场更加开放，并形成有关法律、规章、程序和惯例更加透明的国际竞争。也就是签字各方承诺不歧视外国产品或供应者。在东京回合基础上，乌拉圭回合达成的新协议涉及的市场价值达每年几千亿美元。该协议范围包括货物和服务。另外，该协议对采购适用的合同金额有下限要求。中央政府采购的货物和服务合同价值为 130 000 个特别提款权（SDR）（约为182 000美元）；对地方政府来说，这一数字一般是在 200 000 个特别提款权范围之内；对公用事业单位来说，这一数字在 400 000 个特别提款权范围之内；对建筑合同，这一数字是 500 000 个特别提款权。

根据中国加入 WTO 的承诺，中国 2007 年 12 月 28 日正式申请加入 WTO 的诸边协议《政府采购协议》（GPA），截至 2010 年，谈判仍然在进行中。

（七）歧视性国内税

歧视性国内税（Internal Taxes）是指一国或地区针对在其境内销售、使用或消费的商品所征收的税。通过进口国的歧视性国内税来加重进口产品的负担，达到限制进口的目的。

这种措施通常难以受到国际条约的限制。例如，法国曾对 16 马力㊀以上汽车征收养路税，而当时的法国只能生产 12 马力的汽车。

（八）最低限价和禁止进口

1. 最低限价

最低限价（Minimum Price）是指为进口商品规定一个最低价格，超过这一价格将被征收进口附加税或不允许进口。例如，1977 年美国对钢材及其部分制品实施的“启动价格制”（Trigger Price Mechanism），就属此类。

2. 禁止进口

禁止进口（Prohibitive Import）是指当其他限制进口的措施难以奏效时，即通过法令直接禁止商品的进口。

（九）进口押金制

进口押金制（Advanced Deposit）又称进口存款制，即规定进口商在进口商

㊀ 1 马力 = 735.499W。

品之前，必须在规定的时间内，在指定的银行预先按进口金额的一定比例存入一笔现金，方可进口。

例如，巴西曾规定，进口商必须按进口商品的 FOB 价格缴纳为期 360 天的存款，才能够进口。由此，加大了进口成本。

（十）海关估价制度

1. 海关估价制度的含义

海关估价制度（Customs Valuation）是指在关税税率一定的条件下，海关通过提高海关估价来增加进口商品的赋税，从而达到限制进口的目的。

例如，美国到 1981 年才废除的“美国售价制”（American Selling Price System）就是以这种特殊标准来计征关税的，从而使进口税赋增加，加大了进口商的成本。煤焦油产品的进口从价税为 20%，进口价格为每磅[⊖]0. 50 美元，这样其税额应该是 0. 10 美元。而按每磅为 1. 00 美元的“美国售价”，则应缴纳 0. 20 美元的税金。这样做实际上等于提高了煤焦油产品的关税，此时的从价税实际上已不再是 20%，而是 40%（0. 20/0. 50）。

海关的估价制度是因为海关对进出口货物征收从价税而产生的。在近代关税中，保护关税已成为大多数国家关税政策的主要内容。为了达到保护本国市场的目的，各国除了注意关税税率的调整外，还制定出了繁琐复杂而又各不相同的估价办法。为了不使各国海关的估价制度成为贸易壁垒，有关国际组织制定了相应的协议和公约。

2. WTO 的《海关估价协议》

《关税与贸易总协定》第七条是关于海关估价的，共有五款，主要就海关估价的依据和估价时应考虑的因素作了原则上的规定。《海关估计协议》的正式名称为《关于实施关税与贸易总协定第七条的协议》（Agreement on Implementation of Article Ⅶ of the General Agreement on Tariff and Trade），其中规定了依次采用的 6 种不同的新估价法。它们是进口商品的成交价、相同商品成交价、类似商品成交价、倒扣法、计算价格法和其他合理方法。

为适应新的要求，我国海关自 2006 年 5 月 1 日起施行《中华人民共和国海关审定进出口货物完税价格办法》，2001 年 12 月 31 日，海关总署令第 95 号发布的《中华人民共和国海关审定进出口货物完税价格办法》和 2003 年 5 月 30 日海关总署令第 102 号发布的《中华人民共和国海关关于进口货物特许权使用费估价办法》同时废止。

（十一）进口商品征税的归类（Customs Classification）

进口国为达到限制某种商品进口的目的，在可能的情况下，通常将该种进口

⊖ 1 磅 = 0. 453 592 37kg。

商品归类于高关税。

从价税税额=商品的价格×从价税税率。由此可知，如果某一种商品的价格一定，那么从价税税率越高，从价税税额就越大。如果进口商品被归类于高关税，进口商品的成本就会增大，竞争力就会下降。

例如，对局域网（LAN）产品来说，如果欧盟将其归为通信类产品关税为5%，归为计算机类产品关税为3%。英国和爱尔兰的进口商品为与欧盟的进口商品分类一致，将LAN产品归为通信类产品，而美国则对此提出异议。但最终WTO支持欧盟将LAN产品归为通信类产品。

（十二）技术性贸易壁垒

1. 技术性贸易壁垒的含义

一国或地区为达到限制进口的目的，对进口商品制定复杂、苛刻的技术标准、卫生检疫标准、商品包装和标签以及环境标准等，对不符合标准规定的商品不准进口。即要求出口国的商品符合进口国的规定，而且，这些规定往往是从技术、健康和环境等方面进行要求的。因此，这些规定被称为技术性贸易壁垒（Technical Barriers to Trade）或绿色壁垒。

2. 技术性贸易壁垒的特点

技术性贸易壁垒往往是以维护生产、消费者安全及健康为理由而制定的。因此，这种措施作为贸易壁垒的隐蔽性和针对性更强。

3. WTO的《技术性贸易壁垒协议》

WTO一方面承认国际标准对国际贸易的重要贡献，另一方面又通过制定《技术性贸易壁垒协议》（Agreement on Technical Barriers to Trade）来规范各成员方在这方面的规定，以防止这些措施给国际贸易制造不必要的障碍。

除了上面已经提到的种种非关税措施，实践中还有许多其他非关税措施，并且非关税措施本身也在不断地发展和变化。例如，进口国可通过繁琐的行政手段来达到限制进口的目的。政府为限制进口有时也没有必要做得非常正规，扭曲一下正常的卫生检疫和海关手续是件轻而易举的事。例如，法国1982年规定从日本进口的录像机必须经过鲍埃悌尔斯（Poitiers）的一个海关，该海关只有一间很小的屋子。由于通关能力的不足实际上达到了限制进口的目的。

美国农业部动植物检疫局（APHIS）修订的野生动植物保护法（Lacey Act，简称莱西法案）于2010年4月1日起施行，该法案覆盖范围将扩大至所有木制家具产品，法案要求美国木制品进口商在每次船运进口植物或林产品时都要提供木材合法来源证明和树种的基本申报，包括选用木材种类的拉丁名、采伐的国家、数量、尺寸和价值等信息。所有木制家具产品在进入美国时必须出具“合法”的木材原产地证明，如果不能提供木材合法来源证明的将受到严厉处罚。这将对我国出口木制家具的企业提出新的要求和挑战。

2008年8月美国出台的《消费品安全加强法案》规定了输往美国市场的所有可能与12岁以下儿童接触用品的总铅含量的技术要求，总铅含量限制在万分之六，最后将逐步降低到万分之一。

三、非关税措施的影响

由于非关税的种类繁多，其具体影响也不尽相同。但无论是哪一种非关税措施，是直接的配额限制，还是间接的手续或程序方面的限制，在其他条件不变的情况下，其结果都会使一定时期内该种受限商品的进口量减少，从而使该种商品的进口价格上升。受限商品数量和价格的变化不可避免地会对一国或地区进出口商品结构、地理方向和世界贸易产生一定的影响。

实际上，对于配额的福利影响仍可用图3-5来分析，不过此时配额的使用是造成进口量减少、价格上升的直接原因。有关完全竞争市场中配额的福利影响的分析与关税一样，只不过此时政府的税收收入将作为“配额租”，可能由进口国政府（如果对进口配额实施公开拍卖有偿使用）、个人（如果对进口配额实施不透明审批，可能落入腐败官员的手中）、生产厂家（如果对进口配额实施程序透明的申领，生产厂家只有排队的成本，这通常低于关税的成本）和出口国（如果实施出口配额）获得。

第三节 鼓励出口和出口管制措施

一、鼓励出口的措施

（一）出口信贷

1. 出口信贷的含义

出口信贷（Export Credit）是出口国银行向本国出口商或国外进口商或国外银行提供的贷款，目的在于鼓励本国商品的出口，增加商品的竞争力。

2. 出口信贷的种类

出口信贷按贷款期限长短的不同可分为短期信贷（180天~1年），中期信贷（1~5年），长期信贷（5~10年或更长）。按出口信贷借贷方的不同可分为卖方信贷和买方信贷。

（1）卖方信贷（Supplier's Credit）。卖方信贷是指出口方银行向本国出口商提供的贷款。其特点是：便于出口商加速资金的周转和向进口商提供延期付款的条件；信贷主要用于资金较大，周期较长的商品的出口。例如，机械设备、船舶、机车和飞机等。货价中通常包括有出口商付给银行的利息和费用。

卖方信贷的具体运作方式是：

1）出口方银行与出口商签订出口信贷协议。

2）出口商与进口商签订买卖合同。

3）买方先支付5%～15%的订金，作为履约的保证。

4）在分批交货、验收和保证期满时，买方再分期支付10%～15%的货款。

5）其余货款在全部交货后若干年内分期支付，并付给延期付款期间的利息。

6）出口商偿还贷款。

（2）买方信贷（Buyer's Credit）。买方信贷是指出口方银行向外国进口商或进口方银行提供的贷款，其条件是贷款必须用于购买债权国的商品。买方信贷的特点是：出口商可以较快得到货款和减少风险；进口商对货价以外的费用比较清楚，便于其与出口商讨价还价。

买方信贷的具体运作方式如下：

1）买方先以即期方式向出口商缴纳买卖合同金额的15%～20%作为订金。

2）其余货款买方也以即期方式用得到的贷款进行支付。

3）偿还贷款。

3. 出口信贷的主要特点

（1）出口信贷必须与具体的出口项目相结合。也就是说，贷款的全部或大部分必须用于购买提供出口信贷国家的出口商品。

（2）出口信贷的贷款金额，一般只有买卖合同金额的85%～90%，其余10%～15%的货款由进口商先用现汇支付。

（3）出口信贷的利率通常低于国际金融市场上的贷款利率，其利率差由出口国政府给予补贴。

（4）为避免或减少信贷风险，出口信贷一般与出口信贷担保相结合。成立于1994年的中国进出口银行，是政府全资拥有的国家政策性银行，其国际信用评级与国家主权评级一致。中国进出口银行的主要业务包括出口卖方信贷业务和出口买方信贷业务。目前其出口卖方信贷业务主要有设备出口、高新技术产品（含软件产品）、一般机电产品、对外承包工程贷款、境外投资贷款、农产品出口和文化产品和服务（含动漫）出口信贷。

（二）出口信贷国家担保制

1. 出口信贷国家担保制的含义

出口信贷国家担保制（Export Credit Guarantee System）是指由国家设立专门机构对出口商或出口方银行提供的信贷给予的一种担保，保证在借贷方无力或拒绝偿还贷款时，给予一定的补偿。

2. 担保的主要内容

（1）担保风险及损失。政治风险及损失包括政变、暴乱、战争、禁运、冻结资金和限制对外支付等政治原因造成的损失。经济风险及损失包括破产、货币贬值等经济原因造成的损失。

（2）担保金额。政治风险一般为合同金额的85%～95%，经济风险为合同金额的 70% ~80% 或 100%。

（3）担保对象。对出口商的担保和对贷款的商业银行的担保。

（4）担保期限。通常与贷款期限一致。

2001 年 12 月 18 日成立的中国出口信用保险公司（简称“中国信保”）是我国唯一承办政策性出口信用保险业务的金融机构，其主要业务范围包括：短期出口信用保险、中长期出口信用保险、投资保险、国内贸易信用保险和担保业务。例如，华为和中机集团等通信和电力大型设备的出口企业就是中国出口信用保险公司担保业务的受益者。

（三）出口补贴

1. 出口补贴的含义

出口补贴（Export Subsidies）是指一国政府为了增强出口商品在国际市场上的竞争力，给予该种出口商品的出口商的现金补贴或财政资助和优惠。

目前，出口补贴主要用于农产品，但有关这方面的出口补贴减让承诺已经出现在 WTO 的《农产品协议》中，并且有关农产品出口补贴问题的谈判仍在继续。

免征某项出口产品的关税和供应国内市场销售时必须缴纳的国内税，或退还与缴纳税款相当的关税和国内税，不能被视为补贴。

2. 出口补贴的种类

（1）直接补贴（Direct Subsidies）。直接补贴是指直接付给出口商的现金补贴。即按出口价格与国内价格之间的差价进行补贴。

（2）间接补贴（Indirect Subsidies）。间接补贴主要是对出口商品给予财政上的优惠。例如，退还或减免出口商品的直接税、超额退还间接税和降低运费等。

3. WTO 的《补贴与反补贴协议》

WTO 的《补贴与反补贴协议》将补贴分为：禁止使用的补贴、可申诉的补贴和不可申诉的补贴。关于禁止使用的补贴，例如，外汇留成、在国内对出口货物的运输和费用给予优惠等。有关出口补贴清单可详见 WTO 的《补贴与反补贴协议》的附件 1。

（四）商品倾销

1. 商品倾销含义

商品倾销（Dumping）是指一些企业在某种情况下，以低于其国内市场的价格，甚至低于商品生产成本的价格在国外市场上销售。

2. 商品倾销种类

按倾销的目的和时间不同，可将商品倾销分为偶然性倾销、掠夺性倾销和持续性倾销。

（1）偶然性倾销（Sporadic Dumping）。偶然性倾销是因销售旺季已过或其他原因，在市场上抛售“剩余货物”。由于倾销时间短，故进口国一般不对此类倾销采取反倾销措施。

（2）掠夺性倾销（Predatory Dumping）。掠夺性倾销以垄断和掠夺国际市场为目的，在垄断地位确定后，再提高售价，或从政府处得到补贴进行倾销。这种倾销行为一般要遭到进口国的反倾销（或反补贴）指控。

（3）持续性倾销（Persistent Dumping）。持续性倾销的可能原因是从政府处得到了补贴或者是企业处在垄断竞争的国内市场中。图 3-6 说明了为什么日本企业可在美国市场进行某种商品的持续性倾销。这是因为日本企业在日本市场和美国市场上所面临的该商品的需求曲线不同，其中 MC 和 MR 分别为边际成本和边际收益。当 $MC=MR$，即利润最大化时，对应的 $P_h>P_f$（其中 P_h 和 P_f 分别为该种商品的国内价格和出口市场价格）。

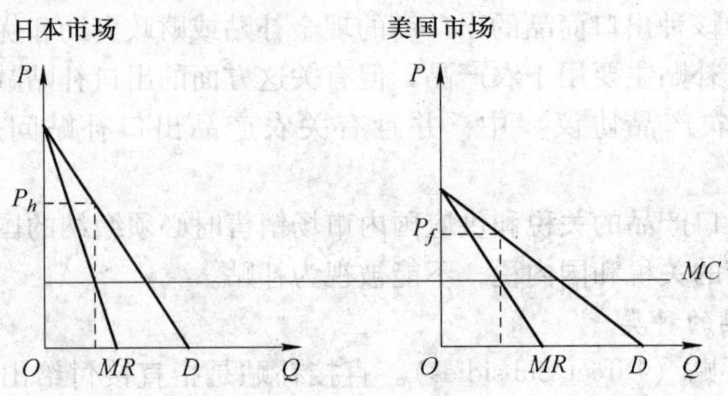

图 3-6 持续性倾销分析

（五）外汇倾销

1. 外汇倾销的含义

外汇倾销（Exchange Dumping）是指出口企业利用本币贬值的机会，争夺国外市场的一种措施。

因为本币贬值，一方面有利于出口，另一方面不利于进口。因此，客观上起到了促进出口、限制进口的双重作用。

2. 外汇倾销的条件

（1）货币对外贬值的程度大于对内贬值的程度。

（2）其他国家不同时实行同等程度的货币贬值或采取其他报复措施。

（六）促进出口的组织措施

这种组织措施有政府组织的，也有民间团体组织的。其主要形式如下：

（1）设立专门组织，研究和制定出口战略。

（2）建立商业情报网，为出口企业提供信息。例如，中华人民共和国商务部就建有“中国商品网（http：//ccn. mofcom. gov. cn）”。

（3）建立贸易中心、组织贸易展览会和组织贸易代表团的访问等。例如，2010年2月，商务部副部长率领中国政府经贸代表团出席中国品牌商品欧洲展暨第107届广交会推介会新闻发布会。

（七）经济特区措施

1. 经济特区措施的含义

经济特区措施是指一些国家或地区在其国境以内、关境以外划出一定的区域范围，在区内建立一些必要的基础设施和采取减免关税和非关税的优惠措施。建立经济特区的目的在于，吸引国内外企业进行投资，开展进出口贸易、出口加工、仓储和物流等方面的业务，促进本国对外经济和贸易的发展。

1979年，我国先后在深圳、珠海、汕头、厦门和海南设立多种经营的经济特区。即不局限于某一方面的经营活动，包括工业、农业、旅游、房地产和金融等。

2. 经济特区的主要形式

经济特区的主要形式有自由港或自由贸易区、保税区、出口加工区、自由边境区和过境区等。下面主要介绍自由港或自由贸易区、保税区和出口加工区。

（1）自由港（Free Port）或自由贸易区（Free Trade Zone）

1）含义。它是指对区内的进出口商品的全部或大部免征关税，并且允许国内外企业在其范围内自由从事生产、加工、储存、展览和贸易等业务活动。

2）主要规定如下：

①关税方面的规定。全部或大部分商品不必办理报关手续，并且大部分商品享有免征关税的待遇。

②业务活动的规定。规定自由贸易区内什么业务活动可以开展，什么业务活动不可以开展。例如，瑞士不允许加工、制造。

③禁止和特别限制的规定。自由贸易区内规定武器、毒品等禁止进入，高档消费品应缴纳关税等。

（2）保税区（Bonded Area）

1）含义。保税区是指可以在较长时间内免税存储商品的区域。这一区域是由一国海关建立的或经海关批准注册的，同时受到海关监督和管理。

2）特点。保税区内以仓储为主，也兼有其他保税区和加工业务。

我国1990年在上海外高桥建立了最早的保税区。外高桥保税区主要有三大功能：保税仓储、国际贸易和出口加工。

（3）出口加工区（Export Processing Zone）

1）含义。出口加工区是指区内以生产制成品为主，其生产的全部或大部分商品是以出口为目的的。它与前两者的区别主要在于出口加工区以生产为主，而不是以仓储和贸易为主。例如，2000年4月27日设立的北京天竺出口加工区拥有JVC、SONY、爱立信、LG、空中客车、松下、村田电子、西铁城等60余家大型跨国公司和20余家世界500强参与投资的企业。

2）种类。出口加工区主要有综合性出口加工区和专业性出口加工区。例如，苏州高新区出口加工区内已有10家企业开展检测维修业务。2000年4月27日设立的山东威海出口加工区属综合性出口加工区，威海出口加工区大力发展出口导向型高科技产品制造业，重点发展电子信息产业、精密机械产业、生物工程、医药工业、新型材料及海产品加工业。

二、出口管制措施

（一）出口管制措施的含义

出口管制措施是指一国或多国集团为达到政治、军事、经济和环境保护的目的，对某些商品，特别是战略物资和高新技术所实行的限制或禁止出口的措施。

（二）出口管制的商品

（1）战略物资和高新技术。

（2）国内生产所需的原材料、半成品及国内市场供不应求的某些商品。

（3）“自动”控制的出口商品。

（4）为了有计划地安排生产和统一对外，而实施的出口许可证管理的商品。例如，我国受出口配额有偿招标管理的商品。

（5）因经济制裁而受管制的商品。例如，海湾战争后，其他国家对伊拉克的出口受到管制。

（6）重要的文物及黄金等特殊商品。

（7）濒危野生动植物。例如，海獭。

（三）出口管制的形式

1. 单方面出口管制

单方面出口管制是一国对某些商品的出口及出口地区实施出口管制。例如，1998年日本通产省决定放松DVD出口管制。放松管制的商品包括：①DVD ROM操作系统等。②搭载DVD装置的计算机。③搭载DVD装置的卫星广播等接收设备。

20世纪末，美国商务部宣布，对从国际网络到预防电话偷听等高精密密码技术放松出口管制。最先获准出口的是惠普公司，该公司将向德国、加拿大等6个国家出口有关密码技术。在这之前，此类产品的出口需要说明出口对象及用途。

实践中，我国对某些产品的出口也实施管制。例如，根据《中华人民共和国货物进出口条例》的有关规定，稀土出口需要出口配额。2010年内蒙古包钢和发稀土有限公司获得的出口配额1 504t。

2. 多边出口管制

几个国家通过建立国际性的出口管制机构及签订多边出口管制协议，对某些商品的出口及出口国别进行控制。目前，多边出口管制主要以国际公约的形式出现，例如，《濒危野生动植物种国际贸易公约》就对濒危野生动植物种的进出口作出了详细规定。中国1981年加入该公约。“可可西里的骄傲”、中国的特有物种藏羚羊也被列入严禁贸易的濒危动物。

截至2009年3月，《濒危野生动植物种国际贸易公约》（CTTES）共有175个缔约方。该公约是为了确保野生动植物标本的国际贸易不会危害到这些物种的生存，该公约1973年签订，并于1975年全面实施。缔约方通过许可证制度规范和管理濒危动植物的进出口贸易。该公约根据物种受国际贸易威胁的程度，将3万多种濒危动植物分别列入3个附录中。附录一包括800多个高度濒危物种。这些野生品种的商业性贸易已被禁止。例如，虎（学名 Panthera tigris）和灰鲸（学名 Eschrichtiusrobustus）。为商业目的而圈养繁殖的动物和人工培植的植物，列示在附录二中。附录二列出了32 000多种物种，这些物种目前虽未濒危绝种，可以进行贸易，但要受到许可证制度的管制。例如，白面僧面猴（学名 Pithecia pithecia）和百岁兰（学名 Welwitschia mirabilis）。列入附录三中的物种为个别缔约方要求国际合作管制其贸易的物种。例如，鞍嘴鹳（学名 Ephippiorhynchus senegalensis）和印度羚（学名 Antilope cervicapra）。

本章小结

本章从全球视角探讨了世界范围内可能存在的主要贸易措施。国际贸易措施包括关税和非关税措施。非关税措施中针对进口所采取的管理措施通常称为非关税壁垒，而针对出口所采取的管理措施可进一步细分为鼓励出口措施和出口管制方面的措施。国际贸易措施作为政府的政策工具对国际贸易规模、商品构成和地区构成将产生一定的影响。世界贸易组织为促进全球经济和贸易的发展就一些主要贸易措施达成了协议，这些协议成为约束全球绝大多数贸易活动的国际准则。作为世界贸易组织的成员，一国或地区在一定时期内所采用的具体对外贸易措施是以世界贸易组织确定的国际贸易规则为基准制定的，同时兼顾到该国或地区当时的政治和经济目标。实践中应注意这些措施在不同国家或地区具体应用时可能会被冠以其他名称，例如，美国于2008年之前，对中国出口到该国的纺织品，所采取的就是“自愿”出口限制措施，在我国称之为纺织品被动配额。因此，掌握这些措施的具体做法、特点、影响和与其相关的世界贸易组织规则，将所学理论知识加以灵活运用才是最重要的。

本章重要概念

关税　关税配额　反倾销　补贴　海关估价　技术性贸易壁垒　出口信贷　出口管制

本章推荐阅读文献

[1] 海闻，等. 国际贸易 [M]. 上海：上海人民出版社，2003.
[2] 李权. 国际贸易 [M]. 北京：北京大学出版社，2005.
[3] 李雁玲. 企业应对“市场经济地位”的策略选择 [J]. 纺织导报，2006 (1)：13-16.

思　考　题

1. 简述关税措施中进口关税的种类。
2. 普惠制的含义是什么？
3. 说出至少三种以上常见的非关税措施。
4. 简述出口信贷的含义及种类。
5. 任选一个国家或地区，通过查找资料简述该国的出口管制现状。
6. 征收关税对“小国”的福利有什么影响？并说明原因。
7. 征收关税对“大国”的贸易条件有什么影响？
8. 从媒体报道中，找出中国及其主要贸易伙伴最近所实施的一些贸易措施，并对其影响作简要的分析。
9. 是否所有的技术性贸易措施都属于非关税壁垒？如何判断某类贸易措施的合理性？
10. 简述名义关税和有效关税的区别、联系以及有效关税的计算。

作　业　题

一、判断题

1. 国际贸易分析中的“小国”和“大国”概念是按地理面积大小来区分的。（　）
2. 普惠制使所有的发展中国家的所有出口产品均可得到发达国家的进口关税优惠。（　）
3. 反倾销措施的滥用实际上等同于贸易壁垒。（　）
4. 出口退税如果不超过所征收的间接税的税收幅度，则不应被视为出口补贴。（　）
5. 各国的出口通常都是完全自由的，没有限制。（　）
6. 征收关税对“大国”的福利影响是不确定的。（　）
7. “小国”征收关税将使其贸易条件恶化。（　）
8. “自愿”出口配额与进口配额相比对出口国来说，弊端要小一些。（　）
9. 武断的海关估价和不合理的进口商品征税归类都是贸易壁垒。（　）

10. 出口加工区、保税区和自由贸易区的主要功能是没有区别的。（ ）

二、单项选择题

1. 普惠税、最惠国税、普通税和特惠税四种税的税率高低关系是（ ）。
   A. 普通税 > 普惠税 > 特惠税 > 最惠国税
   B. 普通税 > 最惠国税 > 普惠税 > 特惠税
   C. 普通税 > 特惠税 > 普惠税 > 最惠国税
   D. 普惠税 > 普通税 > 特惠税 > 最惠国税
2. 进口国在总配额内按国家或地区分配配额给不同的出口国或地区，超过配额便不准进口，这是（ ）。
   A. 国别配额　B. 全球配额　C. 关税配额　D. 出口管制
3. 普惠制中的受惠国应该是（ ）。
   A. 发达国家　B. 发展中国家　C. 亚洲国家　D. 非洲国家
4. （ ）是指对外汇的买卖实行间接的复汇率限制制度，从而利用汇率的差别来限制和鼓励某些商品的进出口。
   A. 混合性外汇管制　B. 数量性外汇管制
   C. 成本性外汇管制　D. 管方汇率
5. （ ）是指对限额内的商品进口给予大幅度的关税减让，甚至免税，对超出限额的商品进口实施最惠国税。
   A. 全球配额　B. 关税配额
   C. 非优惠关税配额　D. 优惠关税配额
6. 反补贴税是（ ）。
   A. 一种进口附加税　B. 消费税
   C. 一种出口税　D. 一种国内税
7. 在普惠制中的给惠国中，（ ）没有给中国普惠制待遇。
   A. 日本　B. 法国　C. 英国　D. 美国
8. 保税区的最主要功能是（ ）。
   A. 生产　B. 加工　C. 仓储　D. 转口贸易
9. 卖方信贷是指出口方银行向（ ）提供的贷款。
   A. 他国出口商　B. 本国出口商
   C. 本国进口商　D. 他国进口商
10. WTO 的《政府采购协议》（GPA）是（ ）协议。
    A. 日、美、欧的三方　B. 双边
    C. 多边　D. 诸边

三、多项选择题

1. 在其他条件不变的情况下，出口国对某种商品实施“自愿”出口配额，会使（ ）。
   A. 进口国该种商品的进口量减少　B. 进口国该种商品的价格上涨
   C. 进口国该种商品的价格不变　D. 出口国该种商品的出口价格上涨
   E. 出口国该种商品的出口价格不变
2. 普惠制的原则是（ ）。

A. 普遍的　　B. 非歧视的　　C. 特殊的
D. 互惠的　　E. 非互惠的

3. 一些国家为了限制某种商品进口，而对其征收国内税，这是因为（　　）。
A. 它比关税更灵活　　B. 它通常不受贸易条约的约束
C. 它比关税更隐蔽　　D. 国内税高于进口税
E. 其制定和执行权属于本国政府

4. 反倾销税是（　　）。
A. 一种进口附加税　　B. 一种临时性的措施
C. 一种出口税　　D. 一种国内税
E. 向出口商征收的一种税

5. 下面所列税种中属进口附加税的有（　　）。
A. 最惠国税　　B. 反倾销税　　C. 普惠税
D. 反补贴税　　E. 特惠税

四、计算题

在自由贸易条件下，一台奔腾Ⅲ便携式计算机的国际市场价格是2 000美元。我国某企业生产同类便携式计算机需进口一些关键零部件，例如，便携式计算机专用CPU芯片、存储器和液晶显示器等。这些商品的国际市场价格分别为460美元、40美元和900美元。2002年，我国对便携式计算机及其CPU芯片、存储器和液晶显示器征收的关税分别为3.8%、3.8%、6%和3.8%。请问我国的这种关税措施安排对该企业生产的便携式计算机的有效保护有多大？如果该企业只进口CPU芯片，有效保护又为多少？你认为应该如何做才能提高对便携式计算机的有效保护？

案例分析题

1. 持续40天的中韩贸易战最终达成了和解。中韩两国2000年7月就大蒜贸易纠纷达成协议，中国向韩国出口的32 000t大蒜将享有低于50%的关税，其中的20 000t新鲜冷冻大蒜的进口关税为30%。中国将可以向韩国出口32 000t大蒜，根据对等原则，中国将解除对一些韩国产品（手提电话和聚乙烯产品）的进口禁令。根据韩国方面的统计，2000年前4个月，韩国一共向中国出口了价值两亿多美元的手提电话和聚乙烯产品，而中国1999全年仅向韩国出口了890万美元的大蒜。中韩贸易纠纷始于2000年6月初，由于中国出口韩国的大蒜迅速增加，韩国单方面向中国出口到韩国的大蒜征收315%的进口关税。而中国方面也采取报复行动，禁止韩国的聚乙烯和手提电话进口到中国。试问中韩贸易战期间和双方达成的协议分别采取了什么样的贸易措施？并对这些贸易措施的可能影响作简要的分析。

2. 工信部和发改委2009年8月28日宣布，对《汽车产业发展政策》作出修改，并决定从2009年9月1日起停止执行有关“构成整车特征”的汽车零部件征税政策，其中被取消的一项具体政策为“进口等于或超过整车价值60%的零部件，征收与整车相同的关税”。目前，我国对进口零部件征收的关税是10%，整车关税是25%。分析说明这一政策的调整对进口汽车可能带来的影响。

第四章　国际服务贸易

本章内容要点

- 国际服务贸易的基本概念
- WTO 服务贸易总协定的主要原则和部门协议
- 国际服务贸易中的主要进出口国和主要商品构成

第一节　国际服务贸易的基本概念

服务贸易（Service Trade or Trade in Services）在20世纪70年代后期成为普遍使用的词汇。1994年4月15日结束的乌拉圭回合谈判，第一次就服务贸易达成了一个协议，即《服务贸易总协定》（General Agreement on Trade in Services，GATS）。一般认为，国际服务贸易是指国家或地区之间非实物形态的各种劳动的供给与接受。

一、GATS 中有关国际服务贸易的定义

（一）跨境交付

跨境交付（Cross-border Supply）是指从一成员境内向其他任何成员境内提供服务。例如，我们通常所打的国际长途电话、Internet 上提供的国际电子邮件服务就属于此类服务。

（二）境外消费

境外消费（Consumption Abroad）是指在一成员境内向其他任何成员的服务消费者提供服务。例如，出国旅游、留学、出国求医问药等均属于国际服务消费。

（三）商业存在

商业存在（Commercial Presence）是指一成员的服务提供者通过其在其他任何成员境内的经济实体提供服务。例如，通过在一国境内设立合资、合作和独资的经济实体，来提供的服务就属此类服务。外国与我国合资开办的零售商店提供的服务就属于此类服务。

（四）自然人移动

自然人移动（Movement of Personnel）是指一成员的服务提供者在其他任何成员境内通过自然人存在提供服务。例如，我国聘用的外籍教师，我国外派的程序设计人员。

二、国际服务贸易的统计

（一）国际货币基金组织国际收支平衡表中有关国际服务贸易的统计

国际货币基金组织（International Monetary Fund，IMF）国际收支平衡表（Balance of Payment，BOP）是目前各国或地区有关国际服务贸易统计数据的最主要来源。IMF 在 2008 年 12 月公布了第六版《国际收支手册》（BPM6），该版《国际收支手册》扩展和充实了第五版《国际收支手册》（BPM5）的有关内容，对货物与服务贸易收支部分子项目进行了调整。

BOP 中有关国际服务贸易的统计分类如下：

（1）服务项目属经常项目的子项目。经常项目（Current Account）包括货物贸易、服务贸易、收益和经常转移。

（2）服务项目本身包括的子项目具体分类见表 4-1。

表 4-1 第五版和第六版《国际收支手册》中服务贸易子项目的比较

《国际收支手册》（第五版）	《国际收支手册》（第六版）
1. 运输	1. 制造服务
2. 旅游	2. 保养和维修服务
3. 通信	3. 运输
4. 建筑	4. 旅游
5. 保险	5. 建筑
6. 金融	6. 保险和养老
7. 计算机和信息服务	7. 金融
8. 转让与许可费	8. 知识产权使用费
9. 其他商务服务	9. 通信、计算机和信息服务
10. 个人、文化和娱乐服务	10. 其他商务服务
11. 政府服务	11. 个人、文化和娱乐服务
	12. 政府服务

表 4-1 中的制造服务（Manufacturing Services）是指在货物没有发生所有权转移的情况下，对货物进行加工与处理所投入和接受的服务。

根据国家外汇管理局国际收支分析小组 2010 年 4 月 19 日公布的数据，2009 年，中国服务贸易出口 1 295 亿美元，与 2008 年相比下降了 12%；进口 1 589 亿美元，基本上与 2008 年的进口额持平；逆差为 294 亿美元，增长了 149%。2009 年服务贸易逆差扩大的主要原因，一是运输服务贸易为逆差，并且比 2008 年扩大了93%，旅游服务由2008年的顺差47亿美元转为逆差40亿美元（见表4-2）。

表4-2　2009年中国国际收支平衡表中的服务贸易统计　（单位：亿美元）

	服务差额	服务出口	服务进口
服务	**-294**	**1 295**	**1 589**
1. 运输	-230	236	466
2. 旅游	-40	397	437
3. 通信服务	0	12	12
4. 建筑服务	36	95	59
5. 保险服务	-97	16	113
6. 金融服务	-3	4	7
7. 计算机和信息服务	33	65	32
8. 专有权利使用费和特许费	-106	4	111
9. 咨询	52	186	134
10. 广告、宣传	4	23	20
11. 电影、音像	-2	1	3
12. 其他商业服务	59	247	188
13. 别处未提及的政府服务	1	9	8

（资料来源：国家外汇管理局）

（二）WTO的国际服务贸易统计

全球货物贸易在统计方法上、制度上有较高的一致性，发展得也比较成熟，货物进出海关也都是随单进行登记的。但是对于服务贸易来说，目前从全球来讲，在统计制度的建立和发展方面应该说还不是非常成熟和完善，不是每一笔服务贸易都要作这种记录，很多时候是采取抽取样本的方法。目前，服务贸易的统计远没有货物贸易统计得全面、准确。特别是商业存在和自然人移动方面的统计还在不断完善中。

目前，WTO的国际服务贸易统计主要统计商业性服务贸易（Commercial Services），其数据来源为IMF的BOP统计中服务项目统计扣除政府服务项目统计，即WTO的国际服务贸易统计仅指非政府服务。商业性服务包括运输、旅游和其他服务。这一统计数据可以用来估计跨境交付、境外消费和自然人移动的服务贸易状况。例如，2008年美国商业性服务出口额为5 214亿美元，进口额为3 679亿美元。2008年全球商业性服务出口额为37 800亿美元，进口额为34 900亿美元。

关于商业存在方面的服务贸易，WTO进行了外国附属机构服务贸易（Foreign Affiliates Trade in Services，FATS）的统计，其中包括FATS输入（Inward）和FATS输出（Outward），这主要用外国附属机构的销售额来估计。这一外国附属机构服务贸易统计制度是在2002年建立的。例如，外资在中国设立分支机构的销售，计为中国的FATS输入。但是，目前全球大多数国家和地区这方面的统计数据的结果，无论是在时效性方面，还是在涉及的国家和地区方面，都有一定的局限性。例如，WTO在2009年的统计年报中有关FATS输出方面的统计只涉及17个国家和地区的数据，并且最近的数据也是2006年的，没有全球性的数据。美国2006年的FATS输出为7 615亿美元，FATS输入5 635亿美元。

三、国际服务贸易壁垒

国际服务贸易不存在关税壁垒，而存在类似于货物贸易的非关税限制手段。具体措施表现为各种国内规定，常见的有（见GATS第16条第2款）：

（1）以数量配额、垄断、专营服务和要求经济需求测试的方式限制服务提供者的数量。

（2）以数量配额和要求经济需求测试的方式限制服务交易或资产的总金额。

（3）以数量配额和要求经济需求测试的方式限制服务业务总量或产出总量。

（4）以数量配额和要求经济需求测试的方式限制某一特定服务部门或服务提供者可雇用的、对提供一具体服务所必需的或直接有关的自然人总数。

（5）限制或要求某服务提供者通过特定类型的法律实体提供服务。

（6）通过对外国持股的最高比例或投资总额的限制来达到限制外国资本的目的。

GATS第三部分中明确规定，除非某成员在其服务贸易承诺表中有明确规定，否则不得在其全境或某一地区内维持或采取这些限制措施。

四、国际服务贸易的分类

（一）按行业或部门分类

GATS中的“服务部门参考清单”目前包括12个部门：商业服务，通信服务，建筑及相关工程服务，分销服务，教育服务，环境服务，金融服务，与医疗相关的服务和社会服务，旅游及与旅游相关的服务，运输服务，娱乐、文化、体育服务及其他服务。这12个部门又分别由相应的分部门构成。例如，分销服务又分为佣金代理服务、批发服务、零售服务、特许权和其他。WTO服务贸易双边市场准入清单中的各成员方的具体承诺就是按上述部门来进行谈判和记载的。

（二）按服务贸易中生产要素的密集程度进行划分

（1）资本密集型服务贸易。例如，航运、通信、工程设计等。

（2）技术、知识密集型服务贸易。例如，银行、保险、法律等。

（3）劳动密集型服务贸易。例如，旅游、维修、建筑等。

（三）以“生产”为核心的划分方法

（1）生产前服务。例如，研究与开发（R&D）、可行性研究等。

（2）生产中服务。例如，生产过程中的质量管理、软件和人力资源管理。

（3）生产后服务。生产后服务包括售后服务。例如，广告、营销、包装、运输等。

当然有一些服务没有很明显的阶段特点，它可能贯穿在企业的整个生产过程当中。例如，企业的财务管理。

第二节 WTO服务贸易总协定（GATS）

一、GATS产生的背景

1982年，美国首先提出服务贸易领域自由化的问题，并强烈要求进行这方面的谈判，主张将GATT的基本原则直接用于服务贸易，同时主张将服务贸易与货物贸易合在一起谈判，目的是换取发展中国家服务贸易市场的开放。发展中国家开始对此并无兴趣，主要原因是本身服务业落后，后因货物贸易谈判的需要，同意就服务贸易领域自由化问题进行谈判，但是要求将货物贸易和服务贸易两者分开进行谈判。服务贸易领域的正式谈判从1986年开始，最终诞生了与GATT平行的、用于约束WTO成员方商业服务贸易的GATS。

实际上，GATS的出现与全球各国或地区服务业和服务贸易的发展是密不可分的。具体体现在以下两个方面。

（一）服务贸易在国际贸易中的地位不断增强

从20世纪70年代开始，国际服务贸易以高于货物贸易的速度发展。1970年，全世界的服务贸易额是700多亿美元，1986年为4 496亿美元，1996年，国际服务贸易额超过1万亿美元，为12 577亿美元。发达国家的服务贸易在国际服务贸易中处于绝对优势地位，其服务贸易无论是在本国的对外贸易中，还是在国际贸易中均发挥着十分重要的作用。特别是美国，1976年以来其货物贸易一直是逆差，服务贸易却是盈余，1996年美国服务出口额2 020亿美元，进口额1 353亿美元。服务贸易顺差在一定程度上弥补了其货物贸易的逆差。

（二）服务业本身在世界各国经济发展中的地位越来越重要

服务业的相对落后，会在一定程度上制约一国经济的发展。各国为加速经济发展，都加大了对服务业的投入。服务业产值在各国GDP中的比重也不断上升。例如，1995年，美国服务业产值为28 326亿美元，GDP为72 538亿美元，服务业产值占GDP的39%。GATS诞生后，这种趋势仍然在继续，例如，2005年美国服务业产值为103 909亿美元，GDP为132 200亿美元，服务业产值占GDP的78.6%。2008年中国服务业产值占GDP的40.2%，但是这一数字远低于同等收入水平的国家，在印度这一数字超过了50%。

二、GATS的主要内容

世界贸易组织有关服务贸易的纪律主要由三大部分组成：①GATS条款本身（服务贸易总协定）。②部门协议。③各成员方的市场准入承诺表（或减让表）。

（一）GATS 条款的主要内容

GATS 共 29 项条款，由 6 个部分和 1 个附件组成。附件是关于免除第二条（即最惠国待遇）义务和其他具体服务领域的说明。

GATS 在序言中强调了服务贸易的宗旨是建立一个服务贸易准则和规定的多边框架，在透明和逐步自由化的条件下扩大服务贸易，并以此促进各成员方的经济增长和发展中国家的发展。通过多边谈判，在互利的基础上逐步实现更高水平的服务贸易自由化。

GATS 适用的范围和定义（即 GATS 的第一条，也是 GATS 的第一部分）为：

（1）该协定“适用于各成员影响服务贸易的措施”，并且明确了采取这些措施的机构是各级政府机构和其授权行使权力的非政府机构。另外，强调这里的“服务”“包括任何部门的任何服务，但在行使政府权限时提供的服务除外”。这也就是说 GATS 中所指的服务为商业性服务，也就是非政府服务，而不包括政府服务。

（2）服务贸易的定义。即服务贸易的四种提供和消费方式。有关内容在本章第一节中已有说明，在此不再赘述。

下面就 GATS 中的一些主要规则加以说明。

（1）最惠国待遇（Most-Favoured-Nation（MFN）Treatment）。一成员方必须保证给予所有成员的待遇不得低于给予任何其他成员的服务和服务提供者的待遇，即不得在其他成员的服务和服务提供者之间有歧视行为。但是，目前 GATS 的最惠国待遇不是无条件的，也就是说存在最惠国待遇例外。例如，如果一成员与另一成员已经签署了一项有关服务的双边优惠协议，并希望这一协议继续存在，这些优惠就会写入最惠国待遇例外的清单中。考虑到这些实际情况，GATS 在生效之初给予希望在特定的服务活动中维持对特定成员方的更优惠待遇的成员一次机会，可在执行服务贸易总协定之前记录下这些“最惠国待遇例外”，从而可以对不同成员实行差别待遇。这些例外清单不是无限期存在的，它们将在 5 年后受到审查，一般期限为 10 年。详见 GATS 第 2 条。

（2）国民待遇（National Treatment）。服务贸易的国民待遇是与具体服务部门和提供方式联系在一起的。在列入承诺表的部门中，在符合表中所列的条件下，每一成员给予其他成员的服务和服务提供者的待遇不得低于给予本国服务和服务提供者的待遇。

（3）透明度（Transparency）。要求最迟于生效前公开有关的或影响服务贸易协议实施的法律、法规以及其签字参加的所有有关影响服务贸易的其他国际协定。由于对于服务贸易来说，不存在关税，国内规则实际上就构成了影响和控制服务贸易的最重要措施。协议要求成员方建立咨询点以便及时向其他成员方提供有关服务的行政政策和措施。另外，任何成员还必须立即或至少每年一次向服务贸易理事会通报其相关的法律、法规和措施。详见 GATS 第 3 条。

（4）承认（Recognition）。协议要求成员间关于对服务提供者规定的许可、认证和标准等资格认可的双边协议应该向其他希望谈判加入或希望达成这类协议的成员开放。有关资格许可的承认不得以歧视的方式给予和不得用作一种隐蔽的限制服务贸易的手段。详见 GATS 第 7 条。

（5）国际支付和转移（International Payment and Transfers）。除非在国际收支困难时，成员方才可以对服务贸易协议下特定承诺的经常项目下交易的国际支付和转移实施有限的、临时的和有条件的限制。详见 GATS 第 11 条。

（6）市场准入（Market Access）。市场准入是一种经过谈判的具体承诺义务。这些承诺要受到约束，只有在与受影响的成员方进行了补偿谈判之后才可以修改或撤回。这些明确具体的承诺给外国服务方面的投资者和贸易商提供了可预见的政策环境条件。详见 GATS 第 16 条。

（7）逐步自由化（Progressive Liberalization）。协议要求今后进行多轮更深入的谈判，最迟在 5 年内进行第一次谈判。目的是通过提高承诺表中的承诺水平和降低政府措施对服务贸易的不利影响，以推进自由化的进程。

（二）部门协议

在 WTO 成立之初，关于具体领域的开放仅有一些简短的附则和决定。WTO 成立之后，服务领域的谈判一直在继续，先后达成了一些部门协议。这些协议包括 1997 年 12 月 13 日达成的金融（含保险）服务协议和 1998 年 1 月正式生效的基础电信服务协议两个重要协议。

（三）市场准入承诺单

市场准入承诺单（也称减让表）是成员方在双边谈判基础上所作出的开放各自市场的具体承诺，是 GATS 不可分割的组成部分。减让表中列明了成员方承诺义务的具体服务部门和这些部门中的活动，以及限制准入和实施国民待遇的具体部门。表 4-3 和 4-4 给出了中国金融服务领域的市场准入承诺单，由此，读者可对市场准入承诺单有一些感性认识。任何成员没有提前三个月的变更通知和未经与受影响成员方的补偿谈判，不能恶化这些已经承诺的条件。当然，改善这些承诺条件可在任何时间进行，因为这符合服务贸易逐步自由化的宗旨。

三、中国在服务贸易领域中的承诺

中国在服务贸易领域中的承诺与其他成员的承诺在形式上一样，分水平承诺（Horizontal Commitments）和具体承诺。其中，水平承诺涉及所有服务部门，具体承诺涉及承诺或限制的各服务部门或分部门。例如，中国在具体承诺的部门中包括商业服务，其中，商业服务又包括专业服务、计算机及相关服务、房地产服务和其他商业服务；通信服务；建筑及相关工程服务；分销服务；教育服务；环境服务；金融服务；旅游及与旅游相关的服务和运输服务。

表 4-3 和 4-4 分别给出了中国在服务贸易领域中的水平承诺和金融服务部门

的承诺。关于其他服务部门的承诺读者可直接登录商务部网站进行查询。

表 4-3 中国在服务贸易领域中的水平承诺

部门或分部门	市场准入限制	国民待遇限制	附加承诺
本承诺表中的所有部门	(3) 在中国，外国投资企业包括外资企业(也称外商独资企业) 和合资企业以及股权式的合资企业和契约式的合资企业 股权式的合资企业的股权比例不能小于合资企业注册资本金的25% 由于有关外国企业分支机构设立的法律和法规正在制定中，因此在有关外国企业在中国设立分支机构方面不作承诺，除非在具体部门中另有说明 允许外国企业在中国设立代表处，但是代表处不能从事任何盈利活动，除非这些代表处是在具体部门 CPC 861，862，863，865 承诺中设立 中国在以下方面的条件限制不会比中国入世时更多：股权或契约协议，或设立或批准现有外国服务提供商提供服务或经营许可方面的所有权、经营和活动范围的条件 中华人民共和国的土地归国家所有。企业和个人对土地的使用要符合下列最长期限的限制 ①以居住为目的是 70 年 ②以工业为目的是 50 年 ③以教育、科学、文化、公共卫生和体育为目的是 50 年 ④以商业、旅游和娱乐为目的是 40 年 ⑤以综合利用或其他为目的是 50 年 (4) 除了下面所涉及类别的自然人入境和暂时居留有关的措施外，不作承诺： ①由于公司内部临时调动，在中华人民共和国境内的设立有代表处、分公司或子公司的 WTO 成员公司的作为高级雇员的经理、管理人员和专家最初可入境居处 3 年 ②WTO 成员公司的作为被中华人民共和国境内的外商投资企业雇用的从事商业活动的高级经理、管理人员和专家可按合同条款规定给予长期居住许可或最初可入境居处 3 年，以期限短者为准 ③服务销售人员不在中华人民共和国领土内常住，不从中国境内的来源取得报酬，从事以销售服务提供商的服务为目的的活动，代表该服务提供商的谈判人员 这类销售不是直接面向公众，并且该销售人员不从事该服务的销售，其入境时间以 90 天为限	(3) 对于在视听、空运和医疗服务方面给国内服务提供商的补贴不作承诺 (4) 除了与市场准入一栏中所涉及的类别有关的自然人入境和暂时居留有关的措施外，不作承诺	

注：服务提供方式：(1) 跨境交付。(2) 境外消费。(3) 商业存在。(4) 自然人存在。

CPC 861，862，863，865 分别表示法律服务，会计、审计和簿记服务，税收服务和管理咨询服务。

(资料来源：US-China Business Council Copy of US-China Bilateral Market Access Agreement as Released by USTR on March 14，2000，pp. 43-52)

表4-4 中国在《中美双边市场准入协议》中金融服务部门的承诺

部门或分部门	市场准入限制	国民待遇限制	附加承诺
金融服务 **A 所有保险和与保险有关的服务** (a) 人寿，健康和退休金或养老金保险 (b) 非人寿 (c) 再保险 (d) 保险的辅助服务，不包括经纪服务	(1) 除国际海运、空运及运输保险和再保险外均不作承诺 (2) 没有限制 (3) 1) 建立方式 在非人寿保险方面，中国允许外国保险商建立分支机构或拥有51%股权的合资企业；从2002年1月1日起，允许建立独资企业 一旦入世，中国允许外国人寿保险商拥有50%的所有权，与它们自己选择的合伙人建立合资企业 允许在国内设立分支机构，条件与逐步取消的地域限制一致 2) 地域范围 一旦入世，中国允许外国人寿和非人寿保险公司在上海和广州提供服务；从2002年1月1日起，允许在下列城市提供服务：北京、成都、大连、重庆、深圳、福州、苏州、厦门、宁波、沈阳、武汉和天津 从2003年1月1日起，不再有地域限制 3) 经营范围 一旦入世，将允许国外非人寿保险商提供“总保单”或大规模的商业风险保险，而无地域限制 一旦入世，允许国外非人寿保险商向企业在外国的财产、相关的责任和在国外投资公司的信用提供保险；最迟2004年，允许国外非人寿保险商向国外和国内客户提供全部的非人寿保险业务 允许外国保险商向外国人和中国公民提供个人(非集体)保险 最迟2004年，允许外国保险商向外国人和中国人提供健康保险 不迟于2005年，开始允许外国保险商向外国人和中国人提供养老保险 一旦入世，允许作为分公司、合资或独资的子公司的国外保险商提供人寿和非人寿的再保险业务，而无地域或许可数量的限制 4) 许可 一旦入世，许可不需要经济需求测试或数量的限制。外国保险机构作为投资者的申请资格要求是已在某WTO成员方有30年以上的从业经历；在中国已连续两年建有办事处；在申请的前一年有50亿美元以上的资产 (4) 除了水平承诺中的承诺，不作承诺	(1) 没有限制 (2) 没有限制 (3) 外国保险机构不得从事法律规定的保险业务 (4) 除了水平承诺中的承诺，不作承诺	

（续）

部门或分部门	市场准入限制	国民待遇限制	附加承诺
B 银行和其他金融服务（不包括保险） 银行服务如下 （a）接受公众存款和其他需偿还基金 （b）所有类型的贷款，包括消费者信贷、抵押贷款，保理和商业交易的融资 （c）金融租赁 （d）所有支付和货币交割服务，包括信用卡、收费卡和借方信用卡，旅游支票和银行汇票 （e）担保与承兑	（1）除以下各项外不作承诺 金融信息的提供与交换，及金融数据处理和其他金融服务的提供者的有关软件 就（a）项至（k）项所列的所有活动进行的咨询，中介和其他辅助性金融服务，包括信用查询和分析，投资和有价证券研究和咨询，收购建议和公司结构调整和战略的建议 （2）没有限制 （3） 1）地域范围 一旦入世，外汇兑换交易没有地域限制；当地货币交易按以下规定逐步解除地域限制，一旦入世，上海、深圳、天津和大连；2001 年 1 月 1 日，广州、青岛、南京和武汉；2002 年 1 月 1 日，济南、福州、成都和重庆；2003 年 1 月 1 日，昆明、珠海、北京和厦门；2004 年 1 月 1 日，汕头、宁波、沈阳和西安；2005 年 1 月 1 日，取消地域限制 2）客户：一旦入世，允许外国金融机构在中国提供外汇交易服务，而无客户限制 对人民币业务来说，从 2002 年 1 月 1 日起允许外国金融机构向中国企业提供；从 2005 年 1 月 1 日起允许外国金融机构向所有中国客户提供；在中国某地得到许可经营该项业务的外国金融机构可向其他开放此项交易的地区中的客户提供此项业务 3）许可：对中国金融服务部门的管理标准只能是出于谨慎的目的（即不能有经济需求测试或许可数量的限制）。最迟 2005 年 1 月 1 日起，取消现有的一切非谨慎的有关外国金融机构所有权、经营和法律形式方面的限制措施，其中包括内部分支机构和许可 允许符合下列条件的外国金融机构在中国建立外国银行的子银行或外国金融公司：在提出申请的前一年，有大于 100 亿美元的资产 允许符合下列条件的外国金融机构在中国建立外国银行分行：在提出申请的前一年，有大于 200 亿美元的资产 允许符合下列条件的外国金融机构在中国建立中外合资银行或中外合资金融公司：在提出申请的前一年，有大于 100 亿美元的资产 经营人民币业务的外国金融机构的资格如下：申请前，在中国已开业三年，已连续两年盈利，否则不能经营该项业务 （4）除了水平承诺中的承诺，不作承诺	（1）没有限制 （2）没有限制 （3）除了针对本币交易的地域限制和客户限制外（列示在市场准入一栏中），外国金融机构可与外国投资企业、非中国自然人、中国自然人和中国企业有业务往来，无须逐件批准。否则没有限制 （4）除了水平承诺中的承诺，不作承诺	对金融租赁服务，允许外国金融租赁公司与国内公司同时提供金融租赁服务

（续）

部门或分部门	市场准入限制	国民待遇限制	附加承诺
通过非金融机构的汽车融资	（1）除以下各项外不作承诺 金融信息的提供与交换，及金融数据处理和其他金融服务的提供者的有关软件 就（a）项至（k）项所列的所有活动进行的咨询，中介和其他辅助性金融服务，包括信用查询和分析、投资和有价证券研究及咨询、收购建议和公司结构调整及战略的建议 （2）没有限制 （3）没有限制 （4）除了水平承诺中的承诺，不作承诺	（1）没有限制 （2）没有限制 （3）没有限制 （4）除了在水平承诺除了水平承诺中的承诺，不作承诺	
证券服务	（1）除以下各项外不作承诺 外国证券机构直接从事（没有中国作为中介的）B股交易 （2）没有限制 （3） 1）除以下各项不作承诺 一旦入世，外国证券机构在中国的代表处将成为所有中国股票交易所中的特别会员 最迟2003年1月1日起，允许外国证券机构建立股权不超过49%的合资公司，从事（没有中国作为中介）A股的承销以及承销和交易B股和H股以及政府和公司债券 一旦入世，外方股权可为33%的合资企业通过基金管理业务经营国内证券。最迟2003年1月1日起，外国股权可达49% 2）对中国金融服务部门的管理标准只能是出于谨慎的目的（即不能有经济需求测试或许可数量的限制） （4）除了水平承诺中的承诺，不作承诺	（1）没有限制 （2）没有限制 （3）没有限制 （4）除了水平承诺中的承诺，不作承诺	
其他金融服务如下 （k）金融信息的提供与转移，以及金融数据处理和其他金融服务的提供者的有关软件 （l）就（a）项至（k）项所列的所有活动进行的咨询，中介和其他辅助性金融服务，包括信用查询和分析、投资和有价证券的研究及咨询、收购建议和公司结构调整及战略的建议	（1）没有限制 （2）没有限制 （3）没有限制 对中国金融服务部门的管理标准只能是出于谨慎的目的（即不能有经济需求测试或许可数量的限制）。允许建立外国分支机构 （4）除了水平承诺中的承诺，不作承诺	（1）没有限制 （2）没有限制 （3）没有限制 （4）除了水平承诺中的承诺，不作承诺	

注：服务提供方式：（1）跨境交付。（2）境外消费。（3）商业存在。（4）自然人存在。

（资料来源：US-China Business Council Copy of US-China Bilateral Market Access Agreement as Released by USTR on March 14, 2000, pp. 43-52）

第三节　国际服务贸易的格局

一、国际服务贸易的格局

关于国际服务贸易的格局，主要从国际服务贸易的商品构成和国际服务贸易的地区构成两个方面进行考察。由此，可对当前国际服务贸易状况有比较清楚的了解。

（一）国际服务贸易的商品构成

目前国际服务贸易主要由运输、旅游和其他商业服务构成。由表4-5～表4-7中的数据可以了解到以下信息：①2008 年全球运输、旅游和其他商业服务出口额分别为8 900 亿美元、9 500 亿美元和19 350 亿美元，其各自在整个商业服务贸易中的比重分别为23.6%、25.2%和51.2%，其中其他商业服务在整个商业服务贸易中所占比重最大。②1990～1999 年 10 年间，全球运输、旅游和其他商业服务出口的年增长率分别为4%、6%和8%。2000～2008 年的近 10 年间全球运输、旅游和其他商业服务出口的年增长率分别为13%、9%和14%，其中其他商业服务出口增长最快。

表 4-5　1990～2008 年全球运输服务出口状况

1999 年出口额/10 亿美元	310
2008 年出口额/10 亿美元	890
年增长率（%）	
1990～1995 年	6
1995～2000 年	3
2000～2008 年	13
2006 年	11
2007 年	20
2008 年	16
1999 年全球运输服务出口在整个商业服务贸易中的比重（%）	23.0
2008 年全球运输服务出口在整个商业服务贸易中的比重（%）	23.6

（资料来源：International trade statistics 2009）

表 4-6　1990～2008 年全球旅游服务出口状况

1999 年出口额/10 亿美元	440
2008 年出口额/10 亿美元	950
年增长率（%）	
1990～1995 年	9

（续）

1995～2000 年	3
2000～2008 年	9
2006 年	10
2007 年	15
2008 年	10
1999 年全球旅游服务出口在整个商业服务贸易中的比重（%）	32.8
2008 年全球旅游服务出口在整个商业服务贸易中的比重（%）	25.2

（资料来源：International trade statistics 2009）

表 4-7 1990～2008 年全球其他商业服务出口状况

1999 年出口额/10 亿美元	600
2008 年出口额/10 亿美元	1 935
年增长率（%）	
1990～1995 年	10
1995～2000 年	7
2000～2008 年	14
2006 年	17
2007 年	22
2008 年	11
1999 年全球其他商业服务出口在整个商业服务贸易中的比重（%）	44.2
2008 年全球其他商业服务出口在整个商业服务贸易中的比重（%）	51.2

（资料来源：International trade statistics 2009）

（二）国际服务贸易的地区构成

（1）2008 年各主要国家或地区运输、旅游和其他商业服务出口与进口在整个商业服务中的比重。

由表 4-8～表 4-10 可以了解到以下信息：①无论在哪类服务贸易中，美国均是最大的出口国和进口国，除运输服务为逆差外，旅游和其他商业服务均为顺差，并且整个服务贸易为顺差，与其货物贸易的逆差形成反差。②无论何种服务贸易，出口和进口排在前 15 位的大多数为发达国家，特别是在服务出口方面这些国家具有明显的优势。③只有在旅游服务中有比运输和其他商业服务多一些的发展中国家或地区出现在进出口的前 15 位中，特别是在旅游服务出口方面。例如，2008 年，中国旅游服务的出口和进口均排在第三位，金额分别为 408 亿美元和 362 亿美元。

表 4-8　2008 年运输服务的主要进出口国家和地区

指标 国家和地区	金额/10 亿美元	在全球出口（进口）中所占的份额（%）		年增长率（%）			
年份	2008 年	2000 年	2008 年	2000～2008 年	2006 年	2007 年	2008 年
出口国和地区							
欧盟（27 个国家）	402.7	42.6	45.2	13	11	21	15
欧盟外	195.4	—	21.9	—	8	19	19
美国	90.6	14.5	10.2	8	10	13	17
日本	46.8	7.4	5.3	8	5	12	11
韩国	43.5	3.9	4.9	16	8	30	30
中国	38.4	1.1	4.3	34	36	49	23
新加坡	28.8	3.4	3.2	12	18	16	2
中国香港	28.5	3.7	3.2	11	10	14	11
挪威	21.6	2.8	2.4	11	-1	19	13
俄罗斯	15.0	1.0	1.7	20	11	17	27
加拿大	11.9	2.2	1.3	6	8	6	7
印度	11.1	0.6	1.2	24	32	18	23
澳大利亚	8.9	1.2	1.0	9	3	14	23
埃及	8.2	0.8	0.9	15	16	27	17
土耳其	7.8	0.9	0.9	13	-2	32	26
乌克兰	7.6	0.8	0.9	13	19	14	25
上述 15 个国家和地区	770.0①	86.7	86.5	—	—	—	—
进口国和地区							
欧盟（27 个国家）	363.6	35.6	34.8	12	11	18	12
欧盟外	162.1	—	15.5	—	12	15	16
美国	104.7	15.7	10.0	6	5	3	10
日本	54.0	8.0	5.2	6	6	14	10
中国	50.3	2.5	4.8	22	21	26	16
印度	41.4	2.1	4.0	22	20	24	34
韩国	37.2	2.6	3.6	16	15	26	28
新加坡	29.8	3.0	2.9	12	17	23	2
阿拉伯联合酋长国	25.5	1.1	2.4	24	23	42	33
泰国	23.0	1.6	2.2	17	13	11	26
加拿大	20.3	2.2	1.9	10	13	14	9
澳大利亚	15.1	1.5	1.5	12	5	15	16
中国香港	14.9	1.5	1.4	12	11	20	7
挪威	14.5	1.2	1.4	14	2	33	10
印度尼西亚	13.8	1.0	1.3	17	10	16	45
俄罗斯	13.0	0.6	1.2	24	31	39	39
上述 15 个国家和地区	820.0	80.2	78.7	—	—	—	—

①合计数与各个国家和地区数之和有出入，这是由四舍五入造成的。余同。

（资料来源：International trade statistics 2009）

表 4-9 2008 年旅游服务的主要进出口国家和地区

国家和地区 \ 指标	金额/10 亿美元	在全球出口（进口）中所占的份额（%）		年增长率（%）			
年份	2008 年	2000 年	2008 年	2000～2008 年	2006 年	2007 年	2008 年
出口国和地区							
欧盟（27 个国家）	393.2	41.8	41.3	9	9	14	7
欧盟外	108.2	—	11.4	—	12	14	4
美国	135.2	20.7	14.2	4	5	12	13
中国	40.8	3.4	4.3	12	16	10	10
澳大利亚	25.2	2.0	2.6	13	6	25	12
土耳其	21.9	1.6	2.3	14	-7	10	19
泰国	17.6	1.6	1.9	11	40	24	6
中国澳门	17.4	0.6	1.8	25	23	38	28
加拿大	15.3	2.3	1.6	4	7	5	-1
中国香港	15.2	1.2	1.6	13	13	18	10
瑞士	14.4	1.4	1.5	10	8	13	18
印度尼西亚	14.0	1.1	1.5	14	18	24	8
墨西哥	13.3	1.8	1.4	6	3	6	3
俄罗斯	11.9	0.7	1.3	17	30	26	24
印度	11.8	0.7	1.2	17	15	24	10
克罗地亚	11.3	0.6	1.2	19	8	16	22
上述 15 个国家和地区	760.0	81.5	79.7	—	—	—	—
进口国和地区							
欧盟（27 个国家）	390.9	44.6	45.9	9	5	15	10
欧盟外	140.8	—	16.5	—	5	17	9
美国	85.4	15.6	10.0	3	5	5	4
中国	36.2	3.0	4.2	14	12	22	21
日本	27.9	5.4	3.3	2	-2	-1	5
加拿大	27.3	2.9	3.2	10	14	20	10
俄罗斯	24.9	2.1	2.9	14	5	22	12
韩国	17.1	1.7	2.0	12	22	17	-22
挪威	15.9	1.1	1.9	17	15	21	13
澳大利亚	15.9	1.5	1.9	12	4	22	12
中国香港	15.9	2.9	1.9	3	6	7	6
新加坡	14.2	1.1	1.7	15	10	12	14
阿拉伯联合酋长国	13.3	0.7	1.6	20	43	28	18
巴西	11.0	0.9	1.3	14	22	42	34
瑞士	10.9	1.3	1.3	9	5	11	6
印度	9.6	0.6	1.1	17	11	20	17
上述 15 个国家和地区	715.0	85.2	84.0	—	—	—	—

（资料来源：International trade statistics 2009）

表 4-10　2007 年其他商业服务的主要进出口国家和地区

指标 国家和地区	金额/ 10 亿美元	在全球出口（进口）中所占的份额（%）		年增长率（%）			
年份	2008 年	2000 年	2008 年	2000 ~2008 年	2006 年	2007 年	2008 年
出口国和地区							
欧盟（27 个国家）	958.1	45.0	49.5	16	15	24	10
欧盟外	439.6	—	22.7	—	15	26	10
美国	295.6	19.6	15.3	11	18	18	7
日本	88.8	6.0	4.6	11	16	10	17
印度	79.7	—	4.1	—	40	24	18
中国	67.2	1.6	3.5	27	25	46	27
瑞士	54.3	2.8	2.8	15	13	23	15
中国香港	48.7	3.3	2.5	11	17	17	7
新加坡	43.5	1.7	2.2	18	22	27	1
加拿大	37.6	3.2	1.9	8	9	10	2
俄罗斯	23.7	0.4	1.2	32	35	34	34
韩国	21.5	1.4	1.1	11	20	31	-3
中国台北	21.3	1.8	1.1	7	19	9	12
挪威	19.3	0.9	1.0	16	34	27	13
巴西	17.6	0.9	0.9	15	30	33	30
以色列	14.8	1.3	0.8	7	17	6	10
上述 15 个国家和地区	1 790.0	91.4	92.6	—	—	—	—
进口国和地区							
欧盟（27 个国家）	758.2	46.0	47.6	13	12	21	10
欧盟外	317.8	—	19.9	—	10	23	14
美国	177.8	12.4	11.2	11	22	14	8
日本	85.6	8.0	5.4	7	17	14	17
中国	71.5	2.0	4.5	25	26	35	27
加拿大	39.0	3.6	2.4	8	8	10	1
韩国	37.5	2.4	2.4	12	16	19	21
俄罗斯	36.7	0.8	2.3	28	23	39	40
新加坡	34.9	2.0	2.2	14	21	12	5
印度	32.6	—	2.0	—	32	20	3
巴西	23.0	1.2	1.4	15	18	21	28

（续）

指标 / 国家和地区	金额/10 亿美元	在全球出口（进口）中所占的份额（%）		年增长率（%）			
年份	2008 年	2000 年	2008 年	2000～2008 年	2006 年	2007 年	2008 年
沙特阿拉伯	19.5	—	1.2	—	—	—	—
泰国	18.1	1.0	1.1	15	38	24	22
瑞士	17.5	0.6	1.1	21	-1	24	10
中国香港	15.1	1.0	0.9	13	12	20	12
澳大利亚	14.5	1.0	0.9	12	9	32	28
上述 15 个国家和地区	1 380.0	84.5	86.7	—	—	—	—

（资料来源：International trade statistics 2009）

（2）2008 年各主要地区运输业、旅游业和其他商业服务出口与进口在其整个商业服务中的比重。

由表 4-11 可以了解到以下信息：①北美在服务出口和进口方面，其他商业服务所占比重都高于旅游和运输服务。②中南美洲只有旅游服务为顺差，其他商业服务和运输服务均为逆差。③欧洲无论在服务出口方面，还是进口方面，比重大小均依次为其他商业服务、旅游和运输服务，并且各项服务贸易均为顺差。④非洲与中南美洲类似，旅游服务出口所占比重最大，进口服务最多的是运输，其次是其他商业服务。⑤亚洲服务出口的比重大小依次为其他商业服务、旅游和运输服务，服务进口的比重大小依次为其他商业服务、运输和旅游服务，其中只有运输服务为逆差。

表 4-11　2008 年各地区运输业、旅游业和其他商业服务服务的进出额

（单位：10 亿美元）

行业 / 国家和地区	运输业		旅游业		其他商业服务	
	出口	进口	出口	进口	出口	进口
北美洲	105	129	164	121	336	230
中南美洲	25	45	42	28	41	45
欧洲	443	398	451	427	1 043	801
欧盟 27 个国家	403	364	393	391	958	758
独联体国家	31	26	21	33	32	56
非洲	26	53	40	21	22	47
中东	22	66	32	48	44	53
亚洲	240	326	202	175	417	363

（资料来源：International trade statistics 2009）

（3）发达国家在服务贸易中处于绝对优势地位，发展中国家处于劣势地位。

通过上面的数据可以得出这样的结论，即发达国家在服务贸易中处于绝对优势地位，发展中国家处于劣势地位，特别是欠发达国家，2007 年商业服务贸易只有 1.43 亿美元。由表 4-8 ~ 表 4-10 可以看到排在前 15 名的大多数为发达国家，特别是在服务出口方面，发达国家具有明显优势。只有在旅游服务出口方面才有稍多一些的发展中国家或地区出现在进出口的前 15 位中。例如，中国、泰国和墨西哥等。

另外，通过分析还可以得出一些具体的结论：

1）一般来说，发达国家既是国际服务贸易的最大出口方，也是最大进口方。2008 年在运输服务和其他商业服务方面，出口排在前三位的是欧盟、美国和日本，进口排在前三位的也是欧盟、美国和日本。2008 年在旅游服务方面，出口排在前三位的是欧盟、美国和中国，进口排在前三位的也是欧盟、美国和中国。

另外，发达国家之间发展也不十分平衡。例如，北美地区中，美国处于绝对优势地位，2008 年美国运输服务出口为 906 亿美元，进口为 1 047 亿美元。而加拿大出口为 119 亿美元，进口为 203 亿美元。2008 年美国旅游服务出口为 1 352 亿美元，进口为 854 亿美元。而加拿大出口为 153 亿美元，进口为 273 亿美元。2008 年美国其他商业服务出口为 2 956 亿美元，进口为 1 778 亿美元。而加拿大出口为 376 亿美元，进口为 390 亿美元。美国商业服务是顺差，顺差主要来自其他商业服务贸易和旅游服务。加拿大商业服务是为逆差，2008 年的逆差来自运输、旅游和其他商业服务三个方面。

2）大多数发展中国家的服务贸易为逆差，在个别服务项目上个别国家为顺差。例如，2008 年，中国旅游服务的出口和进口分别为 408 亿美元和 362 亿美元，而运输和其他商业服务均为逆差。中南美洲地区，2008 年服务贸易为逆差，其中出口为 1 080 亿美元，进口为 1 180 亿美元。非洲地区，2008 年服务出口为 880 亿美元，进口为 1 210 亿美元，服务贸易逆差为 330 亿美元，并且大于其商品贸易的逆差。亚洲地区，2008 年服务出口为 8 590 亿美元，进口为 8 640 亿美元，逆差为 50 亿美元。

二、2009 年国际服务贸易状况

2009 年全球商业服务出口下降了 13%，为 3.31 万亿美元。这是自 1983 年以来全球商业服务贸易出口的第一次大幅度下降。这次下降波及了所有的服务部门和主要地区。运输服务下跌最严重为 21%，其次是旅游和其他商业服务出口分别下降 11% 和 10%。运输服务出口、旅游和其他商业服务出口额分别为 7 040 亿美元、8 540 亿美元和 17 540 亿美元。

受美国次贷危机引发的全球性金融危机的影响，各国和地区无一幸免，商业服务贸易都出现了下降。全球不同国家和地区商业服务贸易下降的程度不完全一样，但是主要贸易国家和地区大都出现了两位数的下降。商业服务出口排在前五位的美国、英国、德国、法国和中国分别下降了9%、16%、11%、14%和12%。商业服务出口欧洲下降最多，为14%，其次是亚洲和中东分别下降了13%和12%。商业服务进口，欧洲下降最多，为13%，其次是中东和亚洲，分别下降了13%和11%。

表4-12为2001年和2009年全球不同地区商业服务贸易的增长情况，表4-13为2001年和2009年世界货物和商业服务出口状况。

表4-12 2001年和2009年全球不同地区商业服务贸易的增长情况

增长情况 国家和地区	出口				进口			
	金额/10亿美元		年增长率（%）		金额/10亿美元		年增长率（%）	
	2001年	2009年	2001年	2009年	2001年	2009年	2001年	2009年
世界	1 440	3 310	-1	-13	1 430	3 115	-1	-12
北美	298	542	-4	-10	227	430	-6	-10
拉美	58	100	-4	-8	72	111	2	-8
欧洲	670	1 675	0	-14	631	1 428	0	-13
非洲	30	78	—	-11	38	117	—	-11
中东	31	96	—	-12	56	162	—	-13
亚洲	298	751	-2	-13	351	776	-3	-11

（资料来源：WTO 2002年和WTO2009年年报）

表4-13 2001年和2009年世界货物和商业服务出口状况

出口状况 类别	金额/10亿美元	金额/10亿美元	年增长率（%）	
	2001年	2009年	2001年	2009年
货物	5 990	12 147	-4.0	-23
商业服务	1 440	3 312	-1.5	-13

（资料来源：WTO 2002年和2010年年报）

2009年全球商业服务贸易的下降远比2001年“9·11”事件的影响大。下面回顾一下2001年全球商业服务贸易状况，以便加深对2009年全球商业服务贸易状况的理解。

美国商业服务的进口经过2000年16%的高涨后，2001年下降了7%。美国所有商业服务的进口下降因“9·11”事件而进一步加重。由此，对其北美贸易区的贸易伙伴的服务出口产生了重要影响，加拿大和墨西哥的出口分别下降了5%和7%。在“9·11”事件后美国的旅游支出出现了显著下降，与2000年相比年平均下低了9%。对航空运输的广泛担忧使那些靠旅游获取外汇收入的国家和地区遭遇了严重影响。它们主要是一些加勒比海地区的岛国。美国商业服务出口下降了3%，小于其商业服务进口下降的幅度。这其中的差异主要归因于除旅游和运输之外的其他商业服务出口的增加和进口的下降。其他商业服务进口的下降主要是由于“9·11”事件后所进行的保险赔付，即支付给外国保险公司的保费的下降。

尽管在2001年的下半年，拉美商业服务的进口大幅度下降，但是其全年仍有2%的增长。亚洲商业服务的出口和进口在1997年前亚洲金融危机时出现过严重下降，2001年再次出现下降，并且低于其1997年的水平。整个亚洲，特别是日本，经济和货物贸易的不景气以及汇率的波动使这一地区的商业服务贸易下降。日本和澳大利亚商业服务贸易下降尤其明显。而中国、中国香港和印度的商业服务出口收入则高于上一年。特别是印度在商业服务贸易方面出现了很大的增长。

非洲和中东地区服务贸易的可用数据也表明2001年这一地区的进出口在下降。埃及和南非2000年商业服务出口占整个非洲的45%以上，2001年这两国的服务进出口均有所下降。中东地区最大的出口国以色列2001年的服务出口由于旅游业收入的大幅度减少而下降。

欧洲的服务贸易在2000年小幅增长后，出现了停滞。由于美元对欧元的升值2001年欧洲的服务贸易远小于2000年，因此用欧元衡量，下降速度非常明显。西欧各国的表现也不尽相同，其中，三个最大的贸易国，英国、德国和法国进出口均有所下降，意大利和西班牙出口和进口均有显著增长。爱尔兰继续成为西欧服务贸易最具活力的地区，其服务贸易主要集中于其他商业服务贸易。转型经济国家的商业服务贸易出现强劲增长，这主要得益于这一地区经济的高速增长。这些国家出口和进口分别增长了10%和11%，并且其服务贸易的强劲增长涉及所有的服务部门。其中出口增长高于平均值的有波兰、匈牙利和斯洛伐克，进口有上涨趋势的有俄罗斯、乌克兰和匈牙利。

本章小结

服务业在世界各国的经济发展中越来越重要。服务贸易在整个国际贸易中的地位不断增强，从20世纪70年代开始，国际服务贸易的发展速度就高于货物贸易。乌拉圭回合开始了服务贸易领域的多边谈判，诞生了GATS和后续的部门协议。本章首先对国际服务贸易定义、壁垒和统计等领域中的主要概念进行了介绍，目的是为理解WTO服务贸易总协定的主要原则和部门协议以及国际服务贸易领域中的理论和实践问题打下基础。其次，对WTO服务贸易总协定的主要原则和部门协议作了简要说明，并给出了中国在服务贸易领域中的水平承诺和金融服务部门的具体承诺。目的在于对WTO多边服务贸易规则和各成员的市场准入承诺有所了解和认识。在本章的最后，为了对国际服务贸易格局有所了解，介绍了全球服务贸易发展状况，即发达国家在服务贸易中处于绝对优势地位，而发展中国家则处于劣势地位。

本章重要概念

运输服务　金融服务　旅游服务　电信服务　自然人存在　商业存在　境外消费　跨境交付　WTO 服务贸易总协定（GATS）

本章推荐阅读文献

[1] 国家外汇管理局．中国国际收支平衡表［DB/ON］http：//www.safe.gov.cn/model_safe/tjsj/tjsj_list.jsp？id＝5&ID＝110500000000000000.2010-06-03.

[2] 陈双喜，等．国际服务贸易（本科国贸）［M］.2 版，大连：东北财经大学出版社，2009.

[3] 李俊．《国际收支手册》的最新修订及对中国对外贸易数据的影响［J］．对外经贸统计，2009（3）：12-17.

思 考 题

1. GATS 中有关国际服务贸易是如何定义的？
2. GATS 中所约束的服务贸易范围是怎样的？
3. 目前，国际服务贸易是按什么统计的？
4. 常见的服务贸易壁垒有哪些？
5. 国际服务贸易中达成了哪些部门协议？
6. 目前，国际服务贸易的总体格局是怎样的？
7. GATS 中双边市场准入承诺表的大体情况是怎样的？
8. GATS 达成时，其最惠国待遇和国民待遇规则有何特点？
9. GATS 中有哪些主要原则性的规则？
10. 由表 4-7 可知中国在旅游服务方面为顺差，请问这一顺差额的大小是多少？并简要说明顺差产生的原因？

作 业 题

一、判断题

1. GATS 中的最惠国待遇没有例外。（　）
2. GATS 中的主要规则只有最惠国待遇和国民待遇两条。（　）
3. 如果 WTO 一成员在其服务市场准入表中没有对外资在某一具体服务部门中的投资要求持股比例，而实践中规定外商投资在合资企业中的股本比例最高不能超过 50%，则这一措施就构成了服务贸易壁垒。（　）
4. WTO 成员有关国际服务贸易的双边市场准入承诺分水平承诺和具体承诺。（　）
5. 国际服务贸易的限制主要表现为关税措施。（　）

6. 商业存在是国际服务贸易的一种提供方式。 ( )
7. GATS 将国际服务贸易仅定义为跨境交付。 ( )
8. 在国际旅游服务贸易中，中国多年来一直保持逆差。 ( )
9. 在国际服务贸易中，中国近年来一直保持顺差。 ( )
10. 在国际服务贸易中，美国多年来一直保持顺差。 ( )

二、单项选择题

1. 目前全球最大的商业服务出口和进口国或地区是（ ）。
A. 欧盟 B. 美国 C. 中国 D. 日本
2. 下列国际服务贸易属于境外消费的是（ ）。
A. 接待中国客户的外国银行 B. 企业为来料加工提供劳务
C. 应国外邀请出国短期工作的教师 D. 出国旅游团
3. 下列措施中不属于国际服务贸易方面措施的是（ ）。
A. 征收关税
B. 规定外籍教师必须具备的最低学历
C. 在合资电信企业中，规定外方管理人员的人数
D. 在合资银行中，规定外方必须具有一定的资产规模
4. WTO 规定除非在国际收支困难时，成员方才可以对服务贸易协议下特定承诺的（ ）项目下交易的国际支付和转移实施有限的、临时的和有条件的限制。
A. 经常 B. 资本 C. 金融 D. 货物
5. 在下列服务贸易中，中国 2008 年为顺差的是（ ）。
A. 商业服务贸易 B. 其他商业服务贸易
C. 旅游 D. 运输
6. 2009 年全球商业服务贸易下降的最主要原因是（ ）。
A. “9・11”事件 B. 金融危机
C. 中国经济增长放缓 D. 货物贸易下降
7. 关于商业存在方面的服务贸易，WTO 进行了（ ）服务贸易统计。
A. 政府 B. BOP C. 自然人移动 D. 外国附属机构
8. 目前全球大多数国家和地区有关外国附属机构的统计数据结果无论是在时效方面，还是在涉及的国家和地区方面（ ）。
A. 已经很完善 B. 比 BOP 中的服务贸易统计要完善
C. 存在一定的局限性 D. 比 BOP 中的服务贸易统计要早开展起来
9. 国际服务贸易中有关外国附属机构的统计是对其（ ）的统计。
A. 销售额 B. 利润 C. 投资额 D. 股权
10. 2008 年全球商业性服务出口额为（ ）亿美元。
A. 三万多 B. 一万多 C. 不到一万 D. 七万多

三、多项选择题

1. 下列规则中，属于 GATS 中的主要规则有（ ）。
A. 最惠国待遇 B. 透明度 C. 快速自由化 D. 国际收支与转移 E. 市场准入

2. 下列国际服务贸易属于自然人移动的有（　　）。

A. 出国留学的学生　B. 出境旅游　C. 在中国的外籍英文教师

D. 到国外演出的中国歌唱家　E. 境外电信服务商

3. 下列措施中属于国际服务贸易方面的管制措施有（　　）。

A. 提高关税

B. 规定外商投资企业的经营范围

C. 规定外商投资企业的开业地区

D. 规定外资企业必须属于某一类特定的法律实体

E. 规定外商投资企业的外商投资额

4. GATS 中有关国际服务贸易的定义可概括为（　　）。

A. 跨境交付　B. 境外消费　C. 自然人存在

D. 外国游客在中国旅游　E. 商业存在

5. 下述地区中，商业服务贸易排在前两位的是（　　）。

A. 亚洲　B. 西欧　C. 北美　D. 拉美　E. 非洲

案例分析题

1. 在美国，陆上赌场大多集中在一些飞地上，例如，拉斯维加斯、大西洋城和美国土著人居留地。因此，通过互联网就可以在家庭的个人计算机上赌博，这使许多人非常担心，这无异于将赌场搬到了家中，扩大了赌博的破坏性。2003 年 3 月，安提瓜和巴布达（Antigua and Barbuda）在 WTO 框架下要求与美国进行磋商。认为美国对网上赌博业制定的禁令（具体规定涉及美国联邦的三个法案：Wire Act，Travel Act 和 Illegal Gambling Business Act），即禁止外国公司非法接受美国居民下注的规定违反了世界贸易组织的 GATS 中的 Article XVI：1 和 Article XVI：2；该规定违反了美国在娱乐服务贸易领域中完全开放市场的承诺。WTO 的最终裁决是安提瓜和巴布达可以中止其在“与贸易有关的知识产权协议”下对美国作出的承诺，每年金额为 2 100 万美元。试分析这一案例涉及的是哪类服务贸易？查阅 GATS 中的 Article XVI：1 和 Article XVI：2 规定的主要内容。

2. 香蕉是欧洲国家，特别是德国最受欢迎的水果。按 1994 年 11 月的消费量计算，德国人每年每人消费 8kg，大约 53 只 8 英寸（20. 32cm）的香蕉，是世界上消费香蕉最多的国家之一。但是，这仍然比 1992 年的每年每人消费 11kg 的数量要低。其主要原因是欧盟的香蕉进口配额大幅度提高了德国香蕉的零售价，一箱香蕉（18kg）从 24 美元涨到了 36 美元。

1993 年，当时的欧共体通过了香蕉领域的共同市场规则，这一规定允许非加太国家（ACP）出口到欧盟的香蕉的数量与传统上保持一致，而给拉美国家和非传统 ACP 国家规定了关税配额，目的是给予欧盟内的香蕉生产商和欧盟在非洲和加勒比地区前殖民地国家以贸易优惠。

进口商进口拉丁美洲的香蕉需要持有配额进口许可证，超过配额的进口将使欧盟进口拉丁美洲香蕉的每箱成本提高到 56 美元。同时欧盟免费分配许可证给传统的进口商，分配的数量是依据前 3 年进口数量而定的平均份额。非洲和加勒比的前殖民地香蕉生产商可以从涨价中获益，因为它们可以向欧盟持续供应其生产的全部香蕉，只有拉丁美洲的出口商因需求的减少会受到一定的影响。

ACP 和欧盟的生产商和生产组织或者可以代表它们的经营者颁发“飓风许可证”，违反了进口许可证协议的第 1 条第 3 款；给 B 类经营者分配 30% 的许可证，使欧盟以外的国家和非传统的 ACP 国家按照配额内关税税率进口香蕉，给申诉方同样服务的提供者设立了相对不利的竞争条件，违反了 GATS 第 2 条；给加工者分配 28% 的 A 类和 B 类许可证，使欧盟以外的国家和非传统的 ACP 国家按照配额内关税税率进口香蕉，给申诉方同样服务的提供者设立了相对不利的竞争条件，违反了 GATS 第 17 条；免除欧盟内的和 ACP 国家的 B 类经营者 BFA（香蕉框架协议）出口证和欧盟进口许可证配套要求，向 ACP 和欧盟的生产商与生产组织或者可以代表它们的经营者颁发“飓风许可证”，给申诉方同样服务的提供者设立了相对不利的竞争条件，也违反了 GATS 第 2 条和第 17 条的规定。

美国、厄瓜多尔、危地马拉、洪都拉斯和墨西哥与欧盟之间的香蕉贸易战始于 1995 年 9 月 28 日，美国、危地马拉、洪都拉斯和墨西哥四国要求与欧盟就欧盟的香蕉进口、销售和分销机制进行磋商。1998 年欧盟修改了其相关机制，但不能令有关各方满意。1999 年 4 月 9 日，美国依据 WTO 仲裁报告提出报复实施申请，并于同年 4 月 19 日获得了争端解决机构的授权。但是，WTO 裁定美国的实际损失约为 1.914 亿美元，而非美国声称的 5.2 亿美元。同时，认定欧盟的香蕉进口、销售和分销机制不符合 WTO 的有关规定。这些规定不仅涉及《关税与贸易总协定 1994》第 1 条、第 3 条和第 13 条和《进口许可证协议》等货物贸易规则，还涉及《服务贸易总协定》的第 2 条和第 17 条。试通过查找和阅读《服务贸易总协定》，归纳出《服务贸易总协定》第 2 条和第 17 条的主要内容。

第五章　国际区域经济一体化

本章内容要点

- 国际区域经济一体化的主要形式及特点
- 目前主要的国际区域经济一体化组织发展状况
- 贸易创造效应和贸易转移效应的含义及解释
- 与国际区域经济一体化有关的 WTO 规则

第一节　国际区域经济一体化概述

一、国际区域经济一体化的含义和形式

（一）国际区域经济一体化的含义

区域经济一体化（Regional Economic Integration）是指两个或两个以上的国家或地区之间所实行的某种形式的经济联合，或组成的地区性经济组织。本章探讨的内容主要集中在区域贸易安排（Regional Trading Arrangement）或称区域贸易集团（Regional Trading Groupings）方面，也就是以贸易为主要内容或以贸易为基础的区域经济合作的形式或区域经济一体化的安排。

（二）国际区域经济一体化的主要形式

按贸易壁垒取消的程度或按一体化目标的高低，国际区域经济一体化的主要形式可划分为如下几种形式。

1. 优惠贸易安排

优惠贸易安排（Preferential Trade Arrangement）是指参加优惠贸易安排的成员方之间的贸易壁垒低于成员方与非成员方之间的贸易壁垒。这是区域经济一体化最低和最松散的形式。例如，洛美协定参加国之间的贸易安排就属于优惠贸易安排。第五个“洛美协定”（正式名称为 ACP-EU Partnership Agreement，或 Cotonou Agreement））中规定欧盟将逐步取消对“非加太”地区国家提供的单向贸易优惠，双方将向自由贸易过渡，最终建立自由贸易区，完成与世贸规则的接轨。中国参与的“亚太贸易协定”也属于此类安排。

2. 自由贸易区

自由贸易区（Free Trade Area）是指签订有自由贸易协定的成员方组成的贸易区。在自由贸易区内，成员方之间取消关税和非关税贸易壁垒，使自由贸易区内各成员方的商品可以自由流动，但每个成员仍保持各自对外的贸易壁垒。例如，中国—东盟自贸区、欧洲自由贸易联盟（European Free Trade Association，EFTA，1960）和北美自由贸易区（NAFTA）就属于这类安排。

3. 关税同盟

关税同盟（Customs Union）是指成员方之间完全取消关税和非关税壁垒，这一点与自由贸易区一样，除此之外，成员方对非成员方实行统一的对外关税措施。例如，欧盟的前身欧共体（EEC）就曾为关税同盟。

4. 共同市场

共同市场（Common Market）是指成员国或地区之间完全消除贸易壁垒，建立对非成员国或地区的统一对外关税税率，同时共同市场成员国之间的生产要素（劳动力和资本）也可以完全自由流动。例如，EEC 于 1992 年达到了这一目标。

5. 经济同盟

经济同盟（Economic Union）是指成员方之间不仅实现了商品、服务和生产要素的自由流动，建立了共同的对外关税，而且还制定和执行了某些共同的经济政策，例如，货币和财政政策，逐步消除成员国之间在这些经济政策措施方面的差异，使一体化程度从商品交换扩大到生产、分配乃至整个经济，从而使成员方之间形成一个有机的经济体。这是区域经济一体化的最高形式。例如，比荷卢经济联盟（Benelux-Belgium，the Netherlands and Luxembourg）就属于这类区域经济一体化形式。另外，目前欧盟（1993 年 11 月 1 日正式成立）正向这一目标努力。表 5-1 是对上述五种区域经济一体化形式的总结和归纳。

表 5-1　五种区域经济一体化形式比较

特征 / 一体化形式	内部的贸易壁垒较外部的低	内部完全取消贸易壁垒	对外统一关税	生产要素自由流动	经济政策统一
优惠贸易安排	√				
自由贸易区	√	√			
关税同盟	√	√	√		
共同市场	√	√	√	√	
经济同盟	√	√	√	√	√

按贸易壁垒取消的程度或按一体化目标的高低，国际区域经济一体化的主要形式如上所述。另外，国际区域经济一体化的合作还可以通过其他方式进行。例如，按一体化涉及的范围来划分，可分为部门经济一体化（Sectional Integration）和全盘一体化（Overall Integration）。部门经济一体化通常只涉及成员方之间的一

个或几个商品或部门的一体化。例如，欧盟早期成立的欧洲煤钢共同体和欧洲原子能共同体。全盘一体化涉及成员方的所有经济部门和商品的一体化。按参加国的经济发展水平划分又可区分为水平一体化（Horizontal Integration）和垂直一体化（Vertical Integration）。水平一体化是指经济发展水平大致相同或接近的成员方所组成的一体化组织。例如，最初的 EEC 就是发达国家之间的一体化组织。南方共同市场是发展中国家之间的一体化组织。垂直一体化是指经济发展水平不同的国家组成的一体化组织。例如，发达国家与发展中国家之间组成的一体化组织 NAFTA。

二、国际区域经济一体化出现与发展的原因

（一）国际区域经济一体化出现及发展过程简述

第一个高潮出现在 20 世纪 50 ~ 60 年代。这一时期的区域经济一体化安排主要有：1949 年 1 月 ~ 1991 年已解散的前苏联和东欧国家之间的经济互助委员会（COMECON），1958 年 1 月 1 日成立的欧洲经济共同体（European Economic Community，EEC），1960 年 5 月 3 日成立的欧洲自由贸易联盟（EFTA），以及一些发展中国家组成的一体化组织。到 20 世纪 70 ~ 80 年代只有 COMECON、EEC、EFTA 有所发展。

第二个高潮出现在 20 世纪 80 年代中期，特别是进入 20 世纪 90 年代，区域经济一体化浪潮进一步高涨。北美自由贸易区（NAFTA）和南美的南方共同市场（MERCOSUR）等区域经济一体化安排均出现在这一时期。

（二）国际区域经济一体化产生与发展的原因

（1）国际区域经济一体化是第二次世界大战后，社会生产力发展和各国间国际分工日益加深的需要。此时科学技术的发展使生产力进一步发展，使生产运作更加专业化和国际化。

（2）世界各国经济发展的不平衡促进了区域经济一体化的产生和发展。第二次世界大战后，美国经济和前苏联政治上的强大，促成了欧洲经济共同体的建立和发展。20 世纪 70 年代以后，日本和欧洲经济的崛起促使 NAFTA 和其他区域经济一体化组织诞生。此时人们担心得更多的是如果不加入区域经济一体化组织，就有可能会被排除在 21 世纪经济发展的潮流之外。

（3）国际区域经济一体化是国家干预和调节经济的结果。国家在一国经济生活中，特别是在对外经济贸易中的作用不断加强。

（4）冷战是 20 世纪中期区域经济一体化产生的历史原因。例如，COMECON 和 EEC 的建立。此时，一国在政治和经济安全方面所感受到的严重威胁成为合作的动力。

从 1947 ~ 1995 年初，先后有一百多个区域经济一体化协议的达成向 GATT 和 WTO 进行了通告。其中有一些目前已经不存在，有一些虽然存在，却没有什

么实质性的内容和行动。实际上，区域经济一体化组织的存在和发展是以经济、政治、文化和地理等有利因素为基础的。除非其他有利因素能占优势，否则经济、政治、文化和地理等方面的任何不利因素都有可能阻碍区域经济一体化组织的成功。总体来说，区域经济一体化组织的优势必须是明确和有意义的，在各个成员方放弃其任何一部分政策的自主权的同时，区域经济一体化带给它们的损失必须远小于其得到的利益。非洲和拉丁美洲等一些国家组成的区域经济一体化组织之所以名存实亡，就是因为没有足够的利益来补偿其失去的那部分主权。

三、区域经济一体化的特点

目前，区域经济一体化主要呈现以下一些特点：

(1) 已有的区域经济一体化组织不断扩大和深化。例如，EEC 向 EU 的发展。

(2) 出现了发达国家与发展中国家之间组成的区域经济一体化组织。例如，NAFTA 的出现和发展。

(3) 发展中国家之间的区域经济一体化组织也有所发展。例如，东盟自由贸易区、南方共同市场和中国—东盟自贸区的建立与发展。

第二节　目前主要的国际区域经济一体化组织

一、欧洲联盟

欧洲联盟简称欧盟（European Union，EU)，其前身是欧洲共同体简称欧共体（European Communities，EC)，它是目前世界上经济一体化程度最高、影响最大的区域经济一体化组织。

(一) 欧洲联盟发展过程简述

欧洲共同体是欧洲煤钢共同体、欧洲原子能共同体和欧洲经济共同体的统称。在欧共体形成之前，欧洲各国合作协议签署的主要基础是第二次世界大战后各国发展经济的需要和政治上的考虑。人们普遍认为，如果欧洲要想在政治和经济动荡的威胁下保持稳定和发展，欧洲就必须走经济一体化的道路，于是作为欧共体基础的一系列协议就此签署。

欧洲煤钢共同体（European Coal and Steel Community，ECSC）是欧洲发达国家煤钢联营的一体化组织。1950 年，法国外长舒曼（Robert Schuman）根据让·莫内（Jean Monnet）的筹划，提出了建立 ECSC 的倡议。1951 年 4 月，法国、当时的联邦德国、意大利、比利时、荷兰和卢森堡 6 国签订了《欧洲煤钢共同体条约》（也称《巴黎条约》）。欧洲煤钢共同体于 1952 年 8 月 25 日正式成立。该条约为期 50 年，现有 15 个成员。

欧洲原子能共同体（European Atomic Energy Community，EURATOM）是根据 1957 年 3 月签署的《欧洲原子能共同体条约》（也称《罗马条约》）于 1958

年正式成立的。最初成员国也是上述6国，目前的成员即为EU的所有成员方。

欧洲经济共同体（EEC）是1958年1月1日，根据法国、当时的联邦德国、意大利、比利时、荷兰和卢森堡6国于1957年3月签订的《罗马条约》成立的。

欧洲共同体（European Community，EC）是上述6国根据1965年4月签署的《布鲁塞尔条约》，于1967年正式成立的，简称欧共体。欧共体的三个组织可独立活动。

1973年，英国、爱尔兰、丹麦加入欧共体，希腊于1981年1月，葡萄牙和西班牙于1986年1月也先后正式加入欧共体。此时，欧共体成员国为12个。

1995年1月1日，芬兰、瑞典、奥地利正式加入欧盟，形成欧盟15国。欧盟于1994年曾经批准挪威及上述3国同时加入欧盟，但是，挪威的公民投票否决了本国的加入决定。

欧盟东扩是欧盟历史上规模最大的一次扩张。2004年5月1日，10个中东欧国家：塞浦路斯、匈牙利、捷克、爱沙尼亚、拉脱维亚、立陶宛、马耳他、波兰、斯洛伐克和斯洛文尼亚正式成为欧盟的成员。2007年1月，罗马尼亚和保加利亚两国加入欧盟，欧盟成为一个涵盖27个国家、总人口超过4.8亿、国民生产总值高达约12万亿美元，目前世界上经济实力最强、一体化程度最高的区域经济合作的国家联合体。

（二）欧盟一体化进程中的主要措施

1. 建立关税同盟

1968年7月1日，法国、当时的联邦德国、意大利、比利时、荷兰和卢森堡6国首先建成共同关税区；英国、爱尔兰、丹麦3国于1977年也开始适用共同关税；希腊、葡萄牙和西班牙则先后于1986年和1993年起全面实行共同关税。

2. 实施共同农业政策

在共同关税区，对农产品实行补贴，对农产品进口征收差价税。

3. 建立欧洲货币体系

在共同关税区，创建欧洲货币单位（European Currency Unit，ECU）；成员方之间实行固定汇率，对外实行联合浮动；同时建立欧洲货币基金。

4. 积极开展与其他地区的经济合作

例如，与非、加、太地区的国家签订《洛美协定》。1991年10月与欧洲自由贸易联盟达成建立欧洲经济区（European Economic Area，EEA）的协议。除此之外，还与拉丁美洲、亚洲和北美洲等地区开展形式多样的合作与对话。

5. 欧共体内部大市场的建立

1985年6月，欧共体发表了《关于建立内部市场的白皮书》，决定于1992年底实现商品、人员、服务和资本的自由流动，即建立欧洲统一大市场。欧洲统一大市场已于1993年1月1日开始运转。

6. 欧洲联盟的建立

（1）马斯特里赫特条约。1992 年 2 月 7 日，欧共体 12 国签署了“欧洲经济与货币联盟条约”和“政治联盟条约”，即《欧洲联盟条约》（Treaty on European Union），该条约于 1993 年 11 月 1 日正式生效，欧盟从此诞生。因为条约是于 1991 年 12 月 11 日在荷兰马斯特里赫特举行的欧共体首脑会议上通过的，因此也称《马斯特里赫特条约》（Maastricht Treaty）。

该条约的主要内容包括：在建立统一大市场的同时，实行资本自由流通，实现经济、货币和财政政策的统一，建立独立的中央银行和统一的货币，实行共同的外交和安全政策，并进行司法和警务方面的合作。

（2）欧元诞生。1998 年 3 月 25 日，首批实行单一货币国家的名单公布，英国、丹麦和瑞典不打算首批实行单一货币，希腊不符合趋同标准。欧盟其他 11 国于 1999 年 1 月首先实行单一货币。1998 年 5 月，欧洲中央银行成立。2002 年 1 月欧盟单一货币欧元正式在包括希腊在内的 12 国进入流通领域。截至 2009 年年底，欧盟 27 个成员中有 16 个使用欧元。

7. 里斯本条约

2007 年 12 月达成的《里斯本条约》于 2009 年 12 月 1 日生效，它取代了没能生效的《欧盟宪法条约》。与《欧盟宪法条约》相比，《里斯本条约》减少了许多能反映国家特性的东西，如欧盟的“国旗、国徽、国歌”等。从实质内容上看，《里斯本条约》基本保留了《欧盟宪法条约》中的内容。《里斯本条约》设常任欧盟理事会主席（类似总统），任期两年半，可以连任，取消轮值机制。2009 年底，比利时首相范龙佩当选首任“欧盟总统”。经过近两年的努力，欧盟又开始了新的征程。

（三）欧盟的政治构架

欧盟政策的制定和实施是通过复杂和仍在不断发展的政治构架来实现的。这一构架中有四个主要机构：欧盟委员会（European Commission）、欧盟理事会（Council of Ministers）、欧洲议会（European Parliament）和欧洲法院（Court of Justice）。欧盟委员会是欧盟的常设执行机构，是欧盟唯一有权起草、实施和监管法令的机构，负责竞争政策方面的事务。

部长理事会为主要的立法机构，欧洲委员会负责行政事务，它向部长理事会提出政策建议，并代表欧盟处理与其他国家和国际组织的经济关系，它由每个成员国派一名代表组成。理事会不能起草立法，但可以接受、拒绝或提交委员会建议。成员国最高领导间的峰会——欧洲理事会至少每 6 个月举行一次，由部长理事会的轮值国主持。这种制度从 1975 年开始实施。欧洲议会是欧盟唯一的，其议员由成员国公民直接选举组成的机构。原来它只是一个咨询机构，在《马斯特里赫特条约》下获得了新的影响力，736 个议席按成员国的人口进行分配。欧洲法院是欧洲联盟法院的简称，所在地是卢森堡。它是欧洲联盟的最高法院，主要处理没有履行条约义务的上诉案件。

二、欧洲自由贸易联盟

欧洲自由贸易联盟（EFTA）于1960年5月正式成立，其最初的成员有奥地利、丹麦、英国、挪威、葡萄牙、瑞典和瑞士。EFTA的最初目标是取消贸易壁垒和促进整个西欧，包括欧洲经济共同体之间更紧密的经济合作。到1967年1月，EFTA已消除了内部的贸易壁垒。1986年芬兰，1970年冰岛，1991年列支敦士登。由于奥地利、丹麦、英国、葡萄牙、瑞典、芬兰先后加入了欧共体（即目前的欧盟），EFTA的成员目前只有：挪威、冰岛、列支敦士登和瑞士。

1994年1月1日欧洲经济区（EEA）正式成立，它包括欧盟15国和欧洲自由贸易联盟中的挪威和冰岛。1994年，EEA的贸易额占世界贸易额的40%，GNP为6.9万亿美元。

三、北美自由贸易区

提到北美自由贸易区，首先要简单介绍一下美国和加拿大之间的自由贸易安排。美国、加拿大于1965年签署了双边汽车协定，该协定要求对两国之间的小汽车、卡车、公共汽车和汽车零部件贸易完全实行免税。1988年双方又签署了《美加自由贸易协定》，协定从1989年起正式生效。该协定不仅包括关税减让措施，还涉及了非关税壁垒的降低、服务贸易的自由化，以及投资、能源、知识产权和争端解决机制等措施。

在1989年《美加自由贸易协定》生效的基础上，美国和加拿大与墨西哥三方经过谈判，1992年12月17日三国领导人签署了《北美自由贸易协定》，1993年该协定得到各自国家立法机构的批准，《北美自由贸易协定》于1994年1月1日正式生效，自此，北美自由贸易区正式成立。这是目前世界上发达国家与发展中国家组成的第一个经济一体化组织。它是仅次于欧洲经济区的全球第二大自由贸易区。

1994年，北美自由贸易区人口为3.63亿，GNP为6.45万亿美元，贸易额为1.3万亿美元。其中人均GNP美国为27 515美元（1995年），加拿大为19 570美元（1994年），墨西哥为4 010美元（1994年）。美国、加拿大和墨西哥三国的国土面积分别为9 529 063km²、9 970 610km²和1 958 201km²。

《北美自由贸易协定》的主要内容包括：三国将在15年内分阶段逐步取消九千多种区内生产和销售的商品的关税和非关税壁垒。另外，该协定还涉及保护知识产权、取消投资限制方面的措施。此后协定又增加了最低工资、工作条件和环境保护方面的措施。为防止非成员方商品经由墨西哥进入美国和加拿大市场，协定还规定了严格的原产地规则，规定小汽车、轻型面包车以及发动机和传动设备的区内比重不得低于62.5%，只有用区内生产的纱为原料制作的大部分纺织品和服装才能享受区内优惠。

2008年，美国出口到北美自由贸易区的货物是4 124亿美元，比1994年增长了149%。出口商品的种类（按两位税则号统计）主要有：机械635亿美元、汽车和零部件595美元、电器492亿美元、矿物燃料和石油279亿美元、塑料制品223亿美元。美国2008年从北美自由贸易区进口的货物是5 554亿美元，比1994年增长了212%。进口商品的种类（两位税则号）主要有：矿物燃料和石油1 578亿美元、汽车797美元、电器635亿美元、机械465亿美元和其他特殊产品143亿美元。

经过14年的努力，北美自由贸易区成员已经履行了其各自的承诺，经济上的相互依存度更高了。以农业为例，成员方之间消除了数以千计的贸易壁垒，墨西哥肉类产品的生产依赖于美国的饲料，美国需从墨西哥和加拿大进口大量的水果和蔬菜。

四、东南亚国家联盟与东盟自由贸易区

东南亚国家联盟（Association of Southeast Asian Nations，ASEAN）于1967年成立。其创始成员为：印度尼西亚、马来西亚、菲律宾、新加坡、泰国。其秘书处设在印度尼西亚的雅加达。其最初的运转目的主要是出于政治与安全方面的考虑，在推动区域经济贸易合作方面进展甚微。文莱1984年加入ASEAN，越南1995年加入ASEAN。1997年，缅甸、老挝加入ASEAN。1997年，柬埔寨因国内政治冲突，未能被吸纳成为ASEAN的成员。柬埔寨于1999年4月30日正式加入东盟，成为ASEAN的成员。

1977年，ASEAN与日本建立了合作论坛，1980年与欧共体签署了合作协议。20世纪80年代后期和90年代初，ASEAN在调解柬埔寨内战纷争方面发挥了主要作用。

1992年1月，在新加坡举行的由印尼、马来西亚、菲律宾、新加坡、泰国、文莱等6国参加的东盟贸易部长会议上，东盟决定推动成立东盟自由贸易区（ASEAN Free Trade Area，AFTA），并签署了《东盟自由贸易区共同有效优惠关税方案协议》（Agreement on the Common Effective Preferential Tariff Scheme for AFTA，CEPT）。该协议规定从1993年开始，2008年实现自由贸易。1994年9月，东盟决定加快AFTA的建立，拟在2003年前实现区域内商品的自由进出口。1999年9月，各成员方将零关税确定为东盟自由贸易区的最终目标。2002年初，东盟6个老成员国率先启动东盟自由贸易区。2015年是东盟6个老成员国（印度尼西亚、泰国、新加坡、菲律宾、马来西亚、文莱）实现零关税的最后期限，新成员国（越南、老挝、缅甸和柬埔寨）的最后期限为2018年。CEPT作为过渡措施，各成员国要在2003年之前把60%的产品关税降为零。2003年11月举行的第三次东盟非正式首脑会议把最后期限再次提前，即 6 个老成员国在 2010 年实现零关税，而新成员国则于 2015 年实现这一目标。

除降低关税外，AFTA 的优惠安排还涉及投资、金融、工业合作、服务贸易和电子商务等领域。

五、南方共同市场

南方共同市场（Mercado Comundel Sur，Mercosur）也称南锥共同体、南锥体共同市场。南方共同市场成立于 1991 年 3 月 26 日，1995 年 1 月 1 日正式开始运作，其成员国包括巴西、阿根廷、乌拉圭和巴拉圭。巴西在这个一体化组织中的综合实力占 3/4。

南方共同市场人口近 2 亿，占拉美地区人口的 44%，面积占拉美的 58. 8%，GNP 占拉美的 51%。

1991 年 3 月达成的《亚松森协定》规定，1991 年到 1994 年 6 月 30 日期间，以每半年降低 7 个百分点的速度取消成员国间的关税。从 1995 年 1 月 1 日起，对 85% 的进口商品实行 0 ~ 20% 的统一对外关税。该协定充分考虑到了成员国间经济发展水平的差异，对巴拉圭和乌拉圭实施了区别对待。其中阿根廷和巴西在 1994 年 12 月前实现零关税，巴拉圭和乌拉圭推迟到 1995 年 12 月。但是，由于阿根廷与巴西在部分敏感商品（如汽车）的关税降低方面存在分歧，延缓了全面实施共同关税的时间。

1994 年 12 月 17 日，4 国总统在巴西欧普雷图签署了《欧普雷图议定书》，确定了 4 国局部关税同盟。

除了以上介绍的区域经济一体化组织之外，常见的地区经济一体化组织还有：独联体国家之间的一体化组织及其次区域一体化组织；南亚区域合作协会（SAARC）；西非经济共同体（ECOWAS），南部非洲经济发展共同体（SADC），阿拉伯马格里布联盟（AMUA）；拉美自由贸易协会（LAFTA），中美洲共同市场（CACM），安第斯条约组织（AP）和加勒比海共同体（CARICOM）等。

第三节 国际区域经济一体化理论

这里主要介绍被广泛接受的关税同盟理论，它是由美国经济学家范纳（Jacok Viner）和李普西（K. G. Lipsey）提出的。它说明了关税同盟的影响，同时指出了关税同盟并不等同于自由贸易。

一、贸易创造效应

（一）贸易创造效应的含义

贸易创造效应（Trade Creation）是指由于取消了同盟内的关税壁垒，使同盟内某种商品的生产转向同盟内最有效率的生产者去产生，从而使关税同盟国的社会福利水平提高。由于贸易创造效应给同盟国带来的净利益并没有使同盟外国家或地区的福利水平降低，因此，只产生贸易创造效应的关税同盟无论是对同盟内还是同盟外国家均无损害。即当关税同盟中一个国家的一些国内产品被来自同盟中另一个国家的较低生产成本的进口产品所替代时，就产生了贸易创造。

（二）贸易创造效应的解释

假设关税同盟成立前，甲、乙、丙三国生产的某种商品的单位价格分别为30元、20元和16元。为了便于说明，假设甲、乙、丙三国彼此之间的关税均为100%，且不考虑其他成本，例如，运费和银行费用等。实际上，也可以认为这些费用已经包括在该种商品的单价中了。结果，甲、乙、丙之间就不会有该种商品的贸易。甲乙之间成立关税同盟后，它们之间的关税被取消，但仍对外保持100%的共同关税，这样甲便不再从事该种商品的生产，转而从乙国进口。结果创造出了甲乙之间的贸易，资源在甲乙之间得到优化，分工也进一步专业化。由于甲乙组成的关税同盟成立前后并没有给丙造成损害，因此，贸易创造效应本身对整个世界来说都是有利的。上面的文字表述也可用图5-1进行描述。

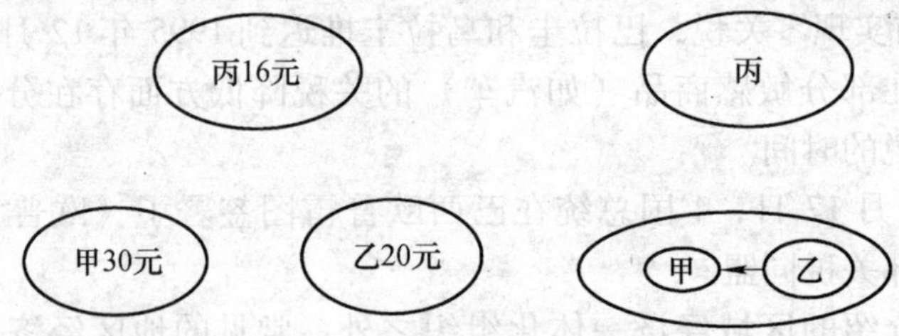

图5-1 贸易创造效应的图形解释

下面用一例子具体说明贸易创造效应的福利影响。

例5-1 某种商品在甲、乙、丙三国的单位价格分别为$P_{甲}=2$美元，$P_{乙}=4$美元，$P_{丙}=3$美元，成立关税同盟前乙国对该种商品征收100%的关税，由图5-2乙国与甲国成立关税同盟前后福利变化情况可知，关税同盟成立前，在价格为4美元时，乙国自己生产20单位，消费50单位，供需缺口由从甲国进口的30单位的该种商品来补充。甲乙两国成立关税同盟后，相互间取消关税，在价格为2美元时，乙国自己生产10单位，消费70单位，供需缺口由从甲国进口的60单位的该种商品来补充。试计算乙国与甲国组成关税同盟前后，贸易创造效应对乙国的福利影响。

解：利用在国际贸易措施一章中所介绍的消费者剩余和生产者剩余的概念，很容易计算出贸易创造给乙国带来的利益为图5-2中两块带阴影的三角形面积之和。通过计算可知贸易创造给乙国带来的利益为30美元。

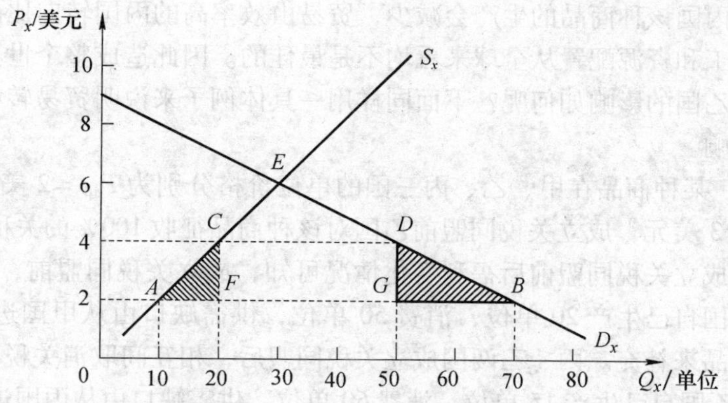

图 5-2 乙国与甲国成立关税同盟前后福利变化情况

二、贸易转移效应

（一）贸易转移效应的含义

贸易转移效应（Trade Diversion）是指关税同盟成立前，同盟内成员从世界上生产效率最高的国家或地区进口某种商品，关税同盟成立后，该成员该种商品的进口转从同盟内生产该种商品的国家进口。它使同盟外国家利益受到损失，对同盟外国家不利。这样就会使整个世界福利水平下降。当关税同盟中任何一个国家从一个低成本的非关税同盟国的进口被从一个高成本关税同盟国的进口所替代时就产生了贸易转移。

（二）贸易转移效应的解释

为了加深对贸易转移效应的理解，首先用图 5-3 进行描述和解释。关税同盟成立前，甲、乙、丙三国生产的某种商品的单位价格分别为 30 元、20 元、16 元，设甲、乙两国的对外关税分别为 40%，这时乙、丙两国均自己生产该种商品，甲国从丙国进口的价格为 22.4 元，它小于从乙国的进口价 28 元和自己的生产成本 30 元，因而甲国将从丙国进口该商品。甲、乙两国组成关税同盟后，甲、乙两国之间取消关税，但仍维持原来 40% 的关税，作为对外共同关税存在。这样，甲国会将原来从丙国的进口转向从乙国进口。结果，在该种商品生产效率高

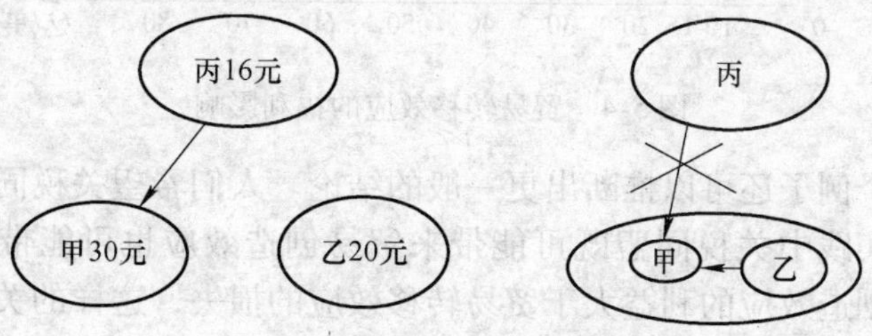

图 5-3 贸易转移效应的图形解释

的国家——丙国该种商品的生产会减少，贸易由效率高的丙国转向比丙国效率低的乙国，分工和资源配置从全球来看均不是最佳的。因此造成整个世界福利水平的下降。对乙国的影响如何呢？下面同样用一具体例子来说明贸易转移效应对乙国的福利影响。

例 5-2 某种商品在甲、乙、丙三国的单位价格分别为 $P_{甲}=2$ 美元，$P_{乙}=4$ 美元，$P_{丙}=3$ 美元，成立关税同盟前乙国对该种商品征收 100% 的关税，由图5-4乙国与丙国成立关税同盟前后福利变化情况可知，成立关税同盟前，在价格为 4 美元时，乙国自己生产 20 单位，消费 50 单位，供需缺口由从甲国进口的 30 单位的该种商品来补充。丙、乙两国成立关税同盟后，相互间取消关税，在价格为 3 美元时，乙国自己生产 15 单位，消费 60 单位，供需缺口由从丙国进口的 45 单位的该种商品来补充。试计算乙国与丙国组成关税同盟后，对乙国的福利影响。

解：利用在国际贸易措施一章中所介绍的消费者剩余和生产者剩余的概念，可知消费者剩余为梯形面积 $PBDP'$；生产者损失为梯形面积 $PACP'$；政府税收损失为矩形面积 $ABGH$。由此，很容易计算出乙国与丙国组成关税同盟后给乙国带来的是净损失，损失大小为 22.5 美元。

利用图 5-4 可以就乙与丙两国组成的关税同盟对乙国的影响作进一步分析。其中带剖线的两块三角形面积是贸易创造效应给乙国带来的利益，大小为 7.5 美元；带网格的矩形面积为贸易转移效应带给乙国的损失，大小为 30 美元。由此也可得出，乙国与丙国组成关税同盟后给乙国带来的是净损失，大小为 22.5 美元。

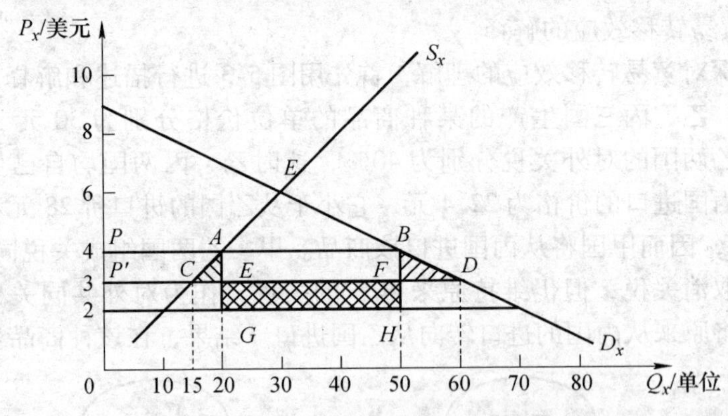

图 5-4 贸易转移效应的福利影响

由上面两个例子还可以推断出更一般的结论。人们希望关税同盟只带来贸易创造效应，但实践中关税同盟既可能带来贸易创造效应也可能带来贸易转移效应，只要贸易创造效应的利益大于贸易转移效应的损失，这样的关税同盟就是可取的，就会促进全球经济。例如，如果例 5-2 中丙国在该种商品生产上的成本再低一些，乙国与丙国组成关税同盟后，贸易创造效应就会随之增大，而贸易转移效应就会随之减小，最终的结果就可能与例5-2中的结果相反，即不是损失，而是收益。当然，细心的读者还会发现，贸易创造效应能否大于贸易转移效应还取决于其他一些条件。仅从图5-4上就可知，贸易创造效应和贸易转移效应的大小与所分析的乙国的供求有关，与结成关税同盟的具体国家和结成关税同盟前进口国该种商品的成本有关。在如下一些条件下，产生贸易创造效应的可能性会更大：①成员国之间原来的贸易壁垒较高。②成员国与非成员国的贸易壁垒较低。③成员国数量较多。④成员国之间经济竞争性高于互补性。⑤成员国之间地理位置较近。⑥成员国之间原来的贸易往来较多。

除了上面谈到的有关关税同盟对贸易及福利的静态效应外，关税同盟的建立还可能对其成员国的经济贸易发展产生其他有效的作用，这些积极作用通常被称为关税同盟的动态效应。一般认为动态效主要表现在以下几个方面：竞争性的增强，经济的规模化，投资的增大，技术转移的增加以及经济资源的有效利用。

实际上，无论是竞争性的增强、经济的规模化，还是投资的增大以及经济资源的有效利用对经济所产生的积极影响，其根本原因在于关税同盟取消了同盟内的贸易壁垒，使同盟内各成员国相对狭小和封闭的市场扩展成为一个更大和更加开放的市场。主要就是因为这些动态效应，英国才于1973年加入了当时的欧洲经济共同体。有研究表明，动态效应比静态效应大5~6倍。

第四节 区域贸易协定与WTO

区域经济一体化早在GATT诞生之前就已经存在。例如，1923年7月24日，奥托曼帝国瓦解后留下的各国之间的优惠关税安排；英国与其海外属地和殖民地，也就是以英联邦特惠制形式留下的各国之间的关税安排；法国与其海外领地，即后来的洛美协定成员国之间的关税安排；荷兰、比利时和卢森堡的比荷卢经济联盟及其海外殖民地之间的关税安排等。这些以区域贸易协定形式存在的区域经济一体化在GATT文本中已有明确记载，并作为GATT第一条最惠国待遇例外的形式存在。

一、WTO关于区域贸易协定的规则

WTO目前有关国际区域经济一体化的规则主要是针对区域贸易协议（Regional Trading Agreements，RTAs）或称区域贸易集团（Regional Trading Groupings），也就是区域经济合作的主要内容是以贸易为主或以贸易为基础的自由贸易区、关税同盟和其他优惠贸易安排等。

WTO有关RTAs的规则主要包括以下三个方面：《1994年关税与贸易总协定》的第二十四条规定（GATT Article XXIV）以及“关于解释1994年关税与贸易总协定第二十四条的谅解”（Understanding on the Interpretation of Article XXIV of GATT 1994)，涉及货物贸易的 RTAs 由该条款规范；《服务贸易总协定》第五条，涉及服务贸易的 RTAs 由该条款规范；1979 年 11 月 28 日 GATT 的一项决定，即“授权条款”（Enabling Clause），全称为“发展中国家有差别的和最优惠的待遇、互惠和更充分的参与”（Differential and more favorable treatment, reciprocity and fuller participation of developing countries），特别是它的第二条 C 款允许发展中国家之间就货物贸易达成优惠安排。“授权条款”属于 GATT 的一部分。它是东京回合的产物，对发展中国家之间签订的 RTAs 作出了一些特别规定。

对区域贸易的实质性安排，WTO 所持的基本态度是宽容和欢迎。WTO 各成员方认为，与更多成员方参与的多边贸易自由化相比，区域性贸易自由化虽然不是最佳选择，但却是一种次优（Second-best）选择。WTO 有关区域贸易安排规则制定的目标就是使区域贸易集团与多边贸易体制在推进贸易自由化方面形成有益的补充而不是彼此排斥。1995 年，WTO 的一份研究表明：区域贸易安排可以使区域集团内的成员达成多边贸易体制下一时难以涉及和取得共识的规则和承诺。例如，目前，许多区域贸易协定除关税减让外，还涉及其他一些领域，如标准化、服务业、知识产权保护、投资和竞争政策等。其规则涉及的范围和程度超过了 WTO。因此，WTO 有关区域贸易安排的规则的核心思想是要求区域贸易安排在其成员方之间取消贸易壁垒，同时不得对区外的 WTO 成员构筑新的贸易壁垒。如果区外的 WTO 成员方因此受到了损失，可要求相应的补偿。为了更好地实践这一目标，WTO 还要求成员方之间达成的区域贸易安排应该详细通知 WTO，并接受 WTO 的审议。按照上述规则形成的区域贸易安排在一定程度上避免了对区外的 WTO 成员形成新的贸易壁垒，但是，RTAs 的达成意味着复杂的管理程序，例如，原产地规则等。这不仅可能给区域贸易安排中的成员自身带来了需要理解和执行的新的、复杂的规则，还可能会使区外的 WTO 成员遭受到更多歧视。WTO 有关 RTAs 的规则就是要努力使第三方的权利不受到损害。

二、WTO 成员参与区域贸易协定的状况

目前，几乎所有的 WTO 成员，同时又是一个或多个地区贸易协定的成员。其中许多成员还同时参与了多个规则不尽相同的区域贸易协定。根据 WTO 的统计，从 1948 年关贸总协定诞生时起到 1994 世界贸易组织成立之前这段时间，GATT 共收到了 123 项关于建立区域性货物贸易协定的通知。截止到 2010 年 2 月，向 WTO 通报的区域贸易协定有 462 个，其中的 345 个是属于“《1994 年关税与贸易总协定》第二十四条”的通报；31 个是属于“授权条款”的通报；86 个是属于“《服务贸易总协定》第五条”的通报。目前仍然有效的有 271 个。这里需要说明的是，这 271 个区域贸易协定并不是指有 271 个区域贸易组织存在，因为这271个区域贸易协定包括了现有的区域贸易组织与其新加入者之间达成的协定。有的国家甚至参加了多达十多个这种协定。因此，实际的区域贸易组织数量要小于区域贸易协定的数量。这也反映出全球RTAs犹如一张网相互交织在一起，由于各个协定涉及的范围和优惠程度不同，导致其整个措施的执行和实施具有相当的复杂性。

由图5-5中1948～2002年各年份WTO成员方通报的仍然有效的区域贸易协定的累积数量可知，从20世纪90年代开始，RTAs的数量有了很大的增长，这种增长趋势至今仍未有减弱（见表5-2）。在这些区域贸易协定中，自由贸易协定占了90%，10%是关税同盟。区域贸易协定数量的增长反映出这样一些问题，有WTO多边贸易体制的存在，为什么还会出现如此多的区域贸易协定？两者之间的关系如何？区域贸易协定的不断增长对WTO多边贸易体制是利大还是弊大？正是由于这些问题的存在，以及对这些问题存在不同的看法，WTO 1996年2月6日成立了区域贸易协定委员会。它的主要职责有两项：①对各区域协定进行审议。②研究RTAs对多边贸易体制的系统影响，以及两者之间的关系。

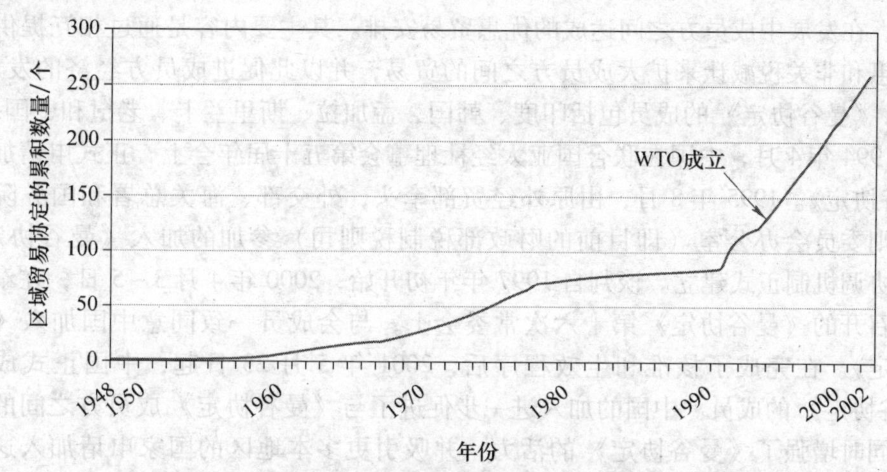

图5-5　不同年份的区域贸易协定数量

表5-2　2001～2009年各年份WTO成员方通报的仍然有效的区域贸易协定的累积数量

年份 / 通报生效的贸易协定数量	2001年	2002年	2003年	2004年	2005年	2006年	2007年	2008年	2009年
通报数量/个	12	10	11	18	10	17	13	28	23

（资料来源：WTO秘书处）

第五节　中国与区域贸易协定

中国虽然已经加入 WTO，但是，中国参与国际贸易运作的广度和深度才刚刚开始。与 WTO 多边贸易体制并存着一种数量不断增长且涉及范围各不相同的区域贸易安排，这些区域贸易安排在国际贸易舞台上发挥着十分重要的作用。积极研究和参与区域贸易协定，是今后中国参与国际经济贸易运作的重要方面。到目前为止，中国已签署的协议有：中国内地与中国香港和澳门更紧密经贸关系安排以及中国—东盟、中国—巴基斯坦、中国—智利、中国—新西兰、中国—新加坡、中国—秘鲁、亚太贸易协定和中国—哥斯达黎加等自由贸易协定。

一、亚太贸易协定

亚太贸易协定（Asia-Pacific Trade Agreement）的前身为《曼谷协定》，它是中国签署的第一个区域贸易协定。

《曼谷协定》签订于 1975 年，其全称为《亚洲及太平洋经济和社会理事会发展中国家成员国关于贸易谈判的第一协定》。它是在联合国亚太经社理事会主持下、在发展中成员方之间达成的优惠贸易安排。其主要内容是通过相互提供关税优惠和非关税减让来扩大成员方之间的贸易，并以此促进成员方经济的发展。目前，《曼谷协定》的成员包括印度、韩国、孟加拉、斯里兰卡、老挝和中国。

1994 年 4 月，中国在联合国亚太经社理事会第五十届年会上，正式申请加入《曼谷协定》。1995 年 8 月，由原外经贸部牵头，外交部、海关总署和国务院关税税则委员会办公室（即目前的财政部税制税则司）参加的加入《曼谷协定》谈判协调机制正式建立。谈判自 1997 年年初开始，2000 年 4 月 3 ~ 5 日，在泰国曼谷召开的《曼谷协定》第十六次常委会上，与会成员一致同意中国加入《曼谷协定》。在完成了核准和生效程序后，2001 年 5 月 23 日起，中国正式成为《曼谷协定》的成员。中国的加入进一步促进了与《曼谷协定》成员方之间的贸易，同时增强了《曼谷协定》的活力，并吸引更多本地区的国家申请加入这一协定，从而使《曼谷协定》的作用不断增强。由于《曼谷协定》涉及的商品种类和成员方都有限，因此到目前为止，该协定对成员方的经济贸易以及全球经济贸易的影响还比较有限，但是，对有一些国家的产品和企业影响还是积极的。

由于我国与韩国、孟加拉国、斯里兰卡签有《曼谷协定》，因此，自 2002 年起我国对原产于韩国、孟加拉国、斯里兰卡 3 个曼谷协定成员的 739 个税目的进口商品实行曼谷协定税率；对原产于孟加拉国的 18 个税目的进口商品实行曼谷协定特惠税率。2006 年 9 月 1 日开始实施第三轮谈判结果。我国向其他成员国的 1717 项 8 位税目产品提供优惠关税，平均减让幅度为 27%。我国还将向孟加拉和老挝的 162 项 8 位税目产品提供特别优惠，平均减让幅度达 77%。与此同时，依据2005年税则计算，我国可享受印度570项6位税目、韩国1 367项10位税目、斯里兰卡427项6位税目和孟加拉209项8位税目产品的优惠关税。韩国为其中最大的受益国，其进出口商品可分别占享受优惠税率的进出口商品总值的93%和83%。

企业要想利用“亚太贸易协定”带来的利益，就必须了解“亚太贸易协定”相关原产地规则方面的知识。

二、中国—东盟自贸区

(一) 中国—东盟自贸区简介

2002年11月4日，我国与东盟签署了《中国—东盟全面经济合作框架协议》(Framework Agreement on Comprehensive Economic Cooperation was signed in 2002 between China and ASEAN in order to establish a China-ASEAN Free Trade Area)，简称中国—东盟自贸区（China-ASEAN FTA）。

2007年，我国与东盟贸易总额为2 025亿美元。中国—东盟自贸区成员包括中国和东盟10国，涵盖18亿人口和1 400万km^2。东盟是东南亚国家联盟的简称，目前有文莱、印度尼西亚、马来西亚、菲律宾、新加坡、泰国、柬埔寨、老挝、缅甸和越南10个成员方。

2004年1月1日，自贸区的“早期收获计划”顺利实施。“早期收获计划”中每个成员方的具体承诺是不同的。例如，越南的早期收获产品从2004年开始降税，至2008年取消关税。其中活动物的关税如果高于或等于30%，2004年1月1日削减至20%，此后每年削减5个百分点，2008年1月1日取消。2004年全年早期收获产品贸易增长40%，超过全部产品进出口增长的平均水平。

2004年11月，双方签署《货物贸易协议》，并于2005年7月开始相互实施全面降税。根据我国海关统计，协议实施后，2006年我国与东盟贸易总额达到1 608.4亿美元，同比增长23.4%。2007年1月1日起，我国进一步扩大了降税产品的范围和幅度，再次降低了5 375种产品的关税，对东盟关税水平从2005年的8.1%降到了5.8%。到2010年，中国自东盟进口产品有93%约7 000种产品实行零关税。

2007年1月，双方又签署了《服务贸易协议》，已于2007年7月顺利实施。每个成员方在服务贸易领域的具体承诺有所不同。例如，我国在机动车保养和修理服务方面允许东盟企业设立独资子公司，在排污、垃圾处理、降低噪声等环境服务方面允许设立独资企业等。泰国在专业服务、建筑及工程、教育、医疗、旅游和运输等部门作出了高于WTO水平的承诺。

2008年11月双方就《投资协议》达成一致，协议于2010年1月正式生效。根据协议，双方之间的投资在未来两年内有望增加60%。

（二）中国—东盟自贸区原产地规则简介

企业要想得到中国—东盟自贸区带来的利益就必须了解“中国—东盟自贸区原产地规则”和“原产地证书申领和签发程序”方面的知识。货物的原产地指的是货物或产品的来源地，即产品的生产地或制造地。中国—东盟自贸区原产地规则规定原产品分为两类：完全获得产品和非完全获得产品。原产于中国—东盟自贸区一缔约方的完全获得产品包括：

1）在该缔约方收获、采摘或收集的植物及植物产品。

2）在该缔约方出生及饲养的活动物。

3）在该缔约方从上述第2）项活动物中获得的产品。

4）在该缔约方狩猎、诱捕、捕捞、水生养殖、收集或捕获所得的产品。

5）从该缔约方领土、领水、海床或海床底土开采或提取的除上述1）~4）项以外的矿物质或其他天然生成的物质。

6）在该缔约方领水以外的水域、海床或海床底土获得的产品，但该缔约方须按照国际法规定有权开发上述水域、海床及海床底土。

7）在该缔约方注册或悬挂该成员方国旗的船只在公海捕捞获得的鱼类及其他海产品。

8）在该缔约方注册或悬挂该成员方国旗的加工船上仅加工及/或制造上述第7项的产品所得的产品。

9）在该缔约方收集的既不能用于原用途，也不能恢复或修理，仅适于用作弃置或原材料部分品的回收，或者仅适于作再生用途的物品。

10）仅用上述1）~9）项所列产品在该缔约方加工获得的产品。

对于非完全获得产品，中国—东盟自贸区采用的是百分比标准，即“增值标准”的判定方法。

$$\frac{\text{非中国—东盟自贸区的材料价值}+\text{原产地不明的材料价值}}{\text{离岸价格}}\times 100\% < 60\%$$

中国—东盟自贸区原产地证书采用专用的证书——E 表（FORM E），由一份正本及三份无碳副本组成，正本为米黄色，副本为浅绿色。证书的正本和第三副本应由出口人提供给进口人以供其在进口国通关使用。国家质量监督检验检疫总局及各地的出入境检验检疫局是中国—东盟原产地证书的接受申请和签发机构。2004年，山东出入境检验检疫局共签发2214份中国—东盟自贸区原产地证，占总签证总份数的19.18%，金额2859.63万美元，占总金额的19.36%，主要签证目的地为泰国。

三、CEPA

CEPA是中国内地与中国香港、中国澳门特别行政区于2003年10月17日签署的中国内地与中国香港、中国澳门《关于建立更紧密经贸关系的安排》

(Mainland, China and Hong Kong/Macao Closer Economic Partnership Arrangement) 的简称。2004～2009 年又分别签署了 CEPA《补充协议》、《补充协议二》和《补充协议三》、《补充协议四》、《补充协议五》和《补充协议六》等几个协议，内容涉及货物、服务和投资等众多领域。例如，在海运服务方面，内地允许香港服务提供者在内地设立独资船务公司，为该香港服务提供者租用的内地船舶经营香港至广东省二类港口之间的船舶运输，提供包括揽货、签发提单、结算运费、签订服务合同等日常业务服务。在视听服务方面，允许国产影片（含合拍片）由内地第一出品单位提出申请并经国家广电总局批准后，在香港进行后期制作。

CEPA 下享受货物进出口关税优惠的产品要符合“关于货物贸易的原产地规则”的规定和“享受零关税货物原产地标准表”。百分比标准为（原料价值 + 组合零件价值 + 劳工价值 + 产品开发支出价值/出口制成品的 FOB 价格）×100% ≥ 30%。另外，有一些商品遵循税号改变标准和制造加工工序，例如口香糖，不论是否裹糖（1704.1000）都依税号改变标准。

四、亚太经济合作组织

1989 年，由澳大利亚倡议召开的亚太经济合作组织（Asia Pacific Economic Cooperation, APEC）首次部长会议在堪培拉召开。APEC 主要致力于促进亚太地区经济的一体化和该地区乃至全球的贸易自由化。其成员方有：日本、中国、韩国、中国香港、中国台湾、新加坡、印度尼西亚、马来西亚、泰国、菲律宾、文莱、美国、加拿大、澳大利亚、新西兰；巴布亚新几内亚、墨西哥、智利于 1994 年 11 月参加；俄罗斯、秘鲁和越南于 1997 年 12 月加入。1996 年，APEC 的人口约 22 亿，占世界贸易比重为 48%。APEC 的秘书处设在新加坡。

亚太经济合作组织每年举行部长级会议，从 1993 年起每年举行非正式首脑会议。1994 年 11 月 15 日在印度尼西亚茂物举行的 APEC 非正式首脑会谈上发表的《茂物宣言》确定，发达国家在 2010 年前，发展中国家在 2020 年前实现区内贸易和投资自由化。根据 1995 年《大阪行动议程》，各成员方制定了实施自由化的单边行动计划，这些计划已于 1997 年 1 月 1 日起开始实施。1997 年温哥华会议决定部门提前自由化，这些部门包括环境产品与服务，渔产品、林产品、医疗设备、食品、能源、珠宝、化工及电信产品相互认证安排等。中国提出的是在玩具、自行车和会计服务等 3 个部门提前实施自由化。

APEC 与其他经济一体化组织的最大区别就是其自身的 APEC 方式，APEC 以磋商代替谈判。尽管没有条约和协定的签署，但 APEC 形成的宣言、声明和议程仍有很强的政治和信誉约束力。近年来的发展趋势表明，APEC 有逐步向谈判安排变化的倾向。

经济技术合作与贸易投资自由化并称为 APEC 合作的两大车轮，但在实践中，经济技术合作仍落后于贸易投资自由化。1996 年，马尼拉会议终于通过了指导 APEC 开展经济技术合作的目标、原则，并将人力资源开发、科技、基础设施、环境保护、中小企业以及发展资本市场确定为优先领域。这样 APEC 的经济技术合作就有了可遵循的原则。

2008 年，APEC 经济体 GDP 和贸易总额分别占全球 54% 和 44%，成员间贸易比例达 67%。2008 年，中国与 APEC 其他经济体贸易额占中国外贸总额的 64%，中国最大的 10 个贸易伙伴有 8 个是 APEC 经济体。

APEC 是亚太地区重要的经济合作组织之一，其运作机制主要有：领导人非正式会议和部长会议。1989 年，APEC 成立后的前三年，每年举行部长级会议。1993 年 11 月 20 日，第一届亚太经济合作组织领导人非正式会议在离西雅图市中心 8 海里的布莱克岛举行。领导人非正式会议是该组织的最高级别会议，领导人非正式会议每年下半年举行。

APEC 的部长会议分为 APEC 部长级会议和 APEC 专业部长级会议。部长级会议实际是“双部长”会议，即各成员的外交部长（中国香港和中国台湾除外）和经济部长（或者外贸部长、商业部长等）会议。从 1989 年开始，每年的领导人非正式会议前举行部长级会议。

专业部长级会议是指讨论中小企业、旅游、环保、教育、科技、通信等问题的部长会议。

2009 年 APEC 部长会议和领导人非正式会议于 11 月 8 ~ 15 日在新加坡举行，会议的主题为：“持续增长，区域联合。”会议同意把主要精力放在尽快设立一个平台来协商亚太自由贸易区的建设问题上。2010 年 APEC 峰会于 11 月中旬在日本横滨举行。

本章小结

与 WTO 多边贸易体制并存着数量不断增长且涉及范围各不相同的区域贸易安排，这些区域贸易安排在国际贸易舞台上发挥着十分重要的作用，积极研究和参与区域贸易协定应该是各国参与国际经济贸易运作的一个非常重要的方面。本章主要讨论了与区域贸易安排有关的一些基本问题。国际区域经济一体化的主要形式有优惠贸易安排、自由贸易区、关税同盟、共同市场和经济同盟，其差别是贸易壁垒取消的程度不同。关于目前主要的国际区域经济一体化组织的发展状况，本章重点介绍了欧盟。了解欧盟在其一体化进程中所采取的主要措施是认识欧盟和其他国际区域经济一体化组织发展状况的基础。贸易创造效应和贸易转移效应有助于我们从理论上理解国际区域经济一体化组织的影响以及为什么 WTO 要制定与区域贸易安排有关的规则。实践中，如果区域贸易安排带来的贸易创造效应利益大于贸易转移效应损失，这样的区域贸易安排对全球经济贸易就是有利的。WTO制定有关RTAs规则的核心思想就是要求区域贸易安排在其成员方之间取消贸易壁垒，同时不得对区外的WTO成员构筑新的贸易壁垒。如果区外的WTO成员因此受到了损失，可要求相应的补偿。最后本章介绍了中国参与区域贸易安排的情况。

本章重要概念

区域贸易协定　自由贸易区　关税同盟　经济联盟　中国—东盟自贸区　欧盟　北美自贸区　贸易转移效应　贸易创造效应

本章推荐阅读文献

[1] 中国自由贸易区服务网．中韩自贸区联合研究报告［DB/ON］http：//fta. mofcom. gov. cn/. 2010-06-03.

[2] 乐峥艳，王传毅．中国东盟自由贸易区产业内贸易现状及影响因素［J］．商业时代，2008（9）：36-37.

[3] 欧盟官方网站．Basic information on the European Union［DB/ON］http：//europa. eu/about-eu/basic-information/index_en. htm. 2010-06-03.

思 考 题

1. 简述区域经济一体化的种类。
2. 何谓关税同盟？它与自由贸易区的区别在何处？
3. 何谓贸易创造效应和贸易转移效应？
4. 至少写出三个常见的区域经济一体化组织，并说明其主要特点。
5. WTO有关区域贸易安排的主要规则有哪些？

作 业 题

一、判断题

1. 区域经济一体化安排中不能只涉及单一部门的一体化，必须涉及所有的经济部门。（ ）
2. 区域经济一体必须在毗邻的国家或地区之间形成。（ ）
3. NAFTA是发达国家和发展中国家之间组成的一个自由贸易区。（ ）
4. 到目前为止，APEC成员方之间没有达成过任何贸易协定。（ ）
5. 贸易转移效应不会给世界福利带来损失。（ ）
6. 贸易创造效应可以提高成员方的福利水平，并且不会给世界带来福利损失。（ ）
7. WTO不允许其成员之间再彼此建立区域贸易集团。（ ）

8. 亚太贸易协定是中国加入的第一个区域优惠贸易协定。（ ）

9. 中国—东盟自贸区协定于2001年开始生效。（ ）

10. CEPA下的原产地规则中的百分比标准与中国—东盟自贸区的原产地规则中的百分比标准的具体比例要求不一样。（ ）

二、单项选择题

1. 目前APEC属于（ ）。

A. 非贸易协定机制 B. 关税同盟 C. 自由贸易区 D. 共同市场

2. 自2002年起，我国对原产于孟加拉国的18个税目的进口商品实行曼谷协定（ ）。

A. 一般税率 B. 反倾销税税率 C. 普惠税率 D. 特惠税率

3. 以下经济一体组织中一体化程度最高的是（ ）。

A. Mercosur B. EU C. NAFTA D. ASEAN

4. 贸易创造效应会使世界福利水平（ ）。

A. 降低 B. 提高 C. 不变 D. 难以确定

5. WTO对区域贸易安排的基本态度是（ ）。

A. 有条件的宽容 B. 无条件允许 C. 绝对禁止 D. 没有相关规则

6. 中国—东盟自贸区从建立之初只涉及（ ）。

A. 服务贸易 B. 货物贸易

C. 投资 D. 服务贸易和货物贸易

7. 目前，向WTO通报的区域贸易安排中主要以（ ）为主。

A. 自由贸易区 B. 关税同盟 C. 共同市场 D. 经济同盟

8. 目前，CEPA下的一系列补充协议的达成使内地与香港之间的服务贸易限制（ ）。

A. 完全消除 B. 增加 C. 没有任何改变 D. 部分消除

9. 中国出口企业要想得到中国—东盟自贸区提供的贸易优惠，需要向当地的（ ）申请产地证。

A. 税务局 B. 商务局

C. 出入境检验检疫局 D. 工商管理部门

10. 目前，欧元区国家的数量与欧盟成员国的数量是（ ）。

A. 一致的 B. 前者多 C. 后者多 D. 不确定

三、多项选择题

1. 在如下按贸易壁垒取消程度来划分区域贸易安排的形式中有共同对外关税的有（ ）。

A. 优惠贸易安排 B. 关税同盟 C. 自由贸易区

D. 共同市场 E. 经济同盟

2. 以下经济一体组织中属于自由贸易区的有（ ）。

A. NAFTA B. APEC C. EFTA D. EU E. AFTA

3. 对关税同盟来说，以下说法哪些正确？（ ）

A. 一定会产生贸易转移效应 B. 不一定只产生贸易创造效应

C. 不一定会产生贸易转移效应 D. 产生的贸易转移效应一定小于贸易创造效应

E. 一定会产生贸易创造效应

4. 目前我国与（　　）签订有《亚太贸易协定》。

A. 韩国　　B. 印度　　C. 美国

D. 老挝　　E. 新加坡

5. WTO 有关 RTAs 的规则就是要努力使（　　）。

A. 区域贸易集团以外的第三方的权利不受到损害

B. 区域贸易集团的建立成为不可能

C. 区域贸易集团不对外构筑新的贸易壁垒

D. 区域贸易集团与多边贸易体制在推进贸易自由化方面形成有益的补充

E. 区域贸易集团与多边贸易体制在推进贸易自由化方面彼此排斥

四、计算题

在本章第三节讲解关税同盟的静态理论时，为了说明贸易创造效应和贸易转移效应的福利影响，本章列举了两个具体实例，并且计算出了具体的影响结果。但是，并没有给出非常详细的中间计算过程。本题要求分别通过计算关税同盟成立前后的生产者剩余、消费者剩余和政府的收入变化，来验证下述两种情况下计算结果的正确性：

（1）在图 5-2 的条件下，贸易创造给乙国带来的利益为 30 美元。

（2）在图 5-4 的条件下，关税同盟给乙国带来了 22.5 美元的净损失。

案例分析题

1. 受金融危机影响，2009 年南京地区的出口额也同其他地区一样出现了下降，但是全年区域性优惠原产地证书的签证数量与 2008 年相比增长了 15% 以上。南京地区的外贸企业，特别是韩资企业获益最多。截至 2009 年 11 月 30 日，仅乐金显示（南京）有限公司出口到韩国的液晶显示屏就申办产地证书 1 174 份，签证金额高达 1.40 亿美元。占南京出入境检验检疫局此类证书总签证批次与签证金额的 58% 与 86%，同比增长了 10 倍以上。凭借着这 1 174 份证书，乐金显示出口的液晶显示屏在韩国海关就享受到了 50% 的关税优惠幅度，为进口商节约了 560 万美元的关税。试分析说明：

（1）为什么乐金显示（南京）有限公司出口到韩国的液晶显示屏可以享受到了 50% 的关税优惠？

（2）50% 的进口关税优惠是进口商得到的好处，对出口商有何具体好处？

2. 欧盟 1996 年 8 月 27 日要求与墨西哥就墨西哥海关法的有关问题进行磋商。欧盟指出墨西哥对非 NAFTA 的成员的货物进口采用 CIF 价作为海关估价的基础，而对 NAFTA 成员的货物进口采用 FOB 价作为海关估价的基础。欧盟声称墨西哥所采取的这种措施违反了 GATT Article XXIV：5（b）。1993 年 12 月 29 日，墨西哥修改了其海关法，而在此之前墨西哥对其所有的进口货物的海关估价都采用 FOB 价格。依据上述案情和 GATT 第 24 条第五款的有关内容，你支持欧盟的观点吗？为什么？（以下是 GATT 第 24 条第五款的内容。）

GATT 第三部分第 24 条为“适用的领土范围、边境贸易、关税同盟和自由贸易区”，

GATT 第 24 条第五款的具体内容如下：

“因此，本协定的各项规定不得阻止各缔约方在其领土之间建立关税同盟或自由贸易区，或为建立关税同盟或自由贸易区所必需的临时协定，但是，（a）就关税同盟或导致形成关税同盟的临时协定而言，在建立此种同盟或订立临时协定时，对与非该同盟成员或协定参加方的成员方的贸易所实施的关税和其他贸易规则，总体上不得高于或严于在建立此种同盟或临时协定之前，各组成领土所实施的关税和其他贸易规则的总体限制水平。（b）就自由贸易区或导致形成自由贸易区的临时协定而言，在建立自由贸易区或订立临时协定时，每一组成领土所维持的对非自由贸易区或临时协定成员方的所实施的关税或其他贸易规则，不得高于或严于在形成该自由贸易区或签署临时协定之前同一组成领土内所实施的关税或其他贸易规则。以及（c）本款（a）项和（b）项所称的临时协定应具有一个在合理时间内形成关税同盟或自由贸易区的计划和时间表。”

第六章　世界贸易组织

本章内容要点

- 关税与贸易总协定及乌拉圭回合谈判的成果
- 世界贸易组织及其争端解决机制

第一节　关税与贸易总协定

一、关税与贸易总协定的简单历史

关税与贸易总协定（General Agreement on Tariff and Trade，GATT），简称关贸总协定或总协定。它是世界贸易组织的前身，是在美国策动下由23个缔约方于1947年10月30日在日内瓦签订并于1948年1月1日正式生效的关于调整缔约方对外贸易政策、相互权利和义务以及管理国际贸易的唯一多边协定。

美国于1945年提出召开“关于贸易与就业会议”的建议，1946年提出《联合国贸易组织宪章》草案，其目的是削减对外扩张的各种贸易壁垒。1946年2月，联合国经社理事会（ECOSOC）接受了美国的建议并为此成立了筹委会，筹建国际贸易组织（ITO）。1946年10月为此召开了第一次筹委会，1947年4~10月，在日内瓦又召开了第二次筹委会，当时包括中国在内的23个国家进行了关税减让谈判和ITO宪章草案的讨论。最后将关税减让谈判的成果与《国际贸易组织宪章》第四部分“贸易政策”等有关规则合在一起，构成了《GATT临时适用议定书》。1947年10月，美国、英国等国家签署了这份《GATT临时适用议定书》。1948年1月1日《GATT临时适用议定书》单独临时生效。1948年3月在日内瓦召开的联合国贸易与就业会议上，《国际贸易组织宪章》获得了通过，但未能得到包括美国在内的一些国家国内立法机构的批准，ITO因此搁浅。

从1948年《GATT临时适用议定书》生效至1995年WTO成立，GATT一直是管理国际贸易的唯一多边条约。它与国际货币基金组织（IMF）和世界银行（IBRD或WB）成为第二次世界大战后国际经济贸易的三大支柱。

二、GATT历次多边贸易谈判情况

表6-1为GATT历次谈判情况的简要说明。

表 6-1　GATT 历次谈判情况

时　间	谈判地及回合名称	谈判议题	参加国家/个
1947 年	日内瓦	关税	23
1949 年	安纳西	关税	13
1951 年	托奎	关税	38
1956 年	日内瓦	关税	26
1960～1961 年	日内瓦（狄龙回合）	关税	26
1964～1967 年	日内瓦（肯尼迪回合）	关税和反倾销措施	62
1973～1979 年	日内瓦（东京回合）	关税、非关税措施和框架协议	102
1986～1994 年	日内瓦（乌拉圭回合）	关税、非关税措施、规则、服务、知识产权、争端解决、纺织品和服装、农产品、世界贸易组织的建立	123

（资料来源：《Trading into the Future WTO》2nd edition，Revised，April 1999，p9）

三、乌拉圭回合谈判的主要成果

1986 年 9 月 15 日，GATT 缔约国部长级会议在乌拉圭风景迷人的海滨城市埃斯特角城举行开幕式，决定发动第八轮多边贸易谈判。实际上，在 1982 年 GATT 召开的部长会议上就有了开始第八轮多边贸易谈判的打算，但因农产品问题搁浅。第八轮多边贸易谈判从 1986 年开始直到 1993 年底才产生了一份基本文件，最终协议于 1994 年 4 月 15 日由各成员方签署。原计划 1990 年结束的第八轮多边贸易谈判因为农产品等问题而延期。

乌拉圭回合谈判的成果包括由 400 页的协议构成的《乌拉圭回合多边贸易谈判成果的最后文件》（以下简称《最后文件》）和厚达 22 000 页详尽记载成员方对具体市场和产品准入的承诺清单。其主要成果可归纳为贸易自由化和行政改革。贸易自由化是指贸易壁垒的进一步取消，行政改革的具体表现是世界贸易组织的成立。

《最后文件》于 1994 年 4 月 15 日在摩洛哥的马拉喀什签署，1995 年 1 月1 日正式生效。《最后文件》包括的内容可分为三类：①修订原有的关贸总协定和货物贸易规则，以有效处理国际贸易长期存在的一些老问题。例如，反倾销、反补贴、数量限制、保障条款中的问题，特别值得一提的是，使农产品贸易和纺织品贸易回归到了世界贸易组织（1994 年关贸总协定）纪律的主流中来。②与贸易有关的新问题的规则的制定。例如，知识产权保护、投资和服务贸易。③关于体制建设问题，即《建立世界贸易组织协定》的签署和生效。

四、《1994 年 GATT》的条款和基本原则

原关贸总协定将继续以《1994 年 GATT》的形式存在，成为世界贸易组织有关协定和协议的重要组成部分，同时成为国际货物贸易的重要法律规则。

（一）GATT条款的主要内容

《1994年GATT》对原关贸总协定的第2、12、17、18、24、25和28条等进行了修改，共38条。另外，1950年、1955年、1965年曾对《1947年GATT》作过修改和补充。

GATT的主要内容由序言、四大部分和若干附件组成。第一部分，1～2条，最惠国待遇和关税减让。第二部分，3～23条，贸易政策的规定。例如，国民待遇和与进出口数量限制有关的措施。第三部分，24～35条，总协定的适用范围，及加入和退出程序。第四部分，36～38条，对发展中国家的特殊优待（这是1965年增加的协议内容）。附件是对某些条款的注释和说明。

（二）GATT的基本原则

1）非歧视原则（Rule of Non-discrimination）。具体内容通过最惠国待遇条款和国民待遇条款来体现。

2）关税保护和关税减让原则。各成员方对国内工业只能通过关税保护，不能任意重新提高关税，并且要逐步降低关税的总水平。

3）一般取消数量限制原则。原则上各成员方只能用关税来作为唯一的限制手段。

4）公平贸易原则。例如，禁止倾销和补贴的存在。

5）豁免与紧急行动原则。例如，保障措施协议。

6）磋商调解原则。以此作为解决争端的首选方式。

7）对发展中国家特殊优惠待遇原则。随着20世纪60年代发展中国家不断加入GATT，在总协定中逐步加入了相关条款。

8）贸易政策法规在全国统一实施和透明度原则。通过这一原则来增强市场的稳定性和可预见性。

第二节　世界贸易组织

一、世界贸易组织及其产生的背景

（一）世界贸易组织

世界贸易组织（World Trade Organization，WTO）简称世贸组织。它是根据乌拉圭回合多边贸易谈判所达成的《建立世界贸易组织协定》（Agreement Establishing the World Trade Organization）于1995年1月1日成立的国际组织。它是多边贸易体系的法律基础和组织基础。它以多边贸易谈判达成的协定和协议的条款作为国际法律规则，决定各缔约方如何制定和执行国内贸易法律和规章。同时，它还是各缔约方集体辩论、谈判和裁判，发展其贸易关系的国际场所。它是乌拉圭回合成果的体现，是关税与贸易总协定的继承者。

到2001年12月11日中国正式成为WTO的成员为止，WTO已有143个成员。截至2008年6月23日，WTO有153个成员方，成员方之间的贸易额占全球贸易的97%。

（二）WTO产生的背景

在GATT诞生的近50年中，GATT在维护国际贸易秩序、推进国际贸易自由化和促进国际贸易的发展等方面作出了一定的贡献。但是，随着国际经济贸易形势的发展，也由于GATT的临时适用，使其法律地位、职能范围、管辖内容和运行机制等方面的局限性日益突出，难以进一步发挥作用。1990年，当时EC（欧共体）的轮执国，意大利提出了建立MTO（多边贸易组织）的倡议，同年EC以12个成员的名义正式向乌拉圭回合体制职能谈判小组提出建立MTO的建议。随后得到美国和加拿大等国的支持。1990年12月，乌拉圭回合布鲁塞尔部长会议正式作出决定，责成体制职能小组负责"多边贸易组织协议"的谈判。1991年12月，一份《关于建立多边贸易组织的协议》草案形成。此后这一草案又经过了两年的修改和完善。1993年11月中旬，《关于建立多边贸易组织的协议》完成，并于同年12月根据美国的提议，定名为《建立世界贸易组织的协议》。这样，各缔约方于1993年12月15日结束了乌拉圭回合的谈判，并且各缔约方部长于1994年4月在摩洛哥的马拉喀什会议上签署了乌拉圭回合的最后文件和建立世界贸易组织的协议，从而对乌拉圭回合的成果给予了政治上的支持。与此同时，决定于1995年1月1日正式建立世界贸易组织。

二、WTO的主要法律文件（或者称WTO的管辖范围）

WTO的主要法律文件如图6-1所示。

其中前三个附件属多边协议，不得选择加入和保留，附件4为诸边贸易协议，可有选择地加入。WTO的谈判仍在继续，今后的议题会涉及竞争、投资和环境保护等。

三、WTO的主要特点

WTO是在原关贸总协定的基础上发展建立起来的，1995年为两者同时存在的一年。在这之后，WTO取代原关贸总协定而独立存在。下面通过与原关贸总协定的对比，介绍WTO的主要特点，其目的在于说明WTO不是原关贸总协定的简单延伸。

（一）WTO组织机构的正式性

世界贸易组织是一个拥有自己的秘书处的一个永久性的正式的国际组织；原关贸总协定只是一个临时性的多边协议，20世纪40年代原本为建立国际贸易组织而设立的一个规模不大的秘书处。

（二）WTO的法律权威性

WTO的协议需经成员方立法机构的批准才能生效，而原GATT则没有这一要求，因此原GATT的协议是一种规格和权威性较低的外交文件。

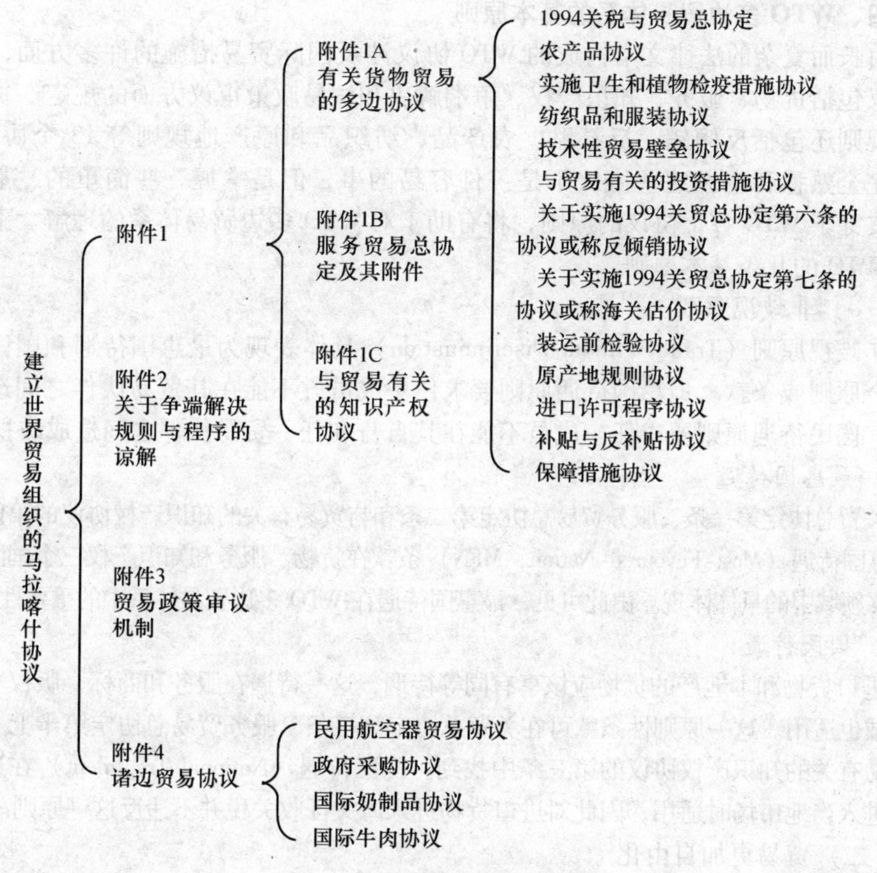

图 6-1 WTO 的主要法律文件

（三）WTO 管辖范围的广泛性

WTO 的协议不仅包括货物贸易规则，而且还包括服务贸易、与贸易有关的知识产权保护和投资措施方面的规则。而 GATT 的管辖范围仅限货物贸易，且不包括农产品和纺织品与服装。

（四）WTO 多边贸易体系的完整性

WTO 的协议几乎都是多边协议，而20 世纪 80 年代，原 GATT 增加了许多新的诸边协议（Pluralateral Trade Agreement），这些协议可由原 GATT 缔约方和非缔约方进行选择性的签署。这样就使得原 GATT 多边贸易体系的完整性受到了很大的挑战。

（五）WTO 争端解决机制的有效性

WTO 的争端解决机制是一套较完整的机制，因为它有一套较完整的、具体的程序和规则（例如，具体时间方面的规定等），不易受到阻挠，并且裁决的实施也容易得到保证。从 1995 年 WTO 成立至 2002 年 6 月，世界贸易组织争端解决机构共接收了 259 个案件。案件数相当于原 GATT 近 50 年中接受的案件总数。

四、WTO 多边贸易体系的基本原则

由长而复杂的法律文本构成的 WTO 协议涉及国际贸易措施的许多方面，这些协议包括货物、服务、知识产权、争端解决和贸易政策审议方面的规定。货物贸易规则还包括反倾销、反补贴、农产品、纺织品和原产地规则等 13 个协议。虽然完全熟悉和掌握这些协议不是一件容易的事，但是掌握一些简单的、基本的、贯穿于 WTO 各个协议的原则，将有助于对 WTO 多边贸易体系的理解。下面介绍 WTO 的几条基本原则。

（一）非歧视原则

非歧视原则（Trade Without Discrimination）具体表现为最惠国待遇和国民待遇两个原则或条款。最惠国待遇原则要求任一成员方不能在其贸易伙伴之间造成歧视。国民待遇原则要求任一成员不能在其自身和任一贸易伙伴之间造成歧视。

1. 最惠国待遇

关贸总协定第一条、服务贸易总协定第二条和与贸易有关的知识产权协议的第四条是最惠国待遇（Most-Favoured-Nation，MFN）条款在货物、服务和知识产权三个国际贸易重要领域中的具体体现。由此可见，最惠国待遇在 WTO 多边贸易体系中的重要性。

2. 国民待遇

进口货物和本地产的货物应该享有同等待遇，这一待遇在服务和商标、版权和专利领域也适用。这一原则性条款可在关贸总协定第三条、服务贸易总协定第十七条和与贸易有关的知识产权协议的第三条中找到。国民待遇（National Treatment）在进口货物进入当地市场时适用，因此对进口货物进入海关征收关税并不违反这一原则。

（二）贸易更加自由化

各成员方通过谈判，以降低关税和非关税的方式，使成员方之间的贸易逐步实现自由化。从 GATT 诞生到 20 世纪 80 年代，贸易壁垒的降低以关税为主。到 20 世纪 80 年代后期，工业化国家的工业品关税已降到了 6.3%。自 20 世纪 80 年代，贸易自由化的谈判已扩展到了货物贸易的非关税壁垒，以及服务和知识产权等新的贸易领域。WTO 倡导的贸易自由化是渐进的和具有灵活性的。例如，许多协议的执行都有过渡期，不同发展水平的成员适用不同的过渡期。

（三）通过约束增加贸易的可预见性

承诺不提高关税与降低关税同样重要，因为它可以使企业预测未来的市场机会。WTO 就是通过政府来为企业创造稳定的和可预见的政策环境。表 6-2 为乌拉圭回合谈判前后关税约束情况。如果某一成员想改变其约束承诺，则必须就其可能给其他贸易伙伴带来的贸易损失进行谈判。在农业领域中，目前全部产品均有约束性关税。除了约束性关税，WTO 还通过阻止使用配额限制和公开贸易政策等手段来增强市场的稳定性和可预见性。WTO 的贸易政策审议机制可在一定程度上保证成员方贸易政策的透明度。

表 6-2 乌拉圭回合谈判前后关税约束情况（单位：关税税目的百分比）

	乌拉圭回合谈判前	乌拉圭回合谈判后
发达成员方	78	99
发展中成员方	21	73
转型成员方	73	98

（资料来源：Trading into the Future WTO［M］. 2nd ed. Revised，1999）

（四）促进公平竞争

仅仅将 WTO 视为自由贸易的机构是不准确的，WTO 致力于创造公开、公正和没有扭曲的竞争。对不公平竞争通过有关协议加以约束，例如，倾销和补贴方面的协议。

（五）鼓励发展和经济改革

无论理论还是实践都已证明，WTO 多边贸易机制可促进成员方经济的发展，但对经济发展水平不同的成员方在实施 WTO 的协议时，应采用不同的时间表。例如，农产品协议中的过渡期，发达国家为 6 年，发展中国家为 10 年分阶段自由化。另外，WTO 向发展中国家提供特别的援助和贸易优惠。

WTO 成员中的 3/4 为发展中国家，其中 60% 的国家在乌拉圭回合谈判期间，开始自主实施自由贸易计划。发展中国家在乌拉圭回合谈判中的影响力也远远大于以往的谈判。在乌拉圭回合谈判结束时，部长会议决定给欠发达成员在执行 WTO 协议时更大的灵活性，并要求其他情况比较好的成员加速实施对欠发达成员的市场准入承诺以及增加对这些成员的技术援助。

五、WTO 的目的、职能和组织机构

（一）WTO 的目的

WTO 最重要的目的就是尽可能地实现成员方之间贸易的自由化。贸易自由化的实现，一方面意味着贸易壁垒的取消；另一方面意味着向个人、企业和政府提供更透明和可预见的贸易规则。第二个目的就是提供贸易谈判的场所。第三个目的就是依据 WTO 已建立起的规则解决成员方之间的贸易争端。

（二）WTO 的基本职能

1）促进世界贸易组织目标的实现，监督和管理其统辖范围内的各种协议的贯彻实施。

2）组织实施各项多边贸易协议，提供多边贸易谈判和解决贸易纠纷的场所。

3）按照有关贸易政策审议机制，负责定期审议各成员方的贸易制度和与贸易有关的国内经济政策。对贸易额排名在前 4 位的成员方每两年审议一次，排在第 5 ~20 位的每 4 年审议一次，其他成员方每 6 年审议一次。最不发达成员可以享受更长期限。

4）协调与国际货币基金组织和世界银行等国际组织的关系，以保障全球经

济决策的一致性。

5）编写年度世界贸易报告和举办世界经济贸易研讨会。

6）向发展中国家和转型经济国家提供必要的技术支持。

（三）WTO 的组织机构

图 6-2 为 WTO 的组织机构图，下面就其主要机构作简单介绍。

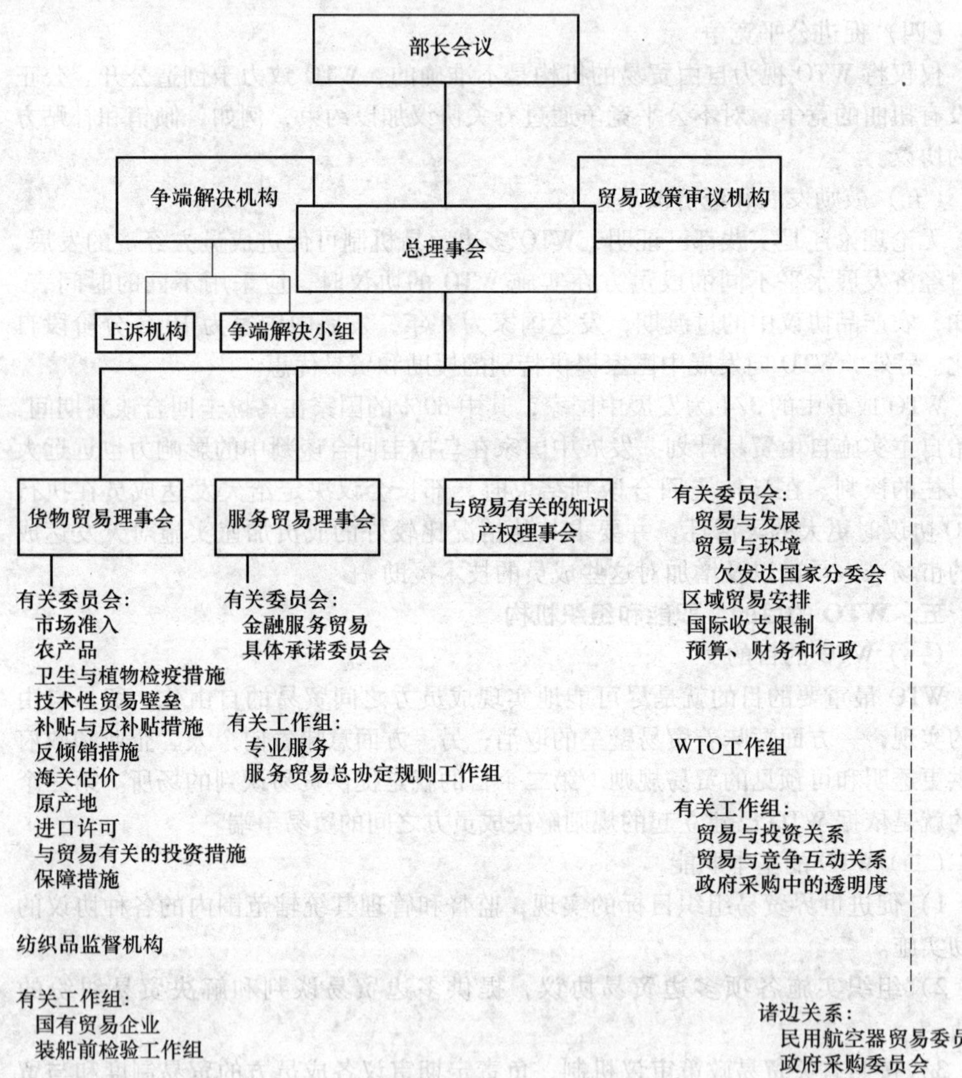

图 6-2 WTO 的组织结构

1. 部长会议

部长会议（Ministerial Conference）是WTO的最高决策机构，它由WTO所有成员代表组成，可以对任何多边贸易协定下的事务作出决定。部长会议至少每两年召开一次。到2009年年底，已经召开过7次部长会议。

1996年12月9～13日，在新加坡召开了第一次部长会议。在WTO组织机构中增添了三个工作组，它们主要负责处理贸易与投资关系、贸易与竞争政策关系和政府采购透明化方面的问题。

1998年5月，在日内瓦召开了第二次部长会议，适逢GATT成立50周年，通过了对电子商务免征一年关税的决定，并要求WTO现有的理事会和委员会注意研究电子商务领域的问题。

1999年11月30～12月3日，在美国的西雅图召开了第三次部长会议。

2001年11月9～14日，第四次部长会议在卡塔尔首都多哈召开。大会通过了《部长宣言》、《关于乌拉圭回合协议执行问题的决定》和《关于知识产权与公共健康问题的宣言》等文件。

142个成员方最终达成一致意见，即发起新一轮为期3年的全球贸易谈判，同时发表了《部长宣言》。该宣言的主要内容是：①对中国和中国台湾加入WTO表示欢迎。②对非贸易争端尤其是农产品贸易分歧表示关注，进一步的承诺方案，包括特殊和差别待遇条款，应在不迟于2003年3月31日前完成。参与谈判的成员应当最迟在第五次部长会议前提交基于上述承诺方案的综合减让表。其中包括规则和相关法律文本在内的谈判应当在谈判日程规定的各个时间段和总的时间内完成。③等2003年第五次部长会议达成一致后，开始就投资、竞争规则、政府采购透明度和贸易便利化等进行协商，这主要是由于广大发展中国家需要更多时间对此进行准备。④商讨反倾销条款的制定和实施。⑤必须在2005年1月1日前结束所有内容的谈判。

2003年9月在墨西哥的坎昆，2005年12月在中国香港，2009年11月在日内瓦分别召开了第五、第六和第七次部长会议，但是，多哈发展回合的谈判仍然没能最终结束。

2. 总理事会

部长会议下面是负责日常事务的总理事会（General Council）。在两届部长级会议之间，WTO的日常工作由以下三个机构负责处理：总理事会、争端解决机构和贸易政策审议机构。《建立WTO协议》规定，上述三个机构都是总理事会，只不过是根据不同的职权范围召开会议而已，实际上是一个。总理事会代表部长级会议处理WTO的所有事务，并分别以争端解决机构和贸易政策审议机构的形式召开会议，监督解决成员间的争端，分析审议成员方的贸易政策，向部长会议报告。总理事会通常由各成员方驻日内瓦的大使和高级代表组成，但有时成员方直接从其首都派出代表。

在总理事会这一级，争端解决机构还有两个下属机构，即对争端进行裁决的争端解决小组和处理上诉的上诉机构。

3. 理事会和委员会

WTO 组织结构中的第三个层次就是理事会和委员会（Council and Committee）。三个理事会分别处理不同贸易领域的问题，并向总理事会报告。它们是：货物贸易理事会、服务贸易理事会和与贸易有关的知识产权理事会。这三个理事会仍由全体 WTO 成员组成，并设有下属机构。具体的下属机构如图 6-2 所示。

另外，贸易与发展、贸易与环境、区域贸易安排、国际收支限制以及预算、财务和行政事务委员会也向总理事会报告，其管理范围要小一些。但它们仍由全体 WTO 成员组成。还有两个委员会负责有关民用航空器贸易和政府采购诸边协议的问题，并向总理事会通报它们的活动。

4. 委员会、工作组或专家组

第三层次的理事会都有下属机构。货物贸易理事会有负责处理市场准入、农产品、补贴与反补贴措施、反倾销措施等具体问题的 11 个委员会。同样，这些委员会也由全体 WTO 成员组成。此外，纺织品监督机构也向货物理事会报告，该机构由 1 名主席和 10 名成员组成，他们是以个人身份进行工作的。还有国营贸易企业和装船前检验工作组。

服务理事会的下属机构是金融服务贸易和具体承诺委员会。其他下属机构有专业服务和服务贸易总协定规则工作组。

5. 秘书处

在图 6-2 的 WTO 组织结构图中没有出现 WTO 秘书处。秘书处设在日内瓦，大约有 629 名工作人员，由总干事领导。它在日内瓦之外的其他地方不设分支机构。由于决策是由成员方本身作出的，因此，WTO 秘书处与其他国际组织不同，并不具有决策权。

秘书处的主要职责是为部长会议、各理事会和委员会提供技术性支持，并为发展中国家提供技术援助，分析国际贸易形势，以及向公众和媒体解释 WTO 的活动。秘书处同时也提供争端解决过程中某种形式的法律协助，以及对希望加入 WTO 的国家或地区政府给予建议。每年的预算大约是 1.89 亿瑞士法郎。

六、WTO 的决策机制

关贸总协定不是通过投票而是以意思一致或称共识（Consensus）的方式来作出决策的，WTO 继承了这一传统。如果没有正式反对意见，缺席、弃权或沉默一般可视为意思一致，“Consensus”一词本身就有多数人意见的意思。这种规定主要目的是确保每一成员的贸易利益得到适当的考虑。当然在无法达成意思一致时，WTO 协议规定以“一国一票”（One Country，One Vote）的方式进行表决，并以多数票作出决定。欧盟投票时，其票数与其成员方数目一致。WTO 协议设想了四种具体可能出现投票的情况：①对任何多边贸易协议的解释必须得到3/4 WTO 成员的投票。②部长会议以 3/4WTO 成员的投票可以豁免某一特定成员所承担的多边协议项下的义务。③有关多边协议条款的修改决定必须得到所有成员方的批准或 2/3 的多数票投票，具体情况依所涉及条款的性质而定，所作出的修改只对接受这一修改的成员有效。④新成员的加入需在部长会议或总理事会上获得 2/3 的投票。

由此可知，WTO 实际上是由成员方政府来管理和运作的。WTO 与其他国际组织，例如，世界银行和国际货币基金组织不同，后两个机构的决策权在董事会或称执行委员会的手中。尽管 WTO 会定期对成员方的贸易政策进行一些分析评论，但 WTO 的行政机构不会对各成员方的政策施加影响。成员方之间谈判的结果构成了成员方应履行的 WTO 规则，并且这些规则的实施也是按成员方谈判达成的程序进行的。

另外，还需要说明的是，尽管 WTO 的决策最终是由各成员方政府作出的，但是政府的决定是成员方领土内各利益集团意志的体现。

七、WTO 的争端解决机制

世界贸易组织首任总干事曾这样评价 WTO 的争端解决机制："如果不提及争端解决机制，任何对 WTO 成就的评论都是不完整的。从许多方面讲，争端解决机制是多边贸易体制的主要支柱，是 WTO 对全球经济稳定作出的最独特的贡献。"

由上面所讲的 WTO 的主要法律文件中的内容可知，其中附件 2 就是《关于争端解决规则与程序的谅解》（以下简称《谅解》）。该《谅解》主要是为处理成员方有关 WTO 协议的磋商和争端解决事项而制定的规则和程序。该《谅解》本身包括二十七条和四个附件。下面介绍有关的内容。

（一）争端解决机制的作用及管理

世贸组织的争端解决制度是保证多边贸易体制可靠性和可预见性的核心因素。世贸组织成员承诺，不应采取单边行动以对抗其发现的违反贸易规则的事件，而应寻求在多边争端解决制度下的救济，并遵守其规则与裁决。争端解决机制的原则是公平、即时、有效和使争议各方可接受。

按《建立世界贸易组织的马拉喀什协议》第四条第三款的有关规定：世贸组织总理事会应在适当的时候召开会议，以行使争端解决谅解所规定的争端解决机构的职责。总理事会以争端解决机构（Dispute Settlement Body，DSB）的形式召集会议，以处理根据乌拉圭回合最后文件中的任何协议提起的争端。这样，争端解决机构具有独断的权利以建立专家小组，通过专家小组作出上诉报告，保证对裁决和建议的执行的监督，并在建议得不到执行时授权采取报复措施。《谅解》强调，迅速解决成员方之间的贸易争端可以使世贸组织得以有效运作。因此，《谅解》中规定了非常详细的解决争端所应遵循的程序和时间表。例如，一个案件从提出到得到专家小组的裁决通常不会超过一年，如果上诉也不会超过15个月。当然这个时间表也有一定的灵活性。

世贸组织争端解决机制可使败诉方无法阻止裁决的通过。在原GATT的争端解决机制下，裁决的通过只能是意思一致（Consensus）的结果，这就意味着只要有一方反对，裁决就会受到阻挠。而在世贸组织争端解决机制下，采取的是“除非大家一致反对裁决，否则裁决将自动通过”。这就意味着任何成员想阻止裁决通过必须说服包括其对手在内的所有成员同意它的建议。

世贸组织争端解决机制的目的在于“为争端寻求积极的解决办法”。因此，对于成员之间的问题，“谅解”鼓励优先考虑争端各方都愿意接受的、并与世贸组织有关协议相一致的解决办法。即首先通过有关成员之间的磋商，找到解决问题的办法。甚至当案件已经发展到其他阶段时仍然可以进行磋商。如果磋商失败又当如何去寻求争端的解决呢？这就是下面要介绍的内容。

（二）争端解决的程序

争端解决的程序主要包括磋商、专家小组审查、上诉和裁决的执行。下面将对此加以具体说明。

1. 磋商

世贸组织成员之间如有争端，应首先进行磋商（Consultation），在一方提出磋商要求后的30天内，必须开始磋商。如果双方磋商失败，他们还可以要求WTO总干事进行斡旋、调解或调停。如果60天后争端未得到解决，申诉方可申请成立专家小组。到1999年4月30日，在提交给WTO的170个案件中有30个没有通过专家小组而是通过磋商得到了解决。2004年发生的中美之间有关集成电路增值税争议案就是通过这一阶段的磋商得到解决的。

2. 专家小组

专家小组（Panel）由3名（偶尔5名）来自不同国家的专家组成，根据有关协议审议申诉，进行调查，目的是帮助争端解决机构提出建议或作出符合协议规定的裁决。专家小组的人员完全是以个人身份来提供服务的，而不是接受政府的任何指示。专家小组的组成人员必须得到争议双方的同意，否则将由WTO总干事指定。专家小组必须在30天内组成。

争端解决机构在接到申请后的第二次会议上必须作出决定，即同意或不同意成立专家小组，只有争端解决机构全体反对，才不能成立专家小组。被诉方只能有一次机会阻止专家小组的成立。这意味着在世贸组织体制下比原关贸总协定更容易成立专家小组，这也说明，世贸组织解决争端的机制在加强。因为在原关贸总协定多边贸易体制下，可以“磋商未完”为借口拖延专家小组的成立。

专家小组一般应在6个月内作出裁决，如遇紧急情况，例如，争端涉及的是易腐货物，应在3个月内作出裁决，最长不超过9个月。除非争端的解决机构一致反对专家小组的裁决报告，否则专家小组的裁决很难被推翻。在“谅解”的附件3中对专家小组的工作程序作出了详细的规定。其主要内容包括：①在第一次“听证会”前，争议双方提交有关案件的书面报告。②各有关方，包括有利益关系的第三方在第一次“听证会”上陈述其观点。③在专家小组的第二次会议前，各有关方向专家小组递交书面辩驳材料。在专家小组第二次会议上，各有关方展开口头辩论。④如果某一方提出了科学或其他技术问题，专家小组可向这方面的专家进行咨询或者指定一个专家评审小组准备一份咨询报告（《谅解》的附件4是有关“专家评审小组”的有关内容）。⑤专家小组向争议方提交第一份草拟的报告，其中仅有叙述性的内容，包括事实和论据，此时，这份报告不包括结论和裁决，并给争议方两周时间对此加以评论。⑥专家小组向争议方提交一份中期报告，这份报告包括结论和裁决，并给他们一周的时间进行评审。⑦上述评审时间不超过两周，此间专家小组还可与争议方另外举行会议。⑧专家小组向争议方提交最终报告，并在三周后向WTO所有成员散发这份报告，如果专家小组认定有争议的贸易措施违反了WTO的某一协议或义务，专家小组会建议修改这一措施使其符合WTO的规则，并可能会建议如何修改。⑨除非争端解决机构一致反对，否则这份最终报告将在60天内成为争端解决机构的裁决。当然，有关各方可对此提出上诉。

3. 上诉

《谅解》第十七条对上诉审议作出了具体规定。由争端解决机构设立的常设上诉机构（Standing Appellate Body）受理案件的上诉。上诉机构由7人组成，任期4年。每次举行听证会必须有3人在场，他们不隶属于任何政府，他们是法律和国际贸易方面具有公认地位的人士。

上诉机构可以确认、修改或推翻专家小组的法律裁决和结论。上诉一般不超过60天，最长不超过90天。任何一方或双方均可以就专家小组作出的裁决提出上诉，但是上诉仅限于法律方面的问题，例如，有关法律的解释。上诉不重新审理现有证据或审查新的证据。争端解决机构必须在30天内接受或否决上诉报告，而否决上诉报告的决定必须是争端解决机构一致的意思表示。

4. 裁决的执行

《谅解》第二十一条“对执行各项建议和裁决的监督”第一款明确规定“为了全体成员的利益，确保争端的有效解决，必须迅速履行争端解决机构的各项建议或裁决。”

如果一方违反WTO的协议或义务，它应立即改正。如果它继续违反WTO的协议，应提供相应的补偿或承担对它的处罚。在专家小组报告或上诉机构报告通过的30天内争端解决机构举行的会议上，违反WTO协议或义务的一方必须表明改正其违反WTO协议或义务的意愿。如果立即执行实际上不可行，争端解决机构会给出一个“合理期限”。如果在此期间违反WTO协议或义务的一方仍未纠正其错误，它必须与受损方就补偿问题达成协议，例如，在相关领域降低关税。如果20天后，争议双方仍未就补偿达成一致，受损的一方可向争端解决机构请求授权对违反WTO协议或义务的一方实施有限的贸易制裁，例如，中止对另一方的减让或义务。争端解决机构必须在“合理期限”结束的30天内给予这种授权，除非授权请求遭到一致反对。制裁或报复所涉及的领域原则上应该在案件所涉及的领域进行，但是，如果实际上不可行或没有效果，则可在同一协议内跨部门或跨协议进行制裁，即交叉报复。

争端解决机制实际上规定贸易争端各方可以三种方式执行专家报告或上诉机构报告：履行、提供补偿和授权报复。

（三）案例研究

委内瑞拉与美国贸易争端所涉及的内容和所用时间

这起案件的起因是美国对进口汽油的化学指标比其国内要求得更严，首先是委内瑞拉，随后是巴西认为这一规定是不公平的，因为它违反了WTO的国民待遇原则，不能成为保护健康和环境的例外。争端解决专家小组同意委内瑞拉和巴西的观点。上诉机构维持了专家小组的结论，只是在专家小组的法律解释方面作了一些改动。最后美国同意修改其相关法规。

1995年1月23日，委内瑞拉正式向WTO争端解决机构要求与美国进行磋商，理由是美国正在实施的规则对进口汽油造成了歧视。1996年1月25日（用时一年多一点）争端专家小组完成了它的最终报告。1996年4月，巴西也提出同样的异议，同一专家小组审议这两个案例（WT/DS2和WT/DS4）。美国对此提出上诉，上诉机构完成上诉报告，并且争端解决机构于1996年5月20日（用时一年零四个月）通过了这份报告。美国与委内瑞拉用六个半月就美国应该做什么达成协议。执行协议结果的时间期限从上诉结束起15个月，即1996年5月20日到1997年8月20日。争端解决机构监督这一争端解决结果的进展情况，美国在1997年1月9日和1997年2月13日分别提交了《执行情况报告》，并于1997年8月26日向争端解决机构报告一项新的法规，已于1997年8月19日签署。

随着我国对外贸易市场的不断扩大和贸易额的不断增长，我国与其他国家或地区的贸易争端也会越来越多。了解和掌握在与WTO成员发生贸易摩擦时如何利用WTO的争端解决机制，有效解决争端，对促进我国对外贸易事业的发展是十分重要的。

八、中国与 GATT、WTO

(一) 中国与 GATT

1. 谈判的主要历程

1948 年，中国是 GATT 23 个创始成员之一。新中国成立以后，中国与 GATT 的关系长期处于中断状态。

1984 年，中国取得了 GATT 观察员地位。1986 年 7 月 10 日，正式向关贸总协定提出恢复我国缔约方地位的申请。1987 年 3 月，GATT 成立了“中国缔约方地位问题工作组”，并开始进行恢复中国关贸总协定缔约方地位的谈判，简称复关谈判。

1992 年 2 月，中国谈判代表团出席了在日内瓦召开的关贸总协定中国工作组第十次会议，会议基本结束了对中国贸易制度的审议，开始进入到有关中国议定书内容的实质性谈判阶段。但由于美国等西方国家缺乏诚意，中国复关谈判于 1994 年 12 月终止。

2. 中国在复关谈判中坚持的三项原则

(1) 以恢复我国在关贸总协定地位为条件，而不存在“加入”或“重新加入”的问题。

(2) 在关税减让的基础上承担义务和进行谈判。

(3) 我国是发展中国家，应取得发展中国家在关贸总协定中的同等地位和待遇。

(二) 中国与 WTO

1995 年 12 月 7 日，中国向 WTO 提出加入世界贸易组织的申请。经过非正式谈判，1996 年 3 月开始正式进行中国加入世界贸易组织的谈判。

中国加入世界贸易组织的原则是愿意在乌拉圭回合协议的基础上，根据中国自身的经济发展水平和按照权利与义务平衡的原则，本着灵活务实的态度，继续与世界贸易组织各成员方进行认真的谈判，加快谈判进程，早日结束谈判。由于美国等西方国家要价太高，使中国入世一拖再拖。例如，美国不承认中国为发展中国家；要求中国降低国营对外贸易垄断程度；扩大商业零售业的对外开放等。

在和 37 个 WTO 成员的双边市场准入谈判中，1997 年我国已和 10 个成员签订了双边协议。到 1999 年 11 月 15 日才与美国达成《中华人民共和国与美国市场准入协议》，2000 年 5 月 19 日与欧盟就中国加入世界贸易组织达成双边市场准入协议，从而扫清了入世道路上的真正障碍。2001 年 12 月 11 日中国正式成为世贸组织的第 143 个成员。

(三) 中国加入 WTO 的权利与义务

中国在 WTO 第四次部长会议上签署了中国入世文件。文件涉及货物、服务和与贸易有关的知识产权等很多内容，中国加入 WTO 的权利与义务的原则性条款出现在《中华人民共和国加入世界贸易组织议定书》中，具体权利和义务出现在《中华人民共和国加入世界贸易组织议定书》的附件中。在这里仅以中国在贸易权方面的权利和义务加以简单介绍，更为详细和广泛的内容请参阅《中国加入世界贸易组织的法律文件》。

《中华人民共和国加入世界贸易组织议定书》分三个部分：序言、总则（共18条）、减让表和最后条款。其中，第五条贸易权（Right to Trade）的主要内容为：

1）在不损害中国以符合《WTO协定》的方式管理贸易的情况下，中国应逐步放宽贸易权，以便在加入后三年内，使所有在中国的企业均有权在中国的全部关税领土内从事所有货物的贸易，但附件2A除外，附件2A中所列货物继续实行国营进出口贸易权。对于所有此类货物，均应根据GATT 1994第三条，特别是其中第四款的规定，在国内销售、许诺销售、购买、运输、分销或使用方面，包括直接接触最终用户方面，给予国民待遇。对于附件2B中所列货物，中国应按该附件中所列时间表逐步取消贸易权限制。中国应在过渡期内完成执行这些规定所必需的立法程序。

2）除本议定书另有规定外，对于所有外国个人和企业，包括未在中国投资或注册的外国个人和企业，在贸易权方面应给予其不低于在中国的企业的待遇。

保持国营贸易权的产品名称及税号见《中华人民共和国加入世界贸易组织议定书》的附件2A。进口商品及税号：粮食（18个税号）、食物油（7个税号）、烟草（18个税号）、原油（1个税号）、成品油（7个税号）、化肥（25个税号）、棉花（2个税号）。出口商品及税号：茶（4个税号）、大米（5个税号）、玉米（3个税号）、大豆（5个税号）、钨矿砂（3个税号）、仲钨酸铵（2个税号）、钨制品（8个税号）、煤炭（5个税号）、原油（1个税号）、成品油（13个税号）、丝（13个税号）、未漂白丝（4个税号）、棉花（2个税号）、棉纱线（51个税号）、棉机制物（5个税号）、锑矿砂（2个税号）、氧化锑（1个税号）、锑制品（3个税号）、白银（3个税号）。

入世三年后取消国营贸易权的产品名称及税号见《中华人民共和国加入世界贸易组织议定书》的附件2B。天然橡胶（4个税号）、木材（28个税号）、胶合板（3个税号）、羊毛（9个税号）、腈纶（18个税号）、钢材（283个税号）。表6-3为成品油和原油的非国有贸易的允许进口量。

表6-3　2个税号的成品油和1个税号的原油的非国有贸易的允许进口量

产品及税号	入世时非国营贸易的允许量	入世后非国营贸易的允许量的年增长率
成品油（HS27.10）	400万t	15%
成品油（HS27.11）	1 658万t（液化石油气除外）	15%（2004年1月1日取消配额限制）
原油（HS27.9）	720万t	15%

了解中国在贸易权方面的承诺，对企业经营活动有着重要意义。从事上述商品及相关商品经营的中外企业在制定自己的经营战略和策略时应该加以认真考虑，以使企业的经营活动有更多的可预见性。

2010 年中国在降低鲜草莓等 6 个税目的商品进口关税后，中国加入世界贸易组织时承诺的关税减让义务就全部履行完毕。

（四）中国与 WTO 争端解决机制

据 WTO 统计，截至 2010 年 4 月底，中国与其他 WTO 成员方共有 24 起争议启用了 WTO 争端解决机制，作为申诉方有 7 起（见表 6-4），作为被诉方有 17 起。

表 6-4　中国作为申诉方的 WTO 争议案涉及的被诉方、商品、措施和解决方式

被诉方 / WTO 争议案所涉及内容	美国	美国	美国	美国	欧盟	美国	欧盟
要求进行磋商的时间	2002 年 3 月	2007 年 9 月	2008 年 9 月	2009 年 4 月	2009 年 6 月	2009 年 9 月	2010 年 2 月
涉及的商品	钢铁	铜版纸	圆形焊接碳钢管件、新充气工程机械轮胎、薄壁矩形钢管、编织袋等	家禽	碳钢紧固件	乘用车和轻卡轮胎	皮鞋
涉及的措施	保障措施	反倾销和反补贴	反倾销和反补贴	美国 2009 年财政年度综合拨款法	反倾销	关税	反倾销
解决方式	上诉裁决		2009 年 3 月专家小组成立	2009 年 9 月专家小组成立	2009 年 12 月专家小组成立	2010 年 1 月专家小组成立	
结果	美国终止了其保障措施	未有结果	未有结果	未有结果	未有结果	未有结果	未有结果

中国作为被诉方的 17 起贸易争议涉及的贸易措施有：①美国对中国集成电路产品的增值税提出异议。②欧盟、美国和加拿大对中国汽车零部件进口措施的不满。③美国和墨西哥对中国税收减免措施提出质疑。④美国对中国知识产权保护措施的不满。⑤美国对中国出版和视听娱乐产品的贸易权与分销服务方面的措施提出质疑。⑥欧盟、美国和加拿大对中国金融信息服务和外国金融信息服务提供者方面的措施提出异议。⑦美国、墨西哥和危地马拉对中国拨款、贷款和其他鼓励措施提出质疑。⑧美国、欧盟和墨西哥对中国各种原材料的出口措施提出质疑。

本章小结

在中国成为世界贸易组织成员和经济全球化不断增强的今天，了解和掌握有关 WTO 的基本知识非常重要。对 WTO 规则的了解有助于企业分析其外部经营环境和政府规范其行政管理行为。本章主要介绍了关税与贸易总协定的主要原则、乌拉圭回合谈判的主要成果和世界贸易组织。WTO 多边贸易体系的基本原则包括：非歧视、贸易更加自由化、通过约束增加贸易的可预见性、促进公平竞争、鼓励发展和经济改革等原则。乌拉圭回合谈判的主要成果可归纳为贸易的自由化和以 WTO 成立为标志的行政改革。关于世界贸易组织，本章主要介绍了 WTO 争端解决机制的程序、作用及管理。另外，本章还介绍了 WTO 的目标、职能、组织机构和决策机制。WTO 争端解决程序主要包括磋商、专家小组审查、上诉和裁决的执行。WTO 争端解决机制是保证多边贸易体制可靠性和可预见性的核心因素。

本章重要概念

关贸总协定　世界贸易组织　乌拉圭回合　多哈发展回合　贸易政策审议　争端解决机制　部长会议　总理事会

本章推荐阅读文献

[1] 中华人民共和国商务部. 世贸咨询栏目 [DB/ON] http: //chinawto. mofcom. gov. cn/. 2010-06-03.

[2] 王文先. WTO 规则与案例 [M]. 北京：清华大学出版社，2007.

[3] 世界贸易组织官方网站. For students [DB/ON] http: //www. wto. org/english/forums_e/students_e/students_e. htm. 2010-06-03.

[4] 李雁玲. WTO 棉花补贴争议案带来的启示 [J]. 中国棉花，2005，32 (6)：2-4.

思　考　题

1. 世贸组织是什么组织？它的特点是什么？
2. WTO 的基本职能是什么？
3. WTO 争端解决的基本程序是怎样的？
4. 原 GATT 与 WTO 之间存在怎样的关系？
5. 乌拉圭回合谈判的主要成果是什么？
6. GATT 的基本原则有哪些？

7. WTO 贸易体系的基本原则有哪些？

8. 写出 WTO 的主要协议名称。

作 业 题

一、判断正误题

1. 与原 GATT 同时诞生的还有国际贸易组织（ITO）。 （ ）

2. WTO 每年都要审议其所有成员的贸易政策。 （ ）

3. WTO 正式成立时间是 1995 年 1 月 1 日。 （ ）

4. WTO 争端解决机制的基本程序是磋商、专家小组审查、上诉机构审查和裁决执行。 （ ）

5. 磋商是 WTO 争端解决程序中的第一步，在以后专家小组审查时就不能再进行磋商。 （ ）

6. 在《1994 年 GATT》中有一项有关数量限制方面的原则，就是“一般取消数量限制的原则”。 （ ）

7. 有关非关税议题的谈判在乌拉圭回合中才开始涉及。 （ ）

8. 原 GATT 从一开始就有对发展中国家给予特殊待遇的条款存在。 （ ）

9. 中国是以发展中国家的身份加入世界贸易组织的。 （ ）

10. WTO 争端解决中否决上诉报告的决定必须是争端解决机构一致的意思表示。 （ ）

二、单项选择题

1. GATT 诞生之初其缔约方有（ ）个。

A. 26　B. 103　C. 53　D. 23

2. 中国正式成为世贸组织成员是在（ ）。

A. 1999 年 5 月 1 日　B. 2001 年 12 月 11 日

C. 2001 年 11 月 11 日　D. 2002 年 1 月 1 日

3. WTO 争端解决程序的第一步是（ ）。

A. 专家小组审查　B. 裁决的执行　C. 磋商　D. 上诉

4. WTO 部长会议以（ ）成员的投票可以豁免某一成员所承担的多边协议项下的义务。

A. 3/4　B. 1/2　C. 全体　D. 2/3

5. WTO 的最高决策机构是（ ）。

A. 执行委员会　B. 董事会　C. 秘书处　D. 部长会议

6. 到（ ）年我国加入世界贸易组织承诺的关税减让义务全部履行完毕。

A. 2001　B. 2005　C. 2006　D. 2010

7. 与中国作为被诉方的 17 起贸易争议涉及的领域相比，中国作为申诉方涉及的领域（ ）。

A. 一样　B. 更窄　C. 更宽　D. 不确定

8. 目前 WTO 的主要多边规则都是（ ）回合谈判的成果。

A. 乌拉圭　B. 多哈　C. 东京　D. 肯尼迪

9. 目前 WTO 对中国贸易政策的审议是每（　　）年一次。

A. 1　　B. 2　　C. 4　　D. 5

10. 目前，中国与（　　）贸易伙伴通过 WTO 贸易争端解决机制解决的贸易争议最多。

A. 欧盟　　B. 日本　　C. 美国　　D. 澳大利亚

三、多项选择题

1. WTO 的基本职能有（　　）。

A. 监督和管理其统辖范围内的各种协议的贯彻实施

B. 组织实施各项多边贸易协议，提供多边贸易谈判和解决贸易纠纷的场所

C. 秘书处制定贸易规则

D. 按照有关贸易政策审议机制，负责定期审议各成员方的贸易制度

E. 编写年度世界贸易报告和举办世界经济贸易研讨会

2. 以下 WTO 协议属于多边货物贸易规则的有（　　）。

A. 原产地协议　　B. 保障措施协议　　C. 政府采购协议

D. 反倾销协议　　E. 与贸易有关的知识产权协议

3. 下列协议属于乌拉圭回合中完全新签订的协议有（　　）。

A. 反倾销协议　　B. 农产品协议　　C. 纺织品和服装协议

D. GATS　　E. 反补贴协议

4. WTO 争端解决机制中违反协议的一方执行裁决的可能方式有（　　）。

A. 法院强制执行　　B. 履行　　C. 补偿

D. 协商　　E. 接受报复

5. 在两届部长级会议之间，以下（　　）负责处理 WTO 的日常工作。

A. 贸易政策审议机构　B. 争端解决机构　　C. 秘书处

D. 贸易规则工作组　　E. 总理事会

案例分析题

1. 2003 年 2 月，巴西在与美国就美国棉花补贴问题磋商不成的情况下，正式要求世界贸易组织就美国棉花补贴问题建立专家小组进行裁决。根据国际棉花咨询委员会（ICAC）的统计，美国 2002 ~ 2003 年度原棉出口占全球 40% 的市场份额，出口 260 万 t，稳居全球出口第一位。ICAC 政府措施工作组的一份研究报告指出，美国对棉花的补贴使巴西在 2001 ~ 2002 年经营期内的收入、贸易平衡、相关服务、国家和地方税收、就业和国家预算方面分别损失了 138. 8 百万美元、100. 0 百万美元、17. 7 百万美元、98. 0 百万美元、234. 0 百万美元和 50. 0 百万美元，共计约 6. 4 亿美元。2009 年 8 月 31 日，WTO 对巴西与美国棉花争端作出最后裁决，判定美国为其国内棉农提供巨额补贴的做法违反了 WTO 的相关贸易规则，并批准巴西对美国实施总额为 8. 3 亿美元的制裁措施。对于 WTO 的这个最终裁决，巴西外长阿莫林称之为“具有政治含义的胜利”，而美国也因为 WTO 授权的制裁数额远低于巴西之前要求的约 30 亿美元而感到欣慰。2010 年 3 月 8 日宣布了针对美国涉及 102 种商品的制裁商品清单，预计每年将多征进口税额达 5. 91 亿美元。试分析美国可能违反了 WTO 的什么多边贸易协议？WTO 的裁

决对美国棉农的可能影响是什么？

2. 1996 年 12 月 3 日，委内瑞拉与美国就美国执行争端解决机构的裁决及执行时间（从 1996 年 5 月 20 日起 15 个月内）达成协议。1997 年 1 月 9 日，美国第一次向 DSB 报告其裁决执行情况。1997 年 8 月 19 日，美国签署了新的空气法。WT/DS2 起因于 1994 年 9 月美国在其清洁空气法中对进口汽油实施的限制措施。表 6-5 为 WTO 争端解决机制从启动到结束 DSB 处理此案件的全过程。通过进一步查找资料说明美国违反了 WTO 的什么原则？美国和委内瑞拉在执行裁决时采取的是何种方式（履行、补偿还是授权报复）？

表 6-5　DSB 处理 WT/DS2 案件的全过程

案件处理的具体发生日	案件处理的具体内容	案件处理所用时间
1995 年 1 月 23 日	委内瑞拉向 DSB 提起争议，要求与美国进行磋商	
1995 年 2 月 24 日	与美国进行磋商，失败	1 个月
1995 年 3 月 25 日	委内瑞拉要求 DSB 成立专家小组	2 个月
1995 年 4 月 10 日	DSB 同意指定专家小组，美国没有阻挠（巴西也提起争议，要求与美国进行磋商）	2 个半月
1995 年 4 月 28 日	专家小组组成	3 个月
1995 年 6 月 10 ~ 12 日 1995 年 6 月 13 ~ 15 日	专家小组举行会议	6 个月
1995 年 12 月 11 日	专家小组向美国、委内瑞拉和巴西提交中期报告要求评论	11 个月
1996 年 1 月 29 日	专家小组向 DSB 提交最终报告	1 年
1996 年 2 月 21 日	美国提出上诉	1 年零 1 个月
1996 年 4 月 29 日	上诉机构提交报告	1 年零 3 个月
1996 年 5 月 20 日	DSB 通过专家小组和上诉机构的报告	1 年零 4 个月

第七章 国际贸易术语

本章内容要点

- 国际贸易术语的含义
- 国际贸易惯例的含义和法律地位
- 《Incoterms 2010》中 FOB、CFR 和 CIF 三个主要贸易术语的内容
- 《Incoterms 2010》中 FCA、CPT 和 CIP 三个贸易术语的主要内容
- 《Incoterms 2010》中其他国际贸易术语的含义

第一节 有关贸易术语的国际惯例

国际货物贸易中买卖双方如何办理有关货物的交接，风险如何划分，进出口手续如何办理，费用如何承担和有关单据如何处理等一系列问题的解决，有依赖于简单明了的贸易术语的使用。贸易术语是国际贸易历史发展到一定阶段的必然产物。它的出现和广泛应用，对于简化交易过程、缩短谈判时间和费用有积极的作用。最早的国际贸易术语出现在 18 世纪末 19 世纪初，即 FOB 贸易术语的出现。当然，经过不断演化，当时对 FOB 的解释已不同于现在对 FOB 的解释。随着科学技术的进步，以及航运、保险业的兴起和银行的参与，19 世纪中叶，又出现了 CIF 贸易术语。本节主要从以下三个方面来说明国际贸易术语：国际贸易术语的含义及有关国际惯例；《国际贸易术语解释通则 2010》（《Incoterms 2010》）中主要国际贸易术语的解释；《Incoterms 2010》中其他国际贸易术语。

一、国际贸易术语的含义

国际贸易术语是在国际贸易长期实践中产生的，用于说明交货地点，确定买卖双方责任、风险、费用承担和商品价格构成等问题的专门用语。由于贸易术语可以在一定程度上反映出商品的价格构成，因此也称价格术语（Price Terms）。在国际货物买卖中使用简单明了的贸易术语可以方便国际贸易的进行。例如，USD 100 per M/T CIF Hamburg，其中的 CIF 就是贸易术语。

二、国际贸易惯例

国际贸易惯例是指在国际贸易的长期实践中，逐渐形成和不断完善的一些较

为明确、具有普遍指导作用和实际意义的贸易习惯和解释。

国际贸易惯例的法律地位主要表现在以下三个方面：

（1）一般情况下，国际贸易惯例对买卖双方没有必然的法律约束力。因为国际贸易惯例本身既不是各国的共同立法，也不是某一个国家的法律，因此对使用国际贸易惯例的当事人均不具有法律约束力。

（2）如果双方在合同中明确表示适用某一方面的国际贸易惯例，则这一惯例将对双方均具有法律约束力，合同双方必须遵守。

（3）如果买卖双方在合同中没有明确说明适用何时何地的法律，双方在履行合同中一旦发生争议，法庭或仲裁庭往往会援引一些国际上公认的和影响较大的惯例来解决争议。

国际贸易实务中有关贸易术语方面的国际惯例有：国际商会（International Chamber of Commerce，ICC）的《国际贸易术语解释通则 2010》，国际法协会的《1932 年华沙—牛津规则》和美国全国对外贸易协会的《1941 年美国对外贸易定义修订本》。另外，还有其他方面的一些国际贸易惯例，例如，与支付有关的《跟单信用证统一惯例》，2007 年修订，即 ICC 600 号出版物。国际商会《托收统一规则》1995 年修订，即 ICC 522 号出版物（1996 年 1 月 1 日生效）。国际商会《见索即付保函统一规则》（URDG 758）（2010 年 7 月 1 日生效）和《国际备用信用证惯例》（ISP98 规则）等。其中《跟单信用证统一惯例》会在支付一章中有比较详细的介绍。下面首先介绍与贸易术语有关的国际惯例。

三、与国际贸易术语有关的国际惯例

（1）《1932 年华沙—牛津规则》（Warsaw-Oxford Rules 1932）。1928 年，国际法协会在波兰华沙开会制定了《1928 年华沙规则》，后经 1930 年纽约会议，1931 年巴黎会议，1932 年牛津会议修订，成为沿用至今的《1932 年华沙—牛津规则》。它仅对 CIF 一种贸易术语进行了规定和解释。这一贸易术语欧洲国家使用较多。

（2）《1941 年美国对外贸易定义修订本》（Revised America Foreign Trade Definition of 1941，或称 RAFTD 1941）是美国 9 个商业团体于 1919 年在纽约制定的，后经 1941 年修订，名称定为《1941 年美国对外贸易定义修订本》。它对 6 种贸易术语进行了解释，这 6 种贸易术语的中英文名称如下：

产地交货	Ex Point of Origin
在运输工具上交货	Free On Board
在运输工具旁边交货	Free Along Side
成本加运费	Cost & Freight
成本加保险费、运费	Cost, Insurance and Freight
目的港码头交货	Ex Dock

美国《1941年美国对外贸易定义修订本》与下面要介绍的国际商会的《Incoterms 2010》虽然在某些术语的英文缩写上是一样的，但是，在解释上却存在很大的不同，因此在与美国、加拿大和墨西哥等国家进行贸易时要加以注意，特别是注意这两个惯例在解释FOB和FAS两个贸易术语上存在的差异。

（3）《Incoterms 2010》与国际商会的Incoterms比，目前RAFTD和Warsaw-Oxford Rules的影响很小，即使在美国一些有影响的专业团体和人事也在极力推荐人们接受Incoterms。

《Incoterms 2010》中有11种贸易术语，如表7-1所示，这些贸易术语按适用的运输方式分成两大类。

表7-1 《Incoterms 2010》中11种贸易术语的中英文名称

类别	英文缩写	中文名称
适合任何运输方式	EXW	工厂交货
	FCA	货交承运人
	CPT	成本、运费付至指定目的地
	CIP	成本、运费加保险费付至指定目的地
	DAT	运输终端交货
	DAP	目的地交货
	DDP	完税后交货
适合海洋和水路运输方式	FAS	装运港船边交货
	FOB	装运港船上交货
	CFR	成本、运费付至指定目的港
	CIF	成本、运费加保险费付至指定目的港

贸易术语中买卖双方各自的责任、风险和费用均用10个项目列出，相互对照，一目了然。

A 卖方责任	B 买方责任
A1 卖方的一般责任	B1 买方的一般责任
A2 许可证、授权、安检通关和其他手续	B2 许可证、授权、安检通关和其他手续
A3 运输合同和保险合同	B3 运输合同和保险合同
A4 交货	B4 收取货物
A5 风险转移	B5 风险转移
A6 费用划分	B6 费用划分
A7 通知买方	B7 通知卖方
A8 交货凭证	B8 交货证明
A9 检查、包装和标志	B9 货物检验
A10 协助提供信息及相关费用	B10 协助提供信息及相关费用

《Incoterms》是国际商会对各种贸易术语解释的正式规则。其宗旨是"为国际贸易中最普遍使用的贸易术语提供一套解释的国际规则，以避免因各国不同解释而出现的不确定性，或至少在相当程度上减少这种不确定性。"1936 年，国际商会首次制定 Incoterms，对 9 种贸易术语给予了解释。国际商会自 1936 年创立该规则以来，分别于 1953 年、1967 年、1976 年、1980 年、1990 年、2000 年和 2010 年对其进行了不同程度的修订和补充，基本上每十年修订一次。连续修订的主要原因是为使其适应当时国际商务的实践。在 1990 年变化较大的一次修订中，《Incoterms 1990》删除了单一运输方式的铁路交货（FOR/FOT）和启运地机场交货（FOA），增加了未完税交货（DDU）。贸易术语由 14 种变为 13 种。《Incoterms》这个全世界无可争辩的国际贸易术语方面的国际惯例自诞生后就不断更新以与国际贸易理论和实践的发展保持同步。

国际商会在 2010 年 9 月发布新修订的《Incoterms》，新修订的《Incoterms》在 2011 年 1 月 1 日生效。有一点需要说明的是，并不是新版本出来旧版本就立即过时了，人们就不再使用了，正向上面提到的《Incoterms》是国际贸易惯例，它不是法律，合同双方当事人有选择适用不同版本的自由。另外，人们认识和学习新版本也需要一个过程，旧版本的淡出需要时间和实践。

四、《Incoterms 2010》使用中应注意的问题

2011 年 1 月 1 日，《Incoterms 2010》正式实施。实践中可能还会存在一些具体问题，至少有两点应当引起使用者的注意。

1. 在合同中交易双方应就适用的版本加以明确

在当前的国际贸易实践中，特别是在《Incoterms 2010》实施之初，新旧版本交替之际，交易双方应就所使用的《Incoterms》版本进行明确，尤其是对《Incoterms》中有实质性变化的贸易术语，在合同或信用证中给予明确，以免责任不清，产生纠纷，影响合同的履行。例如，FCA John Carriers, Inc. Main Warehouse New York Incoterms 2010 。因为在实际业务中，至今仍有一些国家的业务员在使用《Incoterms 1980》，究其原因，一是让所有的业务员熟悉和掌握新《Incoterms》需要时间；二是国际商会的《Incoterms》属于国际惯例，而非强制执行的法律。

2. 有意识地重视 FCA、CPT 和 CIP 的使用

交易双方还应注意到这样一个发展变化趋势，即 FCA 将最终取代 FOB 成为一种常用的贸易术语，其主要原因是《Incoterms 2000》中的 FCA、CPT 和 CIP 适用任何运输方式。《Incoterms 1990》修订时，FCA 的出现主要是为了反应当时国际贸易运输方式的发展变化，即集装箱、多式联运和滚装船运输的发展。在这种情况下，当时 FOB 中风险划分的界线"船舷"就失去了实际意义。由于 FOB 是最早出现的贸易术语，在业务员中的影响很大，在实际业务中人们常把 FCA 当做 FOB 的特例。但是，随着集装箱、多式联运和滚装船运输的广泛发展，可以预见 FCA 将最终取代 FOB 成为一种常用的贸易术语，而不是 FOB 的替补。因此，在实际业务中，应该有意识地去使用 FCA，而不是在应该用 FCA 时，仍不恰当地使用 FOB，使买卖双方的责任无法真正明确下来，为日后合同的履行埋下了隐患。

在三年的修订过程中，国际商会从全世界使用者得到了大量的反馈意见。修订小组成员们集思广益，发现问题，组织调查，对七十多年以来的国际贸易活动进行了全面的回顾和总结，将实践提高到了一个新的高度。国际商会与《Incoterms》使用者之间交流的结果产生了《Incoterms 2010》这个版本。从这一点可以说，修订的意义更加深远。

第二节 《Incoterms 2010》中的主要国际贸易术语

一、FOB（装运港船上交货）

1. FOB 的含义

FOB 是 FREE ON BOARD（... named port of shipment）的缩写，即船上交货（... 指定装运港），FOB 也称装运港船上交货。它是指当货物在指定装运港由卖方交给买方处置时，卖方即履行了交货义务。这就意味着买方必须承担此后的一切费用和货物灭失或损坏的一切风险。卖方负责办理出口通关手续。

2. FOB 买卖双方应承担的主要义务

卖方应承担的主要义务：①在规定的日期或期限内，按港口习惯的方式在指定装运港将符合合同的货物交到买方指定的船上，并通知买方货物已装船。②负责办理出口许可证或官方批准的其他证件和货物出口通关手续。③承担货物在指定装运港交给买方处置之前的相关费用和风险。④自担费用向买方提供交货凭证、运输单证或电子单证。

买方应承担的主要义务：①负责租船或订舱，支付运费，并给予卖方关于船名、装船地点和要求交货时间的通知。②承担货物在装运港交给买方处置之后的相关费用和风险。③自担费用和风险办理进口和过境手续和证件。④支付买卖合同规定的价款，并在规定的日期或期限内，在指定的装运港受领货物。

3. FOB 使用中应注意的问题

（1）风险划分的界线。风险转移点在卖方将货物置于买方指定的船舶上。这一规定改变了以往《Incoterms》中以“船舷”为界的规定。

（2）船货衔接问题。FOB 由买方订立运输合同，即买方安排租船订舱。买方需要给卖方发装船的通知（装船通知的内容包括船名、装货地点和时间）并按规定接货。卖方则按规定交货并向买方发出货已装船的通知，否则将分别由买方和卖方承担由此造成的一切损失和产生的一切费用。

（3）FOB 的变形（或称与装船费有关的问题）。实际业务中装船作业是一个连续过程，它包括将货物从岸上起吊、越过船舷和装入船舱的整个过程。因此实际业务中就有了 FOB 的变形。但这并不意味着风险划分的界线也因此而被改变了。FOB 变形具体如下：

1）FOB Liner Terms（班轮条件）。FOB Liner Terms 是指装船费用按班轮条件办理，卖方不负担装船的有关费用，由于租船订舱是由买方负责安排的，因此，在按 FOB Liner Terms 交货的合同中，与装船有关的费用是由买方来承担的。

2）FOB Under Tackle（吊钩下交货）。FOB Under Tackle 是指卖方将货物交到买方指定船只的吊钩所及之处，而货物吊装入舱及其他费用则由买方承担。

3）FOB Stowed（理舱费在内）。FOB Stowed 是指由卖方承担包括理舱费在内的装船费。理舱费是指将货物装入舱后进行安置和整理的费用。

4）FOB Trimmed（平舱费在内）。FOB Trimmed 是指由卖方承担包括平舱费在内的装船费。平舱费是指对装入舱后的散装货物进行安置和整理的费用。

（4）《1941 年美国对外贸易定义修订本》对 FOB 的解释。《1941 年美国对外贸易定义修订本》对 FOB 的解释有六种，其中既有在出口国内陆运输工具上交货的解释，也有在进口国指定内陆运输工具上交货的解释，只有第五种解释是装运港船上交货，并且由买方办理出口手续和承担相关费用。

因此，在对美国及其他北美国家进行进出口贸易时，一定要明确规定。如果是装运港船上交货，应在 FOB 和港名之间加上“Vessel”一词。例如，FOB Vessel San. Francisco。否则有可能被认定在旧金山市内陆运输工具上交货。

二、CFR（成本加运费）

1. CFR 的含义

CFR 是 COST AND FREIGHT（... named port of destination）的缩写，即成本加运费（……指定目的港），是指卖方必须支付成本费和将货物运至指定目的港的运费，但是，货物装船后所产生的任何额外费用，以及自货物于装运港装到船上时起的一切风险应该由卖方转向买方负担。

2. CFR 买卖双方应承担的主要义务

卖方应承担的主要义务：①在合同规定的装运港和规定的期限内，将货物装上船，并即时通知买方，以便买方办理货物运输保险。②承担货物在装运港装上船之前的风险。③与船方订立运输契约，即负责租船订舱，支付到指定目的港的运费（包括装船费用以及定期班轮公司可能在订舱时收取的卸货费用）。④办理出口和有关证件手续，并支付相关费用。⑤自担费用向买方提供交货凭证、运输单证或电子单证。

买方应承担的主要义务：①负责货物在装运港装上船以后的一切风险。②支付货款，受领货物。③自负费用办理进口和收货手续。

3. CFR使用中应注意的问题

（1）CFR变形（即与卸货费有关的问题）。CFR变形主要有三种：①CFR Liner Terms（班轮条件）。CFR Liner Terms是指由卖方负责支付卸货费或称卸货费已包括在运费中。②CFR Landed（着陆费在内）。CFR Landed是指由卖方承担将货物卸到岸上的费用包括可能发生的驳船费及码头捐税。③CFR Ex ship's Hold（舱底交货）。CFR Ex ship's Hold是指由买方负担自舱底卸货的费用。

（2）风险划分的界线。CFR风险划分的界线以卖方将货物在装运港装上船为界。

（3）CFR与FOB的差别。CFR与FOB的差别主要表明买卖双方在租船订舱方面的责任变化，前者是卖方，后者是买方。这一差异反映在出口报价方面为：CFR = FOB + 海运运费。另外，在CFR变形中涉及的是卸货费问题，而不是装货费问题。

（4）关于租船订舱的问题。在一般情况下，卖方只需按通常条件及惯驶航线租船订舱。如果买方提出限制船舶的国籍、船型、船龄、船级和指定装某班轮公会的船只等方面的要求时，卖方有权拒绝。

三、CIF（成本、保险费加运费）

1. CIF的含义

CIF是COST, INSURANCE AND FREIGHT（... named port of destination）的缩写，即成本、保险费加运费（……指定目的港）它是指卖方除负责与CFR相同的义务外，还必须办理货物在运输途中的海运保险并支付相应的保险费。

2. CIF买卖双方应承担的主要义务

卖方应承担的主要义务：①负责租船订舱和支付运费。②在合同规定的日期和期限内，将货物装上船。③及时通知买方以便买方提货。④按合同规定自行负担费用取得货物运输保险（如无相反规定应按合同价款的110%投保最低险别。在买方负担费用的前提下，可代为投保其他险种）。⑤办理出口手续及缴纳有关费用，并按合同规定提供交货凭证或电子单证。⑥承担货物在装运港装上船之前的相关风险。

买方应承担的主要义务：①负责货物在装运港装上船以后的相关风险。②接受卖方提交的有关单据，受领货物，支付货款。③自负费用办理进口和收货手续。④在其有权确定装运货物的时间和/或目的港时，给予卖方有关这方面的充分通知。

3. CIF使用中应注意的问题

（1）关于租船订舱、卸货费和风险划分的界线问题。租船订舱和卸货费问题与CFR中卖方的责任一样。风险划分的界线与FOB和CFR一样。CIF的变形主要有三种：①CIF Liner Terms（班轮条件）。卖方负责支付卸货费或称卸货费已包括在运费中。②CIF Landed（着陆费在内）。卖方负担将货物卸到岸上的费用包括可能发生的驳船费及码头捐税。③CIF Ex ship's Hold（舱底交货）。买方负担自舱底卸货的费用。

（2）投保险别的问题。按《Incoterms 2010》的解释，卖方应该按最低责任投保相应的险别，投保金额为合同金额的110%。如果有不同解释，双方最好在合同中约定投保的险别，否则容易产生争议。

（3）关于“单据买卖”的问题。按CIF（包括FOB和CFR）贸易术语签订合同的买卖也有人称其为“单据买卖”。这是因为这类合同的买卖采用的是“象征性交货”（Symbolic Delivery）的方式。所谓“象征性交货”，是指卖方按合同规定在装运港将货物装船并提交合同规定的全套合格单据，就算完成了交货义务，而无需保证到货；反之，如果卖方提交的单据不符合要求，即使合格的货物安全运达目的地，也不算完成交货。

（4）CIF与FOB和CFR的主要区别。CIF与FOB和CFR的主要区别除上面提到的以外，体现在出口报价上：CIF = CFR + 保险费 = FOB + 运费 + 保险费。

第三节 《Incoterms 2010》中其他国际贸易术语

一、FCA、CPT和CIP

1. FCA

FCA是FREE CARRIER（... named place）的缩写，即货交承运人（……指定地点），是指卖方应在指定地点将经过出口清关的货物交给买方指定的承运人监管。

2. CPT

CPT是CARRIAGE PAID TO（... named place of destination）的缩写，即运费付至（……指定目的地），是指卖方应支付货物运至指定目的地的运费。在货物交由承运人保管时，货物灭失或损坏的风险，以及由于在货物交给承运人后发生的事件而引起的额外费用，即从卖方转移至买方。

3. CIP

CIP是CARRIAGE AND INSURANCE PAID TO（... named place of destination）的缩写，即运费、保险费付至（……指定目的地），是指卖方除了须承担在CPT贸易术语下相同的义务外，还须对货物在运输途中的风险取得货物保险。卖方要订立相应的保险合同，并支付按最低责任投保的保险险别的保险费。

FCA、CPT和CIP使用中应注意如下一些问题：

①FCA、CPT 和 CIP 可用于各种运输方式，包括多式联运。②FCA、CPT 和 CIP 均为向承运人交货的贸易术语。承运人是指在运输合同中承担履行铁路、公路、海洋、航空、内河运输或多式联运，或承担取得上述运输履行的任何人。它既包括实际履行运输义务的承运人，也包括代为签订运输合同的运输代理人。③风险转移均以货交承运人处置时为界。④除以上应注意的一些问题外，这三种贸易术语中有关买卖双方的其他权利与义务可比照 FOB、CFR 及 CIF 进行掌握和记忆。由于 FOB、CFR 及 CIF 只适用于海运和内河运输，因此在滚装运输或集装箱运输的情况下，FCA、CPT 和 CIP 更为适用。

二、EXW

EXW 是 EX WORKS（... named place）的缩写，即工厂交货（……指定地点），是指卖方在其所在处所（即工厂、工场、仓库等）将货物提供给买方，即履行了交货义务，除非另有约定，否则卖方不负责将货物装上买方备妥的车辆，也不负责出口清关。

EXW 使用中应注意这样一些问题：①EXW 是卖方承担风险最小的一种贸易术语。②在 11 个贸易术语中，EXW 是唯一由买方办理出口清关手续的贸易术语。如果买方不能直接或间接地办理出口手续，则不应该使用这一贸易术语。此时应使用 FCA。③EXW 这一术语的使用多见于边境贸易或区域经济集团内成员之间的贸易。在我国多见于内地沿海与我国港澳地区之间的贸易。

三、FAS

FAS 是 FREE ALONGSIDE SHIP（... named port of shipment）的缩写，即装运港船边交货，是指卖方在装运港将货物放置码头或驳船上靠船边，即履行了交货义务。

FAS 使用中应注意这样一些问题：①FAS 只适用海运和内河运输。②FAS 要求卖方办理出口结关手续。③《1941 年美国对外贸易定义修订本》中的 FAS 为 Free Along Side 的缩写，它是指运输工具旁交货，而非船边。因此，如果要明确是船边，则需在 FAS 后加上“Vessel”一词。

四、DAT

DAT 是 DELIVERED AT TERMINAL（... named terminal at port or place of destination），运输终端交货的缩写，DAT 是指卖方在目的港或目的地的指定运输终端将货物从运输工具上卸下，交给买方，即履行了交货义务。

DAT 使用中应注意这样一些问题：①这是新制定的一种贸易术语。②风险转移的界限是在目的港或目的地的指定运输终端的卖方交货处。③这一术语适用于任何运输方式，进口清关手续由买方负责办理。

五、DAP

DAP 是 DELIVERED AT PLACE（... named place of destination），目的地交货

（……指定目的地）的缩写，DAP 是指卖方在指定的目的地将还在运输工具上可供卸载的货物交由买方处置。

DAP 使用中应注意这样一些问题：①这是新制定的一种贸易术语，它适用任何运输方式。②风险转移的界限是在指定的目的地交货处。③进口清关手续仍由买方负责办理。

六、DDP

DDP 是 DELIVERED DUTY PAID（... named place of destination）的缩写，即完税后交货（……指定目的地），是指卖方将货物运至进口国指定目的地，并负责办理进出口清关手续。

DDP 使用中应注意这样一些问题：①DDP 是卖方承担义务最多的一种贸易术语，并且适用于任何运输方式。②在 11 个贸易术语中，DDP 是唯一由卖方办理进口清关手续的贸易术语。如果卖方不便直接或间接取得进口许可证，则不宜采用这一贸易术语。而应该采用 DAT 或 DAP，由买方办理进口手续。③另外，如果双方同意，也可排除卖方在进口时需支付的某些税费用。例如，卖方不负责缴纳增值税。这时的贸易术语可写成：DDP VAT UNPAID。

第四节 贸易术语的选择

在有关国际贸易术语的三种惯例中，以《Incoterms》在国际贸易界的影响最大，目前，已被包括中国、美国和欧盟等在内的全球大多数国家和地区的贸易商所接受与使用。由于海洋运输在全球贸易中仍占 70% 以上，加之许多国家集装箱多式联运业以及整个物流业发展的滞后，目前，应用最多的贸易术语仍为 CIF、CFR 和 FOB。随着各国经济发展水平的不断提高，特别是交通运输业的发展，与 CIF、CFR 和 FOB 相对应的适合各种运输方式的 CIP、CPT 和 FCA 三个贸易术语，被选用的可能性越来越大。

通过对《Incoterms 2010》贸易术语的介绍和说明可知，不同贸易术语买卖双方承担的风险和责任不同，要求的运输方式也不同；另外，由于各国与货物买卖相关行业发展水平、贸易习惯和要求的不同，加之买卖双方本身的要求各异，因此，实践中贸易术语的选用具有很大的灵活性。

总的来讲，在出口合同中选用 CIF 或 CFR 要比选用 FOB 更有利于卖方。这是因为在 CIF 条件下，国际货物买卖交易中涉及的三个合同：买卖合同、运输合同和保险合同，均由卖方作为当事人，这样卖方就可以根据具体情况统筹安排备货、装运、投保等事项，保证整个作业流程的相互衔接。同时，还有利于发展本国的航运业和保险业，为国家增加服务贸易收入。当然，这种选择也不是绝对的。出口商应视所交易商品的具体情况以及自身安排运输有无困难、经济上是否合算等因素，来通盘考虑贸易术语的选择。下面通过对具体问题的说明来阐述贸易术语的选择问题。

（1）适当选用 FCA、CPT 和 CIP。在当今国际货物运输方式发生很大变化，以及集装箱运输普及的情况下，仍然不分情况地只选用适用水上运输的贸易术语，FOB、CFR 和 CIF 等，对一些内陆国家，或者有些国家的一些内陆地区的出口贸易带来的不仅是费用的增加，风险转移的滞后，还有结汇时间的延迟。因此，上述地区的出口贸易，在当地能够提供国际集装箱多式联运货物运输的情况下，宜选用 FCA、CPT 和 CIP。

长期以来，由于我国运输业不是很发达以及其他一些原因，在出口的贸易术语选用上，我国内陆地区一直习惯采用 FOB、CFR 和 CIF 等装运港交货的贸易术语。由于货物集装箱化的日益普及以及门到门国际多式联运业务的发展，内陆地区只采用水上运输的贸易术语出口，已显露出了很多弊端。例如，像宁夏、青海、甘肃、新疆等内陆许多出口企业必须先在货源地用火车或汽车将货物运到装运港口，然后一直要等到约定的装运期再将货物装上船，才能制单结汇。由于 FOB、CFR 和 CIF 风险转移的界线是在装运港的船边或船上，因此，对这些企业来说，时间、费用及风险的增加，会使原本具有价格优势的出口货物失去优势。装运前的这些费用一般约占出口货价的 20%。

按《Incoterms 2010》的有关解释，贸易术语 FCA、CPT、CIP 可适用于国际贸易中的任何运输方式，买卖双方风险划分的界线均为货物在出口国交付承运人或第一承运人。因此将只适用于水上运输的 FOB、CFR、CIF 与可适用于任何运输方式的 FCA、CPT、CIP 比较，即使同样采用海运，就同一笔业务来说，在费用的支出、风险的转移、结汇时间的先后等方面，显而易见 FCA、CPT、CIP 对内陆地区的出口方是更有利的。因为在集装箱货物出口的情况下，使用以“货交承运人”划分进出口双方风险的贸易术语，将会降低出口货物装卸、倒运、仓储时间，从而减少了运输中的损耗；与此同时，在当地报关、当地出单、当地结汇，为出口企业在业务操作上带来了极大便利；这些都有助于降低企业的贸易成本和加速企业的资金周转。例如，从甘肃出口的货物，可以使用 FCA 兰州，即在兰州就地清关后通过火车整车或整箱运至青岛港，然后经青岛海关办理中转手续后，即可装箱或原箱装船出口。

（2）与合同中其他条款配合。贸易术语的选择通常还应与其他合同条款相配合，例如，考虑与支付方式结合。在采用托收或汇付中的货到付款等属于商业信用性质的收款方式时，卖方应该尽量避免采用 FOB 或 CFR 术语。因为在使用这两种术语的买卖合同中，办理货运保险不是卖方的义务，而是由买方根据实际情况自己办理。如果履约时市场行情对买方不利，买方会找出种种借口拒绝接收货物，并且有可能不为货物办理运输保险，这样一旦货物在运输途中遭遇风险就有可能使卖方货款两空。如果在不得已的情况下采用了这两种贸易术语，卖方应在当地投保卖方利益险。

（3）了解习惯做法。我国在进口时通常采用FOB和FAS。进口合同中，要慎用、少用CIF条件，特别是大宗货物的买卖。CIF条件一般适用于零星货物进口，尤其是国外装运港为偏远港口，我方无班轮停靠，或者国外运费水平比较低的情况。而且为保证进口货物的安全，应该在买卖合同中规定“卖方租用信誉好的船公司承运我方的进口货物”，以防止船公司以补充燃料或者其他理由为借口，单方面决定“合理”停靠低价燃料港或途中拉拢其他客户而耽误船舶的到港时间，给进口商带来额外的风险和损失。总之，在CIF进口合同中，由于卖方掌握着租船、订舱的主动权，若卖方委托资信很差的人租船订舱，甚至与船东勾结，必将给买方造成重大损失。

有些发展中国家希望发展自己的海洋运输业和保险业，这样就可能会要求本国的出口使用CIF，进口使用FOB。

在进口时，许多国家或地区有自己偏爱的一些贸易术语。例如，阿根廷通常愿意选择CIF、FOB和CFR，澳大利亚和美国偏爱FOB，埃及爱用CFR，法国和德国偏爱CIF，日本偏爱CIF、FOB和CFR。

本章小结

简化交易过程的国际贸易术语是在国际贸易的长期实践中产生的，并且随着集装箱运输技术的出现、电子信息技术的发展和国际贸易政策环境的变化而不断发展着。这些术语构成了当今国际贸易术语方面的重要国际惯例，掌握国际贸易惯例的法律地位，有助于买卖双方顺利签订和履行合同。国际贸易术语方面最重要的国际贸易惯例是国际商会出版的《Incoterms》，2011年1月1日开始实施的《Incoterms 2010》11个贸易术语中FOB、CFR、CIF、FCA、CPT和CIP六个贸易术语的主要内容是学习的重点。另外，还需要了解其他国际贸易术语的含义、买卖双方责任的划分和适用的运输方式。这样买卖双方才能更清楚各自的责任范围。

本章重要概念

国际贸易惯例　FOB　CFR　CIF　FCA　CPT　CIP　国际商会《Incoterms》

本章推荐阅读文献

[1] 宋耀基. 国际大单为何戛然而止 [J]. 进出口经理人, 2009 (1): 78-79.

[2] 国际商会中国国家委员会译. 国际贸易术语解释通则 2010 [M]. 北京: 中国民主法制出版社, 2011.

[3] International Chamber of Commerce. Incoterms® rules at the core of world trade [DB/OL]. http://www.iccwbo.org/incoterms/id3045/index.html. 2010-06-8.

思 考 题

1. 简述贸易术语 FOB、CFR 和 CIF 买卖双方应承担的主要义务。

2. 与贸易术语有关的国际惯例有哪些? 影响最大的是哪一个?

3. 《Incoterms 2010》中各种贸易术语风险划分的界线分别在何处?

4. 比较 FOB 和 FCA 的异同。

5. 在《Incoterms 2010》中, 关于海关出口手续和海关进口手续的办理, 哪个贸易术语规定完全由买方负责? 哪个贸易术语规定完全由卖方负责?

6. 在《Incoterms 2010》中, 哪些贸易术语适合任何运输方式?

7. 在《Incoterms 2010》中, 为什么会出现 FOB 的变形?

8. CIF 在《Incoterms 2010》中有哪些变形? CIF 和 CFR 的变形一样吗?

9. 按表 7-2 中所列的项目填写各贸易术语的英文缩写以及是由买方还是由卖方承担相应的义务。

表 7-2 贸易术语的划分

贸易术语分类	海洋运输				任何运输方式						
贸易术语											
出口清关											
进口清关											
租船订舱											
投保											
适用的运输方式											
风险转移的界线											

作 业 题

一、判断题

1. 根据《Incoterms 2010》的规定, 如果我国某企业与外商所签订的合同为 FOB New York, 由此你可以判定我方是进口商。 ( )

2. 根据《Incoterms 2010》的规定, CIP 这一贸易术语只适合海洋运输方式。 ( )

3. 根据《Incoterms 2010》的规定，如果我国某企业与外商所签订的合同为DDP Shanghai，由此可以判定我方是进口商。 （ ）

4. 根据《Incoterms 2010》的规定，DAT贸易术语规定卖方承担出口也承担进口许可及海关手续。 （ ）

5. 根据《Incoterms 2010》的规定，EXW贸易术语适合海洋、铁路和航空运输。 （ ）

6. 根据《Incoterms 2010》的规定，使用贸易术语EXW，对买方来说，所承担的货物灭失和损坏的风险最大。 （ ）

7. 根据《Incoterms 2010》的规定，FAS贸易术语规定卖方不负责出口也不负责进口许可及海关手续。 （ ）

8. 按《Incoterms 2010》的规定，CIF贸易术语的变形涉及的是目的港卸货责任的问题。 （ ）

9. 根据《Incoterms 2010》的规定，CFR和FOB的风险划分的界限是一致的。 （ ）

10. 国际贸易术语方面的惯例等同于国际法。 （ ）

二、单项选择题

1. 按《Incoterms 2010》的规定，下列贸易术语中适合任何运输方式的有（ ）。

A. CIF B. DDP C. CFR D. FAS

2. 按《Incoterms 2010》的规定，如果买卖双方选用FCA贸易术语，则有关买卖双方责任的表述不正确的是（ ）。

A. 若卖方在其所在地交货，则卖方应负责装货

B. 交货时，卖方要负责将货物交给买方指定的承运人

C. 无论在何处交货，交货时的装货和卸货责任均由买方负责

D. 若卖方在其所在地以外的任何其他地点交货，则卖方不负责卸货

3. 在《Incoterms 2010》的11种贸易术语中，规定进口手续由卖方办理的有（ ）。

A. DAT B. DAP C. EXW D. DDP

4. 按《Incoterms 2010》的规定，FOB贸易术语的变形FOB Liner Terms（ ）。

A. 表示目的港的卸货责任由买方承担 B. 表示装运港的装货责任由买方承担

C. 表示装运港的装货责任由卖方承担 D. 表示货物由班轮装运

5. 按《Incoterms 2010》的规定，从CIF的报价中减去海上运输保险等于（ ）。

A. FAS B. FOB C. CFR D. CPT

6. 下面（ ）不是国际贸易术语方面的国际惯例。

A. Incoterms B. CISG C. RAFTD D. Warsaw-Oxford Rules

7. 对于同一数量和质量的商品，如果作为出口商，你的对外报价中下面（ ）报价应该低于CPT。

A. FCA B. DDP C. CIP D. DAP

8. 国际商会的缩写是（ ）。

A. IFC B. IMC C. IGC D. ICC

9. 按《Incoterms 2010》的规定，CIP中有关运输保险的投保责任是由（ ）来承担的。

A. 卖方 B. 买方 C. 保险公司 D. 承运人

10. 实践中人们习惯把下面的（　　）贸易术语称为“离岸价”。

A. FCA　　B. FAS　　C. FOB　　D. CIF

案例分析题

1. 中国某钢厂以 CFR Alexandria 出口一批 ASTM A36 30-70×3 000×12 000 宽厚板 655 美元/t，我方按合同规定的装运期在装运港装船后，即将有关交易单据通过银行寄交买方，要求进口商支付货款。这时，中国某钢厂收到买方的来函向我方提出索赔，理由是买方未收到我方业务人员向买方发出的装船通知，货物在运输途中因遭遇海上风险而损毁，责任应该由卖方来承担。问：我方能否拒绝买方的索赔？为什么？

2. 我国某公司以 FOB Tianjin 6 000～8 000 美元条件出口一批双排皮卡汽车到中东，合同签订后接到进口商的传真，称租订滚装船较为困难，委托我方代为租船订舱，有关租船订舱的费用由进口商负担。为了使合同顺利履行，我方接受了对方的要求，但时间已到了装运期，我方在规定的时间也无法完成租船订舱任务，因此到装运期满时，汽车仍未装船。此时买方便来函以我方未按期租船订舱履行交货义务为由要求撤销合同。问：对方这样做是否合理？为什么？

第八章　商品的名称、品质、数量和包装

本章内容要点

- 约定品质的方法
- 规定数量的方法
- 包装的种类以及包装标志
- 合同中品名、品质、数量和包装条款的内容
- 《公约》和《UCP 600》中的相关规定

第一节　商品的名称

一、列明商品名称的意义

商品的名称（Name of Commodity）也称品名，是指能使某种商品区别于其他商品的一种称呼或概念。品名代表了商品通常应具有的品质。在国际货物买卖中，从签订合同到交付货物往往间隔一段较长的时间，另外，交易双方在洽商交易和签订买卖合同时，通常很少见到具体商品，一般只是凭借对拟买卖的商品作必要的描述来确定交易的标的。因此，在国际货物买卖合同中，列明商品的名称，就成为必不可少的条件。

二、合同中的品名条款

（一）品名条款的基本内容

合同中的品名条款一般比较简单，通常都是在“商品名称”或“品名”的标题下，列明买卖双方成交商品的名称。也可不加标题，在合同的开头部分，列明交易双方同意买卖某种商品的文句。

（二）制定品名条款时应注意的问题

国际货物买卖合同中的品名条款是合同中的主要条件。虽然简单，但也要予以足够的重视，否则也会产生贸易纠纷。在规定此项条款时应注意下列事项：

1. 必须明确、具体

规定商品名称时，必须能确切反映交易商品的特点，避免空泛、笼统的规

定。有时只简单列明买卖商品的名称不够具体明确时，还须增加商品的品种、型号、产地和等级，即增加部分品质条款的内容。如2010年我国商品的进口税率中，机坪客车的最惠国税率为4.0%，普通税率为90%，其他比如20座及以上但不超过29座的客车最惠国税率为25%，普通税率为230%（详见表8-1）。如果仅以“客车”的品名报关，就没有适用税率，从而有可能增加税负。

表8-1 部分客车进口税率

税则号列	商品名称	最惠国税率（%）	普通税率（%）
8702.1020	机坪客车	4	90
8702.1091	30座及以上客车	25	90
8702.1092	20座及以上，但不超过29座客车	25	230
8702.1093	10座及以上，但不超过19座客车	25	230

2. 尽可能使用国际上通用的名称

有些商品的名称，各地叫法不一，为了避免误解，应尽可能使用国际上通行的称呼。国际上关于商品分类的标准有：1950年联合国秘书处起草，至2006年经4次修订的《联合国国际贸易标准分类》（SITC），主要用于贸易统计；1950年欧洲海关合作理事会在比利时布鲁塞尔制定的《海关合作理事会税则目录》（CCCN），又称《布鲁塞尔海关商品分类目录》（BTN），主要用于海关管理；1983年由海关合作理事会设立的协调制度委员会在上述两个规则的基础上研究制定的《商品名称及编码协调制度》（The Harmonized Commodity Description and Coding System，简称H.S.编码制度），其后经世界海关组织修订过多次，最近一次修订是在2007年。目前，大多数国家的海关统计、普惠制待遇等都按H.S.编码制度进行。我国于1992年1月1日起采用该制度。所以，我国在采用商品名称时，应与H.S.编码制度规定的品名相一致。

若使用地方性的名称，交易双方应事先就其含义取得共识。对于某些新商品的定名及其译名，应力求准确、易懂，并符合国际上的习惯称呼。

3. 注意选用合适的品名

如果一种商品有不同的名称，则在确定名称时，必须注意有关国家的海关关税和进出口限制的有关规定，在不影响国家有关政策的前提下，从中选择有利于减低关税或方便进出口的名称作为合同的品名。同时，还必须注意品名与运费、仓储费的关系。目前，一些仓库和班轮运输是按商品等级规定收费标准的。由于商品名称不统一，存在着同一商品因名称不同而收取的费率不同的现象。从这个角度看，选择合适的品名也是降低储运费的一种方法。

第二节 商品的品质

一、商品品质的重要性

商品的品质（Quality of Goods）是指商品的内在素质和外观形态的综合，前者包括商品的物理、机械性能、化学成分和生物特征等自然属性；后者包括商品的外形、色泽、款式和透明度等。

由于国际贸易的商品种类繁多，即使同一种商品，在品质方面也可能因自然条件、技术、工艺水平和原材料等因素的影响而存在着种种差别，这就要求买卖双方在商订合同时必须就品质条件作出明确规定。

合同中的品质条件是构成商品说明的重要组成部分，是买卖双方交接货物的依据。《联合国国际货物销售合同公约》（以下简称《公约》）规定，卖方交付货物，必须符合约定的质量。如卖方交货不符合约定的品质条件，则买方有权根据违约的程度主张损害赔偿，要求修理、交付替代货物以至拒收货物和宣告合同无效。这就进一步说明了品质的重要性。

二、商品品质的表示方法

（一）以实物表示商品品质

1. 看货买卖

看货买卖的做法是，通常先由买方或其代理人在卖方存放货物的场所验看货物，达成交易后，卖方即应按验看过的商品交付货物。只要卖方交付的是已经验看的商品，买方就不得对品质提出异议。

在国际贸易中，由于交易双方远隔两地，交易洽谈多靠函电方式进行。买方到卖方所在地验看货物有诸多不便，即使卖方有现货在手，买方也是由代理人代为验看货物，也无法逐件查验，所以采用看货成交的方式有一定的局限性。这种做法多用于寄售、拍卖和展卖业务中。

2. 凭样品买卖

样品通常是指从一批商品中抽取出来的或由生产、使用部门设计、加工出来的，足以反映和代表整批货物品质的少量实物。凡以样品表示商品品质并以此作为交货依据的，称为凭样品买卖（Sale by Sample）。

在国际贸易中，按样品提供者的不同，凭样品买卖可分为下列三种：

（1）凭卖方样品买卖（Sale by Seller's Sample）。如果样品是由卖方提供的，由买方加以确认，作为成交商品的品质标准，称为凭卖方样品买卖。合同中应表明："品质以卖方样品为准"（Quality as per seller's Sample）。日后，卖方所交整批货的品质，必须与其提供的样品相符。

（2）凭买方样品买卖（Sale by Buyer's Sample）。如果样品是由买方提供，作为成交商品的品质标准，称为凭买方样品买卖。在这种场合，买卖合同中应订明："品质以买方样品为准"（Quality as per Buyer's Sample）。日后，卖方所交整批货的品质，必须与买方样品相符。

（3）凭对等样品买卖（Sale by Counter Sample）。在国际贸易中，卖方考虑到如果交货品质与买方样品不符将招致买方索赔甚至退货，因而往往不愿意承接凭买方样品买卖的交易。在此情况下，可采取由卖方根据买方提供的样品，加工复制出一个类似的样品交买方确认的方法确定成交商品的品质标准，这种经确认后的样品，称为"对等样品"、"回样"或"确认样品"（Confirming Sample）。以此样品为依据订立合同后，卖方所交货物的品质即以对等样品，而非买方样品为准。

（二）以文字说明表示商品品质

1. 凭规格买卖

商品的规格是指一些反映商品品质的主要指标，如成分、含量、纯度、性能、容量、尺寸、重量、色泽等。商品不同，用以说明商品品质的指标也不相同。例如，出口圆钢按粗细表示；猪鬃按长短表示；冻对虾以每磅若干只表示。用规格来确定商品品质的方法称为凭规格买卖（Sale by Specification）。一般来说，凭规格买卖比较方便、准确，还可根据商品的不同用途予以调整，故这种方法在国际贸易中广为运用。

2. 凭等级买卖

商品的等级是指同一类商品，根据生产及长期贸易实践，按其规格上的差异，用大、中、小，重、中、轻，甲、乙、丙，一、二、三等文字或数码所作的分类。例如，我国出口的钨砂，根据其三氧化钨和锡含量的不同，可分为特级、一级和二级。这种表示品质的方法，对简化手续、促进成交和体现按质论价等方面都有一定的作用。

一般商品的每一等级都有相对固定的规格。凭等级买卖（Sale by Grade）时，只需列明商品的等级，无须列明各级品质的具体规格。但由于各国各等级的规格不尽相同，在这种情况下，必须在合同中列明每一等级的具体规格。

3. 凭标准买卖

商品的标准是指政府机关或商业团体统一制定和公布的标准化了的品质指标。根据制定者的不同，标准分为企业标准、商业团体标准、国家标准、区域标准、国际标准。国际标准如国际标准化组织的 ISO 标准；各国的国家标准如美国为 ANSI，德国为 DIN，日本为 JIS，法国为 NF，英国为 BS 等；民间组织的标准如美国保险人实验室的 UL 标准。

在国际贸易中，有些商品习惯于凭标准买卖（Sale by Standard），人们往往使用某种标准作为说明和评定商品品质的依据。例如，我国金属制品企业进口盘条，通常使用我国有关的国家标准。

国际贸易中采用的各种标准，有的是强制性的，即不符合标准品质不许进口或出口。有的没有强制性，由买卖双方决定采用与否。

4. 凭说明书和图样买卖

在国际贸易中，有些商品如机器、电器和仪表等，因其结构和性能复杂，难以用几个简单的指标来说明其品质全貌，通常是以说明书、图样、照片等来说明商品的构造、规格、性能、使用方法及包装条件等。按此方式进行的交易，称为凭说明书和图样买卖（Sale by Descriptions and Illustrations）。

5. 凭商标或牌号买卖

商标是指一个企业为了使自己所生产或销售的商品同其他企业所生产或销售的商品相区别而在其商品或商品包装上制作的一种标志。牌号是指企业给其制造或销售的商品所冠的名称，以便与其他企业的同类产品区别开来。商标或牌号的作用就在于帮助购买者识别产品，以便树立产品的声誉。凭商标或牌号买卖（Sale by Trade Mark or Brand Name），就是以商标或牌号来确定商品的品质。

凭商标或牌号买卖通常是凭卖方商标或牌号。但有时在买方熟知卖方所提供的商品品质的情况下，常常要求在卖方的商品或包装上使用买方指定的商标或牌号，这就是所谓的定牌。使用定牌，卖方可以利用买方的产品声誉以及经营能力，提高商品售价并扩大销量。

6. 凭产地名称买卖

在国际货物买卖中，有些商品，特别是传统的农副产品，因产地的自然条件、传统加工工艺等因素的影响，在品质方面具有其他地区产品所不具有的独特风格或特色，在国际市场上有一定声誉，对这些产品，可用产地名称来表示商品的品质。如我国的“西湖龙井”、“涪陵榨菜”、“天津红小豆”、“龙口粉丝”、“金华火腿”、“长白山人参”、“北京烤鸭”、“阳澄湖大闸蟹”等。但凭产地名称买卖（Sale by Name of Origin）通常须结合规格等使用。

三、合同中的品质条款

（一）品质条款的基本内容

在品质条款中，一般要写明商品的名称、货号、规格或等级、标准、商标/牌号、产地名称等。凭样品买卖时，应列明样品的编号和/或提供的日期。凭标准买卖时，应列明所引用标准的制定者、编号、版本和年份。对某些商品还可规定一定的品质公差和品质机动幅度。

品质公差（Quality Tolerance）是工业制成品在加工过程中所产生的误差。这种误差的存在是绝对的，其大小是由科技发展程度所决定的，是国际上公认的产品品质的误差。这种公认的误差，即使合同没有规定，只要卖方交货品质在公差范围内，买方就无权拒收货物或要求调整价格。但为了明确起见，还是应在合同品质条款中订明一定幅度的公差，例如，出口手表，允许每48小时误差1秒；出口棉布，每匹可以有0.1m的误差。

品质机动幅度（Quality Latitude）是指允许卖方所交货物的品质指标可以在一定的幅度范围内的差异。只要卖方所交货物的品质没有超出机动幅度的范围，买方就无权拒收货物。这一方法主要适用于初级产品。品质机动幅度的规定方法主要有下列三种：

（1）规定范围。即对品质指标规定允许有一定的差异范围。例如，“漂布，幅阔35/36in㊀”，则买方交付的漂布，幅阔只要在35～36in的范围内，均作为合格。

（2）规定极限。即对所交货物的品质规格规定上下极限。常用的有最大、最小、最高、最低、最多、最少等。例如，“籼米，碎粒最高为35%，水分最高为15%，杂质最高为1%”。卖方交货只要没有超出上述极限，买方就无权拒收。

（3）规定上下差异。即对所交货物的品质规定在一定指标上下波动的范围。例如，钢丝直径1mm±0.01mm。灰鸭毛，含绒量18%，上下1%。

在品质机动幅度范围内的货物，一般不另行计算增减价，即按照合同价格计收价款。但有些货物，经买卖双方协商同意，也可在合同中规定按交货的品质情况加价或减价，即规定品质增减价条款。如：

Sesame：Moisture（max）8%；Admixture（max）2%；Oil Content 52% basis，should the oil content of the goods actually shipped be 1% higher or lower，the price will be accordingly increased or decreased by 1%，and any fraction will be proportionally calculated.

芝麻：水分（最高）8%，杂质（最高）2%，含油量以52%为基础，如实际装运货物的含油量高或低1%，价格相应增减1%，不足整数部分，按比例计算。

采用品质增减价条款，一般适用于对价格有重要影响而又允许有一定机动幅度的主要质量指标，对于次要的质量指标或不允许有机动幅度的质量指标，则不适用。

（二）制定品质条款时应注意的问题

1. 正确运用各种表示品质的方法

采用何种表示品质的方法，应视商品的特性而定。一般来说，凡能用科学的指标说明其质量的商品，则适于凭规格、等级或标准买卖；而难以规格化和标准化的商品，如古玩、工艺品、土特产品等，则适于凭样品买卖；某些质量好并具

㊀ 1in＝0.0254m。

有一定特色的名优产品，适于凭商标或牌号买卖；某些性能复杂的机器、电器和仪表，则适于凭说明书和图样买卖；凡具有地方风味和特色的产品，则可凭产地名称买卖。凭商标、牌号、产地名称买卖，实际上是由凭样品或凭说明买卖发展而来的，商标、牌号或产地在一定程度上已表示了某种商品的规格或某种样品的品质，但在实际贸易中，买卖双方在确定牌号或地名后，往往还订明具体的规格及等级，以免发生误会。

当然，凡能用一种方法表示品质的，一般就不宜同时用两种或两种以上的方法来表示。例如，我国某出口公司与德国某公司签订了一份出口大麻的合同。合同规定：水分最高为15%，杂质不得超过3%。成交前我方曾向买方寄过样品，订约后我方又电告对方所交货物与样品相似。货到德国后，买方向我方提交了货物的质量比样品低7%的检验证明，并据此要求我方对货物减价。而我方以在合同中仅规定了凭规格交货，并未规定凭样发货为理由不同意减价。该问题双方争执的焦点在于究竟是凭规格还是凭样品买卖，或是既凭规格又凭样品的买卖。从合同规定来看并非凭样品买卖。但是我方约前所寄样品并未声明是参考样品，约后又通知对方货物与样品相似。这就致使对方完全可以认为此笔交易是既凭规格又凭样品买卖。因为买卖双方对凭样品买卖的约定，既可以是明示的，如在合同中明确规定，也可以是默示的，即根据交易的情况推定当事人凭样品交货的意思。《公约》规定，凡属凭样品买卖，卖方所交货物必须与样品一致，否则买方有权拒收并提出索赔。因此在这种情况下很难以这笔业务仅仅是凭规格买卖为理由而推脱责任。当然，假如我方能以留存的复样为根据，证明所交货物与样品并无不符，则又另当别论。因此，在规定品质条款时，正确运用各种表示品质的方法非常重要。

2. 条款内容要简单、具体、明确

要注意各质量指标之间的内在联系和相互关系。各项质量指标是从各个不同的角度来说明商品的品质，因此，在确定品质条款时，要通盘考虑，注意它们之间的一致性，防止由于某一质量指标规定不科学和不合理而造成不应有的经济损失。例如，在荞麦面粉品质条件中规定：“荞麦面粉100g中含粗蛋白12g、粗脂肪0.4g、粗纤维0.6g、维生素B1 129mg、维生素B2 270mg、多种氨基酸41.2mg、生物黄酮类化合物140mg。”显然，此项规定中有关多种氨基酸含量的规定不合理，因为对多种氨基酸含量的要求过高，这与其他指标不相称，按目前的生产技术，通常100g荞麦面粉的多种氨基酸含量只可能为十几mg。

3. 采用凭样品买卖时应当注意的事项

（1）凡凭样品买卖，卖方交货品质必须与样品完全一致。在凭样成交条件下，买方应有合理的机会对卖方交付的货物与样品进行比较，卖方所交货物，不应存在进行合理检查时不易发现的有导致不合商销的瑕疵。买方对与样品不符的货物，可以拒收或提出赔偿要求。因此，卖方应在对交货品质有把握时采用此法，而且应严格按样品标准交货。

（2）以样品表示品质的方法，并不适合所有商品，只能酌情采用。凭样品买卖，容易在履约过程中产生品质方面的争议，所以不能滥用此种表示方法。凡能用科学的指标表示商品质量时，就不宜采用此法。在当前国际贸易中，单纯凭样品成交的情况不多，一般只是以样品来表示商品的某个或某几个方面的质量指标。例如，在纺织品和服装交易中，为了表示商品的色泽质量，可采用“色样”（Color Sample）；为了表示商品的造型，可采用“款式样”（Pattern Sample）；而对商品其他方面的质量，则采用其他方法来表示。

（3）采用凭样成交而对品质无绝对把握时，应在合同条款中相应作出灵活的规定。当卖方对品质无绝对把握，或对于一些不完全适合于凭样成交的货物，可在买卖合同中特别订明：“品质与样品大致相同”（Quality shall be about equal to the sample）或“品质与样品近似”（Quality is nearly same as the sample）。为了预防因交货品质与样品略有差异而导致买方拒收货物情况的发生，也可在买卖合同中订明：“若交货品质稍次于样品，买方仍须受领货物，但价格应由双方协商相应减低。”当然，此项条款只限于品质稍有不符的场合。若交货品质与样品差距较大时，买方仍有权拒收货物。

（4）凭样成交时，卖方在寄发样品前，应由公证机构或会同买方，抽取若干份样品加以封存，作为复样（Duplicate Sample）或封样（Sealed Sample），以备日后交货或处理品质争议时核对之用。如国内某出口公司凭样出口胶底布鞋一批，交货时，货物与成交时提供的样品是一致的。交货后，买方以鞋面与鞋底胶合处上胶不匀为借口提出索赔。该出口公司由于没有保留复样，提不出有力证据证明这批布鞋的质量是合格而遭受损失的。

（5）参考样品以介绍商品为目的，与成交样品或标准样品不同。买卖双方为了发展贸易关系和增进彼此对对方商品的了解，往往采用互相寄送样品的做法。这种以介绍商品为目的而寄出的样品，最好标明“仅供参考”（For reference only）字样，以免与标准样品混淆。

（6）样品由买方提供时，要在合同中表明“发生侵犯第三者权利时，由买方承担一切经济和法律责任”。按照《公约》第42条（1）款的规定：卖方所交付的货物，必须是第三方不能根据工业产权或其他知识产权主张任何权利或要求的货物，但以卖方在订立合同时已知道或不可能不知道的权利或要求为限……在第42条（2）款中又提到，如果“此项权利或要求的发生，是由于卖方要遵照买方提供的技术图样、图案、程式或其他规格”，则卖方在上述（1）款中提到的卖方义务将不适用。因此，按照《公约》的规定，由于买方提供的样品而发生侵权行为时，卖方可不负任何责任。但产生纠纷毕竟对卖方不利，故尽量防患于未然。

4. 恰当使用良好平均品质、上好可销品质的品质表示方法

对于某些品质变化较大而难以等级化或标准化的农副产品，有时采用“良好平均品质”（Fair Average Quality，F. A. Q.）来表示商品的品质。如：天津红小豆，2002年新产，良好平均品质。对F. A. Q. 有两种解释：一种是指一定时期内某地出口商品的平均品质水平，即中等货；另一种是指某一季度或某一月份在装运地发运的同一种商品的平均品质。在我国F. A. Q. 一般是指大路货，和精选货（Selected）相对而言。由于该种方法表示的品质含糊，除非在一些老客户之间使用，一般情况下最好少用，或另外补充一些更详细的说明。如出口花生仁，除注明“F. A. Q.”外，可附加生产期、水分含量、不完善颗粒最高比例、含油量等具体规格。

上好可销品质（Good Merchantable Quality，G. M. Q.）是指卖方必须保证其交付的货物品质良好，合乎商销，而无须以其他方式证明商品的品质。这种买卖条件多用于无法利用样品或无国际公认标准可循的货物买卖，如木材、冷冻鱼虾等商品交易。但采用上好可销品质作为品质标准，易发生争议。因为品质良好不一定就适销，适销商品却不一定品质良好，品质标准太笼统，不易把握。如果能够用一般规格指标来表示商品的品质，则尽量不采用上好可销品质的表示方法，除非双方在长期的业务往来中已取得一致理解。

5. 订立补充条款

对于某些凭说明书买卖的机、电、仪产品，特别是技术性强、金额大的产品，还须订立品质保证条款和技术服务条款。

条款要明确规定卖方在交货后若干时期内，保证其出售的商品品质符合说明书上规定的指标。在保证期内发现品质低于规定，或部件的工艺质量不良，或因材料内部隐患而产生缺陷，买方有权提出索赔，卖方有义务消除缺陷或更换有缺陷的商品或材料，并承担由此引起的各项费用。

6.《公约》中的有关条款

第35条（1）卖方交付的货物必须与合同所规定的数量、质量和规格相符，并须按照合同所规定的方式装箱或包装。（2）除双方当事人业已另有协议外，货物除非符合以下规定，否则即为与合同不符：（a）货物适用于同一规格货物通常使用的目的；（b）货物适用于订立合同时曾明示或默示地通知卖方的任何特定目的，除非情况表明买方并不依赖卖方的技能和判断力，或者这种依赖对他是不合理的；（c）货物的质量与卖方向买方提供的货物样品或样式相同；（d）货物按照同类货物通用的方式装箱或包装，如果没有此种通用方式，则按照足以保全和保护货物的方式装箱或包装。

第36条（1）卖方应按照合同和本公约的规定，对风险转移到买方时所存在的任何不符合同情形，负有责任，即使这种不符合同情形在该时间后方始明显。

(2) 卖方对在上一款所述时间后发生的任何不符合同情形，也应负有责任，如果这种不符合同情形是由于卖方违反他的某项义务所致，包括违反关于在一段时间内货物将继续适用于其通常使用的目的或某种特定目的，或将保持某种特定质量或性质的任何保证。

以下是国际货物买卖合同中品质条款实例：

例 8-1 S312, 16cm Christmas bear with cap and scarf, details as per the samples dispatched by the seller on 20 Aug., 2009.

圣诞熊，货号 S312，16cm，戴帽子和围巾。详情根据 2009 年 8 月 20 日卖方寄送的样品。

例 8-2 Multi-shuttle Box Loom Model 1515A, detailed specification as per attached descriptions and illustrations.

1515A 型多梭箱织机，详细规格如所附文字说明和图样。

第三节 商品的数量

一、约定商品数量的意义

商品的数量是以一定度量衡表示的商品的重量、个数、长度、面积、体积、容积的量。商品数量的多少是计算单价、总金额的重要依据。根据《公约》第 35 条、37 条、52 条的规定，按约定的数量交付货物是卖方的一项基本义务。如卖方交货数量少于约定的数量，卖方应在规定的交货期届满前补交，但不得使买方遭受不合理的不便或承担不合理的开支，即使如此，买方也有保留要求损害赔偿的权利。如卖方交货数量大于约定的数量，买方可以拒收多交的部分，也可以收取多交部分中的一部分或全部，但应按合同价格付款。因此，商品的数量是国际货物买卖合同中不可缺少的主要交易条件之一。

二、商品数量的计量单位

在国际贸易中，由于商品的种类、特性的不同，所以计量方法和计量单位也多种多样。

(一) 按重量计量

按重量（Weight）计量是当今国际贸易中广为使用的一种方法，许多农副产品、矿产品和初级产品，都按重量计量。如矿砂、钢铁、化肥、水泥、羊毛、油类、农产品等。贵重商品如黄金、白银、金刚钻等也采用重量单位计量。

(二) 按数量计量

大多数工业制成品，如服装、文具、纸张、玩具、五金工具、机器、仪器、零件、汽车等，习惯于以数量（Number）单位计量。

（三）按长度计量

在金属绳索、丝绸、布匹、钢管等商品的交易中，通常采用长度（Length）单位来计量。

（四）按面积计量

在玻璃、木板、地毯、皮革等商品的交易中，一般习惯于按面积（Area）计量。

（五）按体积计量

按体积（Volume）计量的做法多用于木材、天然气和化学气体等的交易。

（六）按容积计量

各类谷物和液体商品，往往按容积（Capacity）计量。

表 8-2 列出了常用的计量方法和计量单位。

表 8-2 常用计量方法和计量单位

计量方法	计量单位
按重量计量	公吨（metric ton）、长吨（long ton）、短吨（short ton）、千克（kilogram）、磅（pound）、盎司（ounce）、克（gram）、克拉（carat）
按数量计量	件（piece）、双（pair）、套（set）、打（dozen）、卷（roll）、令（ream）、罗（gross）、袋（bag）、包（bale）、箱（case）
按长度计量	米（meter）、英尺（foot）、码（yard）、英寸（inch）
按面积计量	平方米（square meter）、平方尺（square foot）、平方码（square yard）
按体积计量	立方米（cubic meter）、立方尺（cubic foot）、立方码（cubic yard）
按容积计量	蒲式耳（bushel）、升（liter）、加仑（gallon）

三、商品重量的计算方法

在国际贸易中，按重量计量的商品很多。根据一般商业习惯，重量的计算方法有下列几种：

（一）按毛重计算

毛重（Gross Weight，G. W.）是指商品本身的重量加包装物的重量。这种计重办法一般适用于粮食、饲料等低值商品。

（二）按净重计算

净重（Net Weight，N. W.）是指商品本身的重量，即毛重减去包装物后的商品实际重量。在国际贸易中，以重量计算的商品，大部分都是按照净重计算的。不过，有些价值较低的商品有时也采用“以毛作净”（Gross for Net）的办法计重。所谓“以毛作净”，实际上就是以毛重当做净重计价。如“蚕豆100MT，单层麻袋包装，以毛作净。”

包装物的重量又称皮重（Tare Weight）。国际贸易中惯用下列方法计算皮重：

（1）按实际皮重（Actual/Real Tare）计算。实际皮重即指包装的实际重量，它是对商品的包装逐件衡量后所得的总和。

（2）按平均皮重（Average Tare）计算。如果商品所使用的包装整齐划一，重量相差不大，就可以从整批货物中抽出一定的件数，称出其皮重，然后求出其平均重，再乘以总件数即可求得整批货物的皮重。近年来，随着技术的发展和包装材料及规格的标准化，采用平均皮重的情况已较普遍，故平均皮重被称为标准皮重（Standard Tare）。

（3）按习惯皮重（Customary Tare）计算。有些材料和规格比较定型的商品包装，其重量已为市场所公认，在计算其皮重时，无须对包装逐件过秤，而按公认的皮重乘以总件数即可。这种公认的皮重称为习惯皮重。如装运粮食的机制麻袋公认重量为2.5磅[⊖]，约1kg。

（4）按约定皮重（Computed Tare）计算。即以买卖双方事先约定的包装重量作为计算的基础。

在采用净重计重时，究竟采用哪一种方法求得皮重，应根据商品的性质、所使用包装的特点、合同数量的多寡以及交易习惯，由双方当事人在合同中订明，以免事后引起争议。

（三）按公量计算

公量（Conditioned Weight）是指用科学的方法抽去商品中的水分，再加上标准水分所求得的重量。有些商品，如棉花、羊毛、生丝等有较强的吸湿性，其所含的水分受客观环境的影响较大，故其重量很不稳定。为了准确计算这类商品的重量，国际上通常采用按公量计算的办法。其计算公式如下：

$$\begin{aligned}\text{公量} &= \text{干量} + \text{标准含水量}\\ &= \text{干量} \times (1 + \text{标准回潮率})\\ &= \text{实际重量} \times \frac{1 + \text{标准回潮率}}{1 + \text{实际回潮率}}\end{aligned}$$

其中，$\text{实际回潮率} = \frac{\text{实际含水量}}{\text{干量}}$

（四）按理论重量计算

对于一些按固定规格生产和买卖的商品，例如，马口铁、钢板等，只要其规格一致，每件重量大体是相同的，一般可以从其件数推算出总重量。这种根据理论数据算出的重量，被称为理论重量（Theoretical Weight）。理论重量适用于有固定规格的商品的重量计算。在实际业务中，计算实际重量常参考理论重量。

（五）按法定重量计算

按照一些国家海关法的规定，在征收从量税时，商品的重量是以法定重量（Legal Weight）计算的。所谓法定重量，是指商品的净重加上直接接触商品的包

⊖ 1磅（lb）=0.453 592 37kg。

装材料，如销售包装等的重量。而除去这部分重量所表示出来的纯商品的重量，则称为实物净重（Net Net Weight）。

四、合同中数量条款的内容

（一）数量条款的基本内容

买卖合同中的数量条款主要包括成交商品的数量和计量单位。按重量成交的商品，还需订明计算重量的方法。有些商品如粮食、矿砂、化肥和食糖等，由于其自身特性，或因自然条件的影响或受包装和运输工具的限制，难以准确地按合同规定的数量交货，为便于履行合同，买卖双方可在合同中规定数量机动幅度条款，即数量增减条款或溢短装条款（More or Less Clause），就是允许交货时可多交或少交一定比例的数量，只要卖方交货数量在约定的增减幅度范围内，即算按合同规定数量交货，买方就不得以交货数量不符为由而拒收货物或提出索赔。例如，合同规定"数量1 000MT，卖方可溢装或短装5%"，则卖方在950～1 050MT的范围内交货均可以，无须硬凑1 000MT。

（二）制定数量条款时应注意的问题

1. 数量条款应当明确具体

商品数量一般不宜采用大约、近似、左右（about，circa，approximate）等带伸缩性的字眼来说明。因为各国和各行业对这类词语的解释不一，容易引起争议。根据《跟单信用证统一惯例》（以下简称《UCP600》）第30条a款的规定，这个约数，可解释为交货数量有不超过10%的增减幅度。鉴于国际上对约数有不同解释，为了明确责任和便于履行合同，对某些难以准确地按约定数量交货的商品，特别是大宗商品，可在买卖合同中具体规定数量机动幅度。

2. 合理规定数量机动幅度条款

数量机动幅度条款主要包括数量机动幅度的大小、机动幅度的选择权以及溢短装数量的计价方法等内容。数量机动幅度通常以百分比表示，其大小应视商品特性、行业或贸易习惯和运输方式等因素而定。机动幅度的选择权可以根据不同情况由买方行使，也可由卖方或船方行使。为了防止卖方或买方利用数量机动幅度条款，根据自身的利益故意增加或减少装船数量，可在机动幅度条款中加订："此项机动幅度只是为了适应船舶实际装载量的需要时，才能适用。"对机动幅度范围内超出或低于合同数量的多装或少装部分，一般是按合同价格结算，这是比较常见的做法。但是，为了防止有权选择多装或少装的一方当事人利用行市的变化，有意多装或少装以获取额外的好处，可在合同中规定，多装或少装的部分，不按合同价格计价，而按装船时或货到时的市价计算，以体现公平合理的原则。

3. 明确计量单位所采用的度量衡制度

目前国际贸易中常用的度量衡制度有公制（the Metric System）、英制（the

British System)、美制（the U. S. System）和国际标准计量组织在公制基础上颁布的国际单位制（the International System of Units，SI）等四种。其主要区别见表8-3。目前，我国采用以国际单位制为基础构成的法定计量单位制。但仍有许多国家采用其他度量衡制度。不同的度量衡导致同一计量单位所表示的数量有差异。以表示重量的吨为例，实行公制的国家一般采用公吨，每公吨为1 000kg；实行英制的国家一般采用长吨，每长吨为1 016kg；实行美制的国家一般采用短吨，每短吨为907kg。再比如许多国家都习惯于以包（bale）作为棉花的计量单位，但每包的重量各国解释不一，如美国棉花每包净重为480磅；巴西棉花每包净重为396. 8磅；埃及棉花每包为730磅。所以，签订合同时对于计量单位的使用一定要谨慎。

表8-3　常见度量衡制度的区别

常见度量衡制度	基本单位	使用范围
国际单位制	千克、米、秒、摩尔、坎德拉、安培、开尔文7种	除美国、缅甸、利比里亚以外的世界大多数国家
英制	磅、码	英联邦国家。另外，国际上在航空管制方面，仍使用英制为主（例如，飞行高度以英尺为单位）
公制	千克、米	欧洲大陆及世界大多数国家
美制	磅、码	美国

4. 有关数量的其他规定

如果数量条款中未明确规定机动幅度，原则上卖方应按合同规定的数量交货。若按《UCP600》第30条b款的规定，卖方交货数量可有5%的增减，即“在信用证未以包装单位件数或货物自身件数的方式规定货物数量时，货物数量允许有5%的增减幅度，只要总支取金额不超过信用证金额。”

如果数量条款中未明确重量的计算方法，按照《公约》第56条的规定，应按净重计算，即“如果价格是按货物的重量规定的，如有疑问，应按净重确定”。

以下是国际货物买卖合同中数量条款实例：

例8-3　800 MT, 3% more or less at seller's option.

800MT，卖方可溢装或短装3%。

例8-4　1 000MT. The seller has the option to load 5% more or less than the quantity contracted if it is necessary for the purpose to meet the shipping space and any difference shall be settled at the contracted price.

1 000MT，卖方有权比合同约定数量多装或少装5%，以满足舱容要求，差额按合同价格结算。

第四节 商品的包装

一、商品包装的重要性

在国际贸易中，商品种类繁多，性质、特点和形状各异，因而它们对包装的要求也各不相同。除少数商品难以包装、不值得包装或根本没有包装的必要而采取裸装（Nude Packs）或散装（In Bulk）的方式外，其他绝大多数商品都需要有适当的包装。

商品的包装是生产过程的继续，大部分商品只有经过包装，才能进入流通和消费领域，才能实现商品的价值和使用价值，并增加商品价值；经过适当包装的商品，不仅便于运输、装卸、搬运、储存、保管、清点、陈列和携带，而且不易丢失或被盗，为各流通环节提供了便利；良好的包装，不仅可以保护商品，而且还能宣传和美化商品，提高商品的身价，吸引顾客，扩大销路，增加售价。

在国际货物买卖中，包装还是说明货物的重要组成部分，包装条件是买卖合同中的一项主要条件。按照《公约》第35条的规定，卖方交付的货物须按合同所规定的方式装箱或包装。如果合同中没有相关约定，则“货物按照同类货物通用的方式装箱或包装，如果没有此种通用方式，则按照足以保全和保护货物的方式装箱或包装”。否则，货物即为与合同不符，卖方要根据实际情况承担相应的违约责任。

二、商品包装的种类

根据包装在流通过程中所起作用的不同，包装可分为以下两类：

（一）运输包装

运输包装（Packing for Transportation）又称外包装（Outer Packing）或大包装，其主要作用在于保护商品，并使其便于运输、装卸、储存和计数等。

运输包装的方式和造型多种多样，包装用料和质地各不相同，包装程度也有差异，这就导致了运输包装的多样性，见表8-4。

表8-4 运输包装的分类标准和种类

分类标准	种类
按包装方式	单件运输包装、集合运输包装
按包装造型	箱、袋、包、桶、捆
按包装材料	纸制、金属、木制、塑料、麻制品、竹、柳、草制品、玻璃制品、陶包装
按包装质地	软性包装、半硬性包装、硬性包装
按包装程度	全部包装、局部包装

在国际贸易中，买卖双方究竟采用何种运输包装，应根据商品特性、形状、贸易习惯、货物运输路线的自然条件、运输方式和各种费用开支大小等因素，在

洽商交易时谈妥，并在合同中具体订明。

（二）销售包装

销售包装（Sales Packing）又称内包装（Inner Packing）、小包装、直接包装或陈列包装，它是直接接触商品并随商品进入零售网点，和消费者直接见面的包装。这类包装除具有保护商品的作用外，还具有美化、宣传商品，便于商品销售和使用等功能。因此，在国际贸易中，对销售包装的用料、造型结构、装潢画面和文字说明等都有较高的要求。

1. 装潢画面

销售包装上一般都附有装潢画面，以突出商品的特点，同时也力求美观大方、富有艺术吸引力。装潢画面的图案和色彩应适应有关国家的民族习惯和爱好。如大象在泰国和印度被看做吉祥的动物，而英国则认为它是蠢笨的象征；法国、比利时对墨绿色反感，因为这是纳粹军服的颜色。

2. 文字说明

销售包装上应有必要的文字说明，如商标、牌号、品名、产地、生产日期、数量、规格、成分、用途和使用方法等。使用的文字应简明扼要，必要时也可中外文并用，以求易懂。文字说明应与装潢画面相结合，互相衬托、补充，以达到宣传和促销的目的。例如，加拿大政府要求商品包装上必须使用英、法两种文字说明；美国食品药物管理局（FDA）要求大部分食品必须标明至少 14 种营养成分的含量。

3. 条码

商品销售包装上的条码（Product Code）是由一组依规则排列的条、空及相应字符组成的标记，用以表达一定的商品信息。国际上通用的条码有两种：一种是美国统一代码委员会编制的 UPC（Universal Product Code）码，一种是国际物品编码协会编制的 EAN（European Article Number）码。20 世纪 70 年代初，美国首先将条码应用于食品零售杂货类商品上。目前，许多国家的超级市场上都使用条码技术进行扫描结算，如果商品包装上没有条码，即使是名优产品，也不能进入超级市场，有的国家甚至对某些商品的包装作出无条码标志不予进口的规定。我国于 1988 年 12 月建立了“中国物品编码中心”，负责推广条码技术，并对其进行统一管理。1991 年 4 月 19 日，我国正式加入国际物品编码协会（其前身为欧洲物品编码协会），被分配的国别号为 690-699（不包括中国香港、澳门、台湾地区），而 471 代表中国台湾地区，489 代表中国香港特区，958 代表中国澳门特区。

由于销售包装可采用不同的包装材料和不同的造型结构与式样，从而导致销售包装的多样性。常见的销售包装有透明包装、便携包装、堆叠式包装、易开包装、喷雾包装、配套包装、礼品包装、复用包装、真空包装、一次性包装和软性包装等。

三、商品包装的标志

为了便于在运输过程中快速、准确地识别货物，防止错发错运和损坏货物以及发生伤害人身的事故，需要在商品外包装上刷制各种有关的标志，以利于人们操作。运输包装上的标志，按其用途可分为以下几种：

（一）运输标志

运输标志（Shipping Mark）又称唛头，是一种识别标志。联合国欧洲经济委员会简化国际贸易程序工作组，在国际标准化组织和国际货物装卸协调协会的支持下制定了标准化的运输标志向各国推荐使用。该标志包括四项内容：①收货人名称的英文缩写或简称。②参考号，如运单号、订单号、发票号、合同号、信用证号。③目的地。④件号。件号一般用 m/n 表示，n 为总件数，m 为整批货物中每件的顺序号。标准化的运输标志如下例：

ABC	收货人代号
SC1234	合同号码
SAN FRANCISCO	目的地
2/20	件号和件数

运输标志在国际贸易中还有其特殊的作用。按《公约》第 67 条（2）款的规定，在商品特定化以前，风险不转移到买方承担。而商品特定化最常见的方式，就是在商品外包装上标明运输标志。

商品以集装箱方式运输时，运输标志可被集装箱号码和封口号码取代。

（二）指示性标志

指示性标志（Indicative Mark）又称注意标志，是提示人们在装卸、运输和保管过程中需要注意的事项，一般都是以简单醒目的图形和文字在包装上标出，如图 8-1 所示。

图 8-1　常见的指示性标志

（三）警告性标志

警告性标志（Warning Mark）又称危险货物包装标志。凡在运输包装内装有爆炸品、易燃物品、有毒物品、腐蚀物品、氧化剂和放射性物资等危险货物时，都必须在运输包装上标打用于各种危险品的标志，以示警告，保护物资和人身的安全。常见的警告性标志如图 8-2 所示。

图 8-2　常见的警告性标志

（四）重量尺码标志

重量尺码标志（Weight and Measurement Mark）即表示该货物的毛重、净重及它的实际体积（长×宽×高）的文字说明，以方便储运过程中安排装卸作业和舱位。例如：

Gross Weight（G. W.）55kg
Net Weight（N. W.）51kg
Measurement 162cm×40cm×30cm

（五）产地标志

产地标志（Place of Origin Mark）即有关商品产地的文字说明。商品产地是海关统计和征税的重要依据，由产地证说明。但一般在内外包装上均注明产地，作为商品说明的一个重要内容。

在实务操作中，上述各种包装标志一般刷在货物外包装的一侧或两侧，如图 8-3 所示，以同时刷两侧为好。

四、合同中包装条款的内容

（一）包装条款的基本内容

包装条款一般包括包装材料、包装方式、包装标志和包装费用的负担等内容。

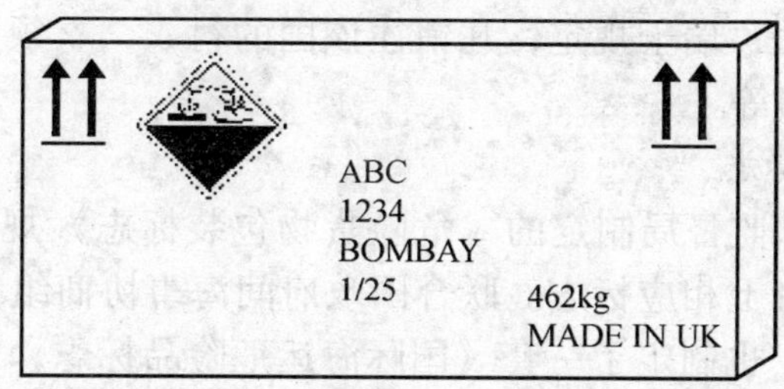

图 8-3　运输包装上的各项标志示意图

包装材料即包装所用材料，如木箱（Wooden Case）、纸箱（Carton Case）、铁桶（Iron Drum）、麻袋（Gunny Bag）等。包装方式一般指包装尺寸、数量/重量、填充物和加固条件等，如“木箱装，每箱 50kg 净重”（In wooden cases of 50 kg net weight each）。包装标志可以由卖方决定，或由买方提供。如果由卖方决定，可不订入合同，或只订明“卖方标志”，由卖方设计后通知买方。如由买方提供，一般规定买方提供的时间。包装费用一般包括在商品货价内，不另计收，但如买方要求特殊包装时，则超出的包装费用由哪方负担以及如何支付，应在合同中作出具体规定。

（二）制定包装条款时应注意的问题

1. 对包装的规定要明确具体

不宜采用“海运包装”（Seaworthy Packing）和“习惯包装”（Customary Packing）等笼统规定。因为此类术语的含义无统一解释，容易引起争议。

2. 要考虑商品特点和不同运输方式的要求

每种商品都有自己的特性，例如，水泥怕潮湿，玻璃制品易破碎，流体货物易渗漏和流失等，这就要求运输包装具有防潮、防振、防漏、防锈和防毒等良好的性能。此外，不同运输方式对运输包装的要求也不同，例如，海运包装要求牢固，并具有防止挤压和碰撞的功能，铁路运输包装要求具有不怕振动的功能，航空运输包装要求轻便而且不宜过大。

3. 要考虑进口国家对包装的有关法令规定

国际上不少国家对于销售包装都有其独特的规定，凡包装不符合其规定的均不准进口或进口后也不准投入市场销售。如美国和新西兰禁止利用干草、稻草、谷糠等作为包装或填充材料，在某些情况下，这类包装材料只有在提供了消毒证明后才允许使用；德国和法国禁止进口外形尺寸与本国不同的食品罐头。另外，大多数国家对食品、药品、服装等进口商品都制定有标签管理条例。一些国家常以这些条例作为限制外国产品进口的一种手段。如欧盟对纺织品等进口产品要求加贴生态标签；日本、美国规定，凡是销往该国的药品都应在标签上说明药物成分、功能和服用方法；瑞士规定，凡销往该国的衬衣，衣领上必须要有关于洗涤、烫熨的图示，等等。

4. 关于警告性标志

我国原国家技术监督局制定的《危险货物包装标志》规定，危险品的运输包装上必须按规定打上相应标志。联合国政府间海事协商组织（1982年5月更名为国际海事组织）也制定了一套《国际海运危险品标志》（International Maritime Dangerous Goods（IMDG）Code），许多国家采用了该套标志（部分标志如图8-4所示）。由于上述两个文件的规定图案和文字并不一致，因此，在我国出口危险货物的运输包装上，要标打我国和国际海运所规定的两套危险品标志。

图8-4 国际海运危险品标志示例

5. 关于中性包装和定牌

采用中性包装（Neutral Packing）是国际贸易中的习惯做法。中性包装是指在出口商品及其内外包装上都不注明原产地和出口厂商标记的包装。中性包装包括无牌中性包装和定牌中性包装两种。前者是指包装上既无生产地名和厂商名称，又无商标、牌号；后者是指包装上仅有买方指定的商标或牌号，但无生产地名和出口厂商的名称。采用中性包装，是为了打破某些进口国家或地区的关税和非关税壁垒以及适应交易的特殊需要（如转口销售等）。例如，在我国海关对原产于韩国、加拿大和美国的进口新闻纸开始征收反倾销税后，就发现一些进口商在有关货物运输途中将原产于被诉倾销国家或地区的产品改换成中性包装或其他国家的包装，以逃避缴纳反倾销税或现金保证金。可见，采用中性包装有利于扩大商品的出口，但不利于提高厂家的商誉。在采用定牌中性包装时，为避免发生知识产权纠纷，应在合同中明确责任范围。

定牌是指卖方按买方的要求在其出售的商品或包装上标明买方指定的商标和牌号，称之为定牌生产。在国际或国内贸易中，有许多大百货商店、超级市场和专业商店，在其经营的商品中，有一部分商品使用该店专有的商标和牌号，这部分商品就是由商店要求有关厂商定牌生产的。在国际贸易中，定牌商品有的在其定牌商标下标明产地，有的则不标明产地和生产厂商。后一种做法称为定牌中性。我国目前接受外商定牌的出口产品很多，大部分均标明“中国制造”。

以下是国际货物买卖合同中包装条款实例：

例 8-5　In wooden cases lined with waterproof paper of 20kg net each.

木箱装，内衬防潮纸，每箱净重 20kg。

例 8-6　In international standard tea boxes，24 boxes on a pallet，10 pallets in one 20’FCL.

国际标准茶叶纸箱装，24 纸箱装一托盘，10 个托盘装一个 20ft 整箱。

本章小结

在国际贸易中，确定商品的名称、品质、数量和包装是交易的基础，贸易双方就此进行磋商并达成意思一致后，才能进一步考虑货物的价格、运输、保险和支付等其他交易条件。许多国家的合同法或货物买卖法都把品质、数量、包装等条款认定为贸易合同的主要条件或交易中必不可少的条件。品质条款包括商品的名称、货号、规格或标准等。掌握品质的表示方法是订好品质条款的关键。数量条款主要由数量和计量单位构成。通常商品不同，其计量方法和计量单位也不完全相同。包装条款涉及包装材料、包装方式、包装标志和包装费用等内容的规定，本节重点介绍了包装标志。包装标志主要包括运输标志、指示性标志、警告性标志、重量尺码标志和产地标志，其中运输标志不仅出现在外包装上，还出现在国际贸易操作中的主要单据上。

本章重要概念

对等样品　品质机动幅度条款　公量　法定重量　溢短装条款　运输标志　中性包装

本章推荐阅读文献

[1] 中华人民共和国海关进出口税则编委会. 中华人民共和国海关进出口税则［M］. 北京：经济日报出版社，2010.

[2] 黎孝先，石玉川. 国际贸易实务［M］. 北京：对外经济贸易大学出版社，2008.

[3] 祝卫，程洁，谈英. 出口贸易模拟操作教程［M］. 3 版. 上海：上海人民出版社，2008.

思考题

1. 国际货物买卖合同中，商品品质的规定方法有哪些？
2. 凭样品买卖时，应注意哪些问题？

3. 试述"品质机动幅度"和"品质公差"的含义及其作用。

4. 在国际货物买卖合同中，规定数量机动幅度有何意义？

5. 试述国际货物买卖中商品包装的重要性。

6. 国际货物买卖中的商品包装有哪些类型？各有什么主要作用？

7. 出口商品的运输包装上一般有哪些标志？各种标志有什么作用？

8. 运输标志一般由哪些内容组成？请设计一个标准化的运输标志。

9. 如果卖方按每箱100美元的价格售出某商品1 000箱，合同规定"数量允许有5%的机动幅度，由卖方决定"。试问：

(1) 这是一个什么条款？

(2) 最多可装多少箱？最少可装多少箱？

(3) 如实际装运1 040箱，买方应付货款多少？

10. 合同中数量条款规定"10 000 MT，5% more or less at seller's option"。卖方正要交货时，该商品国际市场价格大幅度上涨。问：

(1) 如果你是卖方，拟交付多少货量？为什么？

(2) 如果你是买方，磋商合同条款时，应注意什么？

作 业 题

一、判断题

1. 为了适应国际市场的需要，我出口日用工业品，应尽量争取按买方样品达成交易。 ( )

2. 在出口贸易中，表示商品品质的方法很多，为了明确责任，最好采用既凭样品又凭规格买卖的方法。 ( )

3. 某外商来电要我方提供大豆，按含油量20%、含水量14%、不完善粒7%、杂质1%的规格订立合同，对此，在一般情况下，我方可以接受。 ( )

4. 无论何种情况下，卖方所交货物的数量都必须与合同中规定的数量完全相符，否则，买方有权拒收货物并提出索赔。 ( )

5. 在约定的品质机动幅度或品质公差范围内的品质差异，除非另有规定，一般不另行规定增减价格。 ( )

6. 卖方为了在交货时有一定的灵活性，签订合同时最好在数量前加上一个"约"字。 ( )

7. 运输包装上的标志就是运输标志，也就是通常所说的唛头。 ( )

8. 买卖合同中一般均应规定运输标志、指示性标志和警告性标志。 ( )

9. 在国际贸易中，以重量计量的商品，大部分都是按照净重计算的。 ( )

10. 如果合同中未明确重量的计算方法，按照《联合国国际货物销售合同公约》的规定，应按净重计算。 ( )

二、单项选择题

1. 珠宝、首饰等商品具有独特性质，在出口确定其品质时（ ）。

A. 最好看货洽谈成交　　B. 最好用文字说明

C. 最好用样品磋商　　D. 最好将样品和文字说明两者结合起来

2. 出口羊毛计算重量，通常采用的计量方法是（　　）。

A. 毛重　B. 净重　C. 公量　D. 理论重量

3. 国外来证规定，交货数量为 10 000MT 散装货，未表明可否溢短装，不准分批装运，根据《UCP600》规定，卖方发货的（　　）。

A. 数量和总金额均可增减 10%

B. 数量和总金额均可增减 5%

C. 数量可增减 5%，总金额不得超过信用证规定的总金额

D. 数量不可增减，总金额不得超过信用证规定的总金额

4. 对于货物溢短装部分的作价办法，合同中如没有明确的规定，按惯例，其做法是（　　）。

A. 按合同价格作价　　B. 按装船时的国际市场价格作价

C. 按到货时的国际市场价格作价　　D. 双方协商确定

5. 某公司出口纸箱装电扇 1 000 台，合同和信用证都规定不准分批装运。装船时有 40 台包装破裂，风罩变形，不能出口，根据《UCP600》规定，只要货款不超过信用证总金额，交货数量允许有 5% 的增减。据此，发货人（　　）。

A. 装运 960 台　　B. 可以装运 950 台

C. 只可以装运 1 000 台　　D. 可以装运 950 ~ 1 050 台之间任意数量

6. 凡商品与货样难以达到完全一致的，不宜采用（　　）。

A. 凭规格买卖　　B. 凭等级买卖

C. 凭说明书和图样买卖　　D. 凭样品买卖

7. 在交货数量前加上“约”或“大约”字样，按惯例《UCP600》的规定可解释为交货数量不超过（　　）的增减幅度。

A. 10%　B. 5%　C. 2.5%　D. 1.5%

8. 在商定品质条款时，对某些难以以确定的品质交货的工业制成品或农副产品，多在合同中规定（　　）。

A. 溢短装条款　　B. 增减价条款

C. 品质公差或品质机动幅度条款　　D. 数量机动幅度条款

9. 凭卖方样品成交时，卖方应留存（　　）以备买卖双方对交货品质产生异议时使用。

A. 回样　B. 复样　C. 参考样品　D. 对等样品

10. 对于价值较低的商品，有时采取（　　）计重。

A. 以毛作净　B. 法定重量　C. 净重　D. 理论重量

11. 对于散装货的交易，因签订合同时较难确定实际的交货数量，通常在合同中规定（　　）。

A. 品质公差条款　　B. 溢短装条款

C. 品质机动幅度条款　　D. 仓至仓条款

12. 合同规定货物出口数量为 500t，在溢短装条款中允许卖方交货数量可增减 5%，但未对多交部分货物如何作价给予规定。卖方实际交货时多交 20t，根据《公约》的规定，此 20t 应按（　　）作价。

A. 到岸价　B. 合同价　C. 离岸价　D. 议定价

13. 我方某进出口公司拟出口服装一批，在洽谈合同条款时，关于服装的颜色、款式可要求买方提供（　　）来表示。

A. 标准　　B. 规格　　C. 商标　　D. 样品

14. 我国现行的法定计量单位制是以（　　）为基础构成的。

A. 公制　　B. 国际单位制　　C. 英制　　D. 美制

15. ABC 公司出口某货物给 DEF 公司，货物毛重为 100kg，净重为 98kg。现在卖方设计了四种唛头，其中（　　）唛头设计最合理。

A.	B.	C.	D.
ABC	DEF	ABC	DEF
SC1234	SC1234	SC1234	SC1234
TOKYO	TOKYO	TOKYO	TOKYO
NO. 1-100	GW. 100KGS	NW. 98KGS	NO. 1-100

三、多项选择题

1. 合同中的数量条款为“1 000MT with 5% more or less at seller's option”，则卖方交货数量可以是（　　）。

A. 950MT　　B. 1 000MT　　C. 1 050MT

D. 1 500MT　　E. 950MT ~ 1 050MT 之间任意数量

2. 国际标准化组织推荐的标准运输标志，应包括的内容是（　　）。

A. 收货人名称的缩写或简称　　B. 参考号（订单号、发票号）

C. 目的地　　D. 件号或箱号　　E. 产地标志

3. 出口商品采用中性包装就是（　　）。

A. 包装上无商标或牌号，仅注明“中国制造”字样

B. 包装上既无商标、牌号，又无生产地名和厂商名称

C. 在采用外商指定的商标或牌号同时，标示“中国制造”字样

D. 包装上仅有外商指定的商标或牌号，但无生产地名和厂商名称

E. 包装上无商标或牌号，仅标示中国的某产地名称

4. 按 FOB 条件成交，如果买卖合同和信用证中均规定允许卖方交货的数量可有 5% 的机动幅度，根据惯例，该机动幅度可由（　　）行使。

A. 买方　　B. 卖方　　C. 船长

D. 开证银行　　E. 安排运输的一方

5. 合同中包装条款的主要内容包括（　　）。

A. 包装材料　　B. 包装方式　　C. 包装费用的负担

D. 包装标志　　E. 包装尺寸

6. 买卖双方凭样品成交时，样品可以是（　　）。

A. 买方样品　　B. 卖方样品　　C. 对等样品

D. 回样　　E. 参考样品

7. 我国海关在对进出口商品进行统计时不采用以下哪种商品分类方法（　　）?

A. 海关合作理事会税则目录　　B. 联合国国际贸易标准分类

C. 布鲁塞尔海关商品分类目录　　D. 商品名称及编码协调制度

E. 外国附属机构统计

四、计算题

1. 某出口商品共210箱，每箱毛重9.3kg，每箱体积为42cm×30.5cm×30cm，求：该批商品的毛重共多少公吨？体积共多少立方米？如每箱的皮重为2.3kg，该批货物的净重共多少公吨？

2. 某公司对外出口羊毛10MT，合同规定按公量计算，标准回潮率定为11%，经抽样10kg用科学方法去掉水分，净剩羊毛为8kg，即水分为2kg。求该批货物的实际回潮率是多少？公量是多少？

案例分析题

1. 我国出口纺织原料一批，合同规定水分最高15%，杂质不得超过3%，但在成交前曾向买方寄过样品，订约后，我方又电告对方成交货物与样品相似。货到后，买方提出货物的质量比样品低7%的检验证明，并据此要求赔偿损失。问我方是否应该赔偿？为什么？

2. 某出口公司对美成交自行车3 000辆。合同规定黑色、墨绿色、湖蓝色各1 000辆，不得分批装运。该公司到发货时才知墨绿色的库存仅有950辆，因短缺之数所占比例不大，于是便以黑色车50辆顶替墨绿色的车。问：这样做有无问题？为什么？

3. 某出口公司与国外成交红枣一批，合同与来证上均写的是三级品，但到发货时才发现三级红枣库存告罄，于是改以二级品交货，并在发票上加注“二级红枣仍按三级计价”。问：这种以好顶次原价不变的做法是否妥当？为什么？

4. 某外商欲购我国“菊花”牌手电钻，但要求改用“鲨鱼”牌商标，并在包装上不得注明“中国制造”字样。问：我方是否可以接受？为什么？应注意什么问题？

5. 我方某商品出口，在与外商签订合同时规定由我方出唛头，因此，我方在备货时就将唛头刷好，但到装船前不久，国外开来的信用证上又指定了唛头。问在这种情况下应如何处理？为什么？

6. 我国某出口公司与日本一商人按每公吨500美元CIF东京成交某农产品200MT，合同规定包装为双线新麻袋，每袋25kg，信用证付款方式。该公司凭证装运出口并办妥了结汇手续。事后对方来电称：该公司所交货物扣除皮重后实际到货不足200MT，要求按净重计算价格，退回因短量多收的货款。我公司则以合同未规定按净重计价为由拒绝退款。试问该公司做法是否可行？为什么？

7. 我国某纺织品进出口公司以CIF条件出口10 000套童装于美国买方。货到目的港后，经买方对货物进行复验，发现货物品质与样品不符，买方即决定退货并拒绝提货。后美国海关向我方收取仓储费共1万美元。问：我方公司应如何处理此事？为什么？

第九章　合同中的价格条款

本章内容要点

- 合同中价格条款的内容，包括报价方法、佣金、折扣和计价货币的选择
- FOB、CFR 和 CIF 三个贸易术语含佣金和净价之间报价的换算
- 出口商品的报价和利润核算
- 出口商品价格的构成因素

第一节　出口商品的定价

一、出口商品的定价基础

出口商品的定价不仅仅是一个简单的价格问题，还是促销和竞争不可缺少的工具。企业首先应该对产品进行市场细分，在此基础上选择目标市场，然后结合企业的经营目标（例如，利润额、销售额和产品质量等具体指标）、产品成本、竞争者的产品和价格，以及市场供给和需求来为产品进行定价。例如，农产品的价格需求弹性较小，香菇、黑木耳的需求弹性更小。2008 年受金融危机的影响，整个消费需求受到了抑制。2008 年上半年香菇价格跌到了每千克 22 元，销售量却没有明显增加。

出口商品的定价不能简单地基于国内标准来确定价格。出口商品的价格通常由下列具体因素来决定：产品的数量和范围；能否即时交货，是否连续供货；产品售后服务如何，特别是像机械设备和耐用消费品类的产品，产品售后服务更重要；产品的差异化和品牌形象；是否为经常购买的产品；产品质量与价格间的关系；专门用途和礼品类的产品；信用条件如何；对来自某一特定地区产品的偏好和偏见；是否进行了大规模的促销；另外，还要搞清楚竞争者的售价和竞争战略。例如，通常海运中拼箱货（Less than Container Load，LCL）有最低运费或最低体积的要求和规定。例如，体积的最低要求是 2CBM（Cubic Meter），并且每立方米为 50 美元，或最低费用为 100 美元。因此，即使货物仅有 1CBM，运费仍为 100 美元。实践中，通常按整箱货报价（Full Container Load，FCL）比较经济，出口商可在合同中规定与最低定购量相应的价格。定购数量的不同对定价会产生

影响。

产品价格高低主要由三个基本因素来决定，产品的成本决定了产品的底价，竞争决定了产品的最高价格，介于这两者之间的市场价格是由市场供求来决定的。常用的定价策略有市场渗透（Market Penetration）、撇脂（Skimming）和市场控制（Holding）。市场渗透是要通过低价达到大量销售的目的。这一策略要求市场容量大，消费者对价格敏感，随着销售量的增加单位产品的生产和销售单位成本是下降的。撇脂策略是高价销售独特的、研发成本高和相对来说没有需求弹性的产品，这一策略持续时间的长短取决于竞争者对此作出反映的能力。市场控制的目的是控制市场份额。常用的定价方法有：成本导向定价法（Cost Oriented）、市场导向定价法（Market Oriented）和竞争导向定价法（Competition Oriented）。在国际贸易中这些方法的应用必须考虑出口环节中各种成本、国际市场需求和国际市场竞争因素的影响。

成本导向定价法（Cost-Plus Method）是指以成本为基础的定价方法。根据成本导向定价法是以总成本为基础定价，还是以变动成本为基础定价，它又可分为完全成本定价法和变动成本定价法。这两种方法在实践中均有应用。使用完全成本定价法，企业的每一件产品不论是出口产品还是内销产品均应分摊总的固定成本和变动成本。具体做法是在单位总成本基础上加成一定的利润。这种方法适合于企业固定成本小于变动成本，并且企业将国内业务与海外业务作为一个整体去考虑。变动成本定价法是指企业在出口定价中只考虑出口价格是否能够弥补出口产品的边际成本。只要这一点得到了满足，企业就可用超过变动成本的收入来分摊一部分固定成本，这样做对企业加速资金周转，保证企业的生存和发展还是有益的。如果企业某产品的国内销量足够弥补该产品的固定成本，则外销价格高于出口产品的边际成本部分就构成了对企业利润的贡献。在变动成本或边际成本基础上加成一定利润的做法适用于生产能力过剩以及固定成本高的企业。要引起企业注意的是，由于这种出口定价法会造成出口价格低于其国内售价的情况，如果大量出口给某一进口市场带来冲击，则这一具有竞争性价格的产品极易受到进口国反倾销措施的制裁，从而使该产品失去原有的价格优势，甚至被迫退出这一市场。

例如，印刷制品的固定成本包括印前工序、印刷工序和印后工序的费用。印前工序的固定成本具体有设计制作费和输出打样费。印刷工序有印版费、上落版费和最低起印费用（如不足3 000张以3 000张计算印工费用）。印后工序有后加工模具制作费用、最低起装费用（如不足1 000册以1 000册计算装订费用）等。变动成本包括纸张费用、印工费用、装订工费等。另外，客户常常要求在原有数量的基础上，加印一定的份数。这是加印价格，也属于变动成本的价格，即纯用料费用和纯加工费用。

二、出口商品价格构成因素

出口报价计算必须十分认真，因为价格一旦报出，则很难再提价。在计算商品的出口价格时，应该充分考虑到各种可能的成本，例如，装运费、保险费、银行费用、与商品进出口有关的税费、行政管理费、较长的分销渠道、较高的中间商毛利以及汇率的波动等。为了避免遗漏掉必须计算的出口成本，实践中通常使用成本明细单，详细列明所有的成本。

制造成本
+出口包装成本
=出厂价
-退税（如果有）
=净出厂价
+银行利息
+其他费用（单证费和/或代理佣金等）
+销售利润
=EXW 价
+银行利息
+内陆运输成本
+码头及装船费
=FOB 价
+海运运费
=CFR 价
+海运保险费
=CIF 价

其中，制造成本主要包括以下各项：原材料成本、劳动力成本、（间接）制造费用（Factory Overhead，包括租金、设备、内部装修及缴税等的花销，但不包括工资和购买原料的费用）、管理成本、销售成本和广告费等。

出口成本中不同的贸易术语包括的项目不完全相同，但一般都包括：制造成本、出口包装成本、单证费、银行利息和（或）代理佣金等。

成本导向定价法没有考虑到进口市场竞争者和市场需求（包括需求弹性、消费者行为和消费水平等）因素对出口定价的影响。考虑到这些因素的影响，出口定价不可能存在一个固定的公式，它需要企业将成本定价作为定价的开始，而不是最终的价格。在成本定价的基础上，将影响定价的可能因素与企业的经营目标结合起来进行认真的分析和研究，进行灵活的出口定价，以适应不同市场的需求。

例如，某产品目标市场计划售价为 25.00 美元，减去售价 40% 的零售毛利

10.00 美元得零售商的成本为 15.00 美元；减去 15% 的进口商或分销商的涨价成本 1.96 美元，分销商的成本为 13.04 美元；在 CIF 加关税的基础上减去 12% 的增值税 1.40 美元，CIF 加关税为 11.64 美元；以 CIF 价为基础，减 9% 的关税 0.96 美元，CIF 价为 10.68 美元；减去运费和保险费 1.40 美元，FOB 价为 9.28 美元。这也就是说企业要想在国外市场上以 25 美元出售该产品，由此推算出的 FOB 价必须等于 9.28 美元。但是，如果 9.28 美元小于该产品的国内价格，企业通常有如下一些选择：①放弃出口。②考虑边际成本定价。③缩短分销渠道。④如果可能，对产品进行改进，以降低成本。⑤寻找低成本的原料或供货来源。

市场导向定价法即按市场供求来决定价格。例如，以色列曾在鳄梨的供应上出了问题，给肯尼亚这一产品的生产和价格带来了空前的机会。又如，韩国汽车出口平均价格从 1999 年的 6 360 美元，上升至 2002 年的 9 100 美元，再上升至 2006 年 1.13 万美元。导致韩国出口车价格普遍上涨的原因是韩国汽车制造商正将所制造车型转向价格更高的中档车型。而同期中国出口车，由于国内供应商之间的激烈竞争价格普遍下降。

竞争导向定价法是指产品的基本价格水平已经由市场上存在的竞争者决定了，此时，价格的制定必须考虑到这一竞争因素。通常的做法是：估计需求，估计完成计划销售量的制造和营销成本，结合其他营销组合因素确定能带来最高毛利的价格。例如，2010 年 2 月奇瑞汽车开始在土耳其最大城市伊斯坦布尔进行 QQ 轿车的销售，其在土耳其的定价约为 1.2 万新里拉（1 美元约合 1.25 新里拉）。吉利汽车其后将以最低价位车型的价格约 1.6 万新里拉进入土耳其汽车市场。

出口商还可以通过整个合同条款中在其他条款上的让步来换取想要的高报价。当然也可以在价格上让步，以换取在其他条款上的利益。合同中的价格与其他条件相比，在与新客户的交易中起着关键作用，特别是在与连锁店这样的客户打交道时，更是如此。价格上的讨价还价在国际买卖合同中是司空见惯的事，因此出口商几乎不可能向所有进口商就同一种商品报出同样的价格。开始采取低价战略，然后再提价通常是不可取的，因为很少有商品是独特的、新的和不存在竞争的。出口企业应该牢记出口定价是企业促销和进行国际竞争最重要的工具之一。

第二节 合同中的作价方法

在合同中，灵活运用各种不同的作价办法，主要目的是为了规避市场价格变动的风险。

一、固定价格

在价格条款中明确规定商品的单价和总额。合同成立后，不经双方同意不得调整合同中所规定的商品的价格。通常短期交货合同中的价格都是采用固定价格。例如，在合同的价格条款中明确写明：

USD 12 per pound CIF New York.

No price adjustment shall be allowed after conclusion of this contract.

CIF 纽约每磅 12 美元。

合同订立后，不得调整价格。

二、非固定价格

非固定价格与固定价格相对，即在双方签订合同时，没有具体确定价格，但是，通常双方已就确定价格的方法进行了规定。灵活运用各种不同的作价办法，可减少或避免价格变动的风险。

采用非固定价格时，应注意明确作价的时间和方法，以免影响合同的稳定性。通常可以这样约定：在规定的时间内双方协商或者以某时的国际商品交易所的价格为准。时间可以以装船前或者装船时为准。具体方法如下：

1. 具体价格待定

这种方法即在合同中只规定定价时间和方法，而没有具体的价格。

例如，“以××年××月××日××地××商品的收盘价为准。”

或者，“按提单签发日的国际市场价格计算。”

或者，“由双方在××年××月××日协商确定具体价格。”

2. 暂定价格

暂定价格也可称为后定价格。这种做法是在合同中先订立一个暂定的初步价格和确定价格的时间和方法。暂定的初步价格作为开证和初步付款的依据，待双方最后确定价格之后，再多退少补。

例如，HK$5 000 per bale（400 1bs.）CIF Hong Kong.

Remarks：The above is a provisional price，which shall be determined through negotiation between the buyer and the seller 15 days before the month of shipment.

上述价格为暂定价，于装运月份 15 天前由买卖双方另行协商确定价格。

3. 部分固定价格，部分非固定价格

这种规定方法主要适用于分批交货的情况，目的是解决双方在采用固定与非固定价格上的分歧。

4. 滑动价格

例如，The above basic price will be adjusted according to the following formula based on the wage and price indexes published by ××(organization) as of ××(month) ××(year). Adjustment formula：$P = P_0[A + B(M/M_0) + C(W/W_0)]$.

以上基础价格将根据××(组织)××(年)××(月) 公布的工资和物价指数按下列公式进行调整。调整公式为：$P = P_0[A + B(M/M_0) + C(W/W_0)]$。

式中，P 是商品交换时的最后价格；P_0 是签订合同时的初步价格；M 是商品交换时有关原材料的平均价格；M_0 是签订合同时的有关原材料的价格指数；W 是商品交换时的工资平均值或指数；W_0 是签订合同时的工资指数；A、B、C 是经营管理费和利润、原料、工资在价格中所占比重，$A + B + C = 1$。

这种价格规定方法主要适用于某些生产周期长的机械设备和原料性商品贸易。

在签订买卖合同时买卖双方应确定上述调整公式的主要问题有：①滑动部分占货价的比例，不滑动部分（管理费等）占货价的比例。②滑动价格的组成及比例：是否由原材料费和工资两大部分组成，各部分的比例如何。③材料价格指数和工资价格指数的计算依据和资料来源等。

三、佣金和折扣

在订立价格条款时，常常还涉及佣金和折扣的问题。

（一）佣金

当通过中间商销售产品时，在出口报价中通常会含有佣金。表示方式为在贸易术语后加“C”或“&C”，其中 C 为佣金率。例如，CIF&C5 Hong Kong（或 CIFC5 Hong Kong)，其中 C5 表示在合同报价中含有 5% 的佣金。

1. 佣金的含义

佣金是代理人或经纪人为委托人（买方或卖方）进行交易而收取的报酬。通常为价款的 1% ~5% 。

2. 佣金的种类

（1）明佣。明佣通常是指在规定具体价格时，用文字明确表示佣金率。例如，“USD200 per set CIF San Francisco 2% Commission”，或者“USD200 per set CIF&C2 San Francisco”。

（2）暗佣（Hidden Commission)。暗佣是指不在合同中明确表示佣金率，而是按事先约定另付佣金的一种做法。暗佣通常是由出口商向成功完成一笔交易的买方代理支付的，以此作为买方代理提供有关竞争性售价和提供出口商产品进入其委托人市场机会的一种补偿。暗佣通常为出口价款的 2% 或 3% 。

3. 佣金的计算

（1）佣金 = 计算佣金的价格 × 佣金率。因此在合同中应明确规定计算佣金的价格和佣金率。在实际业务中，计算佣金的价格常采用合同中的交易金额，即发票金额，也就是含佣价。当然也可以规定双方认可的计算佣金的其他价格作为计算佣金的基数，例如，以 FOB 价作为计算佣金的基数。

(2) 含佣价与净价之间的关系。含佣价即为含有佣金的价格，净价即为不含佣金的价格。根据定义及通常计算佣金的办法，可知含佣价与净价之间有如下关系：

$$含佣价 = \frac{净价}{1 - 佣金率}$$

$$净价 = 含佣价 - 佣金 = 含佣价 - 含佣价 \times 佣金率 = 含佣价(1 - 佣金率)$$

4. 佣金的支付

佣金可由卖方，也可由买方向中间商支付。但是，要避免“双头佣”，即买卖双方重复支付。通常支付佣金的做法是：买方直接从价款中扣除支付给中间商；或者卖方收到货款后，再支付给中间商。无论采取哪一种方式都是在合同履行之后支付佣金，目的是约束代理人督促有关各方认真执行合同。例如，我国吉利汽车在土耳其的销售就是由土耳其知名企业安纳托利亚集团公司代理的，它也是五十铃、起亚、拉达和韩国 LS 拖拉机的代理商。

(二) 折扣

折扣是卖方给予买方的价格减让。例如，“USD200 per set CIF San Francisco Less 2% Discount”。折扣的种类有明扣和暗扣，另外，还有价格折扣、数量折扣以及其他特殊目的的折扣。折扣一般由买方付款时从货款中预扣。

四、计价货币与支付货币

(一) 计价货币

计价货币（Money of Account）是合同双方当事人用来计算债权债务的货币。在买卖合同中，计价货币即用来计算商品价格的货币。

(二) 支付货币

支付货币（Money of Payment）是双方当事人用来清偿债权债务的货币。在买卖合同中，支付货币即实际用于支付货款与计价货币等值的货币。

(三) 计价货币与支付货币的选择

计价货币与支付货币的选择通常遵循以下原则：

(1) 如果双方国家订有贸易协定和支付协定，而交易本身又属于上述协定的交易，必须按规定的货币计价和结算。

(2) 如果无其他规定，既可以用出口国也可以用进口国或第三国的货币。选择的原则是货币本身的可兑换性、稳定性和安全性要高。这里的安全性主要指与货币发行国在政治、外交上的关系是否良好。

(3) 出口交易一般采用硬币；进口交易一般采用软币。

(四) 降低外汇风险的其他办法

为降低汇率风险，调和买卖双方在支付货币上的矛盾，通常可采用下列办法：

1. 调整对外报价

如果出口方不得不采用非本国货币的“软币”来计价和支付时，同时又没有其他防范措施，则需要了解外汇市场该种货币的变化趋势，从而调整合同报价；或在合同中规定，如果计价货币相对于出口国货币贬值5%，则应该相应调高出口商品的价格。也就是要将外币贬值的因素考虑进去。

例如，订合同时，某商品价格为500韩元，汇率为500韩元兑换1美元，付款时，汇率为1 000韩元兑换1美元，则该种商品的价格将要调整为1 000韩元。因为如果价格不调整，美国出口商将只能得到0.5美元，少于订约时的1美元。可见，如果价格不作相应调整，仅外汇风险一项就可能给出口商带来很大的损失。

2. 软币、硬币结合使用

这种方法即商品的货款一部分用软币支付、一部分用硬币支付。

3. 外汇保值条款（Exchange Proviso Clause）或称汇率保值条款

在订合同时，明确规定计价（和支付）货币与另一种货币的汇率。付款时，如果该汇率有变动，则按比例调整合同价格。

例如，以日元为计价和支付货币。订约时，合同中规定日元与美元的比价为1美元=100日元；付款时，美元升值，1美元=200日元。这样原来价值100日元商品的价格就调整为200日元。

实际上，这种做法类似于用美元计价，用日元进行支付。

外汇保值也可以选用汇率更稳定的篮子货币，例如，SDR（Special Drawing Rights）特别提款权。

4. 利用国际金融市场和企业内部的财务管理

货币的软硬是相对的，随时可能发生变化。汇率变动、价格变动的风险，还可以通过其他方式来规避。例如，可利用金融市场的外汇和商品的套期保值交易；或者企业内部的财务管理，即不同交易可采用软硬不同的货币计价结算以使整体保持平衡。对此有兴趣的读者可参阅有关国际理财方面的文献资料。

我国目前的出口均以外汇进行计价结算，特别是用美元来计价结算。汇率的波动直接影响出口商品的出口成本变化，本国货币的升值将不利于本国产品的出口，因为这意味着以同样外币价格出口的商品将换回更少的本国货币。如果汇率发生相反的变化，出口商则会因此而受益。为防止价格波动，出口商可在报价中写明“prices valid for 15 days from date”（价格15天内有效）或“prices subject to our final confirmation.”（价格需经我方最后确认）。

五、合同中价格条款的主要内容

（一）合同中价格条款的主要内容

合同中价格条款的主要内容包括商品的单价和总值。

单价包括：计价货币、单位价格、计量单位和贸易术语。

例如，USD500 Per MT CIF New York.

其中，USD 为计价货币；500 为单位价格；MT 为计量单位；CIF New York 为贸易术语。另外，如果有必要还要列明佣金和折扣、计价货币与支付货币及保值条款等内容。

单价中的计量单位必须书写清楚正确。如果以“吨”为单位，应明确表示是公吨还是长吨；如果按长度计量要写明是米还是英尺等。

如果计价货币简写可能造成误解，则合同中必须写明货币的国家或地区。例如，“元”有美元、加元、日元和人民币元等；“克朗”有瑞典克朗、挪威克朗和丹麦克朗等。

不论使用哪种贸易术语，所涉及的交货地点及装卸港名称必须要明确具体，凡是世界上有同名的地点和港口，还要标出国家或地区的名称。

（二）确定价格条款应注意的问题

（1）合同中的价格条款不仅仅是一个价格问题，它还与合同中其他条款有着密切的关系。如果出口商打算在其他条款上作出让步，就可以适当抬高价格。例如，在使用软币计价结算、使用托收而不是即期信用证支付或按买方要求选用贸易术语等的情况下，出口商均可相应地提高价格。当然在商订合同前出口商就应该就整个合同条款进行全面和细致的考虑，不要将价格绝对化，以减少事后可能出现的僵局。

（2）在买卖合同中，价格条款并未单独出现，它通常与品名、规格、数量和贸易术语作为一个整体出现。这样做可使合同中上述有关内容表述得更清晰和明确，有利于合同的执行。

例如，一份买卖合同中有如下两项（货物和合同总价，见表 9-1）与价格条款有关。

1）COMMODITY：

表 9-1 商品的价格条款

Commodity & Specification	Unit	Quantity	Unit Price	Amount
OUTSIDE MICROMETER IN SET OF 4PCS				
0-100MM CHROME-FINISH	SET	200	USD26. 00	USD5 200. 00
METRIC/INCH VERNIER CALIPER				
300X0. 22MM/12” X1/1 000	PC	550	USD11. 87	USD6 528. 50
500X0. 22MM/20” X1/1 000	PC	500	USD25. 08	USD12 540. 00
		TOTAL	AMOUNT	USD24 268. 50

2）TOTAL CONTRACT VALUE：SAY CIF PORT KELANG，MALAYSIA TWENTY FOUR THOUSAND TWO HUNDRED SIXTY EIGHT AND 50/100 U. S. DOLLARS ONLY.

（3）报价计算和打印时，应该做到认真细致。一旦由于自身计算失误出现错报和低报时，首先应保持冷静，同时，善于寻找对方来函中的漏洞，据理力争，或表示友好给对方一定的折让，做好矛盾转化工作。

（4）如果交易商品的品质、数量有机动幅度，则应明确规定机动幅度的作价办法。如果包装费用需另外计价，也必须明确规定计价办法。

下面列出的是国际贸易中常用的计价货币名称和表示方式，见表9-2。

表9-2　常用的计价货币名称和表示方式

国家或地区	货币名称		简写
欧元区	欧元	Euro	€
英国	英镑	Pound Sterling	$Stg
美国	美元	United State Dollars	US$
日本	日元	Japanese Yen	J¥
加拿大	加拿大元	Canadian Dollar	Can$
澳大利亚	澳大利亚元	Australian Dollar	A$
新加坡	新加坡元	Singapore Dollar	S$
马来西亚	马来西亚元	Malaysian Dollar	M$
瑞士	瑞士法郎	Swiss Frauce	SFr 或 SF
瑞典	瑞典克朗	Swedish Krone	S. kr 或 SKr
挪威	挪威克朗	Norwegian Krone	N. kr 或 NKr
丹麦	丹麦克朗	Danish Krone	D. kr 或 DKr
中国	人民币元	RenMinbi Yuan	RMB¥
中国香港	港元	Hongkong Dollar	HK$

第三节　价格换算和出口报价

一、价格换算

出口商在进行出口报价时，通常不能只了解和计算出自己所希望的报价，而是应该在谈判前将各种可能的报价计算一遍，以便清楚地了解其中各种可能的费用，在谈判中争取主动。实际业务中含佣价与净价的关系，以及保险金额与价款之间的关系，可以用下面的四个基本关系式来表达：

$$CIF = FOB + F + I = CFR + I$$（其中 F 和 I 分别为运费和保险费）

I = 保险金额（或称投保金额）× 保险费率

保险金额 = 价款（或称发票金额）× 投保加成

含佣价 = 净价/(1 − 佣金率)

通过上面这四个基本关系式可以推导出如下报价之间的换算关系式：

(一) 净价之间的换算

1. FOB 改报 CIF 和 CFR

(1) CFR = FOB + 运费

(2) CIF = (FOB + 运费)/(1 - 投保加成 × 保险费率)

2. CRF 改报 FOB 和 CIF

(1) FOB = CFR - 运费

(2) CIF = CFR/(1 - 投保加成 × 保险费率)

3. CIF 改报 FOB 和 CFR

(1) FOB = CIF × (1 - 投保加成 × 保险费率) - 运费

(2) CFR = CIF × (1 - 投保加成 × 保险费率)

(二) 净价与含佣价之间的换算

1. FOBC 改报 FOB、CFR 和 CIF 净价

(1) FOB = FOBC × (1 - 佣金率)

(2) CFR = FOBC × (1 - 佣金率) + 运费

(3) CIF = [FOBC × (1 - 佣金率) + 运费]/(1 - 投保加成 × 保险费率)

2. CFRC 改报 FOB、CFR 和 CIF 净价

(1) FOB = CFRC × (1 - 佣金率) - 运费

(2) CFR = CFRC × (1 - 佣金率)

(3) CIF = [CFRC × (1 - 佣金率)]/(1 - 投保加成 × 保险费率)

3. CIFC 改报 FOB、CFR 和 CIF 净价

(1) FOB = CIFC × (1 - 投保加成 × 保险费率 - 佣金率) - 运费

(2) CFR = CIFC × (1 - 投保加成 × 保险费率 - 佣金率)

注意：CFR ≠ CIFC × (1 - 佣金率) × (1 - 投保加成 × 保险费率)，因为保费是按 CIFC，即含佣价计收的，而不是按 CIF 净价计收的。

(3) CIF = CIFC × (1 - 佣金率)

进口税的征收通常是以 CIF 价值为基础的，并且要求写明 CIF 的价格构成，其中包括货物的 FOB 价值、保险费、运费和其他方面的费用，如包装的材料费和人工费用等。因此，熟悉和掌握贸易术语的价格构成和换算，不仅有利于正确报价，还有利于整个贸易过程的顺利进行。

例 9-1 某公司出口某种商品报价为 FOB 天津新港每公吨 1 200 美元。现国外客商要求改报 CIFC2 旧金山，已知每公吨运费为 130 美元，并且加一成投保，保险费率为 1%。

解： CFR = FOB + 运费

= (1 200 + 130) 美元/MT

= 1 330 美元/MT

$$CIFC2 = CIF/(1-佣金率)$$
$$= \frac{CFR + 保费}{1-佣金率}$$
$$= \frac{CFR + CIFC2 \times 投保加成 \times 保险费率}{1-佣金率}$$

将上面的等式展开、移项，再合并同类项，即可得到下面的等式：

$$CIFC2 = \frac{CFR}{1-佣金率-投保加成 \times 保险费率}$$
$$= \frac{1\,330 美元/MT}{1-2\%-110\% \times 1\%}$$
$$= \frac{1\,330 美元/MT}{0.969}$$
$$= 1\,372.55 美元/MT$$

答：应改报 CIFC2 旧金山每公吨 1 372.55 美元。

二、出口商品的报价和核算

（一）出口商品报价

实践中，出口商品报价的基本关系式如下，这些基本关系式不会因为各种费用和利润的计算方式不同而有差异。

FOB = 出口商品的成本 + 利润

CFR = FOB + 运费

CIF = FOB + 运费 + 保险费 = CFR + 保险费

这里以 FOB 报价为例说明一下在计算出口商品报价时可能会出现的不同情况。CFR 是在 FOB 的基础上加上运费，CIF 则是在 CFR 的基础上加上保险费进行相应的计算就可以了。

（1）生产型企业与贸易型企业的出口报价。对于生产型企业来说，出口商品的成本就是出口商品的生产成本；对于贸易型企业来说，出口商品的成本就是出口商品的实际采购成本再加上各种国内费用。下面就详细地说明贸易型企业的出口商品的报价计算过程。出口商品的采购价也就是进货价（含增值税）。

FOB = 出口商品的成本 + 利润

= 出口商品的实际采购成本 + 各种国内费用 + 利润

其中，出口商品的实际采购成本 = 出口商品的采购价 - 出口退税收入

$$= 出口商品的采购价 \times \left(1-\frac{出口退税率}{1+增值税率}\right)$$

$$FOB = 出口商品的采购价 \times \left(1-\frac{出口退税率}{1+增值税率}\right) + 各种国内费用 + 利润$$

（2）计价结算货币：本币与外币。目前，由于人民币已经可以用来进行对

外贸易的计价结算，加之实践中出口商品的采购价、各种国内费用和利润也是以人民币作为计价单位货币给出的，因此就可以用上面公式计算出的结果直接进行对外报价了。它适用于目前的边境贸易和周边国家贸易的出口商品报价。

如果以外币计价结算，而实践中出口商品的采购价、各种国内费用和利润是以人民币作为计价单位货币给出的，则

$$\mathrm{FOB}=\frac{\text{出口商品的采购价}\times\left(1-\dfrac{\text{出口退税率}}{1+\text{增值税率}}\right)+\text{各种国内费用}+\text{利润}}{\text{银行现汇买入价}}$$

（3）银行现汇买入价：即期与远期。对银行现汇买入价来说，如果出口商能即期收汇，就用银行即期现汇买入价；如果出口商是远期收汇，就用银行远期现汇买入价。

$$\mathrm{FOB}=\frac{\text{出口商品的采购价}\times\left(1-\dfrac{\text{出口退税率}}{1+\text{增值税率}}\right)+\text{各种国内费用}+\text{利润}}{\text{即期现汇买入价}}$$

$$\mathrm{FOB}=\frac{\text{出口商品的采购价}\times\left(1-\dfrac{\text{出口退税率}}{1+\text{增值税率}}\right)+\text{各种国内费用}+\text{利润}}{\text{远期现汇买入价}}$$

（4）利润的核算方式：报价的百分比与1美元赚取的人民币数量。

如果利润率以报价的百分比“a”表示，利润额以1美元赚取的人民币数量“b”表示，银行现汇买入价（即外汇汇率）用“E”表示，上面的FOB报价如下：

$$\mathrm{FOB}=\frac{\text{出口商品的采购价}\times\left(1-\dfrac{\text{出口退税率}}{1+\text{增值税率}}\right)+\text{各种国内费用}}{E(1-a)}$$

$$\mathrm{FOB}=\frac{\text{出口商品的采购价}\times\left(1-\dfrac{\text{出口退税率}}{1+\text{增值税率}}\right)+\text{各种国内费用}}{E-b}$$

例9-2 我国某出口企业收到美国客商的一份询价，需要订购一个20ft集装箱数量的变速箱，支付条件为全额T/T预付。问出口企业如果希望以报价为基础有10%的利润，该出口企业报出的FOB Tianjin和CIF New York的价格应该是每台变速箱多少美元?

其他已知条件如下：生产企业变速箱的卖价（含税）是每台410元人民币，包装规格每台体积为8cm×50cm×70cm，GW：20kg，NW：19kg；厂家到港口仓库的内陆距离为157km，运费标准每吨内陆运费为0.45元/km；20ft的集装箱港口费为1 200元人民币，天津港口到纽约的运费是20ft的集装箱为1 400.00美元；出口企业投保一切险附加战争险，费率为0.5%，按发票金额110%投保加成；变速箱的海关编码为84834090，经查出口退税率为13%，增值税率为17%；

人民币对美元的现汇买入价格为6.80。（一个20ft集装箱的配货毛重一般为17.5t，体积为25m^3）

解：首先计算一个20ft集装箱内所装变速箱的数量

按重量算[(17.5×1 000)÷20]台=875台

按体积算[25×1 000 000÷(8×50×70)]台=892台

一个20ft集装箱内所装变速箱的数量是875台。

各种国内费用=内陆运费+港口费

每台内陆运费=（20×0.45×157÷1 000)元=1.413元

$$港口费=\frac{1\ 200}{875}元=1.371元$$

各种国内费用=(1.413+1.371)元=2.784元

每台海洋运费=(1 400.00×6.80÷875)元=10.88元

$$\text{FOB}=\frac{出口商品的采购价\times\left(1-\dfrac{出口退税率}{1+增值税率}\right)+各种国内费用}{E(1-a)}$$

$$=\frac{410\times\left(1-\dfrac{13\%}{1+17\%}\right)+2.784}{6.80\times(1-10\%)}美元/台$$

$$=60.00美元/台$$

$$\text{CIF}=\frac{出口商品的采购价\times\left(1-\dfrac{出口退税率}{1+增值税率}\right)+各种国内费用+海洋运费}{E\times(1-110\%\times保险费率-a)}$$

$$=\frac{410\times\left(1-\dfrac{13\%}{1+17\%}\right)+2.784+10.88}{6.80\times(1-110\%\times0.5\%-10\%)}美元/台$$

$$=62.16美元/台$$

（二）出口商品的换汇成本

出口商品的换汇成本=出口总成本（人民币)/出口销售外汇净收入

出口总成本=进货价（含增值税)+国内费用+税金

以FOB价为例，出口商品的国内费用通常有：加工整理费、包装费、保管费、国内运输费、证件费（商检、公证、许可证、产地证、报关等)、装船费、银行费用、邮电费（电报、电传、信件等）和预计损耗等费用。

注意：出口退税应从税金中扣除。已知出口退税率，出口退税收入的计算如下：

$$出口退税收入=\frac{进货价(含增值税)}{1+增值税率}\times退税率$$

出口销售人民币净收入是指从出口商品的外汇价格中扣除其他外汇支出，再按收汇日的外汇牌价中的买入价折成等额的人民币。

出口商品的换汇成本即表示用多少人民币可换回一个单位的外汇。

核算出口商品换汇成本的意义：①比较不同种类出口商品的换汇成本，以便调整出口商品的结构，即出口换汇成本低的商品。②对同类商品比较出口到不同国家或地区的换汇成本，作为选择销售市场的一个依据。③对同类商品比较不同时期的换汇成本，以便对出口措施进行分析。

应该注意出口商品换汇成本计算中涉及的出口销售外汇净收入和出口总成本两个指标都是以 FOB 为基础计算的。

（三）利润和利润率

利润和利润率指标是企业、投资人和贷款人非常关心的一个财务指标，使用这一指标更符合国际惯例。

计算出口商品的利润和利润率指标与会计和财务管理课程中所给出的定义一致，所不同的是考核对象为出口商品，因此，在计算中要注意出口成本和出口销售收入的核算，以及不同货币之间的换算。因为出口成本中许多成本项目是以本币计价的，而直接得到的出口销售收入大多是以美元结算的，所以会遇到不同货币之间的换算问题。

例 9-3 2004 年 9 月，我国一家贸易公司向日本出售一批货物，出口总价为 50 万美元 CIFC3 横滨，其中从中国天津至横滨的运费和保险费占 10%。这批货物的国内进价为人民币 3 500 000 元（其中含 17% 的增值税），该公司的经营费用为国内进价的 5%，该种出口商品的退税率为 8%。2004 年 12 月 8 日，结汇时中国银行外汇牌价的美元买入价为：1 美元折合人民币 8.30 元。

（1）试计算当时这笔出口交易的换汇成本是多少？在这笔交易中贸易公司每一美元的收入，用人民币衡量获得的利润是多少？整笔交易的利润率又是多少？

（2）假如这笔出口交易是在 2009 年进行的，2009 年 12 月 8 日结汇时中国银行外汇牌价的美元买入价为：1 美元折合人民币 6.83 元。试问在这笔交易中贸易公司每一美元的收入，用人民币衡量获得的利润又是多少？与 2004 年同时期相比有什么不同？为什么？

解：

$$（1）\text{出口商品的换汇成本} = \frac{\text{FOB 出口总成本（人民币）}}{\text{出口销售外汇净收入}}$$

$$\begin{aligned}\text{以 FOB 为基础的出口总成本} &= \text{进货价（含增值税）} + \text{国内费用} + \text{税金} \\ &= 3\,500\,000\text{ 元人民币} + \text{经营费用} \\ &\quad - \frac{3\,500\,000\text{ 元人民币}}{1 + \text{增值税率}} \times \text{退税率} \\ &= \left(3\,500\,000 + 3\,500\,000 \times 5\% - \frac{3\,500\,000}{1 + 17\%} \times 8\%\right)\text{元人民币} \\ &= 3\,500\,000\text{ 元人民币} \times (1 + 0.05 - 0.08 \div 1.17)\end{aligned}$$

$$=3\,500\,000\text{ 元人民币}\times(1+0.05-0.068)$$
$$=3\,437\,000\text{ 元人民币}$$

$$\text{出口销售外汇净收入}=\text{出口总价}-\text{运费}-\text{保险费}-\text{佣金}$$
$$=\text{CIFC3}-\text{CIFC3}\times 10\%-\text{CIFC3}\times 3\%$$
$$=50\text{ 万美元}\times(1-10\%-3\%)$$
$$=43.5\text{ 万美元}$$
$$=435\,000\text{ 美元}$$
$$=435\,000\times 8.30\text{ 元人民币}$$
$$=3\,610\,500\text{ 元人民币}$$

$$\text{出口商品的换汇成本}=\frac{\text{出口总成本（人民币）}}{\text{出口销售外汇净收入}}$$
$$=\frac{3\,437\,000\text{ 元人民币}}{435\,000\text{ 美元}}$$
$$=7.90\text{ 元人民币/美元}$$

贸易公司每一美元的收入，用人民币衡量获得的利润是：

$$(8.30-7.90)\text{ 元人民币}=0.40\text{ 元人民币}$$

$$\text{利润率}=\frac{\text{利润}}{\text{出口销售收入}}$$
$$=\frac{\text{出口销售收入}-\text{出口成本}}{\text{出口销售收入}}$$
$$=\frac{\text{CIFC3}-\text{出口成本}}{\text{CIFC3}}$$

其中，出口成本计算如下，

$$\text{出口成本}=\text{进货价（含增值税）}+\text{国内费用}+\text{税金}+\text{运费}+\text{保险费}+\text{佣金}$$
$$=\text{进货价(含增值税)}\times\left(1+\text{经营费用率}-\frac{\text{退税率}}{1+\text{增值税率}}\right)+\text{CIFC3}(10\%+3\%)$$
$$=3\,500\,000\text{ 元人民币}\times\left(1+5\%-\frac{8\%}{1+17\%}\right)+500\,000\text{ 美元}$$
$$\times 8.30\text{ 元人民币/美元}\times 13\%$$
$$=(3\,437\,000\text{ 元人民币}+539\,500)\text{ 元人民币}$$
$$=3\,976\,500\text{ 元人民币}$$

$$\text{利润率}=\frac{\text{利润}}{\text{出口销售收入}}$$
$$=\frac{\text{CIFC3}-\text{出口成本}}{\text{CIFC3}}$$
$$=\frac{500\,000\times 8.30-3\,976\,500}{500\,000\times 8.30}$$
$$=4.18\%$$

（2）贸易公司每一美元的收入，用人民币衡量获得的利润是：

（6.83 - 7.90）元人民币 = -1.07 元人民币

答：（1）2004 年，这笔出口交易的换汇成本为 7.90 人民币元/美元，贸易公司每一美元的收入，用人民币衡量获得的利润是 0.40 元，整笔出口交易的利润率为 4.18%。

（2）2009 年，贸易公司每一美元的收入，用人民币衡量获得的利润是 -1.07元，也就是说贸易公司每一美元的收入要造成 1.07 元的亏损。与 2004 年同时期比，销售同样的商品，一个盈利 0.40 元，一个亏损 1.07 元。说明其他条件不变，只因为本币人民币升值，就会造成国内企业出口成本的增加，使原本有利可图的出口商品，无法在维持原售价的基础上继续出口。

本章小结

价格条款是合同中的重要条款之一。在确定具体价格条款的内容时，首先要熟知作价的方法、佣金的计算和给付方式、折扣和计价货币与支付货币的选择。其次，本章就价格换算部分需要掌握的四个主要的、最基本的换算关系式进行了说明，并且给出了由这四个最基本的换算关系式导出的 FOB、CFR 和 CIF 三个贸易术语含佣价和净价之间报价的核算关系。最后，本章对分析出口盈亏的主要指标作了说明，特别是对出口商品的主要成本构成、出口商品换汇成本的含义和核算出口商品换汇成本的意义作了比较详细的说明。

本章重要概念

出口报价　价格换算　佣金　支付货币　固定价格　滑动价格　出口商品的定价　换汇成本

本章推荐阅读文献

［1］宋耀基. 一次报价后的马拉松谈判［J］. 世界机电经贸消息，2004（1）：54-56.

［2］王善论. 国际贸易实务解惑 500 题［M］. 北京：对外经济贸易大学出版社，2007.

［3］张雪莹，华欣. 新编国际贸易实务（英文版）［M］. 北京：清华大学出版社，2009.

思 考 题

1. 有哪些常见的出口定价策略和方法？

2. 以 CIF 出口合同为例，简要说明出口商品价格的构成因素有哪些？

3. 买卖合同中，出口商品价格的规定方法有哪些？
4. 出口商品的换汇成本是如何计算的？核算这一指标有什么意义？
5. 买卖合同中价格条款应包含哪些主要内容？
6. 计价与支付货币的选择对买卖双方有哪些利弊？
7. 如何通过买卖合同本身规避外汇风险？除此以外，是否还存在其他规避外汇风险的办法？
8. 简要说明出口商品的 FOB 报价的计算方法。
9. 简要说明 CFR 和 CIF 的出口报价计算与 FOB 的出口报价计算的区别。

10. 当出口价格的计价和结算都用本币时，FOB 报价的计算应该用等式“FOB = 出口商品的采购价 ×（1 - 出口退税率）/（1 + 增值税率）+ 各种国内费用 + 利润”，还是等式“FOB = 出口商品的采购价 ×［1 - 出口退税率/（1 + 增值税率）］+ 各种国内费用 + 利润”，为什么？

作　业　题

一、判断题

1. 成本加成定价法是出口商品定价的唯一办法。（　）
2. 变动成本定价法很可能会受到进口国反倾销税的惩罚。（　）
3. 在买卖合同中，采用滑动价格报价是为了规避外汇风险对商品价格的影响。（　）
4. 出口商品的换汇成本越高对出口商越有利。（　）
5. 短期交货合同的价格条款中的价格规定适宜采用滑动价格。（　）
6. 外汇风险也可以通过合同价格条款加以适当地规避。（　）
7. 一笔国际货物买卖交易如果使用的是第三国货币，则进出口商都不必承担外汇风险。（　）
8. 进行出口退税收入的计算时，可直接用退税率乘以商品的进货价，即含增值税的价格。（　）

9. 当出口价格的计价和结算都用本币时，FOB 报价的计算应该用等式“FOB = 出口商品的采购价 ×［1 - 出口退税率/（1 + 增值税率）］+ 各种国内费用 + 利润”。（　）

10. 目前在中国的边境贸易和周边国家的贸易中，用人民币计价结算比较常见。（　）

二、单项选择题

1. 我国某出口公司出口白色运动袜一批，每打出口成本为 36.00 元，出口价格为 CIFC5 New York USD7.20 Per Dozen，其中已知运费和保险费分别为 0.40 美元和 0.01 美元。佣金和换汇成本分别为（　）。
   A. USD0.36Per Dozen 和 5.00 元人民币/美元
   B. USD0.36Per Dozen 和 5.60 元人民币/美元
   C. USD0.36Per Dozen 和 5.30 元人民币/美元
   D. USD0.22Per Dozen 和 5.30 元人民币/美元
2. 出口商品的换汇成本与人民币对美元的汇率之间存在怎样的关系对出口商来说是有利可图的（　）。
   A. 出口商品的换汇成本等于人民币和美元的比价
   B. 出口商品的换汇成本大于人民币和美元的比价

C. 出口商品的换汇成本小于人民币和美元的比价

D. 出口商品的换汇成本小于或等于人民币和美元的比价

3. 为规避外汇风险给出口商带来的损失，出口商可采用的办法有（　　）。

A. 计价使用软币，结算使用硬币　　B. 计价结算使用外币

C. 计价结算用软币　　D. 计价结算使用本币

4. 向中间商支付佣金的方式，下面哪一种更合适？（　　）

A. 买卖双方签订合同后，卖方即向中间商支付佣金

B. 卖方收到货款前，支付给中间商

C. 买卖双方都要向中间商支付佣金

D. 卖方收到货款后，再支付给中间商

5. 在使用（　　）中，企业中的每一件产品不论出口产品还是内销产品均应分摊总的固定成本和变动成本。

A. 变动成本定价法　　B. 竞争导向定价法

C. 成本导向定价法　　D. 完全成本定价法

6. 我国企业在订立一般国际货物买卖合同时通常采用的作价方法为（　　）。

A. 待定价格　　B. 暂定价格　　C. 固定价格　　D. 后定价格

7. 一笔国际货物买卖交易如果使用的是进口国货币，外汇风险将由谁来承担？（　　）

A. 进口商　　B. 出口商　　C. 银行　　D. 生产商

8. 在中国客商与美国客商的进出交易中，你认为美国客商更愿意使用以下哪一种货币？（　　）

A. 人民币　　B. 美元　　C. 都可以　　D. 欧元

9. 用“FOB = {出口商品的采购价×[1－出口退税率/(1＋增值税率)]＋各种国内费用}/$(E-b)$”这一等式报出的价格核算利润时，其利润率的计算结果是（　　）。

A. b/E　　B. b　　C. E　　D. $(E-b)/E$

10. FOB 价需要在 EXW 价的基础上加上一些成本和费用，（　　）不应该计算到 FOB 价中去。（　　）

A. 码头及装船费　　B. 国内银行利息　　C. 海运运费　　D. 内陆运输成本

11. 如果一笔出口交易以外币进行计价结算，而实践中出口商品的采购价、各种国内费用和利润都是以人民币作为计价货币给出的，则等式“FOB = {出口商品的采购价×[1－出口退税率/(1＋增值税率)]＋各种国内费用＋利润}”应该除以（　　）。

A. 中间价　　B. 银行现钞买入价　　C. 银行现汇买入价　　D. 银行现汇卖出价

三、计算题

1. Heat Cut Applique Table Center（特丽纶烫花盘碟）

UNIT PRICE	AMOUNT
USD 11.95	USD 2 987.50
USD 22.15	USD 5 537.50
USD 26.30	USD 3 287.50

CIF KOBE BY VESSEL

试计算该出口商品的总价是多少？总的保险金额和保险费各是多少（所投保险别的保险费费率为0.27%）？如果该批出口商品的运费为826.88美元，FOB和CFR总报价分别为多少？

2. 我国某公司进口某种商品，外商报价为每公吨16 000美元CFRC2上海。试计算CFR净价和佣金各为多少？如我方要求改报CIFC2，外商应报何价？（投保金额为CIFC2加一成，保险费率为0.5%）

3. 已知条件如本章例9-2所示，问出口企业如果希望出口一美元可以赚得0.68元人民币，该出口企业报出的FOB Tianjin和CIF New York的价格应该是每台变速箱多少美元？另外，将计算结果与例9-2的计算结果进行比较，并作简要说明。

案例分析题

1. 一家美国客商从德国一家制造商处用美元购买一种机械设备。进出口商订立的合同中包含了一个“滑动价格条款”，即允许出口商交货时提高售价以适应制造机械设备所用原材料和工资等成本的提高。后来美元对欧元的汇率发生了较大变化，欧元升值后，出口商出售此种机械设备的利润减少了80%，于是出口商要求提价50%以保护自己的利益。进口商认为按合同价格条款中的有关规定，滑动价格只适用于机器的制造成本提高，但在本案中机器的制造成本并未提高。出口商则坚持由于欧元升值而增加的成本，应该通过滑动价格条款提高售价来解决。你支持谁的看法？为什么？有关汇率变动的风险可以在订立合同价格条款时通过什么办法加以规避？

2. 我国一家出口公司有意向阿富汗出口电视机。经多方联系，阿富汗一贸易商愿作为代理帮助我国公司达成出口电视机的交易。该代理要求每笔交易按成交金额的5%给付佣金。不久，通过该代理商我国出口公司与当地的进口商达成了一项总金额为6万美元的CIPC5交易。买卖合同签订后，该代理商要求我国出口公司立即支付佣金3 000美元。试问我国出口公司是否应该立即给付这笔佣金？为什么？

第十章　国际货物运输

本章内容要点

- 国际货物运输的主要方式——海洋运输
- 其他运输方式
- 海运提单的主要性质和分类
- 其他运输单据
- 合同中的装运条款

第一节　国际货物运输方式

国际货物运输是国际贸易中不可缺少的一个重要环节，涉及多种运输方式，每种运输方式都有其显著特点。运输单据是贸易合同的基本结算单据之一。国际贸易合同中的装运条款是合同的主要条款，合适的运输方式对于买卖双方来说都是一个重要的问题，它关系到货物能否安全运到、费用的多少、货物的传递速度等。因此，在国际贸易中必须选择合适的运输方式，使用合理的装运条款和运输单据。

一、海洋运输

海洋运输是国际贸易运输方式中运载量最大的一种主要运输方式，目前，国际货运总量的80%都是通过海洋运输实现的。与其他运输手段相比，海洋运输具有运量大、运费低、对货物适应性强的优势，但海洋运输受气候和自然条件影响较大，速度慢，风险大。

海运当事人主要有承运人、托运人、货运代理。承运人是指承办运输货物事宜的人，如船公司、船方代理，他们有权签发提单；托运人是指委托他人办理货物运输事宜的人，如出口单位；货运代理是指接受货主或者承运人委托，在授权范围内以委托人名义或以代理人身份办理货物运输事宜的人。受货主委托的代理人，称“货代”；受承运人委托的代理人，称“船代”。

海洋运输按照船舶的经营方式，可分为班轮运输和租船运输两大类。

(一) 班轮运输

1. 班轮运输及其特点

班轮运输（Liner Shipment）是指按照固定的航行时间表，沿着固定的航线，停靠固定的港口，收取相对固定的运费（即“四固定”）的船舶运输方式。在国际海运业务中，除大宗商品利用租船运输外，大都通过班轮运输。班轮运输方式具有以下特点：①“四固定”和“一负责”（由船方负责配载装卸，装卸费包括在运费中，货方不再另付装卸费，船货双方也不计算滞期费和速遣费）。②船货双方的权利与义务和责任豁免，以班轮公司（船方）签发的提单条款为依据。③班轮承运货物的品种、数量较为灵活，货运质量较有保证。因此，少量货物或杂货通常使用班轮运输。

2. 班轮运费

班轮运费是班轮公司向货主收取的。班轮运费包括基本运费和附加费两部分。前者是指货物从装运港到卸货港所应收取的基本运费，它是构成全程运费的主要部分；后者是指对一些需要特殊处理的货物，或者由于突发事件的发生或客观情况变化等原因而需另外加收的费用。

（1）班轮基本运费

1）按货物毛重，即按重量吨（Weight Ton）计收运费，运价表内用“W”表示。

2）按货物体积，即按尺码吨（Measurement Ton）计收运费，运价表内用“M”表示。

3）按毛重或体积计收运费，由船公司选择其中收费较高的作为计费吨，运价表中以“W/M”表示。按此计价时，应以积载系数确定货物是重货还是轻货。积载系数是货物的毛重与体积之比。积载系数大于1的为重货，将以重量计征运费；反之则为轻货，将以体积计征运费。这种方法在国际贸易业务中使用较多。上述重量吨和尺码吨统称为运费吨（Freight Ton），又称计费吨。

4）按商品成交价格计收，又称为从价运费，运价表内用“A. V”或“Ad. Val”表示。从价运费一般按商品在装运地的FOB总货价的一定百分比计收。

5）按货物的重量、体积、价格三者中较高的一种计收，运价表内用“W/M or Ad. Val”表示。

6）按货物重量或体积选择其高者，再加上从价运费计收。运价表内用“W/M plus Ad. Val”表示。

7）按每件货物作为一个计费单位收费，如活牲畜按“每头”收费，车辆按“每辆”收费。

8）临时议定运价“Open Rate”。即由货主和船公司临时协商议定。通常适用于承运粮食、豆类、矿石、煤炭等运量较大、货值较低、装卸容易、装卸速度快的农副产品和矿产品，运费率一般较低。

（2）班轮附加费。班轮附加费的征收，有的是在基本运费的基础上加收一定百分比；有的是按每运费吨加收一个绝对数计算。常见附加运费有以下几种：①燃油附加费。②旺季附加费。③港口拥挤附加费。④转船附加费。⑤绕航附加费。⑥超重、超长附加费。⑦货币贬值附加费。⑧变更卸货港附加费。⑨直航附加费。⑩选港附加费。

（3）班轮运费的计算

1）计算步骤：第一步，查货物等级表。根据货物名称，从货物等级表中查到货物等级（Class）和运费计算标准（Basis）。第二步，查航线费率表。根据货物的装运、目的港找到相应的航线，按货物的等级查到基本运费。第三步，查附加费率（额）表。查出该航线和港口所要收取的附加费项目和数额（或百分比）及货币种类。第四步，计算出运费。根据货物本身的运费吨，以及查到的货物计费标准、基本运价和附加费计算出应付的运费总额。

2）例题：我国某公司以CFR价，由上海向加拿大温哥华出口一批水果汁罐头，毛重为8MT，尺码为10m^3，求该批货物的总运价。

解：正确地译出商品名称“Fruit Juice”；从运价表中的“货物分级表”查出水果汁为8级货，计算标准为M；再查中国上海—加拿大航线的等级费率表，从该表中可以查出8级货的基本费率为每运费吨219.00美元；查附加费率表，查知燃油附加费20%，港口拥挤附加费为10%；总运费 = 219.00 ×（1 + 20% + 10%）×10美元 = 2 847美元

（二）租船运输

租船运输（Charter Transport）又称不定期运输。船舶没有预订的船期表、航线、港口，船方将船舶出租给租船人（承租人）使用，按商定的运价收取运费。

在国际海运业务中，租船方式主要有定程租船和定期租船两种。

（1）定程租船（Voyage Charter）。定程租船简称程租船，是指由船舶所有人提供船舶，在指定港口之间对承租人指定的货物进行一个航次或数个航次的租船运输。

定程租船的特点：①船舶的经营管理由船方负责，船方除对船舶航行、驾驶、管理负责外，还应对货物运输负责。②规定一定的航线和装运的货物种类、名称、数量以及装卸港口，在多数情况下，运费按所运货物数量计算，规定一定的装卸期限或装卸率，并计算滞期费、速遣费。③船货双方的责任与义务，以航次租船合同为准。

关于定程租船的装卸费，具体做法是：①船方负担装货费和卸货费，又可称为“班轮条件”（Liner Terms）。②船方管装不管卸（FO）。③船方管卸不管装

(FI)。④船方装卸均不管（FIO)。⑤船方不管装卸、理舱和平舱（FIOST)。

（2）定期租船（Time Charter)。定期租船又称期租船，是指船舶所有人将船出租给承租人，供其使用一个时期的租船运输方式。租船期限可长可短，在租赁期间，船方负责提供船员，负责船舶的维护、修理和机器的正常运转；船舶交租船人自行调度使用，租金按租期每月每吨若干金额计算。

定期租船的特点：①不规定船舶航线和装卸港口，只规定船舶航行区域，除特别规定外，可以装运各种合法货物。②不规定装卸期限或装卸率，不计算滞期费、速遣费。③船货双方的权利与义务，以期租船合同为准。

此外，还有一种称为光船租船（Bareboat Charter）的定期租船方式，是指船舶所有人将船舶出租给承租人供其使用，但其提供的是一艘空船，由租船人自行配备船员，负责船舶的航行和经营等事项。光船租船实际上属于财产租赁。表10-1对定程租船、定期租船和光船租船三种租船方式进行了归纳和比较。

表10-1 定程租船、定期租船和光船租船比较表

比较类别	定程	定期	光租
租船基础	航程	航期	航期
船舶承租人的权利	小	大	最大
航次成本的负担	船舶所有人	承租人	承租人
固定开支的负担	船舶所有人	船舶所有人	承租人
费用计算	运费，计算滞期费和速遣费	租金，不计滞期费和速遣费	租金，不计滞期费和速遣费
适用情况	多见	多见	少见

与其他运输方式相比，租船运输具有运量大、货种相对单一、装卸港口少、船舶周转快和单位运输成本低的特点，我国大宗货物的进出口运输通常采用此运输方式。

二、铁路运输

铁路运输是仅次于海运的一种主要运输方式。运量较大、运速较快、运输风险明显小于海洋运输，且具有连续性强、运输成本低的优点。我国外贸铁路运输包括通往亚洲和欧洲地区的国际铁路联运和我国港澳地区的国内铁路运输。

国际铁路货物联运是指两个或两个以上国家之间进行铁路货物运输时使用一份统一的国际联运票据，从发货国家的始发站到收货国家的终点站，只要在始发站办妥托运手续，由一国铁路向另一国铁路移交货物时，无需发货人、收货人参加，铁路当局对全程运输负连带责任。国际铁路货物联运简化了运输手续，节省了运输时间，减少了运输费用，给托运人和承运人带来了方便。

采用国际铁路货物联运，有关当事国事先必须有书面约定。目前，国际铁路运输公约主要有两个，一个是《国际货约》，另一个是《国际货协》。

1890年，澳大利亚、法国、比利时等国在瑞士伯尔尼举行的各国铁路代表大会上制定了《国际铁路货物运送规则》，1938年修改，改称《国际铁路货物运送公约》，又称《伯尔尼货运公约》，简称为《国际货约》。

1951年，苏联和东欧一些国家在波兰华沙签订了《国际铁路货物联运协定》，简称《国际货协》，后经过了多次修改和补充。《国际货协》有些成员同时也参加了《国际货约》。中国加入了《国际货协》，但未加入《国际货约》。

三、航空运输

航空运输（Air Transport）是一种现代化的运输方式，与海洋运输、铁路运输相比，具有运输速度快、货运质量高，且受地面条件限制较少等优点。因此，它最适宜运送急需物资、鲜活商品、精密仪器和贵重物品。近年来，随着国际贸易的迅速发展以及国际货物运输技术的不断现代化，采用空运方式也日趋普遍。国际空运货物主要采用以下几种运输方式：

（1）班机运输（Schedul Flight）。班机运输是指在固定航线上飞行的航班，它有固定的始发站、途经站和目的站。一般航空公司都使用客货混合型飞机。

（2）包机运输（Chartered Flight）。包机是指包租整架飞机或由几个发货人（或航空货运代理）联合包租一架飞机来运送货物。因此，包机又分为整包机和部分包机两种形式。前者适合运送大批量的货物，后者适用于多个发货人，但货物到达站又是同一地点的货物运输。

（3）集中托运（Consolidation Consignment）。集中托运由空运货代公司将若干个发货人的货物集中起来组成一整批货，由其向航空公司托运到同一到站地，货到国外后由到站地的空运代理办理收货、报关并分拨给各个实际收货人。此种方式运费低，业务中较多采用。

（4）急件传递（Air Express）。它是由专门经营这项业务的公司与航空公司合作，设专人用最快的速度在货主、机场、用户之间进行传递。这种方式适用于急需的药品、贵重物品、货样及单证的传送。它又被称为“桌到桌运输”。

四、邮包运输

邮包运输是一种较简便的运输方式，通过各国邮政部门之间签订的协议和公约，各国邮件包裹可以相互传递，形成国际间邮政运输网。由于邮包运输对每件邮包的重量和体积有限制，故该方式仅适合运输量轻、体积小的小商品，如精密仪器、机器零件、金银首饰、药品以及其他零星物品等。由于国际邮包运输具有国际多式联运和“门到门”运输的性质，手续简便，费用较低，已成为国际贸易中普遍采用的运输方式之一。

五、集装箱运输

（一）集装箱概述

集装箱运输（Container Transport）是将一定数量的小包装货物装入特制的标准规格的集装箱内，以集装箱作为运输单位所进行的现代化运输方式，可适用于多种运输方式。与传统的货物运输方式相比，集装箱运输具有装卸效率高、货运速度快、货运质量高、节省包装费用及运杂费、降低运输成本等特点；它不仅改变了传统的运输面貌，而且对贸易方式、国际惯例和国际公约都产生了巨大影响，目前在国际货物运输中运用得较为普遍。

为了便于统计计算，国际上采用标准集装箱箱位（简称“标准箱”或“标箱”）TEU（Twenty-foot Equivalent Unit，20ft 集装箱）可装重量最多 17.5MT 或 $25m^3$（8ft×8ft×20ft），作为标准计算单位，在统计型号不同的集装箱时，按集装箱的长度一律换算成 20ft 单位（TEU）加以计算。

（二）集装箱货物装箱方式

CY（Container Yard）是指集装箱堆场，适合于整箱货的交运，由货方在工厂或仓库进行装箱后直接运交到集装箱堆场。CFS（Container Freight Station）是指集装箱货运站。拼箱货的交运需由承运人在集装箱货运站负责将不同发货人的少量货物拼在一个集装箱内。

（1）整箱货（Full Container Load，FCL）是指货方自行将货物装满整箱后，直接运往集装箱堆场，以箱为单位交由承运人托运的一种方式。

（2）拼箱货（Less than Container Load，LCL）是指承运人（或代理人）接受货主托运货物的数量不足整箱的零散货运后，在集装箱货运站根据货物的性质和目的地的不同进行分类整理，把不同货主运往同一目的地的货物拼装在一个集装箱内，货到目的地（港）以后再由承运人拆箱后分拨给不同收货人的一种托运方式。

（三）集装箱货物交接地点和方式

（1）门到门（Door to Door），即从发货人工厂或仓库至收货人工厂或仓库。整个运输过程都是集装箱运输方式，最适合于整箱交、整箱接。

（2）门到场站（Door to CY or CFS），即从发货人工厂或仓库至目的地（港）的集装箱堆场或货运站。该方式中，由门至场站为集装箱运输，由场站至门为货物运输，适合于整箱交、拆箱接。

（3）场站到门（CY or CFS to Door），即从装运地的集装箱堆场或货运站至收货人工厂或仓库。该方式中，由门至场站为货物运输，由场站至门为集装箱运输，适合于拼箱交、整箱接。

（4）场站到场站（CY or CFS to CY or CFS），即从装运地的集装箱堆场或货运站至目的地（港）的集装箱堆场或货运站。该方式中，中间一段为集装箱运输，两端为货物运输，适合于拼箱交、拆箱接。

（四）集装箱运费

与海运运费一样，集装箱运输的费用也一般包括基本运费和杂费两个部分。集装箱基本运费计收，采用班轮公司的运价表或船公司的运价表。中国远洋运输（集团）总公司按航线、货种和箱型，定有集装箱货物运价表。对整箱货采用包箱费率的形式，即对具体航线实行分货种和箱型的包箱费率（Box Rate）或不分货种只按箱型的包箱费率。而对拼箱货，则按货物品种及不同的计费标准计算运费。除基本运费外，集装箱货物也要加收附加费。集装箱班轮公司规定有一些按季节、分地区向托运人或收货人收取的附加费，包括港口拥挤附加费、变更卸货港附加费、选择卸货港附加费、燃油附加费、货币贬值附加费、旺季附加费和空箱调运费等。

六、国际多式联运和大陆桥运输

（一）国际多式联运

国际多式联运是一种在集装箱运输基础上产生和发展起来的一种综合性连贯运输方式，它以集装箱为媒介，把海陆空各种单一的传统运输方式有机地结合起来，组成一种国际间的连贯运输。国际多式联运需具备下列条件：

（1）必须是至少两种不同运输方式的国际间连贯运输。

（2）有一份多式联运合同，合同中明确规定多式联运经营人和托运人之间的权利与义务、责任和豁免。

（3）使用一份包括全程的多式联运单证。

（4）由一个多式联运经营人对全程运输负责。

（5）它是全程单一的运费费率。

开展国际多式联运是实现“门到门”运输的有效途径，它简化了手续，减少了中间环节，加快了货运速度，降低了运输成本，并提高了货运质量。货物的交接地点也可以做到门到门、门到港站、港站到港站、港站到门等。

（二）大陆桥运输

大陆桥运输（Land Bridge Transport）是指使用横贯大陆的铁路（公路）运输系统作为中间桥梁，将大陆两端的海洋连接起来的集装箱运输方式。大陆桥运输具有运输里程短、运输成本低、货物运输快的优点。

目前，世界主要的大陆桥运输线有三条。第一条是北美大陆桥，是指利用北美的大铁路从远东到欧洲的“海—陆—海”联运，该陆桥运输包括美国大陆桥运输和加拿大大陆桥运输。第二条是西伯利亚大陆桥运输线（或称亚欧第一大陆桥），它以俄罗斯西伯利亚铁路作为桥梁，将远东地区与波罗的海、黑海沿岸和西欧大西洋口岸连接起来。西伯利亚大陆桥运输线是目前世界上最长的也是最重要的大陆桥运输线路。第三条是新亚欧大陆桥，也被称为“新丝绸之路”，始于中国东部连云港，终于荷兰鹿特丹，全长一万多公里。它在穿越亚欧大陆腹地的草原、山地和戈壁时，与古丝绸之路重合，使得太平洋和大西洋通过新亚欧大陆桥沟通起来，实现了“海—陆—海”的联运。

第二节 国际货物运输单据

运输单据是承运人收到承运货物后签发给出口商的证明文件，它是交接货物及出口结汇的重要单据。运输单据的种类很多，包括海运提单、海运单、铁路运单、承运货物收据、航空运单、多式联运单据等。

一、海运提单

（一）海运提单的含义、性质和作用

在海运和内河运输中，主要运输单据是海运提单（Bill of Lading，B/L），简称提单。是指承运人（或其代理）签发的，证明已收到特定货物，允诺将货物运到特定的目的地并交付给收货人的凭证。同时，海运提单也是收货人在目的港据以向承运人提取货物的凭证。正本提单是代表货物所有权的凭证，可以转让。收货人在目的港提取货物时，必须提交正本提单。

提单的性质和作用主要表现在以下三个方面：①提单是承运人或其代理人出具的货物收据，证实其已按提单的记载收到托运人的货物。②提单是代表货物所有权的凭证，提单的持有人拥有支配货物的权利，因此，提单可以提货，可以向银行议付货款，提单还可以转让或抵押。③提单还是承运人与托运人间订立的运输契约的证明，其上面列明了双方当事人的权利与义务。货物装船完毕后，托运人即可持大副签章的收货单换取已装船提单。

（二）提单的主要内容

提单正面内容分别由托运人、承运人或其代理人填写，通常包括托运人（Shipper）、收货人（Consignee）、被通知人（Notified party）、装运港或收货地（Port of loading or place of receipt）、目的地或卸货港（Destination or port of discharge）、船名、航次、货名及件数、毛重及体积、运费、提单签发数、签单日期及签单人。有一点需要注意，承运人签发的正本提单有一或若干份，凭其中任何一份提货后，其余各份均告失效。

提单背面印有明确承运人与托运人、收货人、提单的持有人之间权利和义务的运输条款。在国际海运实践之初，承运人往往滥用其签发提单的便利，在提单上订有大量免责条款，给海上运输乃至贸易、金融和保险界造成了很大的混乱。为了限定承运人的责任，缓解船货双方矛盾并统一提单背面条款内容，各国曾先后签署了有关提单的国际公约《海牙规则》、《维斯比规则》和《汉堡规则》。

（三）海运提单的种类

（1）根据货物是否已经装船，可分为已装船提单和备运提单。①已装船提单（On-Board B/L）是指承运人已将货物全部装上指定船舶后所签发的提单。其特点是提单上有载货船舶名称和装船日期。②备运提单（Received for Shipment B/L）又称收讫待运提单，是指承运人收到托运货物等待装船期间签发给托运人的提单。这种提单上没有装船日期和具体船名，将来货物能否装运，何时能够装运，都很难预料，因此，买方一般都不愿意接受这种提单。《UCP 600》规定，在信用证无特殊规定的情况下，要求卖方必须提供已装船提单，银行一般不接受备运提单。但装船后，托运人可用备运 B/L 向承运人换取已装船 B/L。

（2）根据货物外表有无不良批注来划分，可分为清洁提单和不清洁提单。①清洁提单（Clean B/L）是指货物装船时，表面状况良好，承运人在签发提单时未加任何货损、包装不良或其他有碍结汇批注的提单。买方和银行一般只接受清洁提单。②不清洁提单（Unclean B/L）是指承运人收到货物之后，在提单上加注货物外表状况不良，或货物存在缺陷和包装破损等批注的提单。例如，“2 箱有污渍”、“3 箱破损”等。只有托运人改正了货物的上述缺陷，才可改签清洁提单。但仅对包装物作描述性的说明，如“旧箱、旧桶包装”等，不算不良批注。

（3）根据运输方式来划分，有直达提单、转船提单和联运提单。①直达提单（Direct B/L）是指货物运输途中不经过换船而驶往目的港时承运人所签发的提单。凡合同和信用证规定不准转船者，必须使用这种直达提单。②转船提单（Transshipment B/L）是指从装运港装货的轮船，不直接驶往目的港，而需在中途换装另外船舶时承运人所签发的提单。在这种提单上要注明“转船”或“在××港转船”字样。③联运提单（Through B/L）是指通过海运与其他运输方式联运时，第一承运人签发的包括全程运输手续及运费的全程提单。但一般来讲，第一承运人会在提单上载明只负责自己承运区段的责任。

（4）根据抬头（收货人）不同来划分，有记名提单、不记名提单和指示提单三种。①记名提单（Straight B/L）。在收货人栏内列明收货人名称，货物只能交给收货人，不能背书（Endorsement）转让。此种提单可以不凭正本提单提货，此时该提单就失去了物权凭证的作用，一般用于买方预付货款的情况。②不记名提单（Bearer B/L）。收货人栏内不需列任何收货人，只写明“货交提单持有人”，或不填写任何内容的提单。谁持有提单，谁就可凭以提货，船方交货是凭单不凭人。由于记名提单不能流通使用，不记名提单风险大，因而这两种提单很少使用。③指示提单（Order B/L）。收货人栏内填写“凭指定”（to order）或“凭某人指定”（to order of...）字样，此种提单经过背书才能转让。这种提单有利于货物的转售和资金的周转，业务中使用较多。

指示提单的背书有“空白背书”和“记名背书”。空白背书是由背书人（提单转让人）在提单背面签章，但不注明被背书人的名称；记名背书除了背书人签章外，还要注明被背书人的名称，如再行转让必须再加背书。目前使用最多的是凭指定并经空白背书的提单，习惯上称其为“空白抬头、空白背书”提单。

（5）根据内容繁简不同来划分，可分为全式提单和简式提单。①全式提单（Long term B/L）是指提单既有正面内容，又在背面列有承运人和托运人权利、义务的提单。②简式提单（Short term B/L）是省略提单背面条款的提单。

（6）根据船舶营运方式的不同来划分，可分为班轮提单和租船提单。①班轮提单（Liner B/L）是指由班轮公司承运货物后签发给托运人的提单。②租船提单（Charter party B/L）是指承运人根据租船合同签发的提单。提单上通常注明“一切条件、条款和免责事项按照××租船合同”字样。

（7）根据提单使用效力的不同来划分，可分为正本提单和副本提单。①正本B/L（Original B/L）有承运人、船长/代理人签字盖章并注明签发日期。提单上标明“正本”（Original）字样。②副本B/L(Copy B/L）无签字盖章，仅供参考，不能流通转让。提单上有“Copy”或“Non negotiable”字样。

（8）其他种类提单

1）舱面提单（On deck B/L）是指承运人签发的提单上注有“货装甲板”字样的提单。这种提单的托运人一般都向保险公司加保舱面险，以保货物安全。除非信用证特别授权，银行不接受舱面提单。《UCP 600》第二十六条a款规定：运输单据不得表明货物装于或者将装于舱面。运输单据内有货物可能装于舱面的规定，但未特别注明货物已装/将装于舱面，银行可接受该B/L。

2）过期提单（Stale B/L）是指信用证项下错过规定的交单日期或者晚于货物到达目的港的提单。前者是指卖方超过提单签发日期后21天才交单议付的提单，银行拒绝接受此类提单；后者是在近洋运输时，货物先到单据后到，所以在近洋国家间的贸易合同中，一般都订有“过期提单可以接受”的条款。

3）集装箱提单（Container B/L）是指以集装箱装运货物所签发的提单。集装箱提单有两种形式：一种是在普通的海运提单上加注“用集装箱装运”字样。另一种是使用“多式联运提单”，这种提单的内容增加了集装箱号码和封号，应在L/C上注明多式联运提单可接受。

4）倒签提单（Antedated B/L）是承运人应托运人的要求，在货物装船以后，以早于该票货物实际装船完毕的日期作为签发日期所签发的提单，为了符合L/C关于装运日期的规定。如实际装船日期是6月25日，为了符合客户6月21日之前装货的要求，则将提单日期倒签至6月21日，以符合客户规定的装运期。《海牙规则》规定，提单应以全部货物装船完毕之日为签单日期，否则均为倒签提单。

5）预借提单（Advanced B/L）是指货物尚未装船或装船尚未完毕，而装运期将要到期，托运人为取得货款而要求承运人预先签发“货已装船”的B/L。按规定，提单须于货物装船完毕时签发，倒签也好预借也好，提单日期都不是真正的装船日期，这种行为侵犯了收货人的合法权益，故应尽量减少或杜绝使用。上述两种提单均须托运人提供担保函才能获得。

二、其他运输单据

（一）海运单

海运单（Seaway Bill）是承运人或代理向托运人签发的表明已经收到托运人的货物并拟将该货物运往指定目的港、直接交给指定收货人的凭证。海运单是近十几年来越来越多地被各国采用的，在近海贸易中用来代替海运提单的一种运输单据。海运单是一种承运人出具的货物收据，并且是承运人和托运人之间的运输契约的证明，但它不是一种物权凭证，故而不可转让。收货人不凭海运单提货，而是凭到货通知提货。因此，海运单收货人一栏应填写实际收货人的名称和地址，以利货物到达目的港后通知收货人提货。

在国际贸易中，有时会出现因为航程较短或银行审单、寄单时间长而导致货到单不到的情况。如果使用海运提单，则收货人无法提货，或者凭银行担保提货而增加费用开支。在这种情况下，海运单的使用将使收货人得以方便提货。海运单虽然有方便进口商及时提货，简化手续，节省费用，还可以在一定程度上减少以假单据进行诈骗等优点，但海运单对买卖双方和相关银行依然存在风险。对卖方来说，直接以买方为收货人将导致过早转移所有权而出现收款风险；对银行来说，也无法通过控制单据而控制物权；对买方来说，如果付款期早于到货期，则有可能因托运人指示承运人变更收货人而遭受损失，故海运单更适合于航程短且风险较小的交易。

（二）国际铁路联运运单

国际铁路联运运单（Railway Bill）和运单副本，是由参与国际铁路货物联运业务的铁路始发站签发给发货人的货物收据和运输契约，是明确双方权利与义务关系的书面凭证，此外还作为铁路与发货人收取运杂费用与处理索赔理赔的依据。国际铁路联运运单不是物权凭证，必须做成记名抬头，不能背书转让，不能凭以提货。货到目的地后，国际铁路联运运单抬头上记名的收货人接承运人通知后，凭有效证件提货。

同海运提单不同，铁路联运运单正本随货物自始发站到终点站，最后由终点站连同货物交给收货人。国际铁路联运运单副本，在铁路加盖承运日期戳记后发还给发货人，它是卖方凭以向银行结算货款的主要单据之一，当所运货物及单据丢失时还可以作为向铁路索赔的凭证。

（三）承运货物收据

承运货物收据（Cargo Receipt）在对中国香港、中国澳门的铁路运输中，承运人（一般是中国对外贸易运输公司）收到货物、装上火车并取回铁路证明后签发给托运人的货物收据。由于对中国香港和中国澳门出口的运输是一种特定的运输方式，铁路部门承运供港货物后，只负责始发站至深圳北站（或广州南站）这段运输，货抵深圳后，由深圳外运代表发货人向铁路办理租车，然后过轨去中国香港，由外运在中国香港的代理中国旅行社货运公司继续办理港段运输。因此，对中国香港和中国澳门的出口运输实质是两票运输，内地运单不能作为对外结汇的凭证。

根据这种情况，各地外运公司以货运代理的身份向各进出口公司（或工贸公司）签发经深圳中转中国香港货物的承运货物收据，作为向银行结汇的凭证。承运货物收据相当于海运提单或国际联运运单副本，它既代表货物所有权，又是中国香港地区收货人的提货凭证。

（四）航空运单

航空运单（Airway Bill）是承运人与托运人之间签订的运输契约，也是承运人或其代理人签发的货物收据。航空运单不仅应有承运人或其代理人的签字，还必须有托运人的签字。航空运单和铁路联运运单一样，不是物权凭证，不能凭其提取货物，必须做成记名抬头，不能背书转让。收货人凭航空公司的到货通知书和有关证明提货。

航空运单正本一式三份，分别交航空公司、托运人和随机带交收货人，托运人凭留存的第三本正本办理结算；副本若干份，由航空公司按规定分发。

（五）邮包收据

邮包收据（Parcel Post Receipt）是邮包运输的主要单据。它既是邮局收到寄件人邮包后所签发的凭证，也是收件人凭以提取邮件的凭证。当邮包发生损坏或灭失时，它还可以作为索赔和理赔的依据，但邮包收据不是物权凭证。

（六）多式联运单据

多式联运单据（Multimodal Transport Document，MTD）是由承运人或其代理人签发，其作用与海运提单相似，既是货物收据，也是运输契约的证明。在单据做成指示抬头或不记名抬头时，可作为物权凭证，经背书可以转让。多式联运单据如签发一份以上的正本单据应注明份数，其中一份完成交货后，其余各份正本即失效。副本单据没有法律效力。多式联运单据与联运提单有共同之处，但性质上却有较大的区别。两者的主要区别是：①联运提单限于在由海运与其他运输方式所组成的联合运输时使用。多式联运单据既可用于海运与其他运输方式的联运，也可用于不包括海运的其他运输方式的联运，但仍必须是至少两种不同运输方式的联运。②联运提单由承运人、船长或其代理人签发。多式联运单据则由多式联运经营人或经他授权的人签发。多式联运经营人也可以完全不掌握运输工具，全程运输由各分承运人负担。③联运提单的签发人仅对第一程负责，而多式联运单据的签发人（多式联运经营人）则要对全程运输负责。

表 10-2 对几种主要的运输单据进行了比较。

表 10-2　几种主要运输单据比较

单据种类	货物收据	物权凭证	运输契约	运输契约的证明
海运提单	是	是	否	是
海运单	是	否	否	是
国际铁路联运运单	是	否	是	否
航空运单	是	否	是	否
邮包收据	是	否	是	否
承运货物收据	是	否	是	否
多式联运单据	是	不可转让的：否 可转让的：是	否	是

第三节　合同中的装运条款

在国际贸易洽谈时，买卖双方除就贸易商品的品质、规格、价格事项等进行洽谈外，还必须就装运时间、装运地点、是否允许分批装运与转船、装运通知以及滞期、速遣条款等问题进行商定，以保证进出口合同顺利履行。

一、装运时间

装运时间（Time of Shipment）又称装运期，是卖方将货物装上运输工具或交给承运人的期限。这是合同中的一项重要条款，明确、合理地规定装运条款，是保证进出口合同顺利履行的重要条件。

（一）装运时间的规定方法

（1）明确规定具体装运时间。将装运时间确定在一段时间内，而不是确定在一个具体日期上，如“某年某月装运”、“某年某季度装运”等，这种规定方法含义清楚，期限具体，双方当事人不会对此产生歧义，引起纠纷。

（2）规定在收到信用证后一定时间内装运。一般来说，开证日期比装运日期要提前 30～45 天（根据不同商品具体而定）。对某些外汇管制较严的国家和地区的买方，或对某些资信较差的买方，多采用这种方式规定装运时间。如合同中订明：shipment within 30 days after receipt of L/C。在采用此种方法规定装运时间时，应在合同中规定信用证的开到或开出期限，避免买方拖延，影响履约。如在合同中订明：the buyer must open the L/C to reach the seller before ×× date。

（3）收到信汇、票汇或电汇若干天后装运。

（4）笼统规定近期装运。笼统规定装运期的做法有“近期装运”、“立即装运”、“即刻装运”等，但这些措辞易引起分歧，故应慎用，《UCP 600》规定银行对这些词汇不予置理。

（二）规定装运时间的注意事项

（1）考虑货源和船源的实际情况。在规定装运时间时要统筹考虑货源和船源的情况，避免出现有船无货和有货无船的情况。

（2）对装运期的规定应当适度，装运期过短，势必给船货安排带来困难，过长也不合适，特别是采用收到信用证后若干天内装运的条件下，会造成买方占压资金，影响资金周转，从而反过来影响卖方的售价。

（3）要根据不同货物和不同市场需求确定装运期。如无妥善装载工具和设备，易腐烂、易潮、易溶化货物一般不宜在夏季、雨季装运。

二、装运港（地）和目的港（地）的规定和注意事项

装运港（Port of Shipment）是指货物起始装运的港口，对于 FOB 合同，装运港为合同要件；目的港（Port of Destination）是指最终卸货的港口，对于 CIF 合同，目的港为合同要件。为了方便卖方安排装运，装运地点一般由卖方指定经买方同意后确定。

（一）装运港（地）的规定方法及注意事项

1. 装运港（地）的规定方法

（1）一般情况下，买卖合同中只规定一个装运地点。如“装运港：大连”（Port of Shipment：Dalian）。

（2）若明确规定装运港（地）有困难，如货物数量较大或来源分散，集中一点装运有困难，可规定两个或两个以上装运港（地）。如，Port of shipment：Zhanjiang /Huangpu /Tianjin。

（3）可以采用规定选择港的办法。选择港一般不超过三个，且应为同一航线，运费相当的港口。

（4）有时货源不十分固定，可不规定具体港口。例如，在中国港口装运（Shipment from Chinese port）。

2. 规定装运港（地）时应注意的问题

在实际业务中应综合考虑多方面因素，根据合同使用的贸易术语和运输方式合理选择装运港或装运地。

（1）原则上选择靠近产地、交通方便、费用较低、基础设施较完善的地点。

（2）采用 FOB 贸易术语成交时，买方应特别注意装运港的装载条件是否适合；采用 CFR、CIF 贸易术语成交时，卖方应争取多个装运港，便于合同履行时灵活掌握。

(3) 采用集装箱运输，一般以 CY 或 CFS 作为装运地点。

(二) 目的港（地）的规定方法及注意事项

1. 目的港（地）的规定方法

目的港（地）一般由买方提出，卖方同意后确定。通常规定一个目的港；有时明确目的港有困难，买方可规定两个或两个以上的目的港；个别也有作笼统规定的，由买方在装运期前通知卖方。

2. 规定目的港（地）时应注意的问题

(1) 规定国外目的港时，应明确、具体，避免“欧洲主要港口”、“非洲主要港口”等笼统提法。

我国某公司按 CFR 条件向日本出口红小豆，合同规定卸货港为日本口岸。发运前，有一货轮开往日本大阪和神户。我方业务员电询日方在日本哪个口岸卸货合适。当时，红小豆价格下跌，日商故意指示将货物卸在日本东北部一个很偏僻的小港。我方表示有困难，要求卸在大阪或神户，日商坚持不同意，并以此为由撤销了合同，使中方遭受损失。

(2) 在进口业务中，规定目的港时，一般应选择接近消费地区的港口为好。

(3) 必须注意目的港的具体条件，如有无直达班轮、港口装卸条件及运费和附加费等。如租船运输时，还应进一步考虑码头泊位的深度、有无冰封期、冰封具体时间以及对船舶国籍有无限制等港口制度。

1996 年，我国某公司按 CIF 魁北克条件出售一批核桃仁。合同规定，装运期不得晚于 10 月 31 日，不准分批装运和转运，并限 11 月 30 日前将货物运到目的地；否则买方有权拒收。我方于 10 月 5 日装船完毕，但 11 月 25 日船到加拿大东海岸时，魁北克港即开始结冰，承运人怕船舶驶入魁北克后出不来，指示船长中途在哈利法克斯卸货，然后转换铁路火车续运到目的地，当货到魁北克港时已是 12 月 2 日。于是，买方以货物晚到为由，要求中方降价 20% 以弥补其损失；否则，拒绝提货。后经交涉，我方降价 15% 了结此案。我方损失 36 万美元。我方的错误在于不清楚魁北克港是季节性港口，每年 11 月即进入冰冻期。另外，还错误地应用了 CIF 术语。

(4) 应注意国外港口有无重名的问题。世界各国港口重名很多，例如，维多利亚港世界上有 12 个之多，为防止差错和引起纠纷，应在合同中订明港口所在的国家或地区。

印度一公司向利比亚买方按 CIF 条件出售一批商品，双方约定装运港为加尔各答，目的港为的黎波里。但是卖方误将货物运到黎巴嫩的的黎波里港，并在那里卸货。买方实际没有收到货物，便向法院控告卖方，法院判决买方胜诉。卖方的错误在于疏忽了黎波里港（Tripoli）的重名问题。

（5）国家政策是否允许。不能以我国政府不允许进行贸易往来的国家或地区作为目的地。

三、分批装运和转运

（一）分批装运

分批装运（Partial Shipment）是指一笔成交的货物，分若干批交付装运。《UCP 600》中对分批装运的规定：第三十一条a款，除非信用证另有规定，允许分批发运。第三十一条b款，表明使用同一运输工具并经由同次航程运输的数套运输单据在同一次提交时，只要显示相同目的地，将不被视为分批装运，即使运输单据上表明的发运日期不同或装货港、接装地或发送地点不同，如果交单由数套运输单据构成，其中最晚的一个发运日将被视为发运日。第三十二条，若其中一期未按规定装运，则信用证对该期及以后各期均告失效。

我国某公司出口500MT散装花生米。合同规定从中国港口运往伦敦，分5个月装运。3月80MT，4月120MT，5月140MT，6月110MT，7月50MT，每月不许分批装运。卖方按信用证要求于3月和4月分别在青岛装运80MT和120MT，顺利结汇。于5月20日和5月28日分别在青岛和烟台同船同航次装运70.5MT和64.1MT，共134.6MT。买方将两套单据寄给开证行时，银行认为违反了每月禁止分批装运条款且数量少5.4MT，以单证不符为理由拒付。银行拒付是否合理?

结论是银行拒付无理。按照《UCP 600》第三十一条b款规定：表明使用同一运输工具并经由同次航程运输的数套运输单据在同一次提交时，只要显示相同目的地，将不视为分批装运，即使运输单据上标明的发运日期不同或装货港、接地或发送地点不同。

按照《UCP 600》第三十条：散装货物在不超过L/C金额的条件下，数量可有5%的增减。本案5月共装运134.6MT，比约定的140MT少3.86%。

关于分批交货，联合国国际货物销售合同公约有如下规定。《联合国国际货物销售合同公约》第73条A款规定：对于分批交货的合同，如果一方当事人不履行对任何一批货物的义务，使该批货物根本违反合同，则另一方当事人可以宣告合同对该批货物无效；B款规定：如果一方当事人不履行对任何一批货物的义务，使另一方当事人有充分理由断定对今后各批货物将会根本违反合同，该另一方当事人可在一段合理时间内宣告合同今后无效；C款规定：买方宣告合同对任何一批货物的交付为无效时，如果各批货物是相互依存的，不能单独用于双方当事人在订立合同时所设想的目的，可以宣告已交付或今后交货的各批货物均无效。

分批装运的规定方法如下：①只注明允许分批装运，但不作具体规定。例如：Partial shipment is allowed. ②规定分批交货的时间和数量。例如，7、8、9月每月装1 000MT（shipment during July/August/ September 1 000MT monthly）。③规定不准分批装运。例如，Partial shipment is not allowed.

（二）转运

转运（Transshipment）是指货物在运输过程中从某一运输工具上卸下再装上另一运输工具的行为，而不论运输方式是否相同。《UCP 600》第十九条 c 款规定：即使信用证禁止转运，只要同一运输单据涵盖了全程运输，则运输单据上可以注明货物将要或可能被转运；只要提单表明货物装于集装箱、拖船或子船运输，银行仍可接受注明将要发生或可能发生转运的运输单据。

四、装船通知

在卖方租船定舱的情况下，卖方在将货物装上船后，应及时向买方发出已装船通知（Shipping Advice），以确保买方能及时安排接船接货以及在必要的时候及时投保；在买方租船定舱的情况下，也应及时通知卖方装运要求，以做好船货的衔接。

装船通知的内容通常包括：

（1）合同号或订单号或信用证号以及相应日期、发票金额等。

（2）货物的名称、规格、重量、数量、唛头等。

（3）装货港名称、船公司名称、船名、预计开航日期以及预计抵达日期等。

（4）提单号或装运单据号等。

五、装卸时间、装卸率和滞期、速遣条款

在国际贸易中，大宗货物多数采用租船运输，船方为了敦促租船人及时完成装卸任务，就必须在买卖合同中规定装卸时间、装卸率和滞期、速遣条款。

（一）装卸时间

装卸时间（Lay Time）是允许完成装卸任务所约定的时间，一般以天数或小时来表示。装卸时间主要有以下表示方法：

（1）日或连续日。以日表示装卸时间时，从装货或卸货开始，到装货或卸货结束，整个经历的天（日）数就是总的装货或卸货时间。这种规定方法不论是实际不可能进行装卸货物的日子，还是星期日或节假日，都计为装卸时间，即日历日，对租船人很不利。因为这种计算天数的方法没有排除无法进行装卸作业的时间以及节假日。

（2）累计24h好天气工作日。这是指在好天气情况下，不论港口习惯作业为几小时，均以累计24h作为一个工作日。如果港口规定每天作业8h，则一个工作日便跨及几天时间。这种规定对租船人有利，而对船方不利。

（3）连续24h好天气工作日。这是指在好天气情况下，连续作业24h算一个工作日，中间因坏天气影响而不能作业的时间应予以扣除。这种方法一般适用于昼夜作业的港口。当前国际上采用这种规定的较为普遍，我国一般都采用此种规定办法。这种方法比较公平，船、货双方均愿接受。

（二）装卸率

装卸率是指每日装卸货物的数量。对于装卸率的具体确定，一般应遵循港口惯常的装卸速度，规定过高或过低都不合适，应本着实事求是的原则合理约定。如果装卸率规定得过高，一旦无法完成装卸任务，承租人就要承担滞期费的损失；反之，如果装卸率规定得过低，虽能因提前完成装卸任务而得到船方的速遣费，但因船方在预先核算运费时已因较低的装卸率而规定了较高的运费，所以对承租人而言，也同样得不偿失。

（三）滞期费和速遣费

在程租船中，装卸时间的长短影响到船舶的使用周期，直接涉及船方的利益，因而成为程租船合同中的重要条款。滞期费（Demurrage Money）是指货物未能在约定的装卸时间内装卸完毕，使船舶在港口停泊时间延长，给船方造成了经济损失，租船人需按约定补偿给船方的费用。反之，如按约定的装卸时间提前完成装卸任务，使船方节省了在港的费用，船方将其获利的一部分奖励给租船人，称为速遣费（ Despatch Money），速遣费一般为滞期费的一半。

六、其他条款

OCP（Overland Common Points）条款：意为“陆上运输通常可以到达的地点”，简称“内陆地区”，用于美国和加拿大。以美国西部9个州为界，即以落基山脉为界，其以东地区为内陆地区。按OCP条款达成的交易，出口商可以享受美国内陆运输的优惠费率及海运的优惠费率，但要求同时满足以下三条：

1）最终目的地必须是属于OCP地区范围。

2）货物必须经由美国西海岸港口中转（目的港必须是美国西海岸港口）。

3）B/L上注明OCP字样，且在B/L目的港一栏中除填明美国西海岸港口名称外，还要加注内陆地区的城市名称。例如，CIF洛杉矶OCP新奥尔良（CIF Los Angeles OCP New Orleans）。

本章小结

国际货物运输是国际贸易的一个重要环节，对运输合同和国际货物买卖合同中装运条款的了解和掌握，甚至整个合同的商订和履行都有赖于对国际货物运输方式和相关单据的认识和理解。由于目前国际货物买卖的主要运输方式仍为海运，因此，本章重点介绍了海洋运输的两种主要方式：班轮运输和租船运输，以及海运提单的主要性质和种类。海运提单不仅是承运人或其代理人签发的货物收据，而且也是货物所有权的凭证，另外，海运提单还是承运人与托运人之间运输契约的证明。

货物装船完毕后，托运人即可持大副签章的收货单到船公司或其代理人处换取已装船提单。如果承运人对货物的外观未在提单上加批注，则该提单为清洁提单。在国际货物买卖中，如果采用信用证方式支付，银行通常只接受已装船的清洁提单。另外，本章还对国际铁路运输、航空运输、集装箱运输、邮包运输、联合运输和国际多式联运的特点，相关的国际惯例和国际公约，以及相应的运输单证进行了简要说明。本章最后就国际货物买卖合同中的装运条款进行了说明。

本章重要概念

班轮运输　程租船　期租船　国际多式联运　集装箱运输　海运提单　指示提单　装运期　分批装运与转运　滞期费和速遣费

本章推荐阅读文献

[1] 锦程物流网．分析国际贸易物流成本［DB/OL］. http：//info. jctrans. com/xueyuan/wlyt/gjwl/201048869530. shtml，2010-05-27.

[2] 中远集团．中远和宝钢九年长协第二次定价合同签约［DB/OL］. http：//www. cosco. com/cn/index. jsp，2010-05-27.

思考题

1. 简述班轮运输的含义及其特点。
2. 租船运输可以分为几类?
3. 班轮运费的计算标准有哪些?
4. 集装箱货物交接方式有哪几种?
5. 国际多式联运必须具备哪些条件?
6. 多式联运单据和联运提单有哪些区别?
7. 简述提单的性质与作用。
8. 提单通常有哪些分类?
9. 在运输合同中对装运港和目的港的规定应注意哪些事项?
10. 在运输合同中对装运时间的规定应注意哪些事项?
11. 如何理解《UCP 600》中关于分批装运和转运的条款?

作业题

一、判断题

1. 国际铁路联运单是货物运输契约，其副本可作发货、结算货款之用。（　）
2. 航空运单与海运提单不同，不能用来提货。（　）
3. 《UCP 600》规定，分期装运如其中一批不符规定，则该批货物不得议付，但不影响其

以后各批议付。 (　　)

4. Received for Shipment B/L 可注明“已装船”字样而为银行接受。 (　　)

5. 凡是承运人加了批注的提单即 Unclean B/L。 (　　)

6. 过期提单是指过了装运期才签发的提单。 (　　)

7. 按《UCP 600》的规定，L/C 未禁止转运即视为允许转运。 (　　)

8. 使用 OCP 运输条款，可以不在 B/L 上注明“OCP”字样。 (　　)

9. 凡装在同一航次及同一条船上的货物，即使 B/L 上的装运时间与地点不同，也不视为分批装运。 (　　)

10. 空白抬头、空白背书提单是指既不填写收货人，又不需要背书的提单。 (　　)

二、单项选择题

1. 所谓尺码吨是指按（　　）计收运费。

A. 运费吨　　B. 货物体积/容积　　C. 按重量计算　　D. 成交价格

2. 班轮运输的运费应该包括（　　）。

A. 装卸费，不计滞期费、速遣费　　B. 装卸费，但计滞期费、速遣费

C. 卸货费和滞期费，不计速遣费　　D. 卸货费和速遣费，不计滞期费

3. 在国际贸易中，海运提单的签发日期是表示（　　）。

A. 货物已经开始装船的日期　　B. 货物已经装船完毕的日期

C. 装载船只到达装运港口的日期　　D. 货物运到目的港的日期

4. 在进出口业务中，能够作为物权凭证的运输单据有（　　）。

A. 铁路运单　　B. 海运提单　　C. 航空运单　　D. 邮包收据

5. 必须经过背书才能进行转让的提单是（　　）。

A. 记名提单　　B. 不记名提单　　C. 指示提单　　D. 清洁提单

6. 按《UCP 600》的解释，若信用证条款中未明确规定是否允许“分批装运”、“转运”，则应视为（　　）。

A. 可允许分批装运　　B. 可允许分批装运和转运

C. 可允许转运，但不允许分批装运　　D. 不允许分批装运和转运

7. 联运提单 Through B/L，承运人（　　）。

A. 必须对全程负责

B. 只对第一程负责

C. 根据运输具体情况而定，有时对第一程负责，有时对全程负责

D. 只对最后一程运输负责

8. 国际多式联运单据（　　）。

A. 是可转让的物权凭证

B. 是不可转让的物权凭证

C. 视具体情况而定，可作出可转让的，也可做成不可转让的

D. 只是货物运输契约

9. 海运货物，实际出口日期为 5 月 5 日，迟于 L/C 规定的最迟装运期 4 月 30 日，但仍在 L/C 有效期 5 月 10 日内，出口人要求承运人或其代理人将提单日期填成 4 月 30 日，这种提单被称为（　　）。

A. 预借提单　B. 倒签提单　C. 备运提单　D. 已装船提单

10. 滞期费、速遣费的发生，是在下述（　）才有的。

A. 班轮运输　B. 期租船　C. 程租船　D. 光船租船

三、多项选择题

1. 定期租船下，租船人应负担（　）。

A. 船员工资　B. 港口费　C. 装卸费

D. 燃料费　E. 船舶保险费

2. 按照提单收货人抬头的不同，提单可分为（　）

A. 已装船提单　B. 记名提单　C. 不记名提单

D. 指示提单　E. 备运提单

3. 过期提单是指（　）的提单。

A. 货物实际装船时间晚于提单签发时间

B. 晚于提单上所载明货物到达目的港

C. 晚于货物实际装运日期 21 天签发

D. 交单时间超过提单签发日 21 天

E. 交单时间超过提单签发日 15 天

4. 不能作为物权凭证的单据有（　）。

A. 海运提单单　B. 铁路运单　C. 航空运单

D. 不可转让海运单　E. 可转让的多式联运单据

5. 在使用信用证进行支付时，如无其他规定，银行将接受（　）。

A. Clean B/L　B. Stale B/L　C. On Board B/L

D. Received for Shipment B/L　E. Advanced B/L

6. 装运期的规定方法很多，其中比较明确合理的规定方法是（　）。

A. 某年某月装运　B 某年某月某日装运　C. 收到信用证后 20 天内装运

D. 近期装运　E. 收到电汇后 5 天装运

7. 下列关于 OCP 的说法，正确的是（　）。

A. 采用 OCP 运输条款时，货物必须经由美国西海岸港口中转

B. OCP 地区是以落基山脉为界，其以东地区均定为内陆地区范围

C. 按 OCP 运输条款成交，出口商可享受优惠费率，而进口商则不能

D. 合同中的目的港应为美国西海岸港口

E. 合同中的目的港应为美国东海岸港口

四、计算题

1. 我国某进出口公司向也门出口商品 1 000 箱，目的港为也门荷台达（HODEIDAH）港，每箱毛重 25kg，体积为 0.05m^3，按 W/M 选择运费，基本运费为 200 元人民币，加货币贬值附加费 40%，燃油附加费 30%，港口拥挤附加费 50%。试计算运费。

2. 我国某工艺品企业向中东国家出口小工艺品 100 箱，每箱体积 40cm×30cm×20cm，毛重 30kg，应付给船公司运费多少？该商品按货物分级表规定计算标准为 W/M，货物等级为 10 级；又查“中国—中东地区航线等级费率表”：10 级每运费吨的基本运费为 222 美元，另收燃

油附加费 10%。

3. 我国某进出口公司向英国出口商品 1 200 箱，目的港为伦敦港，用纸箱包装，每箱毛重 27kg，体积为 0.040m^3，运费的计算标准为 W/M10 级。试计算下列两种情况下的运费：

（1）用中远直达船直抵伦敦港。中远直达船 10 级货直抵伦敦港，基本运费为 150 元人民币，加货币贬值附加费 36%，再加燃油附加费 29%，港口拥挤附加费 40%。

（2）通过中国香港中转。10 级货至伦敦港基本运费为 520 港元，加燃油附加费 32%，港口拥挤附加费每运费吨 40 港元。1 港元 = 0.88 元人民币。

案例分析题

1. 我国某进出口公司与国外 X 公司达成一笔出口合同，L/C 规定："数量 9 000MT，7 ~ 12 月分批装运，每月装 1 500MT"。卖方在 7 ~ 9 月每月装 1 500MT，银行已分批凭单据付款。第四批货物原定 10 月 15 日装运出口，但由于货未备妥，第四批货物延迟至 11 月 2 日才装运出。当受益人凭 11 月 2 日的装船提单向银行议付时，遭拒付。问：在上述情况下，银行有无拒付的权利？为什么？

2. 信达公司按 CFR 条件，即期不可撤销信用证以集装箱装运出口服装 350 箱，装运条件是 CY/CY，货物交运后，公司取得"清洁已装船提单"，提单上表明："shippers load and count."在 L/C 规定的有效期内，公司及时办理了议付结汇手续。20 天后，接对方来函称：经有关船方、海关、保险公司、公证行会同对方到货开箱检验，发现其中 20 箱包装严重破损，每箱均有短少，共缺服装 512 件。各有关方均证明集装箱外表完好无损，为此，对方要求信达公司赔偿其货物短缺的损失，并承担全部检验费用共 2 500 美元。问：对方的要求是否合理？为什么？

3. 有一份合同，出售原产地在中国的小麦 10 000MT，合同规定："自 2 月开始，每月装船 1 000MT，分十批交货。"卖方自 2 月开始交货，但交至第五批小麦时，小麦品质有霉变，不适合人类食用，因而买方以此为理由，主张以后各批交货均应撤销。问买方能否主张这种权利？为什么？

4. 一份出售成套设备的合同，合同规定分五批交货，但在第三批交货时，买方发现品质有严重缺陷，达不到合同规定的技术标准。因此，买方主张全部合同无效。问买方有无这种权利？为什么？

5. 某农副产品进出口公司向国外某进口商出口一批花生仁，国外客户在合同规定的开证时间内开来一份不可撤销信用证，证中的装运条款规定："Shipment form Chinese port to Singapore in May，Partial shipment prohibited."农副产品进出口公司按证中规定，于 5 月 15 日将 200MT 花生仁在上海港装上"远洋"号轮，又由同轮在广州港续装 300MT 花生仁，5 月 20 日农副产品进出口公司同时取得上海港和广州港签发的两套提单。农副产品公司在信用证有效期内到银行交单议付，却遭到银行以单证不符为由拒付货款。问：银行的拒付是否合理？为什么？

6. 国外开来不可撤销信用证，证中规定最迟装运期为 2009 年 12 月 31 日，议付有效期为 2010 年 1 月 15 日。我方按证中规定的装运期完成装运，并取得签发日为 2009 年 12 月 10 日的提单，当我方备齐议付单据于 2010 年 1 月 4 日向银行议付交单时，银行以我方单据过期为由拒付货款。问：银行的拒付是否有合理？为什么？

第十一章　国际货物运输保险

本章内容要点

- 海上运输风险与损失
- 中国海洋运输货物的基本险和附加险
- 伦敦保险协会保险条款
- 进出口业务中的保险实务

在国际贸易中，货物经由卖方到买方的整个运输过程中，随时都有可能遇到难以预料的因自然灾害或意外事故而引发的损失，从而直接影响贸易方的经济利益，并因此引起纠纷。为了补偿经济上的意外损失，买方或卖方都会选择不同的保险险别进行投保。

在国际货物运输保险中，海上货物运输保险是起源最早、使用频率最高的一种国际货物运输保险，且保险业对海上运输的风险、费用、损失的界定已约定俗成。因此，本章将着重介绍海上货物运输保险。

第一节　海洋运输货物保险的风险与损失

货物在海上运输过程中可能遭遇各式各样的风险，存在风险就有可能造成货物的损失。解决风险与损失的主要渠道之一就是通过保险公司，但保险公司不是对任何风险引起的损失都予以赔偿，它对风险和损失有特定的界定范围。海上货物运输的风险分为海上风险和外来风险两大类；相应地，由风险所带来的损失则分为海损及外来风险损失。

一、海上风险

海上风险（Perils of the Sea）又称海难，是指船舶及货物在海上运输过程中遭遇的自然灾害和意外事故。

1. 自然灾害

自然灾害（Natural Calamity）是人力难以抗拒的由自然界破坏力量所造成的灾害，包括恶劣气候、雷电、海啸、地震、洪水、流冰、暴风雨等人力不可抗拒的灾害。

2. 意外事故

意外事故（Fortuitous Accidents）是指造成运输货物或船舶遭受损失的外来的、偶然的、非意料中的事故，包括运输工具搁浅、触礁、沉没、互撞、失踪、与流冰或其他物体碰撞以及船舶失火爆炸等。

二、海上损失

海上损失（Average）是指被保险货物在海洋运输中，因遭受海上风险而导致船舶或货物的损害或灭失，以及引起的额外费用的支出。按照保险业的习惯，海损也包括与海运相连的陆运和内河运输过程中的损失。

（一）海上损失按损失程度不同分类

海上损失按损失程度不同，可以分为全部损失和部分损失。

1. 全部损失

全部损失（Total Loss）又称全损，是指船舶或货物在运输过程中全部毁损、灭失、无法修复或丧失原有性质。根据情况不同，全部损失又可分为实际全损和推定全损。

（1）实际全损（Actual Total Loss）。实际全损又称绝对全损，是指保险标的（船舶或货物）遭受保险承保范围内的风险而造成全部灭失，或全部变质而不再有任何商业价值。发生实际全损情形如下：

1）保险标的完全毁损和灭失，如船只遭遇海难后沉没，货物与之同时沉入海里。

2）保险标的所有权丧失且已无法追回，如船舶被劫，货物被掠去或扣压。

3）保险标的发生质变，丧失原有用途和价值，如茶叶被海水浸泡后丧失了原有的商业价值。

4）船舶失踪达到一定时间且音信全无。按国际惯例，船舶失踪 6 个月仍无消息，则认为保险标的全部灭失。

（2）推定全损（Constructive Total Loss）。推定全损又称解释全损，是指保险标的遭受风险后受损，虽然损失未达到完全毁损或灭失的程度，但全部损失已经不可避免，或者结合日后的修理、补救费用再加上将货物继续运抵目的地所需费用的总和超过了保险价值，所以可认定是全部损失，故称之为推定全损。推定全损须经保险人核查后议定。

（3）实际全损与推定全损的区别

1）实际全损属于物质性的消失，而推定全损是一种经济上的灭失。实际全损是保险标的遭受保险事故后，确实已经完全毁损、灭失或失去原有性质和用途，并且不能再恢复原样；推定全损则是保险标的已经受损，可以修复或收回，但从经济角度考虑，得不偿失。

2）申请赔偿方式不同。当发生实际全损时，保险标的确定已经或不可避免地完全丧失，被保险人自然可以向保险人要求全部赔偿，而不需办理委付手续（委付是指被保险人对保险人以明确方式表示，就其财产、权利、利益所作的放弃）。而在发生推定全损时，保险标的并未完全丧失，是可以修复或可以收回的，只是支出的费用将超过其价值或收回的希望很小。因此，被保险人既可以向保险人办理委付，要求保险人按全部损失赔偿，也可以不办理委付，由保险人按部分损失进行赔偿。

2. 部分损失

全部损失之外的损失是部分损失（Partial Loss）。部分损失是指船舶或货物的一部分在运输过程中发生了毁损、灭失，但损失未达到全部损失的程度。

（二）海上损失按损失性质分类

海上损失按损失性质不同，可以分为共同海损和单独海损。

1. 共同海损

共同海损（General Average）是指载货船舶在航行中遭遇海上风险，为使船、货物及其运费避免共同危险而有意合理地采取抢救措施导致的一部分财产损失和支付的额外费用。构成共同海损的条件如下：

(1) 危险必须是客观存在的，且危及船货的共同安全。共同海损的风险是实际存在的，而不是主观臆测的。共同海损的风险必须是危及船货的共同安全。

(2) 采取的措施必须是有意而合理的。如船舶搁浅时，船长抛弃一部分价值较低、重量较大的货物。

(3) 作出的牺牲是特殊的，支付的费用是额外的。共同海损牺牲的费用是非常情况下的损失，即在正常运输情况下不会发生，它们只能是在非正常运输情况下采取的行为的产物。

(4) 共同海损采取的措施必须要有效果。否则不可能进行共同海损的分摊。

以上各项是构成共同海损所必须具备的条件，它们是一个整体，缺一不可。

共同海损的牺牲和费用都是为了使船舶、货物和运费方三方免于遭受损失而支出的，因而不论其损失与费用大小，都应该由船主、货主和运费方根据最后获救价值按比例分摊，然后再分别向各自的保险机构索赔。保险业把这种分摊叫做共同海损分摊（General Average Contribution）。

2. 单独海损

单独海损（Particular Average）是指共同海损以外的，由海上风险导致的船舶或货物所有人单方面的利益损失。这种损失只属于特定利益方，而不属于其他货主或船方，由受损方单独承担。例如，运输的货物有水泥和玩具，途中遇到暴风雨，海水进入船舱，使得部分水泥无法正常使用。由于水泥的损失只是使一家货主的利益受到影响，跟同船所装其他货物的货主和船东利益无关，因而属于单独海损。

3. 共同海损与单独海损的区别

（1）造成海损的原因不同。单独海损是承保风险直接导致的船或货的损失，没有人为因素在内。而共同海损是人为的有意采取的合理措施所造成的损失。

（2）损失的承担方不同。单独海损由受损害方自行承担，而共同海损则由各收益方根据收益大小按比例共同分摊。

（3）损失的构成不同。单独海损一般是指货物本身的损失，不包括费用损失；而共同海损既包括货物损失，又包括因采取共同海损行为而引起的费用损失。

三、外来风险及外来风险的损失

外来风险（Extraneous Risk）是指除海上风险以外的其他原因所导致的风险，可以分为一般外来风险和特殊外来风险。

1. 一般外来风险

一般外来风险是指保险货物在运输途中由于偷窃、短量、雨淋、混杂玷污、渗漏、碰损、破碎、串味、受热受潮、钩损、锈损等外来原因所引起的风险。

2. 特殊外来风险

特殊外来风险是指由于军事、政治、国家政策和法令以及行政措施等特殊外来原因造成的风险，如因战争爆发导致运输途中的货物被扣留而无法交付等。

由一般外来风险和特殊外来风险所造成的损失称为外来风险损失。在我国，对于外来风险的损失赔付，一般遵循中国保险条款的附加险条款执行。

四、海上费用

保险货物遭遇保险责任范围内的事故，除了货物本身受到损毁外，还会产生费用方面的损失，即海上费用。这种费用保险公司负责赔偿的主要有：

1. 施救费用

施救费用（Sue and Labour Charges）是指当保险标的遭遇保险责任范围内的灾害事故时，被保险人或者其代理人、雇用人员和保险单受让人为防止损失的扩大而采取抢救措施所支出的费用。

2. 救助费用

救助费用（Salvage Charges）是指当船货遭遇共同风险自救不成，往往需要保险人和被保险人以及保险单受让人以外的第三者采取救助行为，获救成功后，由被救方向救助人支付的一种报酬。

第二节 中国海洋运输货物的保险条款

根据我国保险业务的实际情况并参照国际保险市场的习惯做法，在中国经营海洋运输货物的保险公司针对不同运输方式制定了《海洋运输货物保险条款》、

《陆上运输货物保险条款》、《航空运输货物保险条款》、《邮包运输货物保险条款》以及《海洋运输冷藏货物保险条款》和《海洋运输散装桐油保险条款》等，这些条款总称为“中国保险条款”（China Insurance Clauses，C. I. C.）。我国出口货物的运输保险原则上采用中国保险条款。但为了配合进出口交易的顺利履行，在国外客户的要求下，我国保险公司也可接受其他一些有代表性的外国保险条款，例如，伦敦保险协会条款。根据中国《海洋货物运输保险条款》的规定，其保险险别分为基本险和附加险两大类。

一、中国海洋运输货物基本险

基本险是指可以独立投保的险别，又称主险。基本险主要承保由自然灾害和意外事故所造成的货物损失。

根据中国保险条款2009年修订的《海洋运输货物保险条款》的规定，我国海上运输货物保险的基本险有平安险、水渍险和一切险三种。由于海洋运输货物保险是保险业界发展比较成熟的产品，因此，其条款在主要内容方面基本没有什么变化。只是整体上加了一部分内容，即“赔偿处理”。具体规定了保险人应当及时核定保险责任；不能及时核定的应该商议合理期间；对属于保险责任的，在与被保险人达成有关赔偿金额协议后十日内，履行赔偿义务。

中国新修订的《海洋运输货物保险条款》与旧版相比，在平安险方面，只是将“保险公司”一词改用为“保险人”。这样更符合实际情况。

（一）保险责任范围

1. 平安险

平安险（Free from Particular Average，F. P. A）是我国保险业长期沿用的称呼，其英文原意为“单独海损不负责赔偿”。但在长期的实践过程中对平安险的责任范围进行了补充和修订，当前平安险负责由下列原因引起的货残、货损：

（1）被保险货物因恶劣气候、雷电、海啸、地震、洪水等自然灾害造成的整批货物的实际全损或推定全损。

（2）被保险货物因运输工具遭受搁浅、触礁、沉没、互撞、与流冰或其他物体碰撞以及失火、爆炸等意外事故造成的全部或部分损失。

（3）在运输工具发生搁浅、触礁、沉没、焚毁等意外事故后，被保险货物在此前后又在海上遭受恶劣气候、雷电、海啸等自然灾害所造成的部分损失。

（4）被保险货物在装卸或转运时由于一件或数件甚至整批落海所造成的全部或部分损失。

（5）被保险人对遭受承保责任内的危险货物采取抢救、防止或减少货损的措施而支付的合理费用，但以不超过该批被救货物的保险金额为限。

（6）被保险货物在运输工具遭遇海难后，在避难港由于卸货所引起的损失，以及在中途港、避难港由于卸货、存仓以及运送货物所产生的特别费用。

(7) 共同海损的牺牲、分摊和救助费用。

(8) 根据运输契约订立的“船舶互撞责任”条款规定，应由货方偿还船方的损失。

平安险是我国海洋运输保险条款中保险责任最小的一种险别，费率也最低。它一般适用于大宗、低值、粗糙的无包装货物，如废钢铁、木材、矿砂等。

2. 水渍险

水渍险（With Particular Average，W. P. A 或 W. A）也是我国保险业长期沿用的一种称呼，其英文含义为“单独海损也负责赔偿”，其负责由下列原因引起的货残、货损：

(1) 平安险所承保的各项风险责任。

(2) 由于恶劣气候、雷电、海啸、地震、洪水等自然灾害造成的部分损失。

3. 一切险

一切险（All Risk，A. R）负责下列原因引起的货残、货损：

(1) 水渍险承保的各项责任。

(2) 在运输途中，由于外来原因所导致的全部或部分损失。

一切险是我国海洋运输保险条款中保险责任最大的一种险别，费率也最高。它比较适用于价值较高、可能遭受损失因素较多的货物。

从上述三种基本险别的责任范围来看，平安险的责任范围最小，它对自然灾害造成的全部损失和意外事故造成的全部和部分损失负赔偿责任，而对自然灾害造成的部分损失，一般不负赔偿责任。水渍险的责任范围比平安险的责任范围大，凡因自然灾害和意外事故所造成的全部和部分损失，保险公司均负责赔偿。一切险的责任范围是三种基本险别中最大的一种，但它并不是承保任何因一切风险所造成的被保险货物的一切损失。例如，由于货物的内在缺陷、自然损耗等所引起的风险损失，一切险概不负赔偿责任。

在这三种基本险别中，被保险人可以从中选择一种进行投保。

(二) 除外责任

除外责任是保险人不负责赔偿的范围。我国海洋运输货物保险对下列损失不予负责：

(1) 由被保险人的故意行为或过失所造成的损失。

(2) 属于发货人的责任所引起的损失。

(3) 在保险责任开始前，被保险货物已存在品质不良或数量短差所导致的损失。

(4) 被保险货物的自然损耗、本质缺陷、特性以及市价跌落、运输延迟所引起的损失或费用。

(5) 保险公司海洋运输货物战争险条款和货物运输罢工险条款规定的责任范围与除外责任。

（三）承保责任的起讫

根据中国保险条款海洋货物运输条款的规定，保险公司对于三种基本险别所承担的保险责任起讫时限规定如下：

（1）海上货物运输保险的保险责任起讫采用国际保险业中惯用的“仓至仓”条款（Warehouse to Warehouse Clause，W /W Clause），即保险责任自被保险货物运离保险单所载明的起运地仓库或储存处所开始运输时生效，包括正常运输过程中的海上、陆上、内河和驳船运输在内，直到该项货物到达保险单所载明的目的地收货人的最后仓库或储存处所或被保险人用作分配、分派或非正常运输的其他储存处所为止。

如果当被保险货物在卸载港卸离海轮后，并未抵达上述仓库或储存处所，则保险责任以被保险货物在最后卸载港全部卸离海轮后满 60 天为止。如果被保险货物在上述 60 天内需转运到非保险单所载明的目的地时，则保险责任以该项货物开始转运时终止。

（2）如果发生了被保险人无法控制的运输延迟、绕道、被迫卸货、重新装载、转载或承运人运用运输契约赋予的权限所作的任何航海上的变更或终止运输契约，致使被保险货物运到非保险单所载明目的地时，在被保险人及时将获知的情况通知保险人，并在必要时加交保险费的情况下，保险责任仍继续有效，此时保险责任按下列规定条件终止：

1）被保险货物如在非保险单所载明的目的地出售，保险责任至交货时终止，但不论任何情况，均以被保险货物在卸载港全部卸离海轮后满 60 天为止。

2）被保险货物如在上述 60 天期限内继续运往保险单所载原目的地或其他目的地时，保险责任仍按上述第（1）款的规定终止。

（四）索赔期限

中国人民财产保险股份有限公司海运货物保险条款规定，保险索赔的期限从被保险货物在最后目的地或目的港全部卸离海轮或其他运输工具后起算，最多不超过两年。

二、中国海洋运输货物附加险

附加险是基本险的补充和扩展，它只能在投保某一种基本险的基础上加保，加保的附加险可以是一种，也可以是几种，并另交规定的保费。《中国保险条款》中的附加险有一般附加险（Additional Risk）和特殊附加险（Special Additional Risk）之分。一般附加险承保由一般外来原因所造成的损失，特殊附加险承保由特殊外来原因所造成的损失。

（一）一般附加险

1. 偷窃提货不着险

偷窃提货不着险（Theft，Pilferage and Non-Delivery，T. P. N. D）承保在保险

期限内，被保险货物由于偷窃，整件提货不着所造成的损失，以及根据运输契约规定船东和其他责任方免除赔偿的部分。

2. 淡水雨淋险

淡水雨淋险（Fresh Water and/or Rain Damage，F. W. R. D）承保在运输途中因直接遭淡水或雨淋所致的损失。其中，“雨淋”所致损失包括雨水、冰雪溶化造成的货损；“淡水”所致损失包括因船舱水汽凝聚而造成的舱汗、船上淡水舱或水管漏水造成的货损。

3. 短量险

短量险（Risk of Shortage in Weight）承保在运输途中因外包装破裂发生数量短缺、重量短少所造成的损失，或散装货物发生数量散失及重量短缺所造成的损失，但正常运输途中的损耗除外。

4. 混杂、玷污险

混杂、玷污险（Risk of Intermixture and Contamination）承保在运输过程中因混进杂质或沾染油渍、泥污或其他颜色所造成的损失。

5. 渗漏险

渗漏险（Risk of Leakage）承保液体、流质货物在运输途中由于容器损坏而引起的渗漏损失，以及用液体储装的货物因储液渗漏而导致腐烂、变质的损失。

6. 碰损、破碎险

碰损、破碎险（Risk of Clash and Breakage）承保在运输过程中，因振动、碰撞、受压造成的破碎和碰撞损失。

7. 串味险

串味险（Risk of Taint of Odour）承保被保险的食物、中药材、化妆品原料等货物在运输途中因受其他物品的影响而引起串味、变味损失。

8. 受潮、受热险

受潮、受热险（Risk of Sweating and Heating）承保在运输途中由于气温突然变化、船上通风设备突然失灵，使得舱内水汽凝聚凝结，引起货物受潮、发热导致霉变所引起的货物损失。

9. 钩损险

钩损险（Hook Damage）承保在装卸过程中，因遭受钩损而引起的损失，以及对包装进行修补或调换所支付的费用。

10. 包装破裂险

包装破裂险（Loss for Damage Caused Breakage of Packing）承保在运输途中因搬运或装运不慎、包装破裂所造成的损失，以及为继续运输安全所需要对包装进行修补或调换所支付的费用。

11. 锈损险

锈损险（Risk of Rust）承保金属或金属制品在运输过程中因生锈而造成的损失。

上述11种附加险只有在投保了平安险或水渍险的基础上加保。投保一切险后，这11种附加险均包括在保险公司的保险责任范围内。

（二）特殊附加险

1. 舱面险

舱面险（On Deck Risk）又称甲板险，承保装载在舱面上的货物，除按主险承保责任范围外，还承保因被抛弃或被风浪冲击落水所造成的损失。

2. 进口关税险

进口关税险（Import Duty Risk）承保已经遭受保险责任范围内损失的货物到达目的港后，根据进口国的规定仍须按完好价值完税所造成的关税损失。

3. 拒收险

拒收险（Rejection Risk）承保货物在进口时，不论何种原因而被进口国政府或有关当局拒绝进口或没收所造成的损失。

4. 黄曲霉素险

黄曲霉素险（Aflatoxin Risk）承保某些含有黄曲霉素的食物因超过进口国对该毒素的限制标准而被拒绝进口、没收或强制改变用途而导致的损失。

5. 交货不到险

交货不到险（Failure to Delivery）承保不论什么原因，从被保险货物装上船开始，如货物不能在预定抵达目的地的日期起6个月内交货的损失。

6. 出口货物到香港（包括九龙在内）或澳门仓储火险责任扩展条款

出口货物到香港（包括九龙在内）或澳门仓储火险责任扩展条款（Fire Risk Extension Clause for Storage of Cargo at Destination Hongkong, including Kowloon, or Macao）承保经运抵目的地中国香港（包括九龙在内）或中国澳门，且在我国港、澳银行办理出口押汇的出口运输货物，卸离运输工具后，存放于银行所指定的仓库期间因火灾而遭受的损失。

7. 战争险

战争险（Ocean Marine Cargo War Risk）承保直接由于战争、类似战争行为和敌对行为、武装冲突或海盗行为所致的损失以及由此而引起的拘留、捕获、扣留、禁止、扣押所造成的保险货物的损失；各种常规武器，包括水雷、鱼雷、炸弹等所造成的运输货物的损失；由本险责任范围所引起的共同海损牺牲、分摊和救助费用。

战争险的保险责任起讫是以水上危险为限，即自被保险货物装上保险单所载起运港的海轮或驳船时开始，到卸离保险单所载目的港的海轮或驳船时为止。如果被保险货物不卸离海轮或驳船，本保险责任最长期限以海轮到达目的港的当日零时起，算满15天后，保险责任自行终止。如在中途港转船，不论货物在当地卸载与否，保险责任以海轮到达该港或卸货地点的当日零时起算满15天为止，待再装上续运海轮时恢复有效。如运输契约在保险单所载明目的地以外的地点终止时，该地即视为本保险目的地，保险责任即告终止。如运输过程发生绕道，改变航程或承运人运用运输契约赋予的权限所作的任何航海上的改变，在被保险人及时将获知情况通知保险人，在必要时加交保险费的情况下，本保险仍继续有效。

战争险的除外责任为：由于敌对行为使用原子弹或核武器所致的损失和费用；根据执政者、当权者或其他武装集团的扣押、拘留引起的承保航程的丧失和挫折而提出的任何索赔。

8. 罢工险

罢工险（Strikes Risk）承保由于罢工者、被迫停工工人或参加工潮、暴动、民众斗争的人员的行为，或任何人的恶意行为所造成的货物的直接损失和由上述行为或行动所引起的共同海损牺牲、分摊和救助费用。按国际保险业的惯例，在投保战争险的前提下，加保罢工险，不另增收保险费。如单独要求加保罢工险，则按战争险费率收费。

风险、损失和险别的关系如表11-1所示。

表11-1　风险、损失和险别的关系

<table>
<tr><td colspan="2" rowspan="3">损失的原因和程度
险别</td><td colspan="2" rowspan="2">自然灾害</td><td colspan="2" rowspan="2">意外事故</td><td colspan="2">外来风险</td></tr>
<tr><td>一般风险</td><td>特殊风险</td></tr>
<tr><td>全部损失</td><td>部分损失</td><td>全部损失</td><td>部分损失</td><td>全部/部分损失</td><td>全部/部分损失</td></tr>
<tr><td rowspan="3">基本险</td><td>平安险</td><td>√</td><td>只负责共同海损，不负责单独海损</td><td>√</td><td>√</td><td></td><td></td></tr>
<tr><td>水渍险</td><td>√</td><td>√</td><td>√</td><td>√</td><td></td><td></td></tr>
<tr><td>一切险</td><td>√</td><td>√</td><td>√</td><td>√</td><td>√</td><td></td></tr>
<tr><td colspan="2">一般附加险</td><td></td><td></td><td></td><td></td><td>√</td><td></td></tr>
<tr><td colspan="2">特殊附加险</td><td></td><td></td><td></td><td></td><td></td><td>√</td></tr>
</table>

第三节　英国伦敦保险协会海洋运输保险条款

英国自17世纪以来就一直在国际海上贸易、航运和保险中占有重要的地位。因此，在国际保险市场上，许多国家普遍采用英国伦敦保险业协会所制定的《协会货物条款》（Institute Cargo Clause，ICC）或参照ICC而制定适合本国的保险条款。

ICC最早制定于1912年，1963年形成了一套完整的海上运输货物保险标准条款。此后，伦敦保险协会在1982年、2006年对这些条款进行了修订，最新条款于2009年1月1日实施。新条款在主要内容上变化并不大，只是在条款用词方面更加明了、确切。新条款仍沿用了以往险别的规定方法，即6种险别，分别是ICC(A)、ICC(B)、ICC(C)、ICC战争险、ICC罢工险和ICC恶意损害险。

一、ICC(A)

（一）承保范围

ICC(A) 大体相当于中国人民保险公司所规定的一切险。其承保的范围较广，采用一切风险减去“除外责任”的方式明确，即除了“除外责任”项下的风险保险人不予负责外，其他风险一律负责。

（二）除外责任

ICC(A) 除外责任包括一般性除外责任，不适航、不适货除外责任，战争除外责任和罢工除外责任。

（1）一般除外责任包括：

1）由被保险人的故意行为或过失所造成的损失和费用。

2）保险标的的自然渗漏、重量或容量的自然损耗或自然磨损。

3）由于保险标的包装或准备不足或不当造成的损失或费用。

4）由于保险标的本质缺陷或特性造成的损失和费用。

5）由于直接延迟引起的损失和费用，即使延迟是由承保的风险所引起。

6）由于船舶所有人、经理人、租船人或经营人破产或不履行债务造成的损失和费用。

7）由于使用任何原子弹或核武器等直接或间接造成的损失和费用。

（2）不适航和不适货的除外责任包括：保险标的在装船时，如被保险人或其受雇人已经知道船舶不适航，以及船舶、装运工具、集装箱等不适货。

（3）战争除外责任包括：由于战争、内战、敌对行为等造成的损失或费用；由于捕获、拘留、扣留（海盗除外）所造成的损失或费用；由于漂流水雷、鱼雷等造成的损失或费用。

（4）罢工除外责任包括：由于罢工者、被迫停工工人等造成的损失或费用；任何恐怖主义者或出于政治动机而行动的人所造成的损失或费用。

二、ICC(B)

（一）承保范围

ICC(B) 大体相当于中国人民保险公司所规定的水渍险，它比ICC(A) 承保的责任范围要小。其主要承保以下风险：①火灾或爆炸。②船舶或驳船遭受搁浅、触礁、沉没或倾覆。③陆上运输工具的倾覆或出轨。④船舶、驳船或其他运输工具同除水以外的任何外界物体碰撞或接触。⑤在避难港卸货。⑥地震、火山爆发或雷电。⑦共同海损牺牲。⑧抛货或浪击落海。⑨海水、湖水或河水进入船舶、驳船、其他运输工具、集装箱或海运集装箱储存所。⑩货物在船舶或驳船装卸时落海或跌落造成任何整件的全损。

（二）除外责任

ICC（B）的除外责任除与 ICC(A) 相同外，对“海盗行为”和恶意损害险的责任所引起的损失也不负赔偿责任。

三、ICC(C)

（一）承保范围

ICC(C) 大体相当于中国人民保险公司所规定的平安险，但比平安险的责任范围要小一些。仅承保“重大意外事故”造成的风险，而不承保自然灾害及非重大意外事故造成的风险。其主要承保以下风险：①火灾、爆炸。②船舶或驳船遭受搁浅、触礁、沉没或倾覆。③陆上运输工具倾覆或出轨。④在避难港卸货。⑤共同海损牺牲。⑥抛货。

（二）除外责任

ICC(C) 的除外责任规定与 ICC(B) 完全相同。

四、ICC 战争险

ICC 战争险主要承保由于下列原因造成的保险标的的损失：

(1) 战争、内战、革命、叛乱、造反或由此引起的内乱，或交战国或针对交战国的任何敌对行为。

(2) 捕获、拘留、扣留、禁制或扣押，以及这些行动的后果或任何这方面的企图。

(3) 被遗弃的水雷、鱼雷、炸弹或其他被遗弃的战争武器。

(4) 由于以上风险而采取行动所造成的共同海损和救助费用。

战争险的除外责任与 ICC(A) 的“一般除外责任”及“不适航、不适货除外责任”大体相同。

五、ICC 罢工险

ICC 罢工险主要承保由于下列原因造成的保险标的的损失：

(1) 罢工者、被迫停工工人或参与工潮、暴动或民变的人。

(2) 任何恐怖主义者或任何出于政治目的采取行为的人。

(3) 由以上风险而采取行动所造成的共同海损和救助费用。

罢工险除外责任也与 ICC(A) 中的“一般除外责任”及“不适航、不适货除外责任”大体相同。

六、ICC 恶意损害险

ICC 恶意损害险是伦敦保险协会 1982 年新增加的附加险别，它承保被保险人以外的其他人的故意破坏行动所致被保险货物的灭失或损害。该险别是用于ICC(B)、ICC(C) 的附加险。ICC(B)、ICC(C) 的一般除外责任条款中列明：对“任何个人或数人非法故意损坏或故意破坏保险标的或其任何部分”的损失和费用不保，在被保险人为获得这方面的保障的情况下，需投保该险种。而ICC(A)对被保险人及其以外的其他人的不法行为所造成的保险标的的损失或费用是负责承保的，故在投保ICC(A)后，无须投保该附加险。

由此可见，ICC(A) 的承保责任范围最广，在这六种险别中，只有恶意损害险属于附加险别，不能单独投保，其他五种险别的结构相同，体系完整，由此，除ICC(A)、ICC(B)、ICC(C) 三种险别可以单独投保外，必要时，战争险和罢工险在征得保险公司同意后，也可作为独立的险别进行投保。

七、协会海运货物保险的责任起讫

英国伦敦保险协会海运货物ICC(A)、ICC(B)、ICC(C) 与我国海运货物保险条款中的基本险的责任起讫范围的规定大体相同，也是采用“仓至仓”条款，但比我国海运货物保险条款规定得更为详细。战争险的保险期限与前述我国现行海运战争险条款一样，也根据承保“水上危险”的原则，不使用“仓至仓”条款。

第四节 其他运输方式下的货物保险

在国际保险业务中，除了海运货物保险外，保险公司对陆上运输、航空运输和邮包运输也订有相应的保险条款。这些保险条款与海上运输保险相似。

一、陆上运输货物保险

陆上运输货物保险主要承保以火车、汽车等陆上运输工具进行货物运输的保险。我国陆运货物保险分为陆运险和陆运一切险两个基本险，以及陆上运输冷藏货物险和陆上运输货物战争险。

（一）陆运险

陆运险承保以下风险：被保险货物在运输途中遭受暴风、雷电、地震、洪水等自然灾害，或由于陆上运输工具（主要是指火车、汽车）遭受碰撞、倾覆、出轨，或在驳运过程中，驳运工具搁浅、触礁、沉没、碰撞或由于遭受隧道坍塌、崖崩或失火、爆炸等意外事故所造成的全部损失或部分损失。被保险人对遭受承保责任内风险的货物采取抢救、防止或减少货物损失的措施而支付的合理费用也属于该险承保范围，但以不超过该被救货物的保险金额为限。

陆运险的承保范围大致相当于海运货物保险中的“水渍险”。

（二）陆运一切险

陆运一切险承保以下风险：除了包括上述陆运险的承保风险范围外，对被保险货物在运输途中由于外来原因造成的全部或部分损失也负赔偿责任。

陆运一切险承保范围大致相当于海运货物保险中的“一切险”。

陆运险和陆运一切险的除外责任是一致的，且与海运货物保险的除外责任大致相同。

陆运险和陆运一切险这两种基本险的责任起讫与海运货物保险的“仓至仓”条款基本相同，是从被保险货物运离保险单所载明的起运地发货人的仓库或储存处所开始运输时生效，包括正常陆运和与其有关的水上驳运在内，直到该项货物送交保险单所载明的目的地收货人仓库或储存处所，或被保险人用作分配、分派或非正常运输的其他储存处所为止。但如未运抵上述仓库或储存处所，则以被保险货物到达最后卸载的车站后满60天为限。

在陆上运输货物保险中，被保险货物在投保了陆运险或陆运一切险的基础上，还可以加保陆上运输货物保险的附加险，如陆运战争险等。除此之外，陆运冷藏货物险是陆上运输货物险中的一种专门保险，其责任范围除陆运险损失外，还负责冷藏机器、隔温设备在途中损坏或者车厢内储存冰决的溶化造成的货物解冻溶化而腐败的损失。

二、航空运输货物保险

航空运输货物保险是以飞机为运输工具的货物运输保险，我国航空运输货物保险基本险分为航空运输货物险和航空运输货物一切险。

（一）航空运输货物险

航空运输货物险承保以下风险：被保险货物在运输途中遭受雷电、火灾、爆炸或由于飞机遭受恶劣气候或其他灾难事故而被抛弃，或由于飞机遭受碰撞、倾覆、坠落或失踪等意外事故所造成的全部或部分损失。被保险人对遭受承保责任内危险的货物采取抢救、防止或减少货物损失的措施而支付的合理费用，也属于该险的承保范围，但以不超过该批被救货物的保险金额为限。其承保范围与海洋运输货物保险的水渍险基本相同。

（二）航空运输货物一切险

航空运输货物一切险除了包括航空运输货物险的责任范围外，还对被保险货物在运输途中由于外来原因造成的全部损失或部分损失负责赔偿。该险承保范围与海洋运输保险一切险基本相同。

航空运输货物险和航空运输货物一切险的除外责任与海洋运输货物保险的除外责任大致相同。

航空运输保险两种基本险的保险责任起讫也采用“仓至仓”条款，从被保险货物运离保险单所载明的仓库或储存处所开始生效，在正常运输过程中继续有效，直到该项货物运抵保险单所载明的目的地交收货人的最后仓库或储存处所，或被保险人用作分配、分派或非正常运输的其他储存处所为止。如被保险货物未到上述仓库或储存处所，则以被保险货物在最后卸货地卸离飞机后满30天为止。

如在上述30天内被保险的货物需转送到非保险单所载明的非目的地时，则以该项货物开始转运时终止。

三、邮包运输货物保险

邮包运输货物保险（简称邮包险）承保通过邮局递送的货物在运输途中因自然灾害、意外事故或外来原因所造成的全部或部分损失。中国人民保险公司的邮包保险条款分为邮包险和邮包一切险两个主险。

邮包险承保被保险邮包在运输途中由于恶劣气候、雷电、海啸、地震、洪水或由于运输工具遭受搁浅、触礁、沉没、碰撞、倾覆、出轨、坠落、失踪，或由于失火、爆炸等意外事故所造成的全部或部分损失。此外，被保险人对遭受承保责任内的货物采取抢救、防止或减少货损的措施而支付的合理费用，保险人也负责赔偿，但以被救货物的保险金额为限。

邮包一切险承保范围除包括上述邮包险的各项责任外，还负责被保险邮包在运输途中由于外来原因所致的全部或部分损失。

邮包险和邮包一切险保险责任自被保险邮包离开保险单所载明的起运地寄件人的处所运往邮局时开始，直至该邮包运达保险单所载明的目的地邮局，自邮局签发到货通知书当日零时起计算满15天终止。但在此期限内邮包一经递交收件人的处所时，保险责任即行终止。

第五节 合同中的保险条款和我国进出口货物保险实务

一、合同中的保险条款

在国际货物买卖合同中，为了明确交易双方在货运保险方面的责任，通常都订有保险条款。

当采用EXW、FAS、FOB、FCA或CFR、CPT价格术语成交时，在合同中应明确由买方投保。当采用2010通则中的DAT、DAP、DDP价格术语成交时，在合同中应明确由卖方投保。在这几种价格术语下，由于投保方与实际风险的承担方相同，因此其保险条款可以简化。

如：保险由买方负责。

Insurance：To be covered by the buyer.

或保险由卖方负责。

Insurance：To be covered by the seller.

凡以CIF、CIP价格术语成交的合同由卖方投保，而实际风险的承担者为买方，所以应在买卖合同的保险条款中明确保险金额、投保险别以及适用的保险条款等。如：

保险由卖方负责按发票金额的110%投保一切险、战争险，按中国人民保险公司2009年1月1日颁布的海运货物保险条款为准。

Insurance: To be covered by the Seller for 110% of total Invoice Value against All Risks and War Risks as per Ocean Marine Cargo Clause of the People's Insurance Company of China Dated Jan. 1th, 2009.

二、我国货物运输保险实务

目前，由我方负责办理投保手续的交易合同，通常优先选择我国的保险公司和保险条款。若国外客户要求按照英国伦敦保险协会货物保险条款时，我方也可酌情接受。我国有的保险公司在再保险业务中也接受美国协会货物条款（American Institute Cargo Clause，AICC）。

办理货运保险的一般程序是：

（一）确定投保险别

不同的险别，保险公司承保的责任范围不同，相应的保险费率也不相同。投保人在选择投保险别时，既要使货物得到充分保障，又要尽量节约成本。在选择投保险别时，应考虑以下因素：

（1）货物的性质和特点。不同性质的货物抵御风险的能力不同。例如，粮食类商品，容易受潮、受热从而发霉变质，所以应该投保一切险（包括受潮、受热险），或在投保水渍险的基础上加保受潮、受热险。

（2）货物的包装。例如，液体商品用铁桶包装可能渗漏，应加保渗漏险；袋装大米可能被挂钩钩破包装袋，应加保钩损险。

（3）货物的用途与价值。例如，价格昂贵的工艺品，应投保一切险，以获得全面的保障。

（4）运输方式与运输工具。例如，海运方式下，投保平安险、水渍险或一切险；而陆运方式下，应投保陆运险或陆运一切险。

（5）运输路线。某些航线途经气候炎热地区，如果船舶通风不良，就会出现货损。而在政局不稳或已经发生战争的海域内航行，货物受到意外损失的可能性更大。

（6）运输季节。例如，冬季运输的货物容易出现冻裂；夏季运输的货物容易出现腐烂变质。

（7）发生在港口和装卸过程中的损耗情况等。

（8）目的地的政治局势。在目的国战争或政变期间，如果投保战争险，出口商就不必为货物的安全问题而心惊肉跳。

（二）投保金额

投保金额又称保险金额，它是保险人所应承担赔偿责任的最高金额，也是计收保险费的依据。保险金额一般由交易双方经过协商后确定，一般按CIF或CIP总值加一定百分率计算，所加的百分率为保险加成率，作为买方进行该笔交易所支付的费用和预期利润。如果发票价格是FOB或CFR，应将相关运费和保费加上去，再另行加成。按照国际保险市场习惯，通常取10%。如买方要求超过10%，如20%时，卖方也可接受。但由此增加的保险费原则上应由买方承担。这里还需要说明的一点是，保险合同是补偿性合同，被保险人不可能从保险人处获得超过实际损失的保险赔偿，因此，被保险人进行溢额投保，即选择过高的投保加成或明显偏离市场价格的投保金额等，是得不到保险公司的全部赔付的。

保险金额的计算公式是：

保险金额 = CIF 货值 ×（1 + 加成率）

保险费率是由保险公司根据一定时期、在不同种类货物的损失率和赔付率的基础上，参照国际保险费率水平而制定的。中国人民保险公司的保险费率是按不同险别、不同目的地、不同商品、不同运输工具确定的。保险费计算公式为：

保险费 = 保险金额 × 保险费率

例 11-1 某公司出口一批货物到纽约，CIF 价为10 000 美元，投保海运一切险和战争险，按CIF 价加成10%，保险费率0.5%，求保险金额和保险费。

解： 保险金额 = 10 000 美元 ×（1 + 10%） = 11 000 美元

保险费 = 11 000 美元 × 0.5% = 55 美元

（三）取得保险单据

保险单是保险人与被保险人之间的保险契约，是保险人对被保险人的承保证明。在发生保险范围内的损失或灭失时，依据保险单据，投保人可向保险人要求赔偿。

在国际贸易实务中，常用的保险单据主要有以下几种：

1. 保险单

保险单（Insurance Policy）又称大保单，是投保人与保险人之间订立的正式保险合同的书面凭证。在进出口货物的运输保险中，保险单一般由保险人签发给被保险人，承保在保险单内载明的、经由指定船舶和航次承运的货物在运输途中的风险。保险单的正面内容包括：

（1）证明双方当事人建立保险关系的文字。如中国人民保险公司保险单即载明"中国人民保险公司根据××的要求，由投保人向本公司交付约定的保险费，按照本保险单承保险别和背面所载条款与下列条款承保下述货物运输保险，特立本保险单。"

（2）被保险货物情况。包括货物项目、标记、包装及数量、保险金额、保险费率、运输工具、开航日期、装运港及目的港等。

（3）承保的保险险别、保险勘查代理人、赔款偿付地点以及承保人关于所保货物如遇风险可凭本保险单及有关证件给付赔款的声明。

保险单的背面全文载明保险公司拟定的保险条款的各项内容，包括基本险的责任范围、除外责任、责任起讫、投保人的义务和索赔金额等。

2. 保险凭证

保险凭证（Insurance Certificate）又称小保单，是一种简化的保险单，它同正式保险单具有同样的效力。其正面各项内容与保险单相同，背面则不载明保险公司拟定的保险条款内容。如果正式保险单与保险凭证的特定条款有抵触，应以保险凭证的特定条款为准。

3. 联合凭证

联合凭证（Combined Certificate）又称联合发票，是一种比保险凭证更为简化的保险单据。它是发票与保险单相结合的一种保单形式。采用联合凭证时，保险公司将保险编号、承保的险别、保险金额、检验和理赔代理人名称及地址加注在出口人开立的货物发票上，并加盖保险公司印章，作为承保的凭证。保险凭证上需列明的其他项目，如货物名称、数量、包装、承运工具、装运港、到达港等均以发票所列为准。联合凭证具有与保险凭证相同的效力，一般不能转让。目前联合凭证只有在我国采用，且仅限于对我国港澳地区、新加坡、马来西亚的陆运出口保险业务中使用，对于其他地区出口，除双方另有约定外，一般均不使用。

（四）提出索赔

被保险货物运抵目的地后，收货人如发现被保险货物发生保险责任内的损失时，可以向保险人提出赔偿要求。首先，应立即向承运人或有关方面索取货损或货差证明，并联系保险公司指定的检验理赔代理人申请检验，提出检验报告，确定损失程度；同时向承运人或有关责任方提出索赔。其次，填写索赔清单，并提供提单副本、发票、装箱单、保险单正本、磅码单、货损货差证明、修理配置费凭证，如涉及第三者责任，还须提供向责任方追偿的有关函电及其他必要单证或文件。

索赔应在保险有效期内提出并办理。

（五）保险公司理赔

保险公司在接到被保险人的损失通知后，通过损失检验和调查研究，确定损失原因和损失程度，然后再进行责任归属的审定，并将核定结果通知被保险人。保险人应根据保险条款中的保险险别及期限等规定，审定是否进行赔偿。对属于保险责任的，在与被保险人达成有关赔偿金额的协议后10日内，履行赔偿义务。

（六）赔付金额的计算

1. 对全损的赔付

当保险单项下的货物遭受全部损失时，以保险单上的保险金额为准全额赔付。

2. 对单独海损的赔付

（1）数（重）量损失的赔付计算

赔款 = 损失数（重）量/保险货物总数（重）量 × 保险金额

例 11-2 出口大米共1 000袋，每袋重50 kg，已投保海运一切险，保险金额为2.5万美元，运至目的地卸货时发现部分外包装破裂，还有数袋短少，共计短缺 1 000 kg，保险公司应赔付多少？

解：　赔款额 = 1 000/(1 000 × 50) × 25 000 美元 = 500 美元

（2）质量损失的赔付计算

赔款 = (货物完好价值 - 受损后价值)/货物完好价值 × 保险金额

完好价值和受损价值一般以货物运抵目的地时的市场价格为准。如果市价难以确定，也可按发票价值计算。

例 11-3　出口服装一批，投保一切险，保险金额为 20 万美元，途中遭遇暴风雨，服装被水浸湿，中途降价出售，得到 12 万美元，该批货物在当地的完好价值为 24 万美元，保险公司应赔付多少？

解：　赔款额 = (24 - 12)/24 × 20 万美元 = 10 万美元

3. 对共同海损分摊的赔付

分摊比率 = 损失总额/船货运费总值 × 100%

附录　海运货物保险单格式

中保财产保险有限公司

The People's Insurance (Property) Company of China Ltd.

发票号码　　　　　　　　保险单号次

Invoice No.　　　　　　　　Policy No.

海洋货物运输保险单

MARINE CARGO TRANSPORTATION INSURANCE POLICY

被保险人：

INSURED: ______________________________

中保财产保险公司（以下简称本公司）根据被保险人的要求，以及所交付约定的保险费，按照保险单承担险别和背面所载条款与下列货物运输保险，特签发本保险单。

This policy of insurance witness that The People's Insurance (Property) Company of China, Ltd. (hereinafter called "The Company"), at the request of the Insured and in consideration of the agreed premium paid by the Insured, undertakes to insure the undermentioned goods in transportation subject to the considerations of this Policy as per the Clauses printed overleaf and other clauses attached hereon.

保险货物项目 Description of Goods	包装 单位 数量 Packing Unit Quantity	保险金额 Amount Insured

承保险别　　　　　　　　　　货物标记
Conditions　　　　　　　　　Marks of Goods

总保险金额：
Total Amount Insured：________________

保费　　　　　载运工具　　　开航日期
Premium as agreed　PerconveyanceS. S. ________ Slg. On or abt AS PER B/L

起运港　　　　目的港
From ________________ To ________________

所保货物，如发生本保险单项下可能引起索赔的损失或损坏，应立即通知本公司下述代表人查勘。如有索赔，应向本公司提交保险单正本（本保险共有两份正本）及有关文件。如一份已用于索赔，其余正本则自动失效。

In the event of loss or damage which may result in a claim under this Policy, immediate notice must be given to the Company's agent as mentioned hereunder. Claims, if any, one of the Original Policy which has been issued in Original（s）together with the relevant documents shall be surrendered to the Company, if one of the Original Policy has been accomplished, the others to be void.

赔偿地点
Claim payable at ____________

日期　　　　　　在
Date ________ At ____________

中保财产保险有限公司

THE PEOPLE'S INSURANCE（PROPERTY）CO. OF CHINA LTD.

本章小结

本章主要介绍了海上风险、海上损失的概念，分类及其特点，阐述了共同海损的构成要件，分析了在运输中致使货物受损的多种因素及其可能遭遇的多种风险，在此基础上比较性地说明了中国海洋货物运输的平安险、水渍险和一切险三个基本险的承保范围、责任的起讫和除外责任，介绍了中国海洋运输的一般附加险和特殊附加险的承保范围。此外，本章还对其他运输方式下的中国人民保险公司的相应险别作了简单说明。鉴于伦敦保险协会的保险条款在国际贸易中的权威性和实用性，本章对其也作了较详细的介绍。合同中的保险条款涉及了交易者对运输风险的处理方式，它包括保险险种、保险金额和保险期限等内容。本章最后简单介绍了我国进出口货物保险的基本做法。

本章重要概念

推定全损　共同海损　基本险别　战争险　“仓至仓”条款　ICC　保险金额

本章推荐阅读文献

[1] 张晓明. 国际贸易实务与操作 [M]. 北京：高等教育出版社，2008.
[2] 中国保险行业协会. 三星火灾海上保险（中国）有限公司[DB/OL]. http：//www.iachina.cn/，2010-05-1.

思考题

1. 什么是海上损失？主要有哪些分类？
2. 什么是实际全损？发生实际全损的情况有哪些？
3. 什么是共同海损？共同海损应满足哪些条件？
4. 单独海损与共同海损的区别有哪些？
5. 中国保险条款（海运）规定的基本险和附加险有哪些？
6. 海上运输货物附加险包括哪些险别？
7. 陆上运输包括哪些险别？
8. 简述伦敦保险协会的海运货物保险条款的内容。

作业题

一、判断题

1. 某载货船舶在航行途中因故搁浅，船长为了解除船、货共同危险，命令将部分货物抛入海中，使船舶起浮，继续航行至目的港。上述抛货的损失属于共同海损。（　）

2. 共同海损属于全部损失范畴。（　）

3. 中国人民保险公司《海洋运输货物保险条款》包含的基本险和附加险，保险公司的保险期限均以“W/W CLAUSE”（“仓至仓”条款）加以规定。（　）

4. 平安险的英文原意为“单独海损不赔”，也就是说，如果被保险人投保了该险别，保险人对所有单独海损造成的后果不负赔偿责任。（　）

5. 单独海损是仅由各受损者单独负担的一种损失。（　）

6. 被保险货物由于自然灾害所造成的部分损失，在任何情况下平安险都不保。（　）

7. 一切险并不承保一切风险所造成的被保险货物的一切损失。（　）

8. 中国保险条款规定一般附加险和特殊附加险不可以单独投保。（　）

9. 按国际惯例，船舶失踪半年仍无消息可视为实际全损。（　）

10. 托运出口玻璃制品时，被保险人在投保一切险后，还应加保碰损破碎险。（　）

二、单项选择题

1. 对于共同海损所作出的牺牲和支出的费用，应由（　　）。
   A. 船方承担
   B. 货方承担
   C. 保险公司承担
   D. 所有与之有利害关系的受益人按获救船舶、货物、运费获救后的价值比例分摊
2. 海运货物保险中，按“仓至仓”条款的规定，货物运抵目的港后没有进入指定仓库，（　　）天内保单仍然有效。
   A. 30　　B. 60　　C. 90　　D. 120
3. 下列保险条款中承保风险类似我国平安险的是（　　）。
   A. ICC(A)　　B. ICC(B)　　C. ICC(C)　　D. Institute War Clauses Cargo
4. 以 CIF 条件成交的合同，按《2010 通则》，卖方应投保（　　）。
   A. 一切险　　B. 水渍险　　C. 平安险　　D. 战争险
5. 伦敦保险协会货物保险条款的三种主要险别中，保险人责任最小的险别是（　　）。
   A. ICC(C)　　B. ICC(A)　　C. ICC(B)　　D. ICC(D)
6. 外贸公司按 CIF 价格条件出口一批商品，合同金额为 10 000 美元，加一成投保平安险，保险费率为 0.8%，则保险费为（　　）美元。
   A. 80　　B. 88　　C. 97　　D. 87
7. 根据我国“海洋货物运输保险条款”规定，“一切险”包括（　　）。
   A. 平安险加 11 种一般附加险　　B. 一切险加 11 种一般附加险
   C. 水渍险加 11 种一般附加险　　D. 11 种一般附加险加特殊附加险
8. 按国际保险市场惯例，投保金额通常在 CIF 总值的基础上（　　）。
   A. 加 10%　　B. 加 20%　　C. 加 30%　　D. 加 40%
9. 我国某公司出口一批稻谷，因意外事故被海水浸泡多时而丧失其原有用途，货到目的港后只能低价出售，这种损失属于（　　）。
   A. 单独损失　　B. 共同损失　　C. 实际全损　　D. 推定全损
10. 某批出口货物投保了水渍险，在运输过程中由于雨淋致使货物遭受部分损失，这样的损失保险公司将（　　）。
   A. 负责赔偿整批货物
   B. 负责赔偿被雨淋湿的部分
   C. 不给予赔偿
   D. 在被保险人同意的情况下，保险公司负责赔偿被雨淋湿的部分

三、多项选择题

1. 向中国人民保险公司投保平安险，如被保险货物发生（　　），保险公司不负赔偿责任。
   A. 自然损耗　　B. 发货人责任引起的损失　　C. 共同海损的牺牲、分摊和救助费用
   D. 由于战争引起的损失　　E. 自然灾害引起的部分损失
2. 出口茶叶，为防止运输途中串味，办理投保时，应该投保（　　）。
   A. 串味险　　B. 平安险加串味险　　C. 一切险

D. 水渍险加串味险　　E. 一切险加串味险

3. 在国际货物运输保险中，保险公司承保的风险包括（　　）。

A. 自然灾害　B. 意外事故　C. 外来风险

D. 运输延迟造成损失的风险　E. 货物的内在缺陷

4. 以下属于全部损失的有（　　）。

A. 货物遭遇大火被全部焚毁

B. 船舶遇难，货物随同船舶沉入海底灭失

C. 水泥被海水浸泡成硬块

D. 战时货物被敌国捕获或没收

E. 载货船舶在海上航行中遭遇暴风巨浪，海水进入船舱致使部分货物受损

5. 投保人在投保时应考虑以下因素（　　）。

A. 货物的特性　B. 运输路线　C. 目的地市场的变化趋势

D. 运输季节　E. 货物的包装

6. 以"仓至仓"原则为保险责任起讫的海运货物保险合同在正常运输情况下可以引起保险责任终止的情况包括（　　）。

A. 货物运达保单载明的目的地收货人的仓库或储存处所

B. 货物运达提单载明的目的港承运人的仓库或储存处所

C. 货物运达保单载明的目的地被保险人用作分配、分派

D. 被保险货物在最后卸载港全部卸离海轮后 60 天内转运到非保单载明的目的地时

E. 被保险货物在最后卸载港全部卸离海轮后起满 60 天

7. 可以按比例分摊共同海损牺牲和费用的有关利益方主要包括（　　）。

A. 船舶方　B. 货物方　C. 运费方　D. 保险人　E. 代理人

8. 海运货物一切险承保的保险责任有（　　）。

A. 货物内在缺陷或自然损耗所致损失

B. 运输延迟所致损失

C. 一般外来风险所致损失

D. 自然灾害、意外事故所致损失

E. 特殊外来风险所致损失

9. 以下险种中，属于一般附加险的是（　　）。

A. 短量险　B. 舱面险　C. 淡水雨淋险

D. 偷窃提货不着险　E. 拒收险

10. 海运货物战争险的责任范围包括（　　）。

A. 直接由于战争、类似战争行为和敌对行为、武装冲突或海盗行为等所造成的运输货物的损失

B. 由于 A 所引起的捕获、拘留、扣留、禁制、扣押所造成的运输货物的损失

C. 各种常规武器所造成的货物的损失

D. 根据执政者、当权者或其他武装集团的扣押、拘留引起的承保航程的丧失和挫折而提出的任何索赔

E. 本条款责任范围引起的共同海损的牺牲、分摊和救助费用

四、计算题

1. 某公司出口一批商品到欧洲某港口，原报 CFR 欧洲某港口，总金额为 10 000 美元，投保一切险（保险费率为 0.6%）及战争险（保险费率为 0.04%），保险加成率为 10%，计算该批货物 CIF 价的保险金额及保险费。

2. 某货主丁出口货物发生共同海损，致使货主丁损失 2 000 元，货物获救价值为10 000 元，其中，货主甲、乙、丙、丁各为 1 000 元、2 000 元、3 000 元、4 000 元，船舶获救价值为 5 000 元，运费获救价值为 1 000 元。计算有关各方损失的分摊额。

案例分析题

1. 某货轮从天津新港驶往新加坡，在航行途中船舶货舱起火，大火蔓延到机舱，船长为了船、货的共同安全，下令往仓内灌水，火很快被扑灭，但由于主机受损，无法继续航行，于是船长雇用拖轮将船拖回天津新港修理，修好后重新驶往新加坡，这次造成的损失共有：① 1 000 箱货被火烧毁。② 600 箱货被水浇湿。③ 主机和部分甲板被烧坏。④ 拖轮费用。⑤ 额外增加的燃料和工资。从损失的性质看上述损失各属于什么性质的损失？为什么？

2. 国内某公司进口一批货物，已投平安险加战争险。运载该批货物的海轮在航行途中遇到敌对两国交战，船舶被炮火击中，但货物未受损害。当该船驶到附近港口修理时，却因遭遇恶劣气候，船舶沉没，货物全部损失。请问：

（1）保险公司是否应当承担赔偿责任？

（2）如果本案中卖方投保的是一切险，但未加保战争险，保险公司是否应该赔偿？

第十二章　国际货款结算

本章内容要点

- 三种主要结算工具：汇票、本票和支票，其中以汇票最为重要
- 主要结算方式：汇付、托收、信用证、保函、备用信用证、保理业务等

第一节　结算工具

国际上最早的贸易方式是易货贸易（Barter），在易货贸易结算中不需要媒介手段。后来，随着国际贸易的发展，以现金作为媒介的支付手段（Cash Settlement）才逐渐流行起来。但是这种结算方式也有许多弊端，突出的表现为需要携带大量现金远渡重洋去支付货款，既不方便，也不安全。因此，在国际贸易的发展过程中又出现了以非现金为媒介的结算方式（Non-cash Settlement），这种结算方式的载体就是票据。在国际贸易结算中，最常用的票据是汇票、支票和本票。

一、汇票

（一）汇票的定义

《日内瓦统一法》未给汇票（Bill of Exchange/Drafts）下定义，世界各国均广泛引用或参照1882年《英国票据法》对汇票所下的定义。

1. 1882年《英国票据法》关于汇票的定义

汇票是由一人向另一人签发的要求即期、定期或者在可以确定的将来时间，向某人或其指定人或执票来人支付一定金额的无条件书面命令。

A bill of exchange is an unconditional order in writing, addressed by one person to another, signed by the person giving it, requiring the person to whom it is addressed to pay on demand or at a fixed or determinable future time a sum certain in money to or to order of a specified person or to bearer.

此处的"人"既可以是自然人，也可以是法人。

2.《中华人民共和国票据法》关于汇票的定义

汇票是出票人签发的、委托付款人在见票时或者在指定日期无条件支付确定的金额给收款人或者持票人的票据。

汇票有三个基本当事人，即出票人、付款人和收款人。

（二）汇票的基本内容

汇票是一种要式证券，它必须具备法定的形式，必须载明必要的法定事项，才能成为完整的汇票，具有票据的效力。各国票据法对汇票内容的规定不尽相同，但汇票一般应包括以下基本内容：

（1）注明“汇票（Exchange/Draft）”字样。

（2）无条件书面支付命令（Unconditional Order in Writing）。

（3）出票日期及地点（Date and Place of Issue）。

（4）付款期限（Tenor）。

（5）收款人（Payee）。

（6）汇票金额（Amount）。

（7）付款人（Drawee）。

（8）付款地点（Place of Payment）。

（9）出票人签字（Drawer's Signature）。

下面是一张汇票中的基本内容的具体表示。

(1) (6) (3)
Exchange for USD 5 000. 00 Beijing, 5th April, 2010—
(4) (2) (5)
At 90 days after sight pay to C Co. or order
(6)
the sums of U. S. Dollars five thousand only
(7) (8)
To Bank of Europe,
London.
(9)
For A Company Beijing
(9)
signature

（三）汇票的种类

从不同的角度可以将汇票划分为不同的种类，具体来说，有如下几种常见的划分方法：

1. 依出票人不同划分

依出票人不同，汇票可以划分为银行汇票和商业汇票。

（1）银行汇票（Bank Draft/Banker's Draft）。银行汇票是指出票人是银行的汇票。一般来说，这种汇票的付款人也是银行。所以这种汇票提供的是银行信用，多用于汇款方式中的票汇。

（2）商业汇票（Trade Bill）。这种汇票的出票人是工商业企业或个人，付款人是工商业企业或个人或银行，这种汇票提供的是商业信用，多用于托收和信用证方式，而且使用时大多附加货运单据。

2. 依付款期限不同划分

依付款期限不同，汇票可以划分为即期汇票和远期汇票。

（1）即期汇票（Sight Bill/Demand Draft）。凡采用见票即付形式记载付款日期的汇票即为即期汇票。

（2）远期汇票（Usance Bill/Time Bill）。凡采用定日付款、出票后定期付款、见票后定期付款、某一事件后若干天付款等形式记载付款日期的汇票即为远期汇票。远期汇票的持票人必须先向付款人提示承兑，到期再提示付款。

远期汇票付款方式一般有以下四种规定方法：

1）见票后××天付款，即需要在汇票上写“at ×× days after sight”。具体以付款人见票承兑日为起算日，××天后到期付款。

2）出票后××天付款，即需要在汇票上写“at ×× days after date”。具体以汇票出票日为起算日，××天后到期付款，如果汇票上印有“sight”，需要划掉。

3）提单日后××天付款，即需要在汇票上写“at ×× days after B/L”。具体为付款人以提单签发日为起算日，××天后到期付款，如果汇票上印有“sight”，需要划掉。

4）某指定日期付款。这种汇票也被称为“定期付款汇票”或“板期汇票。”例如，“On 25th Feb. 2009”，如果汇票上印有“sight”，需要划掉。

以上四种规定方法中第三种在国际贸易中比较客观，也比较常见。第一种对付款人有利，第二种对收款人有利。具体时间期限一般为30天、45天、60天、180天等更长时间。

托收方式下汇票的付款期限填制方法如下：如D/P即期，填写“D/P at sight”；D/P远期，填写“D/P at ×× days sight”；D/A，填写“D/A at ×× days Sight”。

3. 依承兑人不同划分

依承兑人不同，汇票可以划分为商业承兑汇票和银行承兑汇票。

（1）商业承兑汇票（Trader's/Commercial Acceptance Bill）。商业承兑汇票是指由个人或企业承兑的远期汇票。这种汇票提供的是商业信用。

（2）银行承兑汇票（Banker's Acceptance Bill）。银行承兑汇票是指由银行承兑的远期汇票。当银行承兑商业汇票后，就将商业汇票的商业信用转变为银行信用。

4. 依有无附货运单据划分

依有无附货运单据，汇票可划分为光票和跟单汇票。

（1）光票（Clean Bill）。光票是指不附有货运单据的汇票。银行汇票多为光票。在国际贸易结算中，这种汇票使用不多，一般仅用于贸易从属费用、货款尾数、佣金等的收取或支付。

（2）跟单汇票（Documentary Bill）。跟单汇票是指附有货运单据的汇票，其中货运单据主要是指提单。商业汇票多为跟单汇票。

5. 依计价货币不同划分

依计价货币不同，汇票可以划分为本币汇票和外币汇票。

（1）本币汇票（Local Currency Bill）。本币汇票是指从出票人角度看，票面金额是以本国货币表示的汇票。

（2）外币汇票（Foreign Currency Bill）。外币汇票是指从出票人角度看，票面金额是以外国货币表示的汇票。

（四）汇票的票据行为

票据行为是指票据上规定的权利和义务所确立的法律行为。根据票据法的一般原则，每个票据行为不因其他票据行为的不合法而受影响。票据行为包括出票、背书、提示、承兑、付款、保证、拒付和追索等行为，其中，出票是主票据行为（即制作票据的原始行为），其余的是从票据行为（即以出票行为设立的票据为基础衍生出来的行为）。关于汇票的票据行为，下面将作详细介绍，而支票和本票票据行为中与之相同的内容，将不再详述。

1. 出票（Draw/Issue）

出票就是汇票的签发，即汇票的出票人写成汇票经签字后交付给收款人的票据行为。出票包括两个动作：①出票人写成汇票并在汇票上签字。②出票人将汇票交付给收款人。两个动作都完成后，汇票才开始生效。

对于即期汇票以及未承兑的远期汇票，出票人是票据的主债务人。

国际贸易结算中使用的汇票多由出口公司签发，故多数是商业汇票，而且通常一式两份，即 First of Exchange，Second of Exchange，这两份汇票具有同等的法律效力，但付款人只对其中的一份承兑或付款，即“付一不付二”、“付二不付一”（Second or First Unpaid）。在实务工作中，为防止遗失，两份汇票须分次对外寄发。这样，既避免了票据在邮寄过程中丢失，又防止了重复承兑或付款。

2. 背书（Endorsement/Indorsement）

背书是指汇票的收款人或持票人在汇票的背面或者粘单上（Allonge）记载有关事项，经签字后交付给受让人以实现票据权利转让的行为。显然，汇票的背书也包括两个动作：①收款人或持票人（即背书人）在汇票上记载有关的事项，并签上自己的名字或再加上受让人（即被背书人的名字）。②背书人将汇票交付给被背书人。

背书主要有三种方式：①空白背书（Blank Endorsement/Endorsement in Blank），即无记名背书、略式背书，是指背书人只在汇票背面签字转让汇票权利，而不载明被背书人名称的背书。空白背书的受让人具有可以仅凭交付而继续转让汇票的权利。②记名背书（Special Endorsement），即特别背书、正式背书、完全背书，是指不仅有背书人签字，而且也写明被背书人名称的背书。这种背书保持了汇票原先指示性抬头的性质，是使用最多的背书方式。③限制性背书（Restrictive Endorsement），即不可转让背书，是指禁止汇票继续流通转让的背书。这种背书由于限制了汇票的流通性，所以在国际结算中很少使用。

根据票据法的一般规则，在背书中有几点需要注意：①背书必须连续，即第一次背书的人应该是汇票的收款人，以后各次背书的背书人应该是前一次背书的被背书人，中间不能断开。②背书转让的应该是汇票的全部金额，部分金额转让的背书的被背书人对汇票没有权利。③若汇票的收款人是两人或两人以上时，再背书转让票据权利时，需经全体收款人背书签字。④背书不得附有条件。背书时附有条件的，所附条件不具有汇票上的效力，而背书本身仍然有效，被背书人仍可依据背书取得票据权利。如："Pay to the order of A Co. on delivery of B/L No. 234."因为条件仅对背书人与被背书人有约束作用，而与付款人、承兑人以及出票人无关，被背书人仍可向付款人、承兑人等提示付款。

3. 提示

提示（Presentation）就是持票人向付款人出示汇票，要求付款人承兑或付款的行为。提示分为两种：①提示承兑（Presentation for Acceptance），即远期汇票的持票人向付款人出示汇票，要求付款人承诺到期付款的行为。②提示付款（Presentation for Payment），即即期汇票及已承兑的远期汇票的持票人向付款人或承兑人出示汇票要求付款的行为。

提示承兑和提示付款均须在规定的时限内办理。如果未在规定时限内办理提示，则持票人将丧失对其前手的追索权。另外，提示必须于汇票载明的付款地点及营业时间内办理。

4. 承兑

承兑（Acceptance）是指远期汇票的付款人在汇票上签字，承诺在汇票到期日向持票人支付汇票金额的票据行为。只有远期汇票才需要承兑。承兑包括两个动作：①付款人在汇票上签字，注明"承兑"字样与承兑日期。②付款人将已承兑的汇票退还给持票人。付款人承兑汇票时，需在汇票的正面注明。汇票一经承兑，付款人就成为承兑人（Acceptor），并成为汇票的主债务人，而出票人则成为汇票的从债务人。

根据票据法的一般规则：付款人承兑汇票时，不得附有条件。承兑附有条件的，视为拒绝承兑，此时，持票人即可凭此行使追索权。

5. 付款

付款（Payment）是付款人向持票人按汇票金额支付款项的行为。对于即期汇票，付款人需在持票人提示汇票时付款。对于远期汇票，付款人需先在汇票上承兑，并于汇票到期日向持票人付款。

根据票据法的一般原则，付款人应在规定的时效内、规定的地点向持票人付款。付款人付款时必须鉴定背书的连续性，必须给付金钱而非其他替代物，必须对汇票的权利所有人付款。

6. 保证

保证（Guarantee）是指汇票的非债务人对债务人的债务提供担保的行为。被保证的对象（即被保证人）可以是出票人、背书人、承兑人等。汇票上未记载被保证人名称的，已承兑的汇票，承兑人为被保证人；未承兑的汇票，出票人为被保证人。

保证人进行保证时，需在汇票的正面、背面或粘单上注明“保证”字样、被保证人的名称、保证人的名称与住所、保证日期等。如果为出票人、承兑人保证，记载于汇票的正面；如果为背书人保证时，记载于汇票的背面或粘单上。

汇票保证人与被保证人的责任是完全相同的，持票人可以不分先后向保证人或被保证人要求行使票据权利，保证人清偿汇票金额后，可以凭汇票行使对被保证人及其前手的追索权。

根据票据法的一般规则，保证不得附有条件。保证附有条件的，不影响对汇票的保证责任，即所附条件无效，汇票本身及保证本身仍有效。

7. 拒付和追索

拒付（Dishonor）又称退票，是指持票人按票据法规定作有效提示时遭到付款人或承兑人拒绝付款或拒绝承兑的行为。拒付是持票人行使追索权的前提。拒付通知可以是书面的，也可以是口头的。

所谓追索（Recourse），即持票人在汇票被拒付（即拒绝承兑或拒绝付款）时，对背书人、出票人及其他票据债务人（如承兑人、保证人等）请求偿还汇票金额及其他有关费用的行为。追索权是持票人拥有的一项权利。关于拒付通知的时间各国规定不一致。

关于追索，有几点需要注意：①只有持票人才有权提出追索，其他当事人没有这项权利。②持票人行使追索权之前，必须在法定期限内向付款人提示了汇票，并遭到付款人拒付。各国关于法定期限的规定并不相同。③持票人行使追索权时，应提供有关机构（如法院、银行等）出具的拒付证明文件。

追索的金额由三部分组成，即被拒付的汇票金额、汇票金额自到期日或提示付款日起至清偿日止的利息和取得有关拒付证明及其他文件的费用。

8. 贴现

贴现（Discount）是指远期汇票承兑后尚未到期，由银行或贴现公司从票面金额中扣减按一定贴现率计算的贴现息后，将余额付给持票人，从而贴进票据的行为。

贴现行为中，关键是计算贴现息。

贴现息 = 票据到期值 × 贴现率 × 贴现期/360（或 12）

贴现净值 = 票据到期值 - 贴现息

票据到期值分为不带息票据和带息票据两种情况，其中不带息汇票的票据到期值为票据的面值，带息汇票的票据到期值为票据到期时的本金加利息。

（五）信用证支付方式下商业汇票的式样和制作

以下内容建议读者学习完信用证的有关内容以后，再来看这部分内容，这样会加深读者对汇票和信用证的理解。

信用证支付方式下空白商业汇票的式样如下：

BILL OF EXCHANGE

No. ________________ Place and Dated ____________

Exchange for ______________________________

At ________ days after Sight of this FIRST of Exchange

(Second of exchange being unpaid)

pay to the Order of ______________________________

the sum of ______________________________

Drawn under L/C No. ____________ Dated ____________

Issued by ______________________________

To ______________________________

____

____

For

(Authorized Signature)

（1）No.，汇票号码。实践中，通常与交易的发票号码一致，以便核对。

（2）Place and Dated，出票地点和日期，即签发汇票的地点和日期。

（3）Exchange for 的后面填写汇票小写金额。在填写汇票金额时要注意金额的大小写要一致，而且货币的币种要与信用证金额货币相同。

（4）At ________ days after Sight，即填写汇票的付款期限。

1）即期汇票。只需在横线上用“*******”或“---------”表示，也可以直接打上“At Sight”（但不要留空）。

2）远期汇票。

① 见票后定期付款，如“At 30days after sight”（见票后 30 天付款）。

② 出票日后定期付款，如“At 45 days after date”（出票日后 45 天付款）。

③ 提单日后定期付款，如“At 60days after B/L date”（提单日后 60 天付款，注意：此时应在“B/L date”后加注实际提单日期）。

（5）PAY TO THE ORDER OF …收（受）款人。通常直接填写议付行的名称。在信用证支付条件下，收款人的填写方法有以下两种：

1）直接填写信用证议付行的名称，如“Pay to the order of BANK OF CHINA BEIJING BRANCH”。在此情况下，应注意信用证的议付性质。如为限制议付的信用证，则受益人只能去指定的银行议付，填写的议付行名称也是固定的。如为自由议付的信用证，则受益人可以自由选择银行议付。

2）填写受益人的名称，如“Pay to the order of ABC CORP.”在此情况下，当受益人向银行交单议付时，必须在汇票背面作空白背书或记名背书给议付行，以便议付行向开证行或偿付行索偿。

（6）the sum of 后填写汇票大写金额。如：USD56 600. 80 可填写为：“THE SUM OF SAY US DOLLARS FIFTY SIX THOUSAND SIX HUNDRED AND 80/100 ONLY.”或“THE SUM OF SAY US DOLLARS FIFTY SIX THOUSAND SIX HUNDRED AND CENTS EIGHTY ONLY.”

（7）Drawn under L/C No. ______ Dated ______ Issued by ______，是出票条款。一般应填写出具汇票所依据的信用证的开证行名称、信用证号码及开证日期。例如，“Drawn under The National Bank of Kuwait S. A. K. Head Office L/C No. TS303 Dated May 23th，2009.”

（8）To…，受票人，即付款人（Payer）。填写受票人的详细名称及地址。

（9）For…，出票人（Drawer）。在汇票右下角，一般填写信用证受益人的公司名称，并且受益人在出具了汇票后必须签署。

（10）汇票中“…this FIRST Bill of exchange（SECOND being unpaid）…”意指汇票是成套汇票。通常一套两张的汇票，在第一张汇票记载：“凭此第一张汇票支付（第二张相同内容和日期者不付）给……”，俗称“付一不付二”。在第二张汇票写明“付二不付一”。各张汇票面额和内容完全相同，每张有编号，各张要交叉注明全套张数其中任何一张付款后，其余各张即不再付，即不能重付。

填写完整的信用证支付方式下商业汇票的式样如下：

BILL OF EXCHANGE

No. BP972030146

TIANJIN，June 12th，2009

Exchange for USD12 000. 00

At sight of this FIRST OF EXCHANGE（Second of the same tenor and date unpaid）

Pay to the order of BANK OF CHINA，TIANJIN

The Sum of：SAY USD TWELVE THOUSAND ONLY

Drawn under × × Bank Letter of Credit

No. TS303　　Dated May 23th，2009

TO：BANK OF ××，SINGAPORE

For CWK Co.，Tianjin，China

(Signed)

二、支票

（一）支票的定义

《日内瓦统一法》未给支票下定义，目前世界各国广泛引用或参照1882年《英国票据法》对支票所下的定义。

1. 1882年《英国票据法》关于支票的定义

支票（Check/Cheque）是以银行为付款人的即期汇票。具体地说，支票是银行存款户向该银行签发的，授权其即期支付一定金额给某人或其指定人或执票来人的无条件书面支付命令。

A cheque is a bill of exchange drawn on a bank payable on demand.

A cheque is an unconditional order in writing addressed by the customer to a bank signed by that customer authorizing the bank to pay on demand a sum certain in money to or to the order of a specified person or to bearer.

2.《中华人民共和国票据法》中关于支票的定义

支票是出票人签发的，委托办理支票存款业务的银行或者其他金融机构在见票时无条件支付确定金额给收款人或持票人的票据。

支票有三个基本当事人，即出票人、付款人、收款人。

（二）支票的基本内容

关于支票的内容，各国票据法的规定并不完全相同，但其基本内容是一致的，一般包括以下内容：

(1)“支票”（Check/Cheque）字样。

(2) 无条件支付命令。

(3) 付款银行名称。

(4) 付款地（未写明付款地点者，付款银行的营业场所、处所或经常居住地为付款地）。

(5) 出票日期与地点（未写明出票地点者，出票人营业场所、处所或经常居住地为出票地点）。

(6) 一定金额。

(7) 收款人名称。

(8) 出票人签字。

需要特别指出的是，支票一律是见票即付的，无须特别说明付款日期。

（三）支票的种类

支票可以从多个角度划分为不同的种类：

1. 按是否划线划分

按是否划线划分，支票可分为一般支票和划线支票。

（1）一般支票（Uncrossed Check），即公开支票、现金支票，该类支票上不带划线。对于这种支票，持票人既可以凭其向银行提取现金，也可以委托银行收款入账。

（2）划线支票（Crossed Check），即正面有两道平行横线的支票。这种支票的持票人只能凭支票要求银行代收票款入账，而不能要求银行解付现金。划线支票又分为以下两类：

1）一般划线支票（General Crossed Check），即普通划线支票，这种支票仅在其正面有两道平行横线，而在划线中不写明具体的代收银行名称，故持票人可以委托任何一家银行代收支票的款项入账。

2）特别划线支票（Special Crossed Check），即在支票正面的两道平行线中写明具体的代收款银行名称的支票。对于这种划线支票，持票人只能要求被指明的银行代收款项入账。

2. 按收款人的写法不同划分

按收款人的写法不同划分，支票可分为记名支票和不记名支票。

（1）记名支票（Cheque Payable to Order），即在收款人一栏写明具体收款人姓名的支票。这种支票转让时，需由持票人背书。

（2）不记名支票（Cheque Payable to Bearer），也称空白支票（Blank Cheque），即收款人一栏不写明具体的收款人名称，只是注明“仅付来人”字样的支票。这种支票的转让不须持有人背书，仅由持票人将支票交付给受让人即可。

3. 按是否有他人保付划分

按是否有他人保付划分，支票可分为保付支票和不保付支票。

（1）保付支票（Certified Cheque），即由付款银行注明“保付”（Certified）字样并签字的支票。支票一经保付，保付人即成为支票的主债务人。

（2）不保付支票（Non-Certified Cheque），即付款银行不注明“保付”字样的支票。对于不保付支票，出票人仍是票据的主债务人。

国际结算中使用的支票式样如下：

Check for USD 100 000. 00 New York，Sep. 15th，1999

Pay to the order of Hong Kong ABC Import and Export Co.

The sum of ONE HUNDRED THOUSAND US DOLLARS

To：× × Bank，New York

For BCD Corporation，New York

(Signature)

三、本票

(一) 本票的定义

《日内瓦统一法》未给本票下定义，目前世界各国广泛引用或参照1882年《英国票据法》对本票所下的定义。

1. 1882年《英国票据法》中关于本票的定义

本票（Promissory Note）是一人向另一人签发的，保证即期或定期或在可以确定的将来时间，对某人或其指定人或持票人支付一定金额的无条件的书面承诺。

A promissory note is an unconditional promise in writing made by one person to another signed by the maker engaging to pay on demand or at a fixed or determinable future time a sum certain in money to or to the order of a specified person or to bearer.

2. 《中华人民共和国票据法》中关于本票的定义

本票是出票人签发的，承诺自己在见票时无条件支付确定的金额给收款人或持票人的票据。本法所指本票是银行本票。

本票有两个基本当事人，即出票人和收款人，其中出票人又称签票人（Maker）。

(二) 本票的基本内容

各国票据法对本票内容的规定并不完全一致，但基本包括以下内容：

(1) “本票”（Promissory Note）字样。

(2) 无条件支付承诺。

(3) 收款人姓名或其指定人或来人。

(4) 签票人签字。

(5) 签发日期和地点。

(6) 付款期限。

(7) 一定金额。

(8) 付款人地点。

需特别指出的是，本票不规定付款人，因为签票人即付款人。

(三) 本票的种类

1. 按出票人不同划分

按出票人不同，本票可以划分为商业本票和银行本票。

(1) 商业本票（Commercial Promissory Note）又称一般本票（General Promissory Note），即出票人是工商企业或个人的本票，由于商业本票纯属商业信用，因此在国际贸易结算中很少使用。

(2) 银行本票（Banker's Promissory Note），即出票人是银行或其他金融机构的本票。银行本票属于银行信用，安全性较大，在国际贸易结算中使用得较多。我国目前仅有银行本票，没有商业本票。

2. 按付款时间划分

按付款时间不同，本票可以划分为即期本票和远期本票。

（1）即期本票（Sight Promissory Note），即见票即付的本票。

（2）远期本票（Usance Promissory Note），即出票人承诺于将来某一规定的或可以确定的日期付款的本票。远期本票不需要提示承兑，这一点不同于远期汇票。

银行本票式样如下：

Promissory Note

USD 10 000　　London, 6th Feb., 2000

At 45 days after date, we promise to pay A Co. or order the sum of ten thousand dollars.

For Bank of England, London

(Signature)

第二节 结算方式

国际结算方式有很多，如汇付、托收、信用证、银行保函、备用信用证等。根据资金转移方向和结算工具的传递方向不同，这些结算方式可分为两大类，即顺汇（Remittance）和逆汇（Reverse Remittance）。顺汇是指由债务人主动把款项交给银行，委托银行用某种结算工具支付一定金额的款项给债权人的方式。在顺汇中，资金与结算工具的传递方向相同，都是由债务人转移给债权人。国际结算中的汇付方式是顺汇。逆汇是指由债权人主动出具票据，委托银行向债务人收取一定金额的款项的方式。在逆汇中，资金与结算工具的传递方向相反，结算工具是由债权人转移给债务人，资金是由债务人转移给债权人。国际结算中的托收和信用证方式是典型的逆汇。

一、汇付

（一）汇付的定义

汇付（Remittance）又称汇款，是指汇款人委托银行，通过一定的结算工具，将款项付给国外收款人的一种结算方式。

在国际结算中，汇付方式出现最早，使用起来也最方便。在汇付方式中，银行只负责按汇款人的指示将款项交付给收款人，银行对货物本身及代表货物所有权的单据概不负责，故这种结算方式属于商业信用，风险较大，目前在国际贸易货款结算中很少单独使用，通常与其他结算方式结合使用。但这种支付方式手续简单，费用低廉，因此，在贸易从属费用或非贸易结算中仍使用，如佣金、运保费、样品费、劳务费等的结算。

（二）汇付方式的当事人

汇付方式有四个当事人，具体如下：

（1）汇款人（Remitter），即向银行交出款项，申请汇出款项的人。在国际贸易中，汇款人一般是进口方。

（2）收款人（Payee），也是受益人（Beneficiary），即接受汇款的人。在国际贸易中，收款人一般是出口方。

（3）汇出行（Remitting Bank），即接受汇款人的委托，办理汇出汇款业务的银行。在国际贸易中，汇出行一般是汇款人所在地的银行。

（4）汇入行（Receiving Bank/Paying Bank）又称解付行、付款行，即接受汇出行的委托，向收款人解付汇款的银行，汇入行是办理汇入业务的银行。在国际结算中，汇入行通常是收款人所在地的银行，通常也是汇出行在海外的分支机构或代理行。

（三）汇付方式的种类

按汇出方式不同，汇付可分为以下三种：

1. 电汇

电汇（Telegraphic Transfer，T/T）即汇款人委托汇出行，以加押电报、电传等电信工具指示汇入行向收款人解付款项的一种汇付方式。电汇交款迅速，安全性大，有利于资金的充分利用，多用于急需用款和大额汇款，但电汇费用较高。

2. 信汇

信汇（Mail Transfer，M/T）是汇出行应汇款人的申请，以航空信件将信汇委托书（Mail Transfer Advice）或支付委托书（Payment Order）邮寄给汇入行，授权汇入行向收款人解付款项的一种汇付方式。在业务处理程序上，信汇与电汇基本相同，不同的是信汇费用低廉，资金在途时间长，银行可短期占用汇款人的资金。

3. 票汇

票汇（Remittance by Banker's Demand Draft，D/D）就是汇出行应汇款人的申请，开立以汇入行为付款人的即期汇票，委托汇入行将票面金额支付给汇票上指定的收款人或持票人的汇付方式。票汇中所使用的汇票都是即期的。

与电汇、信汇相比，票汇方式有其独特性。①票汇的汇入行无需通知收款人前来取款，而由收款人自行持票上门取款。②票汇方式所使用的汇票是银行汇票，经收款人背书后，可在市场上流通转让，而电汇、信汇中的委托书是不可转让的，不具流通性。③汇票在到达付款行手中之前，若经过多次转让，则银行利用汇款资金的时间可能更长。

电汇、信汇与票汇的业务流程分别如图 12-1、图 12-2 和图 12-3 所示。

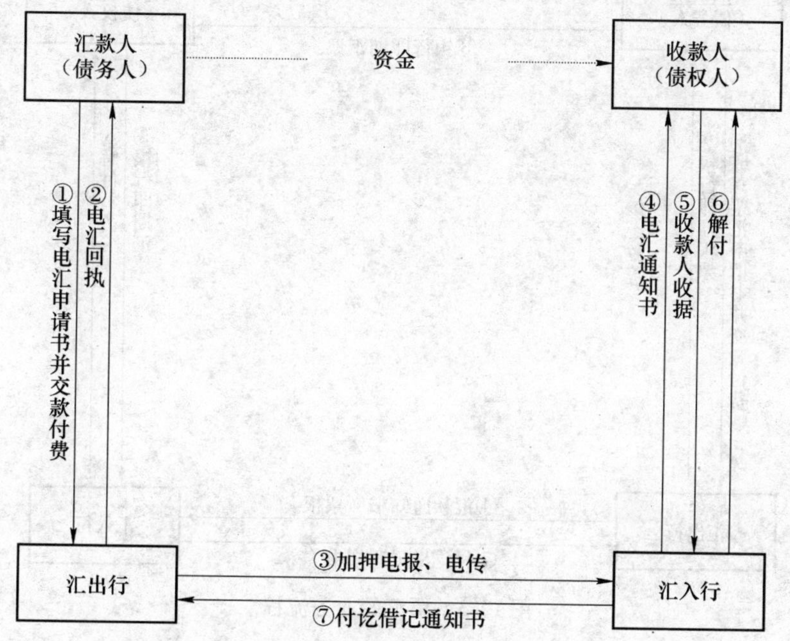

图 12-1　电汇的业务流程

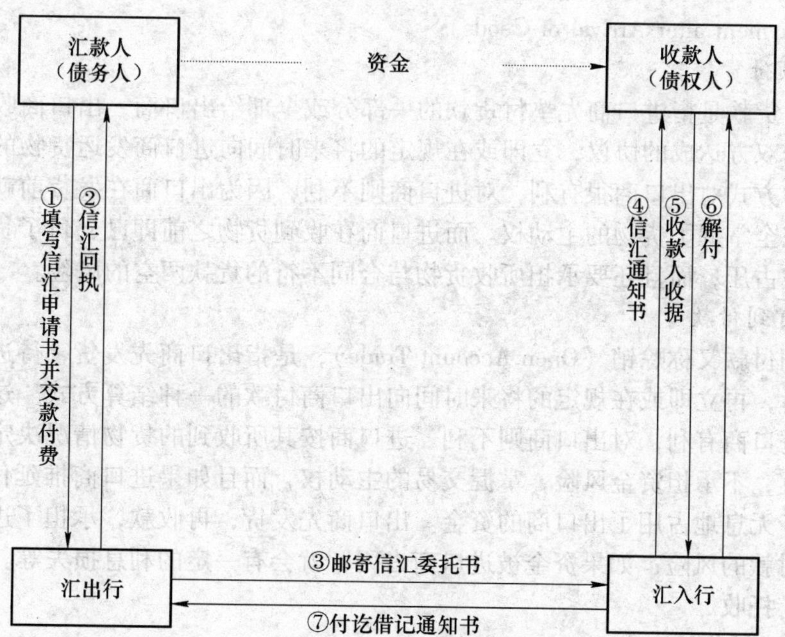

图 12-2　信汇的业务流程

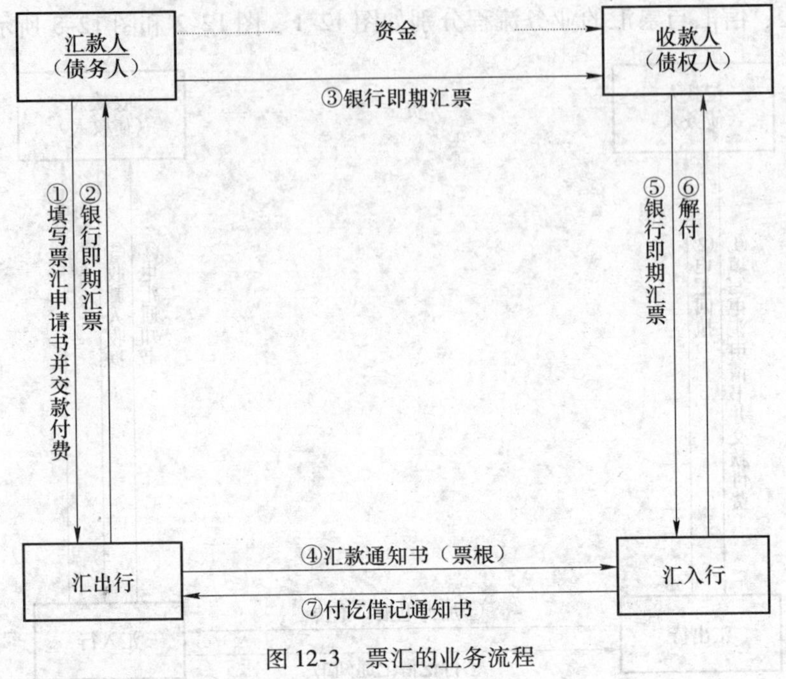

图 12-3 票汇的业务流程

（四）汇付方式在国际贸易中的应用

在国际贸易中，汇付方式主要用于预付货款（Payment in Advance）和货到付款（Payment after Arrival of Goods）。

1. 预付货款

预付货款是指进口商先垫付货款的一部分或全部给出口商，出口商收到货款后，根据双方达成的协议，立即或在规定的将来时间向进口商发运货物的结算方式。这种方式对出口商很有利，对进口商则不利，因为出口商在发货前就得到了货款，完全掌握了货物的主动权。而进口商在收到货物之前即已支付了货款，资金长期被占压，而且还要承担所收货物与合同不符的货款两空的风险。

2. 货到付款

货到付款又称赊销（Open Account Trade），是指出口商先发货，待进口商收到货物后，再立即或在规定的将来时间向出口商付款的一种结算方式。这种结算方式对进口商有利，对出口商则不利。进口商按其所收到的货物情况决定支付货款的事宜，不承担资金风险，掌握交易的主动权，而且如果进口商推延付款，实际上等于无息地占用了出口商的资金。出口商先发货，再收款，承担了进口商收货后不付款的风险；如果资金被进口商占用，就会有一定的利息损失等。

二、托收

（一）托收的定义

托收（Collection）是指债权人委托银行以一定的凭证（即收款工具）向债务人

收回债款的一种结算方式。托收是债权人主动收款的结算方式，是逆汇法的一种。

银行在办理托收业务时只是出口商的代理人，只提供服务，不承担任何审核责任，所以，托收是一种纯粹的商业信用，对进出口商来说都有一定的风险，对出口商的风险更大，因其不仅要面临进口商破产倒闭失去偿付能力的风险，还要面临进口方政治、经济等因素导致进口政策改变的风险，再有就是不同国家或地区惯例方面的风险，如拉美地区，习惯将远期付款交单方式按承兑交单方式对待。尽管如此，在国际贸易结算中托收方式仍有应用，这是因为在托收中，进口商不用像使用信用证（L/C）支付方式那样交纳押金，不需占用资金，因此，出口商往往将托收作为一种非价格竞争手段使用，一方面调动进口商的经营积极性，另一方面提高出口商的竞争能力。

关于托收，国际商会制定了《托收统一规则》（Uniform Rules for Collection），为国际商会第522号出版物（ICC Publication No. 522），简称《URC 522》。该规则于2006年1月1日正式实施，全文共有26条，分为总则、托收的形式及结构、提示方式、义务和责任、付款、利息、手续费及其他费用、其他规定等几部分。

（二）托收方式的当事人

1. 委托人

委托人（Principal）即开立汇票等票据、委托银行向国外付款人收取款项的当事人。在国际贸易中，委托人通常是出口商。

2. 托收行

托收行（Remitting Bank）即接受委托人的委托，转托国外的银行向付款人代收款项的银行。在国际贸易中，托收行通常是委托人所在地的银行，即出口商所在地的银行，又称为委托行、寄单行。

3. 代收行

代收行（Collecting Bank）即接受托收行的委托，代托收行向付款人收款的银行。在国际贸易中，代收行通常是进口商所在地的银行。

4. 付款人

付款人（Payer/Drawee）即向委托人支付款项的当事人。在国际贸易中，一般是进口商。

5. 提示行

提示行（Presenting Bank）即向付款人提示汇票和/或单据的银行，又称交单银行。一般情况下，提示行就是代收行本身。但是，如果代收行与付款人之间没有资金往来关系，此时，代收行就会委托一家与自己有往来账户，又与付款人之间有资金往来关系的第三家银行（如付款人开户银行等）向付款人提示汇票和/或单据，此第三家银行就是提示行。

6. 需要时代理

需要时代理（Principal's Representation in Case of Need）即委托人在付款地事

先指明的代理人，负责在付款人拒付时办理有关货物事宜，如货物的存仓、保管、运回等。委托人在托收申请书中需指明需要时代理及其代理权限，否则，银行将不接受该代理人的任何指示，如果代理人越权行事，银行也将不接受其指示。

在上述六个当事人中，前四个是托收业务中的基本当事人。各个当事人之间具有多种法律关系：①委托人与付款人之间以国际货物买卖合同为依据的买卖关系。卖方按买卖合同的规定交付货物，制作单据；买方按买卖合同的规定支付货款、受领货物。②委托人与托收行之间的以托收申请书为依据的委托代理关系，其中，委托人为出口商，托收行为代理人。③托收行与代收行之间的以委托书为依据的委托代理关系。托收委托书的内容应与托收申请书的内容完全一致。

（三）托收的种类及业务流程

托收业务中，委托人通过银行向付款人提示，要求其付款的单据可分为两大类：①金融单据（Financial Documents），即汇票、本票、支票等用于取得款项的单据。②商业单据（Commercial Documents），即除金融单据以外的其他单据，如发票、提单、保险单等。

托收业务按所附单据的不同可分为以下几种：

1. 光票托收

光票托收（Clean Collection）是指不附有商业单据的金融单据的托收。在光票托收中，委托人委托银行向付款人付款时，只是将金融单据交给银行，由银行向付款人提示，而其他单据则由委托人直接寄给付款人。光票托收中，委托人由于在收款之前就已丧失了对商业单据，尤其是提单的控制权，故这种托收方式对委托人来说风险较大，现在在国际贸易货款的收付中使用较少，一般只用于小额款项，如货款尾数、佣金、运费等的收取，而且大部分采用即期付款的形式。

2. 跟单托收

跟单托收（Documentary Collection）是指附有商业单据和金融单据的托收或不附金融单据的纯商业单据的托收。后者常在西欧的一些国家中使用，因为在这些国家，使用汇票时要缴纳一定的印花税，出口商为了逃避印花税，委托银行对外收款时，若采用即期付款方式，则不开立即期汇票。但若是采用远期付款方式，因需要先承兑再付款，一般要使用远期汇票。跟单托收按交单方式的不同，又可以进一步分为付款交单和承兑交单。

（1）付款交单（Delivery of Documents against Payment，D/P）即代收银行向付款人交出单据是以付款人的付款为条件的，只有在付款人付清款项之后，代收行才会交出单据的托收方式。付款交单又可以分为以下两种：

1）即期付款交单（D/P at Sight），即委托人开立即期汇票（或不开汇票），通过银行向付款人提示汇票或货运单据，付款人如审核无误，于见票时即行付款，代收行在付款人付清货款后向其交出货运单据的托收方式。其业务流程如图 12-4 所示。

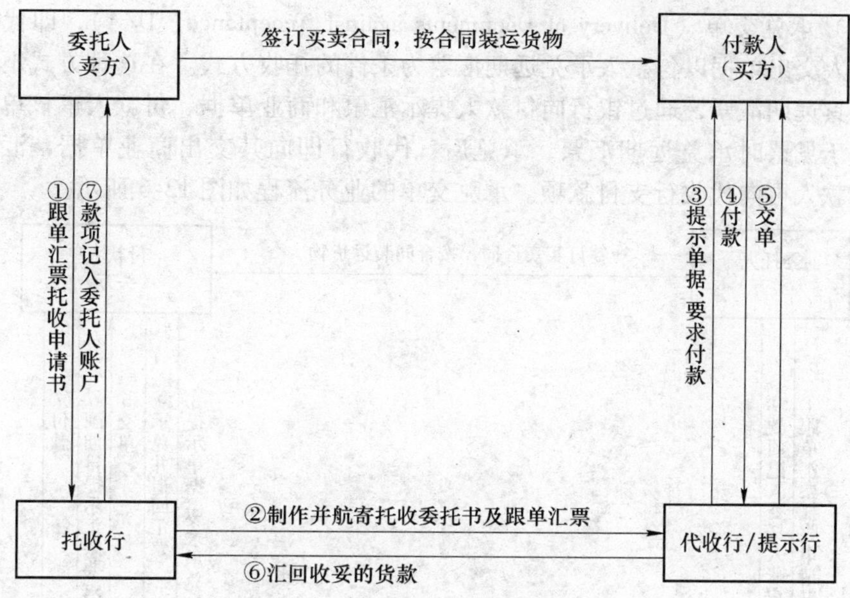

图 12-4　即期付款交单的业务流程

2）远期付款交单（D/P after Sight），即委托人开具远期汇票，通过银行向付款人提示汇票和商业单据，付款人审核单据无误后，于见票时先承兑远期汇票，并于汇票到期日向付款人付款的托收方式。汇票到期前，汇票与商业单据都由代收行保存。远期付款交单的业务流程如图 12-5 所示。

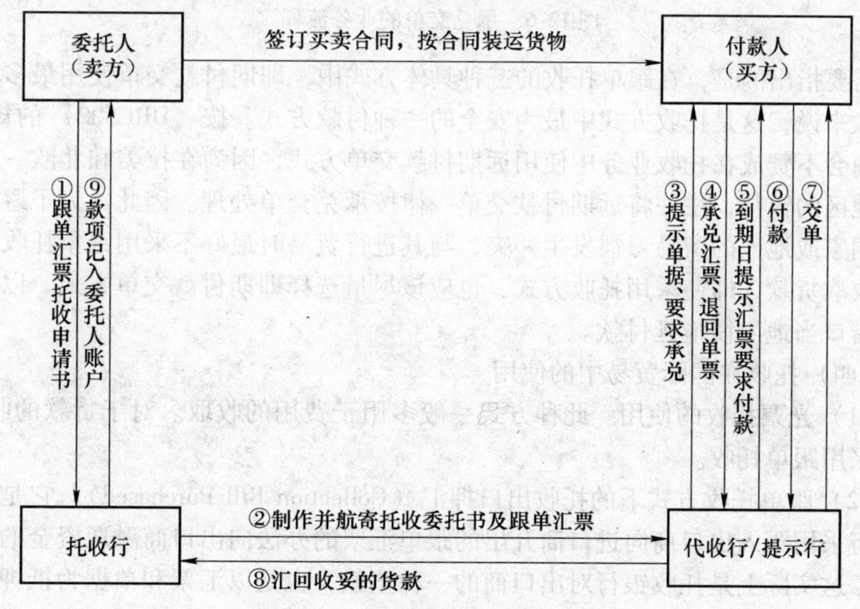

图 12-5　远期付款交单的业务流程

(2) 承兑交单 (Delivery of Documents against Acceptance, D/A), 即代收行向付款人交出单据以付款人承兑远期汇票为条件的托收方式。在这种方式下, 委托人出具远期汇票, 通过银行向付款人提示汇票和商业单据, 付款人审核单据无误后, 于见票时承兑远期汇票, 承兑后, 代收行即向其交出商业单据, 汇票到期, 付款人再向代收行支付款项。承兑交单的业务流程如图 12-6 所示。

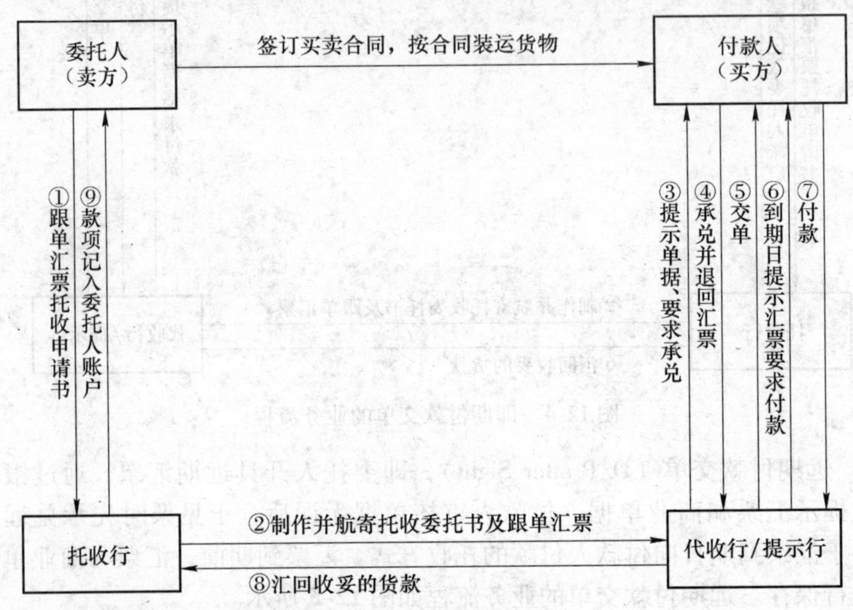

图 12-6 承兑交单的业务流程

需要指出的是, 在跟单托收的三种具体方式中, 即期付款交单使用最多, 对委托人来说, 这是托收方式中最为安全的一种付款方式。按《URC522》的规定, 国际商会不赞成在托收业务中使用远期付款交单方式, 因为在拉美和北欧一些国家或地区的银行, 往往将远期付款交单一律按承兑交单处理。因此, 为了避免与这些国家或地区的贸易习惯发生冲突, 与其进行贸易时最好不采用跟单托收的方式来收取货款, 即使采用托收方式, 也应该尽量选择即期付款交单方式, 以免付款人借口当地习惯拖延付款。

(四) 托收在国际贸易中的使用

(1) 光票托收的使用。此种方式一般多用于费用的收取。对于货款的收取, 大多采用跟单托收。

(2) 跟单托收方式下的托收出口押汇 (Collection Bill Purchased)。它是指托收银行采用买入出口商向进口商开出的跟单汇票的办法向出口商融通资金的一种方式。这实际上是托收银行对出口商的一种垫款, 也是以汇票和单据为抵押品的一种放款。

（3）跟单托收方式下的托收进口押汇。它是指代收行给予进口商凭信托收据（Trust Receipt，T/R）借出货运单据的一种向进口商融通资金的一种方式。代收行办理进口押汇时，首先要审查进口商的资信，如果在借出货运单据后，发生汇票到期收不到货款的情况，则代收行应对托收银行和出口商负责。但是，如果凭信托收据借单提货的办法是由出口商主动通过托收银行提出的，即通常所说的“付款交单凭信托收据借单”（D/P T/R）方式，日后进口商如到期拒付时，则与银行无关，一切风险由出口商自行承担。

（4）货到付款或货到承兑的“习惯”。拉丁美洲和北欧一些国家的银行，往往将远期付款交单一律按承兑交单处理。这种所谓依据当地“习惯”的要求，与托收业务的一般惯例不相符。在我国出口业务中，一般不应接受。

（5）货物先于单据到达的处理。发生这种情况时，一般由承运人通知代收行办理提货手续，如果代收行与托收银行的代理协议中对此订有代办提货存仓的条款，或者委托书订有代办提货存仓的指示，则代收行可以根据代理协议规定或者委托书的指示，先行提货存仓，并投保存仓火险。如代理协议没有具体规定，托收委托书尚未寄到或办理有困难时，代收行应及时通知托收行，以便让托收行联系出口商采取必要措施。在一般情况下，代收行不自行对货物进行处理。

（6）进口商接受单据前检验货物。代收行应该无条件地遵守托收委托书的规定，如果代收行擅自同意让进口商先行检验货物，则由此产生的一切不良后果，均由代收行负责。

（7）需要时代理。

（8）保理业务。

三、信用证

（一）信用证的定义

信用证（Letter of Credit，L/C）是指一项不可撤销的安排，无论其名称或描述如何，该项安排构成开证行对相符交单予以承付的确定承诺。

承付（Honour）也称兑付，是指如果信用证为即期付款信用证，则即期付款；如果信用证为延期付款信用证，则承诺延期付款并承诺在到期日付款；如果信用证为承兑信用证，则承兑受益人开出的汇票并在汇票到期日付款。

（二）信用证业务的当事人

1. 开证申请人

开证申请人（Applicant）又称开证人（Opener），是指要求开立信用证的一方，在国际贸易中，一般是进口商。开证申请人是信用证业务的发起人。开证申请人向银行申请开立信用证时，需填写开证申请书，缴纳开证押金。

2. 开证行

开证行（Opening Bank/Issuing Bank）是指应申请人要求或者代表自己开出信用证的银行。开证行一般是进口商所在地的银行。开证行开立信用证的依据是开证申请人填写的开证申请书。信用证一旦开出，开证行即对信用证承担第一性的付款责任，而且其付款是终局性的，一经付出，不得追回。当然，开证行可以拒付表面上与信用证条款不一致的单据。

3. 受益人

受益人（Beneficiary）是指接受信用证并享受其利益的一方，一般是出口商。受益人收到信用证后，应对照合同条款进行核对。对于不符合合同条款的信用证，受益人有权要求开证申请人通过开证行修改。

4. 通知行

通知行（Advising Bank/Notifying Bank）是指应开证行的要求通知信用证的银行，一般是受益人所在地的银行。如果是信开信用证，此时接受开证行委托的银行需将信用证原件交给受益人，该银行称为转递行（Transmitting Bank）。通知行或转递行负责将信用证通知或转递给信用证上指定的受益人，而无义务对受益人进行议付或代为付款，也无义务对信用证加具保兑。但通知行或转递行需要证明 L/C 表面的真实性，并及时澄清信用证的疑点。在履行了通知或转递责任后，通知行或转递行有权向开证行收取通知或转递手续费。《UCP600》与《UCP500》相比，就通知行的责任而言有一些变化，变得更加严格了。除了要求通知行不仅要负责信用证的真伪（apparent authenticity），还强调要准确地通知信用证的内容，对受益人的利益有一定的安全保障作用。实际业务中就发生过通知行通知时漏页和漏条款的问题。

5. 议付行

议付行（Negotiating Bank）是买入受益人按信用证规定提交汇票及/或单据的银行。议付行一般是受益人所在地的银行，也可以是通知行。如果议付行发现受益人提交的单据与信用证规定不符，可以拒绝议付。如果议付行议付后被开证行拒付，议付行可以对受益人进行追索。

6. 付款行

付款行（Paying Bank）是履行付款责任的银行，一般是开证行或其分支行，也可以是开证行指定的另一家银行。付款行对与信用证条款规定不符的单据可以拒付，但其验单付款是终局性的，一旦付出，即使是误付，对受益人及议付行也无权追索。

7. 保兑行

保兑行（Confirming Bank）是指根据开证行的授权或要求对信用证加具保兑的银行。保兑行可以是通知行，也可以是其他第三家银行，保兑行的资金实力一般高于开证行。保兑行在验单付款时，可以拒付与信用证条款不符的单据。如果保兑行对受益人或议付行付了款，则其付款是终局性的，即使误付，也无权追索。

8. 承兑行

远期汇票的付款行在受益人提交了与信用证条款相符的单据时承兑了汇票，就成为承兑行（Accepting Bank）。承兑行在信用证内由开证行指定，可以是开证行本身，也可以是通知行或其他第三家银行。承兑行一旦承兑了汇票，就承担了到期必须付款的责任。

9. 偿付行

偿付行（Reimbursing Bank）又称清算行（Clearing Bank），指在信用证内由开证行指定的对付款行或议付行进行清偿垫款的银行。一般当开证行与议付行或付款行之间无账户关系时，为了结算方便，开证行往往委托另一家有账户关系的银行代向议付行或付款行偿付，被委托的银行就是偿付行。偿付行代偿后，再向开证行索偿，但偿付行不接受单据，不审核单据，故其付款不是终局性的。如果偿付行没有进行偿付，开证行自身的偿付义务不能解除。

（三）信用证的特点

1. 开证银行负第一性的付款责任

信用证业务提供的信用是银行信用，开证银行是信用证的第一付款人。出口商出口货物后，向银行提交与信用证条款完全相符的单据时，开证银行必须付款。

2. 信用证是一种自足文件

信用证的开具虽以买卖合同为依据，但信用证一旦开具出来，便独立于买卖合同，买卖合同只对进出口双方有约束力，而信用证则是开证行与受益人之间的法律文件。在信用证业务中，受益人不能提交与买卖合同相符，而与信用证条款不符的单据，这样，开证行是不会予以付款的。

3. 信用证业务是单据业务

信用证业务是一种单据业务，信用证各当事人处理的是单据，而不是货物。在信用证业务中，只要受益人提交了与信用证条款相符的单据后，开证行就必须付款或承兑。相反，如果受益人提交的单据与信用证条款不符，而货物符合合同，那么银行也不会付款。

正是由于信用证方式具备上述特点，所以信用证业务中卖方收款、买方提货都有一定的保障，在国际贸易结算中，其使用也比较广泛。

（四）信用证的业务流程

下面以议付信用证为例说明信用证的业务流程（见图 12-7），其他类型的信用证类似。

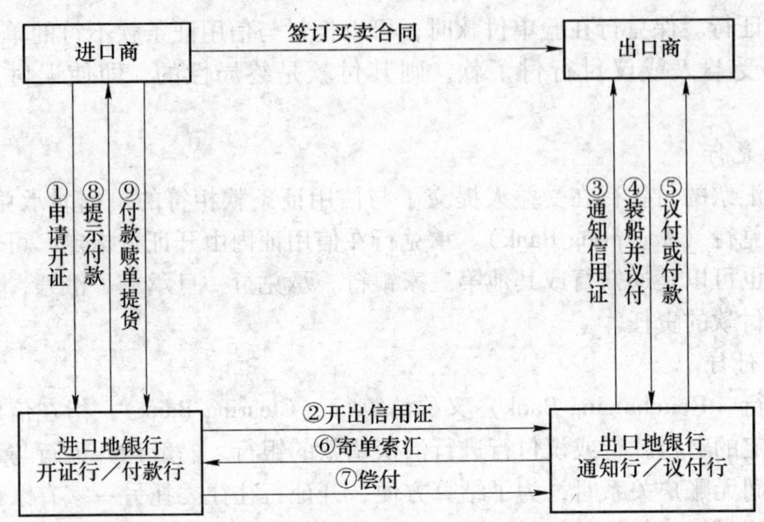

图 12-7 信用证的业务流程

（五）信用证的主要内容

《跟单信用证统一惯例》（国际商会第 600 号出版物）（Uniform Customs and Practice for Documentary Credits ICC Publication No. 600），2007 年修订本，简称《UCP600》对信用证的种类、内容等都有规定。而这对开证行并无法律约束力，各银行可以按照自己的要求和拟订的格式开立信用证，但信用证的标准化是发展趋势。信用证通常应包括以下主要内容：

（1）基本条款，如信用证类型、号码、开证日期、信用证金额及币种、有效期、开证行名称和签字、开证行的负责条款等。

（2）单据条款，如汇票、商业发票、货运单据、保险单据、产地单和重量单等。

（3）商品条款，如商品名称、规格、数量、单价、包装、运输标志和价格条件等。

（4）装运条款，如装运港、目的港、装货期，是否允许分批装运，是否允许转运，运输方式等。

（5）其他条款，如开证行对通知行的指示，开证行对议付行或付款行的指示，适用《跟单信用证统一惯例》的文句等。

《UCP600》对《UCP500》的重大修改体现在四个方面：①《UCP600》增加了对有关重要术语和词语的定义和解释。②合理时间是指不超过 5 个银行工作日。③延期信用证可办理贴现。④银行将接受除外责任条款保险单。

（六）信用证的种类

从不同的角度，信用证可以分为不同种类。

1. 依信用证项下的汇票是否附有单据分类

依信用证项下的汇票是否附有单据，可分为跟单信用证和光票信用证。

（1）跟单信用证（Document Credit），即开证行凭跟单汇票和规定单据（或仅凭单据）付款的信用证。单据是指代表货物所有权或证明货物已装运的货运单据，如运输单据、商业发票、保单、商检证、产地证及装箱单等。

（2）光票信用证（Clean Credit），即开证行仅凭受益人开具的汇票（或简单收据而无须附带货运单据）付款的信用证。在国际贸易结算中，主要使用跟单信用证，光票信用证主要被用于总公司与分公司之间货款清偿和贸易从属费用的结算。

2. 按信用证上有无另一家银行的保兑分类

按信用证上有无另一家银行的保兑，可分为保兑信用证和不保兑信用证。

（1）保兑信用证（Confirmed L/C），即开证行开出的信用证，除了开证行承担不可撤销的保证付款责任外，还有另一家银行经开证行授权或应开证行请示对该信用证加具保兑，保证兑付。保兑信用证需注明“保兑”字样。一般说来，银行开出信用证是不愿意其他银行加保兑的，只有在开证行自感其资信情况与开证金额不相符时，才要求其他银行加保兑，以免受益人拒收或出口地银行拒绝议付。所以，保兑行的资信一般高于开证行。

（2）不保兑信用证（Unconfirmed L/C），即未经开证行以外的其他银行加具保兑的信用证。一般不在信用证上注明“保兑”字样，就是不保兑信用证。不保兑信用证由开证行单独承担凭符合信用证条款的单据付款的责任。

3. 按信用证具体支付方式不同分类

按信用证具体支付方式不同，可分为即期付款信用证、延期付款信用证、承兑信用证和议付信用证。这是《UCP600》对信用证进行的分类。

（1）即期付款信用证（Sight Payment L/C），即付款行收到与信用证条款相符的单据后立即履行付款义务的信用证。

（2）延期付款信用证（Deferred Payment L/C）又称迟期付款信用证，是指开证行在信用证上规定货物装船后若干天付款或受益人交单后若干天付款的信用证，而受益人交单时不需提交汇票。

（3）承兑信用证（Acceptance L/C），即要求付款人在收到符合信用证规定的远期汇票和单据时，先在汇票上履行承兑手续，待汇票到期日再行付款。

（4）议付信用证（Negotiation L/C），即开证行在信用证中允许受益人向某一指定银行或任何银行交单议付的信用证。议付信用证又分为自由议付信用证和限制议付信用证。

1）自由议付信用证（Open Negotiation L/C，Free Negotiation L/C），指任何银行均可按信用证条款议付的信用证。

2）限制议付信用证（Restricted Negotiation L/C），即只能由开证行在信用证中指定的银行进行议付的信用证。

这里需要说明一下兑付和议付的区别。因为“兑付”是《UCP600》给出的一个概念，《UCP500》中没有。兑付的含义在前面解释信用证的含义时已经给出，此处主要解释议付的含义。议付是指指定银行在相符交单的条件下，在其应获偿付的银行工作日当天或之前向受益人预付或者同意预付款项，从而购买汇票（汇票的付款人为指定银行以外的其他银行）及/或单据的行为。

4. 按信用证的权利是否可转让分类

按信用证的权利是否可转让，可分为可转让信用证和不可转让信用证。

（1）可转让信用证（Transferable L/C）是指特别注明“可转让”（transferable）字样的信用证。可转让信用证可应受益人（第一受益人）的要求转为全部或部分由另一受益人（第二受益人）兑用。

转让行是指办理信用证转让的指定银行，或当信用证规定可在任一银行兑用时，指开证行特别授权并实际办理转让的银行。开证行也可担任转让行。

可转让信用证上必须注明“可转让”（Transferable）字样，而且只能转让一次，第二受益人不能再要求将信用证转让给任何其他人，但《UCP600》规定，第二受益人可将信用证重新转让给第一受益人。如信用证允许分批装运，可转让信用证可以分部分办理转让，该转让被视为信用证的一次转让，但转让的总和不得超过信用证金额。

（2）不可转让信用证（Untransferable L/C），信用证上未注明“可转让”字样，即为不可转让信用证。

5. 根据信用证金额能使用的次数分类

根据信用证金额能使用的次数，可分为循环信用证和非循环信用证。

（1）循环信用证（Revolving L/C）是指信用证被全部或部分使用后，仍可恢复原金额，再进行使用的信用证，直到规定的循环次数届满或规定的总金额用完为止。进出口双方之间订立的买卖合同，如果需要在较长时间内分批、分期履行，进口商开立循环信用证可以减少手续费，节省开证押金。

1）按时间循环（Revolving around Time）的信用证即指信用证上规定受益人每隔多少时间（如一个月）可循环使用信用证上规定的金额的信用证。

① 累积循环信用证（Cumulative Revolving L/C）是按规定本次未用或未用完的金额，可下次累积使用的信用证。

② 非累积循环信用证（Non—Cumulative Revolving L/C），即按规定本次未用或未用完的金额，下次不能累积使用的信用证。

2）按金额循环（Revolving around Value）的信用证，是指信用证条款规定信用证被使用后，可以恢复到原来的金额使用的信用证。

① 自动式循环使用信用证，即指信用证规定在议付后或付款后，能自动恢复到原金额，可再次按原来金额使用的信用证。

② 半自动式循环使用信用证，即指受益人每次装货议付后若干天内，开证行未发（提）出终止循环的通知，即自动恢复到原来的金额的信用证。

③ 非自动式循环使用信用证，即指每期用完一定金额，必须等待开证行的通知到达后，才能使信用证恢复到原金额。

需要指出的是，循环信用证中间一期未按规定装运和支取，下一期不可使用。

（2）非循环信用证（Non-revolving L/C）是指信用证被全部或部分使用后，不可恢复原金额，再行使用的信用证。

6. 背对背信用证

背对背信用证（Back to Back Credit）是指中间商收到进口商开来的信用证后，要求原通知行或其他银行以原证为基础，另开立一张内容相似的新信用证给另一受益人，这种另开的信用证就是背对背信用证。

背对背信用证的特点：①背对背信用证虽以另一张信用证为基础开立，但其仍是一笔独立的信用证业务，它有两个独立的开证行，分别对各自的受益人负责。②在任何情况下，只要银行同意，背对背信用证都可以一证为基础，开出另一张信用证。③背对背信用证的开证行不管原证的开证行是否履行其付款责任，在单证相符的情况下，必须付款（因是两笔信用证业务）。

7. 对开信用证

对开信用证（Reciprocal L/C）是指进出口双方相互向对方开出信用证进行结算的方式。第一张信用证的受益人就是第二张信用证（回认证）的开证申请人，第一张信用证的开证申请人就是第二张信用证的受益人。

8. 红条款信用证

红条款信用证（Red Clause Credit）又称打包放款信用证（Packing Credit）、预支信用证（Anticipatory Credit/Prepaid Credit），允许出口商在装货交单前支取全部或部分货款的信用证。由于预支款是供受益人的公司及包装货物所用，所以称为打包放款信用证。以前这一条款多打成醒目的红色，故称为红条款信用证。

四、保函和备用信用证

（一）保函

1. 保函的含义

保函（Letter of Guarantee，L/G）又称保证书，是指银行或其他金融机构作为保证人，接受委托人的委托，向受益人出具的书面保证文件，如果委托人对受益人没有履行某项义务时，由保证人承担保证书中所规定的付款责任。

保函是一种非常灵活的国际结算方式，它是为了适应国际经济的发展而出现的。通常跟单信用证方式只能用于国际贸易结算，而国际贸易只是国际经济交往的一种方式，除此之外，国际经济交往还包括国际工程承包、项目融资、基础设施招标等。这些交易因期限长、金额大，风险也很多。如果交易一方不能履约，就会使另一方遭受损失。保函就是为适应这种情况而出现的一种结算方式，现在也是国际结算中不可缺少的方式。

国际上有两个关于保函的惯例，即1978年6月颁布的国际商会第325号出版物《合约保函统一规则》(Uniform Rules for Contract Guarantees)，1992年4月颁布的国际商会第458号出版物《见索即付保函统一规则》(Uniform Rules for Demand Guarantees)，但由于这两个规则过于原则，很少有银行出具的保函中注明适用这两个规则。

2. 保函的当事人

(1) 委托人（Principal）又称申请人（Applicant），是指向担保人提出申请，要求担保人出具保函的一方。如付款保函中的进口商，还款保函中的出口商，投标保函中的投标人等。

(2) 担保人（Guarantor），即根据委托人的申请向受益人出具保函的银行或其他金融机构。担保人对受益人赔付后，有权向委托人索偿。

(3) 受益人（Beneficiary），即接受保函并凭以向担保人提出索偿的一方当事人。如付款保函中的出口商，还款保函中的进口商，投标保函中的招标人等。

上述三个当事人是保函的基本当事人，实践中，依具体情况的不同还可能有其他当事人，例如下面的指示方和通知方。

(4) 指示方（Instructing Party）又称反担保人（Counter Guarantor），即接受委托人的申请向受益人所在地的银行发出开立保函委托指示的一方。指示方一般是委托人所在地的银行或金融机构。在委托指示书中，指示方一般承诺及时、足额地补偿担保人在保函项下对受益人的任何支付费用；偿付担保人的索偿后，对委托方有追索的权利。

(5) 通知方（Advising Party）又称转递方（Transmitting Party），即接受担保人的委托，将保函通知或转递给受益人的银行或金融机构。

3. 保函的基本内容

(1) 基本条款。有关当事人的名称和详细地址，如委托人、受益人、担保人、通知方等；保函的性质；保函编号及开具日期；保函所依据的合同或标书等协议的号码、日期等。

(2) 保证人承担的金额。

(3) 有效期。有效期包括生效期（Effective Date）和失效期（Expiry Date）。

(4) 责任条款。责任条款即保证人在保函中承诺的应承担的责任条款，这是保函的主体内容。

（5）索偿条件。索偿条件即在什么情况下受益人才可以向担保人提出索偿，以及索偿时应出具的索偿文件等。

4. 保函的种类

实践中，常见的保函如下：

（1）履约保函（Performance Guarantee），即银行或其他金融机构（担保人）应提供货物或劳务一方（委托人）的请求，向货物的买主或劳务雇主（受益人）开立的书面保证文件，担保人在保函中承诺，如果委托人未能履行与受益人之间的某项合约义务时，担保人保证向受益人支付一定金额的款项。

（2）还款保函（Repayment Guarantee），即担保人应劳务或货物提供方（委托人）的请求出具给劳务的购买者或货物的进口方（受益人）的书面保证文件，担保人在保函中承诺，如果委托人未能按合同的有关规定提供劳务或提交货物，由担保人向受益人偿还已付给委托人的金额及相应的利息。

（3）付款保函（Payment Guarantee），即担保人应货物或劳务购买方（委托人）的请求出具给货物或劳务提供方（受益人）的书面保证文件，担保人在保函中承诺，如果委托人未按合同约定支付货款，由担保人向受益人支付应得金额的款项，故付款保函又称进口保函（Import Guarantee）。

（4）投标保函（Tender Guarantee），即担保人应投标人（委托人）的请求向招标人（受益人）出具的书面担保凭证，担保人在保函中承诺，投标人在开标前不中途撤标或片面修改投标条件；中标后不拒绝签约，不拒交保证金；忠实履行投标时承诺的各项义务。否则，由担保人负责向招标人支付一定金额的款项。

（二）备用信用证

1. 备用信用证的含义

备用信用证（Standby Letter of Credit，Standby L/C）又称保证信用证（Guarantee L/C），是开证银行根据开证申请人的申请向受益人出具的书面付款保证承诺。在该信用证内，开证银行保证如果开证申请人未能履行其应尽的义务时，受益人只要按该信用证的规定向开证银行提供汇票以及开证申请人未能履行义务的声明或证明文件，开证银行保证付款。

19 世纪中期，备用信用证首先在美国使用，因为当时美国的法律禁止银行向客户开立保函，所以，为了避免和法律发生冲突，又能满足客户的需要，美国银行就以备用信用证取代保函。备用信用证在使用上与保函基本相同。现在，备用信用证已广泛应用于投标、履约、还款、预付款等各项业务中。备用信用证也遵守《UCP600》的规定。

2. 备用信用证的主要内容

备用信用证的内容与跟单信用证的内容相似，但其对单据的要求比跟单信用证简单。其主要内容包括：开证行名称，开证申请人名称，受益人名称，开证日期，是否可撤销，信用证金额，规定提交的单据，信用证的有效期和保证条款等。

五、保理业务

1. 保理业务的含义

保理是为信用销售特别是赊销方式而设计的一种综合性的金融服务。即出口商以商业信用形式出卖商品，在货物装船后立即将发票、汇票、B/L 等有关单据卖断给承购应收账款的财务公司或专门组织（银行）收进全部或部分货款，从而取得资金融通的业务。

2. 当事人

（1）保理代理商（Factor)。保理代理商分为：出口保理商（Export Factor）和进口保理商（Import Factor)。

（2）销售商（Seller)，即出口商。

（3）债务人（Debtor)，即进口商。

3. 业务流程

（1）出口商查询进口商的资信情况。

（2）签订保付代理协议。

（3）进出口商签订买卖合同。

（4）出口商装货、制单并交单。

（5）出口保理商向进口保理商提出委托。

（6）进口保理商向进口商提示单据，付款人付款/拒付。

（7）进口保理商将款项通过出口保理商交出口商，完成收款业务。

4. 出口商在国际保理业务中应注意的问题

（1）保理业务一般适用于中小企业的中小额交易，而且保理商一般不提供超过 180 天的中长期的保证和融资服务。

（2）出口商应严格按照保理商批准的信用额度与进口商签订成交合同，交货必须严格符合合同的规定；否则，保理商将不负担任何责任。

（3）应慎重选择保理商。保理商本身也存在资信不佳、经营能力差等问题。

（4）保理业务中的费用应事先估算在出口成本之中，这些费用包括保理手续费、利息等费用。

第三节　合同中的支付条款

在国际货物买卖合同中，支付问题关系到买卖双方利益的实现，故支付条款是合同的主要条款。当然，支付条款涉及支付工具与支付方式两个问题，前者是选择汇票、支票与本票三种结算工具的问题，后者是选择汇付、托收、信用证、保函、备用信用证等支付方式的问题。本节主要介绍国际贸易实务中支付工具与支付方式使用中的一些基本做法。

一、支付工具的选用

在国际贸易实务中，买卖双方签订的合同以及以合同为基础开立的信用证（如果使用信用证作为支付方式），对结算中使用何种支付工具都会作出相应的规定。卖方发货后，也要按照合同或信用证的规定，通过银行或自行向买方提供规定的单据，索取货款。一般结算中汇票使用得最多，支票和本票则使用得少些，但仍有使用。

1. 汇票的使用

国际贸易结算中使用的汇票多为商业汇票，通常由卖方作为出票人出具，付款人是买方或买方委托的银行，而且卖方一般要指定与其有往来关系的银行（卖方所在地银行）作为收款人。

2. 支票的使用

从某种程度上说，支票等同于现金，因此以支票作为国际结算工具的风险就比较大。一般来说，在出口贸易中，如果国外进口商开来支票作为支付凭证，为防止对方开立空头支票，可以要求对方出具“保付支票”，此外，还可以在收到对方的支票后，即刻委托出口商所在国国内银行凭该支票向国外付款行收款，等支票款项收妥后再发货。

3. 本票的使用

在实际业务中，如果使用本票结算货款，出票人常在票据上承诺按月、按季或按半年支付款项，直到款项付清为止，出票人还可以承诺按商定的利率支付利息。当然，为了保证及时收款，收款人也可以要求出票人在本票上注明：如果出票人未能按时支付任何一期款项时，分期付款即告结束，出票人应一次性付清全部款项余额。

二、支付方式的选用

在国际结算中，对于同一笔交易一般选择一种结算方式，但各种结算方式结合起来使用可以起到取长补短的作用，因此，实务中有时一笔交易也可同时选择两种或两种以上的结算方式。

1. 信用证与汇付相结合使用

信用证与汇付相结合使用是指部分合同款项以信用证方式结算，余额以汇付方式结算。例如，在大宗农产品的交易中，买卖合同中可以规定 80% 货款以信用证方式付款，其余 20% 在货物到达目的地、经检验核实货物数量后，按实际数量确定余额用汇付方式支付。

2. 信用证与托收相结合使用

这种方式是指部分货款采用信用证支付，余额采用托收支付的方式，此时托收应是付款交单。在国际贸易实务中，出口商收到信用证并审核无误后，安排装运货物，货物出运后，出口商开具两张汇票，其中一张用于信用证项下部分货款的结算，另一张汇票用于付款交单托收。属于信用证部分的货款以光票付款，而全套单据附在托收部分汇票下，代收行于进口商付款后交出单据。

3. 保函或备用信用证与托收相结合使用

为了防止进口商拒付托收款项，可以采用保函或备用信用证与托收相结合的方式。采用这种方式时，一旦进口商拒付货款，出口商就凭保函或备用信用证向担保行或开证行索偿，之后再由担保行或开证行负责向进口商追偿。需要注意的是，保函或备用信用证的到期日必须晚于托收付款的最后期限后一段时间，这样可以保证出口商遭拒付后有充足的时间办理对担保行或开证行的追偿货款手续。

4. 多种方式相结合使用

在大型机械、成套设备等涉及金额大、生产周期长的交易中，往往采用两种以上结算方式结清货款。

（1）分期付款（Installment Payment）。分期付款即买卖双方在合同中约定，由买方先预交部分定金（Down Payment），其余货款按合同商品的制造进度或交货进度分期支付，全部货款在交货时付清或基本付清。在国际贸易实务中，买方预交的定金采用汇付的方式交给卖方，而卖方在买方付出定金前，应通过银行向买方开出保函或备用信用证，若卖方不履约时，由担保行或开证行负责退还定金及相应的利息。除定金外，分期支付的货款由买方采用信用证方式来付清。

（2）延期付款（Deferred Payment）。在大型机械、成套设备的交易中，买方也可采用延期付款的办法结清货款。这种方式的具体做法是，买卖双方签订合同后，由买方采用汇付的方式向卖方支付一定金额的定金，其余款项在卖方交货后若干年内由买方分期或一次性付清，可以采用远期信用证方式，也可以采用汇付方式支付。延期付款实质上是卖方向买方提供了资金融通，是一种商业信贷，带有赊销的属性。当然，买方应承担延期付款的利息和费用。

三、合同中的支付条款

1. 汇付支付条款

例 12-1 买方应不晚于 2009 年 10 月底将全部货款用电汇方式预付给卖方。

The Buyers shall pay the total value to the Sellers in advance by T/T not later than the end of October，2009.

例 12-2 买方应在收到本合同所列单据后 15 天内票汇付款。

Payment by D/D：Payment is to be made by the Buyer not later than 15days after receipt of the documents listed in the contract.

2. 托收支付条款

例 12-3 即期付款交单：

买方应凭卖方开具的即期跟单汇票于见票时立即付款，付款后方能交单。

Upon first presentation the Buyers shall pay against documentary draft drawn by the Sellers at sight. The shipping documents are to be delivered against payment only.

例 12-4 远期付款交单（在提单日期后若干天付款）：

买方应凭卖方开具的跟单汇票，于提单日后 30 天付款，付款后方能交单。

The Buyers shall pay against documentary draft drawn by the Sellers at 30 days after date of B/L. The shipping documents are to be delivered against payment only.

例 12-5 承兑交单：

买方对卖方开具的见票后 90 天付款的跟单汇票，于提示时即应承兑，并应于汇票到期日即予付款，承兑后交单。

The Buyers shall duly accept the documentary draft drawn by the Sellers at 90 days sight upon first presentation and make payment on its maturity. The shipping documents are to be delivered against acceptance.

我方与客户往来多年，在对各种跟单托收方式的含义和具体做法，特别是简化的订法已有共识的情况下，买卖合同采用托收方式的支付条款，也可适当简化。例如，以 D/P at sight，D/P at × × days after sight，D/A at × ×days after sight 分别表示即期付款交单，远期付款交单见票后若干天付款，承兑交单角票后若干天。

3. 信用证支付条款

例 12-6 买方应通过为卖方所接受的银行于装运月份前 × ×天开立并送达卖方不可撤销即期信用证，有效至装运月份后第 15 天在中国议付。

The Buyers shall open through a bank acceptable to the Sellers an Irrevocable Sight Letter of Credit to reach the Sellers × ×days before the month of shipment, valid for negotiation in China until the 15th day after the month of shipment.

本章小结

由于国际贸易自身的特点，国际贸易中货款的结算主要是通过非现金方式进行的，因此，买卖双方就需要借助相应的支付工具和支付方式完成货款的收付。本章主要介绍了三种结算工具，即汇票、本票和支票，其中汇票最为重要。结算方式主要介绍了信用证、汇付、托收和保函等。最后，本章对合同中支付条款及有关实务进行了说明。支付条款涉及的问题实际上就是支付工具与支付方式的选择问题，因此，掌握不同支付工具和支付方式的特点和种类，以及使用中的票据行为和支付业务流程是本章的重点内容。汇票的行为包括出票、背书、承兑、提示、保证、付款和追索等。信用证业务提供的是银行信用，托收和汇付是商业信用。

本章重要概念

汇票　信用证　汇付　托收　保函　本票　支票

本章推荐阅读文献

[1] 苏宗祥，徐捷．国际结算 [M]．4 版．北京：中国金融出版社，2009.
[2] 徐立平．国际结算 [M]．杭州：浙江大学出版社，2008.
[3] 李金泽．UCP600 适用与信用证法律风险防控 [M]．北京：法律出版社，2007.

思考题

1. 实际业务中，如果出口商收到国外进口商开来的支票作为支付工具时，出口商应如何处理？

2. 试比较汇票、支票和本票的异同。

3. 出口商在跟单托收业务中面临哪些风险？应采取哪些防范措施？

4. 如何理解信用证是由银行承担第一性付款责任的书面文件？这是否意味着开证行的付款责任是无限的？

5. 试说明买卖合同、货物、单据与信用证的关系。

6. 请将所学过的国际支付方式进行比较，谈谈在国际贸易结算中支付方式的选择与综合运用的问题。

作业题

一、判断题

1. 汇票出票以后汇票上的付款人必须承担起付款的责任。（ ）

2. 附有条件的背书、承兑、保证都将导致票据无效。（ ）

3. 按《URC522》的规定，国际商会不赞成使用承兑交单方式。（ ）

4. 在信用证业务中，假如信用证指定的银行不愿意承兑受益人的汇票，应该将此汇票送交开证行承兑。（ ）

5. 如果开证银行无法从申请人处获得偿付，则备用证的开证行也无义务履行备用证下的义务。（ ）

6. 出口商向开证行在信用证中指定的付款行交单要求付款，该行在付款后才发现单据中有一个不符点，付款行可以向该出口商追索票款。（ ）

7. 甲公司将不可撤销、可转让的信用证转让给乙公司出口。以后开证行对原证进行修改，乙公司同意接受，甲公司不同意接受，修改仍然可以成立。（ ）

8. 按《UCP600》的规定，银行审核出口商交来的单据的时间为交单次日起的 5 个银行工作日以内。（ ）

9. 按《UCP600》的规定，银行对于非单据化的条件可不予理会，如信用证在单据条款中未明确列出出口商需提交汇票，则银行不需要审核出口商提交的汇票。（　　）

10. 即期付款信用证中有这样的字样："Credit available by payment with the Issuing Bank and expiring for presentation of documents at the Office of the Issuing Bank"，这种信用证是指受益人应在本国议付行交单付款。（　　）

二、单项选择题

1. 甲出具一张银行本票给乙，乙将该本票背书转让给丙，丁作为乙的保证人在票据上签章。丙又将该本票背书转让给戊，戊作为持票人未按规定期限向出票人提示本票。根据票据法的有关规定，下列选项中，戊只能对（　　）行使追索权。

A. 甲　　B. 乙　　C. 丙　　D. 丁

2. 托收委托书规定托收费用由付款人负担，恰遇付款人拒付，其托收费用应该（　　）。

A. 仍由付款人承担　B. 由托收行承担　C. 由委托人承担　D. 由代收行承担

3. 某出口公司有一笔托收业务，为了安全收汇采取提单收货人做成代收行名称，要求代收行在付款人付清货款后才能放货。不付款，货权仍掌握在代收行手中，付款人无法提货。这种办法（　　）。

A. 不符合国际惯例规定，行不通　B. 符合国际惯例规定，可行

C. 国际惯例对此无规定　D. 以上答案都不对

4. 某公司委托银行办理托收，单据于2月5日到达代收行，同日向付款人提示。假如（1）D/P即期；（2）D/P30天；（3）D/A30天；付款人分别应于（　　）付款？

A. 2月5日；3月9日；3月9日　B. 3月9日；3月9日；3月9日

C. 2月5日；2月5日；2月5日　D. 2月5日；3月9日；2月5日

5. 保理业务是保理商向出口商提供（　　）的服务。

A. 信用证支付方式下　B. 中长期

C. 仅为买断票据　D. 180天以内

6. 付款交单凭信托收据借单是（　　）的融资。

A. 进口商给予出口商　B. 托收银行给予进口商

C. 代收行给予出口商　D. 代收行或出口商给予进口商

7. 在可转让信用证中，如果第二受益人的厂房着火致使其无法履行合同，此时，该信用证可转让给（　　）。

A. 第三受益人　B. 第一受益人　C. 付款行　D. 议付行

8. 通知行的责任是（　　）。

A. 及时转递信用证

B. 保兑、及时转递信用证

C. 及时通知信用证、证明信用证的表面真实性并及时澄清疑点

D. 保兑、及时转递信用证、证明信用证的表面真实性并及时澄清疑点

9. 按《UCP600》的规定，信用证的兑付不包括（　　）。

A. 即期付款信用证　B. 延期付款信用证

C. 承兑信用证　D. 议付信用证

10. 在光票托收业务中，商业单据是由（　　）交给付款人的。

A. 托收行　　B. 代收行　　C. 委托人　　D. 付款人所在地银行

案例分析题

1. 托收业务中各方当事人的权责分析

2006年3月10日，我国某进出口公司（以下简称A公司）与美国CBS公司签订一买卖合同，由A公司向CBS公司出口一批棉纱。合同的价格条款和付款条件如下：

"USD500 per M/T CIF New York. Selected by the importer, payment shall be made when the documents or the ship or before the ship arrives at the port of discharge, but not later than 60 days after the drawing of the Bill of Lading."（每公吨500美元，CIF纽约价。付款条件由进口商选择，凭单或船到卸货港前付款，但不得迟于提单签发后60天。）

2006年4月5日，由美国纽约某银行作为代收行向进口商提示装运单据，其中提单的日期是2006年3月20日。代收行在向进口商提示单据时另外附有一份代收行的信函，其内容如下：

"本批单据是以信托方式交于贵公司审查的。但是，只有在付款之后，贵公司才享有处理单据的权利。如果贵公司不能立即支付包括手续费在内的全部金额，那么，请贵公司将托收单据直接退还我方，并告知退票理由。

2006年4月5日"

然而，进口商收到单据后没有付款。而此时纽约正发生罢工事件，货物到达纽约后却无法卸货，只好被卸在附近的一个港口。2006年4月25日，进口商将单据转售给另一与本买卖合同无关的第三者，当后者提货时发现货物短缺。尔后，代收行试图从进口商处收回货款或追回单据，但均告失败。

2006年5月11日，代收行向法院起诉进口商，要求追回货款，并要求进口商赔偿因其违约而使代收行受到的损失。

2006年5月30日，法院判进口商败诉。

进口商不服，2006年6月2日向法院上诉，理由如下：①代收行所提交的单据后没有附托收通知。②代收行在没有从进口商处取得货款前即把单据交给了进口商，属于代收行违约在先。③因为船只没有抵达纽约，而且仍在提单签发后的60天内，所以付款尚未到期。④卖方短交货物，违反了买卖双方签订的买卖合同，属于违约在先，这一违约行为可以抵消进口商应付而未付的货款。

2006年6月14日，上诉法院驳回被告的上诉，维持原判，理由如下：①代收行向进口商提示单据时后面附有一份信函，该信函视为托收通知。②代收行没有作出任何违约的行为，因为被告违反了在代收行向其提示单据时本应支付货款而构成的契约行为，这属于被告违约在先，而银行并未违反任何约定。③按买卖合同，付款虽未到期，但就本案例来看，因为被告已于2006年4月25日将单据转售给与本买卖合同无关的他人，该事实说明被告已默认放弃根据合同的付款条件对卖方提出抗辩的权利。④卖方短交货物，是否违反合同，这由买卖双方所签订的买卖合同来衡量，与代收行起诉被告无关；而代收行起诉被告是因为被告违反了其与银行之间的契约关系，两契约之间不具备可以互相替代的可能性，所以，被告应付未付的货款不能被抵消。

试讨论：

（1）合同中的付款条款应如何规定？

（2）代收行在托收业务中承担哪些责任？

2. 审核信用证不细引起的纠纷

1997 年 4 月 6 日，我国某地一进出口公司（以下简称 A 公司）和荷兰某公司（以下简称 B 公司）签订一买卖合同，由 A 公司向 B 公司出口一套设备。

合同签订后，B 公司积极配合，于 4 月 18 日由其国内 I 银行开出即期信用证，当日送达我国国内的通知行 F。

4 月 19 日，通知行根据开证行的要求和指示，缮制通知书，正确及时地把信用证内容通知了出口商 A 公司。信用证中关于付款条款是这样规定的：

"The beneficiary will be paid by the paying bank（here the advising bank——F）upon presenting the following documents which are in compliance with the terms and conditions of the credit. Debit the account of the issuing bank upon receiving the bank's debit advise."（如受益人提示了与信用证条款相符的下列单据，则付款行（此信用证中为通知行 F）于提示单据时付款。付款行收到开证行的借记通知后借记开证行账户。）

A 公司在收到通知行转来的信用证后，经审核没有发现任何问题，认为信用证中的付款条款可以接受。但是，通知行认为信用证中的付款条款不可接受，于是向开证申请人发出了信用证修改通知书，对付款条款提出了两条修改意见：①开证行开立一笔即期信用证，同时附带一项 3～5 天的偿付条款。②开立一笔 10～20 天的远期信用证。但 B 公司拒绝了通知行的修改要求，因为通知行没有权利要求修改信用证。

A 公司开始按信用证的要求积极备货装船。5 月 2 日，A 公司装运完毕，并收到船方出具的提单。在备齐了信用证要求的所有单据后，A 公司于 5 月 5 日到付款行（即通知行）办理付款。但是付款行告知 A 公司，虽然 A 公司的单据符合信用证条款，但是付款行必须等收到开证行的借记通知后才可以借记开证行的账户贷记 A 公司的账户。

5 月 21 日，付款行收到了开证行的借记通知，才贷记 A 公司账户，向 A 公司支付了货款。

试讨论：

（1）通知行能否提出修改信用证条款的要求？

（2）若 A 公司不接受信用证中的付款条件，应如何处理？

（3）A 公司应从此案中吸取什么教训？

第十三章　商检、索赔、不可抗力与仲裁

本章内容要点

- 商检的概念、检验程序
- 商检证书的作用
- 索赔条款和索赔处理方法
- 不可抗力的概念和构成不可抗力事件的条件
- 争议的解决方法
- 仲裁的定义和仲裁方式的特点
- 仲裁协议的作用

第一节　商　　检

在国际贸易中，商品检验（Commodity Inspection）简称商检，是指按照国家有关法律、法规和国际货物买卖合同的规定，对进出口商品的质量、数量（重量）、规格、包装、安全性能和卫生指标、装运技术和装运条件等项目进行检验与鉴定并出具检验证书，以作为买卖双方交接货物、收付货款和处理索赔的必要依据。

商品检验是国际贸易业务的一个重要环节。为了使检验结果公正合理，必须正确地使用检验标准和方法。本节主要就商品检验的时间和地点，标准和方法，我国商检的范围及商检的程序等问题进行介绍。

一、检验时间与地点

关于国际贸易中的商品检验时间与检验地点，通常有以下几种规定与实施办法：

（一）在出口国检验

在出口国检验就是在货物风险转移之前（C组、F组、D组贸易术语）或风险转移之时（EXW术语），在卖方的工厂、仓库或装运港（地）对货物进行检验，检验后买方在目的地没有复验权。

在业务实践中，这种规定方法习惯上被称为“离岸品质、离岸重量（数

量)”(Shipping Quality and Shipping Weight/Quantity)。由于买方对到货品质和重量无权向卖方提出异议，对买方不利，故买方一般不接受这一规定。

（二）在进口国检验

在进口国检验就是在货物风险转移之后（C组、F组贸易术语）或风险转移之时（D组贸易术语），在目的港（地）或在买方营业处所或用户所在地对货物进行检验。

在业务实践中，这种规定方法习惯上被称为“到岸品质、到岸重量（数量)”(Landing Quality and Landing Weight/Quantity)。在采用这种方法时，买方有权根据货物到达目的港（地）时的检验结果，在分清卖方、船方和保险人责任的前提下，对属于卖方应负的责任向卖方提出索赔。显然，由于买方对到货品质和数量有权向卖方提出异议，对卖方不利，故卖方一般不愿采用这种办法。

（三）出口国检验、进口国复验

卖方在办理交货时，以装运港（地）商检机构出具的合格的检验证书作为卖方收取或议付货款的单据之一，但不作为最后依据；货物抵达目的港（地）后，允许买方对货物进行复验。经过复验之后，如果发现货物的品质、数量等与合同规定不符，并确属卖方责任时，买方可凭目的港（地）检验机构出具的检验证书，在规定时间内向卖方提出异议和索赔，甚至拒收货物。

在业务实践中，这种方法肯定了卖方的检验证书是有效的货物交接与议付凭证，同时又确认买方在收到货物后有复验权，在商检问题上做到了公平合理，因而对买卖双方都有利。同时这种做法比较符合各国法律和国际公约的规定，与象征性交货的贸易术语和结算方式也比较匹配，所以在进出口业务中采用较多。

（四）装运港（地）检验重量和目的港（地）检验品质

在大宗商品国际交易中，为了协调买卖双方在商检环节方面的矛盾，可选择一种比较折中的方法：在装运港（地）的检验机构检验货物的重量，并出具重量证明作为最后依据；在目的港（地）的检验机构检验货物品质，并出具品质证明作为最后依据。这一规定方法，业务实践中称为“离岸重量和到岸品质”(Shipping Weight and Landing Quality)。

二、检验依据与检验方法

（一）检验依据

检验依据即检验所使用的标准。通常情况下，商检机构在检验鉴定工作中，一般按商品买卖合同规定进行检验。如果合同未规定或规定不明确时，进口商品首先采用生产国现行标准。生产国没有标准的，采用国际通用标准。这两项标准都没有的，则采用进口国家的标准检验。出口商品也是首先以合同规定的标准作为检验的依据。合同中未规定或规定不明确的，按出口国国家标准（无国家标准的按部标准，无部标准的按企业标准）进行检验。目前尚无标准的，一般参照同类商品或由国内生产部门与商检机构共同研究后确定。如果国外买方要求按对方或第三国的标准实施检验时，必须与有关部门仔细研究后决定，不能草率答应，以防止我方吃亏上当。值得注意的是，目前我国已有许多产品按照国际标准生产和出口，并以此项标准作为商品检验的依据，如美国的“UL”标志在我国机电行业中被申请使用。

（二）检验方法

选择恰当的检验方法对于商品检验的公正性有着重要作用。因为同一商品使用不同的方法检验，可以得出完全不同的结论，因而容易导致异议并发生纠纷。为了避免不必要的争议，在签订合同时应该订明所使用的具体检验方法。我国目前对进出口商品的检验方法大体有：感官鉴定法、理化鉴定法、微生物学鉴定法等。上述方法各有优缺点，究竟选用哪种方法应视不同商品的不同指标而定。例如，茶叶品质主要从茶水的色、香、味及干茶的外形上来判断，采用眼看、鼻闻、口尝等感官鉴定法即可，但该法带有很强的主观性，精确度不高。理化鉴定法是用各种仪器、器械和试剂鉴定商品的品质。对于一些要求精度高，须用数字表示的品质指标，例如农药残留量、花生油中的黄曲霉素 B1 的含量，采用理化鉴定法比较适宜。

三、我国进出口商品的检验范围

与许多国家一样，我国的进出口商品检验是由专门的检验机构进行的。2001年国务院决定国家质量技术监督局与国家出入境检验检疫局合并，组建中华人民共和国国家质量监督检验检疫总局，简称国家质检总局。其英文译名为：General Administration of Quality Supervision, Inspection and Quarantine of the People's Republic of China，简称为 AQSIQ。总局网址为 www. aqsiq. gov. cn。国家质检总局是国务院主管全国质量、计量、出入境商品检验、出入境卫生检疫、出入境动植物检疫和认证认可、标准化等工作，并行使行政执法职能的直属机构。以往一些进口物资，入境时先在出入境检验局检验，入境后又接受质量技术监督局检验，现在将两局合二为一，克服了重复检查，提高了办事效率。

目前，我国进出口商品的检验主要是由国家质检总局下属的各地出入境检验检疫局来进行的。

目前我国实施法定检验的商品范围是：①《商检法》规定的被列入必须实施检验的进出口商品目录，即《出入境检验检疫机构实施检验检疫的进出境商品目录》的进出口商品，这个目录每年可能有调整。②《中华人民共和国食品卫生法》规定，应实施卫生检验检疫的进出口食品。③危险货物的包装容器、危险货物运输设备和工具的安全技术的性能鉴定和使用鉴定。④装运易腐烂变质食品、冷冻品的船舱、货舱和集装箱等运载工具的适载检验。⑤有关国际条约规定须经出入境检验检疫机构检验的进出境商品的检验检疫。⑥国家其他法律、法规规定须经出入境检验检疫机构检验的进出口商品、物品、动植物等的检验检疫。

2009 年 12 月 30 日，国家质检总局发出 137 号关于调整《出入境检验检疫机构实施检验检疫的进出境商品目录（2010 年）》的公告，自 2010 年 1 月 1 日起施行调整后的目录，取消了对“其他电力控制或分配装置”（海关商品编号：8537209000）、“其他磷酸及偏磷酸、焦磷酸”（海关商品编号：2809201900）的海关监管条件“A”，即不再实施进境检验检疫监管。新增纳入实施进出境检验检疫监管的商品有食品级冰乙酸（海关商品编号：2915211100）。新增纳入实施进境检验检疫监管的商品有部分废物原料，共计 12 个海关商品编号。

列入法定检验检疫目录的进出境商品，必须经出入境检验检疫机构实施检验检疫和监管，进出口经营者必须持有出入境检验检疫机构签发的《入境货物通关单》或《出境货物通关单》向海关办理进出口手续。以汽车为例，汽车是属于国家进出境法定检验的商品。2006 年 12 月 31 日，商务部、发展改革委、海关总署、国家质检总局、国家认监委关于规范汽车出口秩序的通知规定，出口汽车整车产品应当在生产地检验。

检验检疫机构对进出口商品实施检验的内容包括商品的质量、规格、数量、包装以及是否符合卫生、安全要求。必须实施的进出口商品检验，是指确定列入目录的进出口商品是否符合国家技术规范的强制性要求的合格评定活动。合格评定程序包括：抽样、检验和检查；评估、验证和合格保证；注册、认可和批准以及各项的组合。

四、我国商检的检验程序

我国进出口商品的检验主要有以下几个环节：

（一）报验

报验是指对外贸易关系人向商检机构报请检验。凡属商检范围的进出口商品，都必须报验。

1. 出口报验手续

（1）填写“出口检验申请单”。报验人必须按申请单的要求详细填写，在表内需要附加外文注明的，必须打印外文，以信用证方式结汇的要严格按照信用证要求打印，以便顺利结汇。

每份“出口检验申请单”仅限填报一个合同、一份信用证的商品。对同一合同、同一信用证，但标记号码不同者，应分别填写。

报验一般在发运前 7～10 天，鲜货则应在发运前 3～10 天提出。如申请单位不在商检部门所在地，应在发运前的 10～15 天报验。

（2）出口商品报验时应提供的单证和资料。根据不同的商品，不同的交易情况，商检部门会要求不同的单证与资料，但一般而言，出口商品报验时出口商应提供下列资料：进出口双方签订的买卖合同（或买卖协议、售货确认书等）

及合同附件；信用证（如果合同是以信用证方式支付货款）；生产经营部门自检合格后出具的厂检结果正本；法定检验出口商品报验时，提供商检机构签发的运输包装容器性质检验合格单正本；实行卫生注册的商品，提供商检机构签发的卫生注册证书；实行质量许可证的出口商品，必须提供商品质量许可证书；凭样成交的应提供双方确认的样品。

2. 进口报验手续

进口商品的报验人应在一定期限之内（一般货物在到达报验地点3天内，最晚不得少于1/3对外索赔有效期时间）填写"进口检验申请单"，注明申请检验鉴定项目的要求，并附合同、发票、海运提单（或铁路、航空或邮包运单）、品质证书、装箱单、外运通知单和接、用货部门已验收的应附验收记录等资料，向当地商检部门申请检验。如货物有残损、短缺，还须附理货公司与轮船大副共同签署的货物残损报告单、大副批注或铁路商务记录等有关证明材料。

报验后，如发现申请单填写有误或客户修改信用证使货物数量、规格有变动时，可提出更改申请，填写"更改申请单"，说明更改事项和原因。

（二）抽样

商检机构接受报验后，必须及时派人到货物堆存地点进行现场检验、鉴定。其内容一般包括货物的数量、质量、包装、外观等项目。现场检验一般采用国际贸易中普遍使用的抽样法（个别特殊商品除外）。抽样时须按规定的抽样方法和一定的比例随机抽样，以便样品能代表整批商品的质量。

（三）检验

商检机构根据抽样和现场检验记录，确定检验项目，仔细核对合同及信用证对品质、规格、包装的规定，弄清检验的依据、标准，采用合理的方法实施检验。

（四）签发证书

凡属于法定检验的出口商品，经合法检验机构检验合格后，签发"放行单"，或在"出口货物报关单"上加盖放行章。如合同、信用证规定由商检部门检验出证，或国外要求签发商检证书的，应根据规定签发所需证书；海关凭商检机构签发的检验证书、放行单或报关单上加盖的印章验收放行。

对于进口商品，经检验后签发"检验情况通知单"或"检验证书"。凡由收、用货单位自行验收的进口商品，如发现问题，应及时向检验检疫局申请复验。如复验不合格，检验机构即签发商检证书，以供对外索赔。

我国《商检法》规定，凡商检范围内进口商品未经检验而擅自销售、使用的，出口商品未报验或检验不合格而擅自冲关出口的，将由商检机构处以重罚。如情节严重并造成重大经济损失的，将对直接责任人员追究刑事责任。

通常情况下，进出口公司应在检验证书规定的有效期内将货物运出。一般货物从发证日起2个月内有效，鲜果、鲜蛋类2周内有效，植物检疫3周内有效。如超过有效期装运出口，应向检验检疫局申请展期，并由其复验合格后才能出口。

1. 商品检验证书的种类

商品经商检机构检验、鉴定后出具的证明文件称为检验证书。我国主要的商品检验证书有：

（1）品质检验证书（Inspection Certificate of Quality）。品质检验证书是指证明商品品质、规格、等级的书面证明文件。根据对外贸易关系人的申请，出具的“分析”、“规格”等检验证书，也属此类。

（2）重（质）量检验证书（Inspection Certificate of Weight）。重（质）量检验证书是指根据不同的计量方式证明商品的重（质）量的书面证明文件。

（3）数量检验证书（Inspection Certificate of Quantity）。数量检验证书是指根据不同的计量单位证明商品的数量的书面证明文件。

（4）卫生检验证书（Sanitary Inspection Certificate）。卫生检验证书又称健康检验证书（Inspection Certificate of Health），是指证明可供人类食用的动物产品、食品等经过卫生检验或检疫合格的书面证明文件。适用于罐头、冻鱼、冻虾、食品、蛋品、乳制品和蜂蜜等商品。

（5）兽医检验证书（Veterinary Inspection Certificate）。兽医检验证书是指对动物商品进行检验，证明其未受任何传染病感染的书面证明文件。如皮、毛、绒及冻畜肉都须进行此项检验。

（6）消毒检验证书（Disinfection Inspection Certificate）。消毒检验证书是指证明出口动物产品或人发经过消毒处理达到安全卫生要求的书面证明文件。适于猪鬃、马尾、皮张、羽绒羽毛和人发等商品。

（7）价值证书（Certificate of Value）。价值证书是指证明发票所列商品的价格真实、正确的书面证明文件。它可以作为进口国外汇管理和关税征收的依据。

（8）熏蒸检验证书（Inspection Certificate of Fumigation）。熏蒸检验证书是指证明出口谷物、油籽、豆类、皮张等商品，以及包装用木材与植物性填充物等已经过熏蒸杀虫达到出口要求的书面证明文件，其中记载使用何种药和熏蒸时间。

（9）货载衡量检验证书（Inspection Certificate on Cargo Weight & Measurement）。货载衡量检验证书是指证明出口商品的重量吨位和体积吨位的书面证明文件，是托运人和承运人据以计算运费，承运人制定装船计划和港口计算栈租、装卸、理算费用的依据。

（10）残损检验证书（Inspection Certificate On Damaged Cargo）。残损检验证书是指证明进口商品残损情况、估定残损贬值程度和判断残损原因，以供索赔时使用的书面证明文件。

（11）原产地检验证书（Inspection Certificate of Origin）。原产地检验证书是指证明出口产品原产地（国家）的书面证明文件。它又包括普惠制原产地证书和其他原产地证书两种。

普惠制原产地证书全称为“普惠制原产地证明书（申报与证明之联合）格式A”[Generalized System of Preferences Certificate of Origin（Combined Declaration and Certificate）Form A]，是所有给惠国均接受的、受惠国的原产品出口到给惠国享受普惠制关税待遇时提供的正式官方凭证。

其他原产地证书是指证明出口商品的原产地，作为进入进口国市场凭证的书面证明文件。例如，纺织品产地证、烟草真实性证明书等。

（12）验舱检验证书（Inspection Certificate On Tank/Hold）。验舱检验证书是指证明船舱是否干净，如散装食用油，装船前对船舱检验后出具的证明文件。

在对外贸易实务中，贸易双方应根据具体情况就提供何种检验证书在贸易合同中作具体约定。必须指出，检验证书的有效期一般为2个月，鲜活商品的检验证书的有效期为2周，出口方应在货物经检验合格后尽快装运，以免逾期。

2. 商品检验证书的作用

检验证书虽然种类很多，但它们所起的作用基本相同。

（1）作为证明卖方所交货物的品质、重（数）量、包装以及卫生条件等是否符合合同规定的依据。在国际货物买卖中，卖方所供货物的品质、重（数）量、包装、卫生条件等，必须与合同规定相符。为此，合同或信用证规定，卖方须将交货时间报经商检机构检验并出具检验证书，以确定所交货物与合同规定是否一致。

（2）作为卖方银行议付货款的一种单据。检验证书中所列检查结果与信用证中的规定不符，银行有权拒绝议付货款。

（3）作为买方对品质、重（数）量、包装等提出异议、拒收货物、要求理赔、解决争议的凭证。当进口货物的品质、重（数）量、包装等条件与合同或信用证规定不一致时，买方可申请检验机构验货出证，以证实货物的真实情况或残损短缺等情形，向有关关系人提出补偿损失的要求，或以其他方式解决争议。

（4）作为证明货物在装卸、运输中的实际状况，明确其责任归属的依据。货物在流转过程中发生的残损、短量、变质等情况，其责任归属难以确定时，商检机构签发的有关证件如监视装载、卸货、舱口监视等证书，就是证明货物装、卸时的状况，明确责任界限和处理货损、货差责任事故的有效凭证。

（5）作为通关验放的有效证件。有的进口国海关规定，卖方须提供检验证书，以保障货物的品质、数量、包装等在装运前就符合合同规定；有些国家海关对进口的食品、畜产品类商品，制定有法定检疫措施，收货人办理进口手续时，须提供产品原产国的兽医、卫生等证明，并证明产品符合进口国的要求，海关才准予办理通关手续。

五、合同中的商品检验条款

买卖合同中的商检条款同其他条款一样，也是十分重要的。商检条款订得如何，直接或间接地关系到交易的成败、经济的得失和信誉的优劣。

国际货物买卖合同中的商检条款一般包括下列内容：有关检验权的规定；检验或复验的时间和地点；检验机构；检验项目和检验证书等。具体条款举例如下：

（一）出口合同中的检验条款

（1）以装运港检验证书为最后依据。例如，双方同意以装运港中华人民共和国国家质量监督检验检疫总局所签发的品质/数量检验证书为最后依据，对双方具有约束力。

It is mutually agreed that the Certificate Of Quality/Quantity issued by the General Administration of Quality Supervision, Inspection and Quarantine of the People's Republic of China at the port of shipment shall be regarded as final and binding upon both parties.

（2）以装运港检验证书为议付货款的依据，货到目的港后买方有权复验。例如，双方同意以装运港天津出入境检验检疫局签发的品质和数量（重量）检验证书作为信用证项下议付所提交单据的一部分。买方有权对货物的品质或数量（重量）进行复验。复验费由买方负担。如发现品质和数量（重量）与合同不符，买方有权向卖方索赔，但须提供经卖方同意的公证机构出具的检验报告。索赔期限为货到目的港××天内。

It is mutually agreed that the Certificate of Quality and Quantity (weight) issued by the Tianjin Entry-Exit Inspection and Quarantine Bureau at the port of shipment shall be part of the documents to be presented for negotiation under the relevant L/C. The Buyers shall have the right to re-inspect the Quality and Quantity (weight) of the cargo. The re-inspection fee shall be borne by the Buyers. Should the Quality and/or Quantity (weight) be found not in conformity with that of the contract, the Buyers are entitled to lodge with the Sellers a claim which should be supported by survey reports issued by a recognized surveyor approved by the Sellers. The claim, if any, shall be lodged within ×× days after arrival of the cargo at the port of destination.

（二）进口合同中的检验条款

进口合同中的检验条款，常见有如下订法：

商品检验：双方同意以制造厂（或××公证行）出具的品质及数量或重量检验证明书作为有关信用证项下付款的单据之一。但货物的品质及数量或重量的检验应按下列规定办理：

货到目的港××天内经天津出入境检验检疫局复验，如发现品质、数量或重量与本合同规定不符时，除属保险公司或船运公司负责外，买方凭天津出入境检验检疫局出具的检验证明书，向卖方提出退货或索赔。所有因退货或索赔引起的一切费用（包括检验费）及损失均由卖方负担。在此情况下，如果抽样是可行的，买方可应卖方要求，将有关货物的样品寄交卖方。

Inspection：It is mutually agreed that the Certificate Of Quality and Quantity or Weight issued by the Manufacturer（or × × Surveyor）shall be part of the documents for payment under the relevant L/C. However，the inspection of quality and quantity or weight shall be made in accordance with the following：

In case the quality，quantity or weight of the goods be found not in conformity with those stipulated in this contract after re-inspection by the Tianjin Entry-Exit Inspection and Quarantine Bureau within × × days after arrival of the goods at the port of destination，the Buyers shall return the goods to or lodge claims against the Sellers for compensation of losses upon the strength of Inspection Certificate issued by the said Bureau，with the exception of those claims for which the insurers or the carriers are liable. All expenses（including inspection fees）and losses arising from the return of the goods or claims should be borne by the Sellers. In such case，the Buyers may，if so requested，send a sample of the goods in question to the Sellers，provided that the sampling is feasible.

（三）订立商品检验条款应注意的事项

（1）应坚持独立自主、平等互利的原则。对我国的出口商品，一般坚持均由我国商品检验机构按我国有关检验标准及规定的方法进行检验。目前，暂无统一标准的，可参照同类商品的标准或由我生产部门会同商检部门共同商定的标准及检验方法进行。同时，也不排斥对个别商品采用国外标准及方法进行检验。对我国的进口商品检验，除按合同规定办理外，也可按生产国标准或国际通用标准进行检验。

（2）应明确规定出口商品复验期限及复验机构。复验时间的长短可根据商品性质及港口具体情况而定。要选择政治上对我国友好，又有一定检验业务能力的复验机构。

（3）检验条款的内容应与合同其他条款内容相衔接，不能产生矛盾。检验证书的内容要与品质、数量、包装以及信用证的内容完全相同。否则，不利于合同的履行及货款的支付。

第二节　索赔与索赔条款

一、索赔

买卖合同的一方认为对方未能全部或部分地履行合同规定的责任与义务，就会引起争议。索赔（Claim）是指遭受损害的一方在争议发生后，向违约方提出赔偿的要求。理赔是指违约方对受害方所提赔偿要求的受理与处理。索赔和理赔是同一事物的两个方面。

在国际贸易中，给当事人造成损失的原因很多，肇事者也不同，受损的一方应该针对不同的索赔对象进行索赔。一般而言，受损害的一方根据造成损害的情况，分别可以向合同的另一方、承运人或保险人索赔。本节主要介绍向合同另一方的索赔。

（一）违约责任

国际货物买卖合同是确定买卖双方权利和义务的法律依据。买卖双方中的任何一方不履行或不完全履行合同中规定的义务，在法律上就构成了违约行为，而受害方（Injured Party）有权根据合同或有关法律规定提出损害补偿要求，这是国际贸易中普遍遵守的原则。但是，对违约方的违约行为及其应承担的法律后果如何，则取决于有关法律对此所作的解释和所确定的法律责任。世界各国的法律对违约的解释及违约后的处理办法有不同规定，有的是以合同条款本身来确定，有的是以违约的后果及其严重性来确定，国际贸易从业人员有必要了解和熟悉这方面的知识。

英国法律规定，如当事人一方违反合同中的实质性的主要约定条件，例如，卖方交货的品质或数量不符合合同的规定，或不按合同规定的期限交货，即作为“违反要件”（Breach of condition）处理，受害方有权因之解除合同并可要求损害赔偿。如违反的是合同中的次要条件，称为“违反担保”或“违反随附条件”（Breach of Warranty），受害方有权因之要求损害赔偿，但不能解除合同，仍须承担履行合同的义务。至于合同中哪些条款是要件，哪些条款是担保，英国法律并未作具体规定，而是由法官在审理案件时根据合同的内容和推定双方当事人的意思作出决定。另外，英国《货物买卖法》规定，受害方可以不把另一方的违反要件作为解除合同的理由。此外，近年来，英国法院在司法实践中已承认了一种新的违约类型，即“违反中间性条款或无名条款”（Breach of intermediate/innominate terms）。中间性或无名条款是一种既不是要件也不是担保的合同条款。违反这类条款应承担的责任须视违约的性质及其后果是否严重而定。如果性质及后果严重，受损害的一方有权解除合同，并可要求损害赔偿；否则，无权解除合同，只能要求损害赔偿。

美国法律规定，如双方当事人中任何一方违约，致使另一方无法取得该交易的主要利益，则是“重大违约”（Material breach）。此情况下，受损害的一方有权解除合同，并要求损害赔偿。如果一方违约，情况较为轻微，并未影响对方在该交易中取得的主要利益，则为“轻微违约”（Minor breach），受损害的一方只能要求损害赔偿，而无权解除合同。

《联合国国际货物销售合同公约》把违约区分为根本性违约（Fundamental Breach）和非根本性违约（Non-fundamental Breach）两种。“一方当事人违反合同的结果，如使另一方当事人蒙受损失，以至于实际上剥夺了他根据合同规定有权期待得到的东西，即为根本违反合同。”这种根本违反合同是由于违约方的主观行为造成的，以至于给另一方造成实质性的损害，如卖方完全不交付货物，或买方无理拒收货物、拒付货款。如果由于当事人不能预知，而且处于相同情况的另外一个通情达理的人也不能预知会发生这种结果，那么就不构成根本性违约。如果一方当事人根本违反合同，另一方当事人可以宣告合同无效，并要求损害赔偿。如违约情况尚未达到根本违反合同的程度，则受害方只能要求损失赔偿而不能宣告合同无效。

我国的合同法对违约也有类似的规定。熟悉和了解这些法规惯例，有助于我们恰当地订立进出口合同中的索赔条款并在合同的履行中加以正确运用，以维护我们的合法利益。

（二）买卖合同中的索赔条款

买卖双方为了在索赔和理赔中有所依据，一般在合同中订有索赔条款。在一般的商品买卖合同中，多数只订异议和索赔条款，只有在买卖大宗商品和机械设备一类商品的合同中，除订明异议与索赔条款外，还另订罚金条款。

1. 异议与索赔条款

异议与索赔条款（Discrepancy and Claim Clause）一般是针对卖方交货的品质、数量或包装不符合合同规定而订立的，主要包括索赔依据、索赔期限、索赔的处理办法以及索赔金额。

索赔依据主要规定索赔必须具备的证据和出证机构。

例如，买方对于装运货物的任何异议和索赔，必须于货物到达提单及/或运输单据所订目的港（地）之日起30天内提出，并须提供卖方同意的公证机构出具的检验报告。属于保险公司、轮船公司或其他有关运输机构责任范围内的索赔，卖方不予受理。

Any claim by the Buyer regarding the goods shipped should be filed within 30 days after the arrival of the goods at the port/place of destination specified in the relative B/L and/or transport document and supported by a survey report issued by a surveyor approved by the Seller. Claims in respect of matters within responsibility of insurance company, shipping company/other transportation organization will not be considered or entertained by the Seller.

索赔依据包括法律依据和事实依据两个方面。法律依据是指贸易合同和有关国家的法律规定；事实依据则是指违约的事实真相及其书面证明。

索赔期限是指索赔方向违约方提出索赔的有效时限。逾期提赔，违约方可不予受理。一般而言，对不同种类的商品应根据实际情况合理规定其索赔期限。订的期限过长，易使卖方责任过重；期限过短，则买方无法行使其索赔权。索赔期限也就是检验条款中的买方对货物进行复验的有效期限。

索赔的处理办法和索赔金额通常在合同中只作笼统规定。

2. 罚金条款

罚金条款（Penalty Clause）内容主要规定，当一方未履行合同义务时，应向对方支付一定数额的约定罚金，以补偿对方的损失。

罚金条款一般适用于卖方延期交货，或者买方延迟开立信用证和买方延期接货等情况。通常在连续分批交货的大宗货物买卖合同和机械设备一类商品的合同中使用。

罚金的起算日期有两种计算方法：①以合同规定的交货期或开证期终止后立即起算。②规定优惠期，即在合同规定的有关期限终止后再宽限一段时间，在优惠期内免予罚款，等优惠期届满后起算罚金。

例如，如卖方不能如期交货，在卖方同意由付款行从议付的货款中扣除罚金或由买方于支付货款时直接扣除罚金的条件下，买方可同意延期交货。但是因延期交货的罚金不得超过延期交货部分金额的5%。罚金按每7天收取延期交货部分金额的0.5%，不足7天者按7天计算。如卖方未按本合同规定的装运期交货，延期10周时，买方有权撤销合同，并要求卖方支付上述延期交货罚金。

In case of delayed delivery, the Sellers shall pay to the Buyers for every week of delay a penalty amounting to 0.5% of the total value of the goods whose delivery has been delayed. Any fractional part of a week is to be considered a full week. The total amount of penalty shall not, however, exceed 5% of the total value of the goods involved in late delivery and is to be deducted from the amount due to the Sellers by the paying bank at the time of negotiation, or by the Buyers directly at the time of payment. In case the period of delay exceeds 10 weeks after the stipulated delivery date the Buyers have the right to terminate this Contract but the Sellers shall not thereby be exempted from the payment of penalty.

值得注意的是，对于合同中的罚金条款，各国法律有不同的解释和规定。有些国家的法律承认并执行合同中的罚金条款，但有些国家的法律则认为，对于违约只能要求赔偿，而不能予以惩罚。

二、索赔处理办法

因为违约的情况比较复杂，究竟在哪些业务环节上违约和违约的程度如何，订约时难以预测，故只有少数合同订明索赔处理的条款。

例如，如果货物不符合本合同规定应由卖方负责，同时买方按照本合同第××条和第××条规定在索赔期限或质量保证期限内提出索赔，卖方在征得买方同意后，应按下列方式理赔：

(1) 同意买方退货，并将退货金额以成交原币偿还买方，且负担因退货而发生的一切直接损失和费用，包括利息、银行费用、运费、保险费、商检费、仓租、码头装卸费以及为保管退货而发生的一切其他必要费用。

(2) 按照货物的次劣程度、损坏的范围和买方所遭受的损失，将货物贬值。

(3) 调换有瑕疵的货物，换货必须全新并符合本合同规定的规格、质量和性能，并负担因此而产生的一切费用和买方遭受的一切直接损失。对换货的质量，卖方仍应按本合同第××条，保证期为12个月。

Settlement of claims:

In case the sellers are liable for the nonconformity of the goods with the contract and a claim is made by the Buyers within the period of claim or the period of quality guarantee as stipulated in clause…and…of this Contract, the Sellers shall settle the claim upon the agreement of the Buyers in the following ways:

a. Agree to the rejection of the goods and refund to the Buyers the value of the rejected goods in the same currency as contracted herein, and bear all direct losses and expenses incurred from the rejection, including interest, banking charges, freight, insurance premium, inspection charges, storage, stevedore charges and all other necessary expenses required for the custody and protection of the rejected goods.

b. Devaluate the goods according to the degree of inferiority, extent of damage and amount of losses suffered by the Buyers.

c. Replace the defective goods with new ones which conform to the specifications, quality and performance as stipulated in this contract, and bear all expenses incurred to and direct losses suffered by the Buyers. The Sellers shall, at the same time, guarantee the quality of the replacing goods for a further period of 12 months according to clause… of this Contract.

第三节　不可抗力与免责

一、不可抗力概述

不可抗力（Force Majeure）又称人力不可抗拒，是指在货物买卖合同签订以后，不是由于订约者的过失或疏忽，而是由于发生了当事人既不能预见和预防，又无法避免和克服的意外事故，以致不能履行或不能如期履行合同。遭受意外事故的一方，可以免除履行合同的责任或延期履行合同。

不是所有的不履行或不完全履行合同都是违约，只要发生了不可抗力，即可部分免除或完全免除当事人的履约责任。尽管该当事人没履行或没完全履行合同，却构不成违约，受损方也无权索赔。

按照《联合国国际货物销售合同公约》的解释，不可抗力事件是指非当事人所能控制，而且没有理由预期他在订立合同时所能考虑到或能避免或克服它及它的后果而使其不履行合同义务的障碍。我国法律对不可抗力的解释与《联合国国际货物销售合同公约》的规定基本一致。

在英美法系中有“合同落空”（Frustration of Contract）原则的规定；在大陆法系国家的法律中有“情势变迁”或“契约失效”原则的规定。这些法律法规对不可抗力的确切含义在解释上并不统一，具体名称也不一致，但其原则大体相同。构成不可抗力事件的条件主要有以下几点：

（1）意外事件是在有关合同成立以后发生的。

（2）不是由于任何一方当事人的故意或过失行为所造成的，而必须是偶发的和异常的事件。

（3）事件的发生是当事人无法预见、无法控制、无法避免和不可克服的。

二、不可抗力事件范围

不可抗力事件范围较广，通常可分为“自然力量”引起的和社会原因引起的。前者如火灾、水灾、地震、暴风雨、大雪等；后者如战争、罢工、政府禁令等。对于自然力（Acts of God）引起的各种灾害，国际上的解释比较一致；而对于社会原因引起的意外事故，在解释上有分歧。这一方面是因为社会现象比较复杂，解释起来比较困难；另一方面是因为不可抗力条款是一项免责条款，买卖双方通常主要是卖方可以援引它来解除自身所承担的合同义务，为了减少自己的合同责任，有时在援引中故意扩大不可抗力的范围，有的卖方除把自然灾害列入外，还有把火灾、爆炸、生产制作过程中的意外事故、政府禁令、各种限制性国家行为、战争预兆、战争状态、停船命令、罢工、怠工、关闭工厂、流行病、原材料缺乏、能源危机等都归入不可抗力的范围。因此，在实际工作中应认真分析研究，区别不同情况，作出不同处理，不可盲目接受。对于一些含义不清或根本不属于不可抗力范围的事件，如战争预兆、航运公司怠慢等解释上容易引起分歧、没有确定标准的概念，不应列入。

三、不可抗力事件的处理

按照有关的法律原则和国际贸易惯例，如果发生不可抗力，致使合同无法全部、部分或按期履行，有关当事人可依据法律或合同的规定免除其相应的责任，即可解除合同或变更合同，并对由此而给另一方当事人造成的损害免除赔偿责任。变更合同是指对原订合同的条件或内容作适当的变更，包括替代履行、减少履行或迟延履行。至于何时可以解除合同，何时可以变更合同，则应视不可抗力事件对履行合同影响的情况和程度而定，或是由买卖双方在合同中作具体规定。

如果合同中没有明确规定，则一般的解释是，如不可抗力事件只是部分地或暂时地阻碍了合同的履行，则发生事件的一方只能采用变更合同的方法，以减轻另一方的损失。但是，如果不可抗力事件的发生使合同的履行成为不可能，例如，特定标的物的灭失或事件的影响比较严重，非短时期内所能复原，则可解除合同。

四、合同中的不可抗力条款

不可抗力条款是一项免责条款，是指在买卖合同中订明，如当事人因不可抗力事件不能履行合同的全部或部分义务的，免除其全部或部分的责任；不能按照合同规定的期限履行其义务的，免除其迟延履行的责任。另一方当事人不得对此要求损害赔偿。此条款是合同中的重要条款，一般包括以下几点：

（一）不可抗力事件的范围

什么样的意外事故可以构成不可抗力，买卖双方在谈判交易时要达成共识。对不可抗力条款的表述应明确具体，防止笼统含糊造成事后解释分歧，产生不必要的麻烦或损失。

我国的进出口合同对不可抗力条款的规定主要有以下三种：

1. 概括规定

如“由于不可抗力的原因，致使卖方不能全部或部分装运或延迟装运合同货物，卖方对此不负责任”。这种规定并没有订明哪些现象是不可抗力事故，只是笼统地加以叙述，很容易被卖方利用，一旦发生争议诉诸法律，法院就只能听凭当事人的意见进行解释。

例如，由于不可抗力的原因，致使卖方不能全部或部分装运，或延迟装运合同货物，卖方对于这种不能装运，或延迟装运本合同货物不负责任。但卖方须用电报或电传通知买方，并须在××天内，以航空挂号信件向买方提交由中国国际贸易促进委员会（中国国际商会）出具的证明此类事件的证明书。

If the shipment of the contracted goods is prevented or delayed in whole or in part due to Force Majeure, the Seller shall not be liable for non-shipment or late shipment of the goods of this contract. However, the Seller shall notify the Buyer by cable or telex and furnish the latter within. . days by registered airmail with a certificate issued by the China Council for the Promotion of International Trade（China Chamber of International Commerce）attesting such event or events.

2. 列举式规定

列举式规定即在合同中详细列明不可抗力事故的范围。如“由于地震、战争、火灾、水灾、暴风雨、雪灾的原因，致使卖方不能全部或部分装运或延迟装运合同货物，卖方对此不负责任。”这种规定方法，对于不可抗力事故范围说得明确具体，但不可能把所有的不可抗力事故一一列举，有时仍可能发生争议。

例如，由于战争、地震、水灾、暴风雨、雪灾的原因，致使卖方不能全部或部分装运，或延迟装运合同货物，卖方对于这种不能装运，或延迟装运本合同货物不负责任。但卖方须用电报或电传通知买方，并须在××天内，以航空挂号信件向买方提交由中国国际贸易促进委员会（中国国际商会）出具的证明此类事件的证明书。

If the shipment of the contracted goods is prevented or delayed in whole or in part by reason of war, earthquake, flood, fire, storm, heavy snow, the Seller shall not be liable for non-shipment or late shipment of the goods of this contract. However, the Seller shall notify the Buyer by cable or telex and furnish the latter within... days by registered airmail with a certificate issued by the China Council for the Promotion of International Trade（China Chamber of International Commerce） attesting such event or events.

3. 综合规定

综合规定即列明双方都同意的不可抗力事故，再加上“以及双方当事人所同意的其他意外事故”等字句。这种方法比较明确具体又具有一定的灵活性，比较科学实用。

例如，由于战争、地震、水灾、暴风雨、雪灾或其他不可抗力的原因，致使卖方不能全部或部分装运，或延迟装运合同货物，卖方对于这种不能装运，或延迟装运本合同货物不负责任。但卖方须用电报或电传通知买方，并须在××天内，以航空挂号信件向买方提交由中国国际贸易促进委员会（中国国际商会）出具的证明此类事件的证明书。

If the shipment of the contracted goods is prevented or delayed in whole or in part by reason of war, earthquake, flood, fire, storm, heavy snow or other causes of Force Majeure, the Seller shall not be liable for non-shipment or late shipment of the goods of this contract. However, the Seller shall notify the Buyer by cable or telex and furnish the latter within... days by registered airmail with a certificate issued by the China Council for the Promotion of International Trade（China Chamber of International Commerce） attesting such event or events.

例如，由于战争、地震、水灾、暴风雨、雪灾或其他不可抗力原因，致使卖方不能全部或部分装运货物或延迟装运合同货物，卖方可不负责任。但卖方应立即将事件通知买方，并于事件发生后××天内将事件发生地政府主管当局出具的事件证明书用航空挂号邮寄交买方为证，并取得买方认可。在上述情况下，卖方仍有责任采取一切必要措施从速交货。如果事件持续超过××个星期，买方有权撤销合同。

The Seller shall not be held responsible for failure or delay to perform all or any part of this contract due to war, earthquake, flood, fire, storm, heavy snow or other causes of Force Majeure. However, the Seller shall advise the Buyer immediately of such occurrence, and within... days thereafter, shall send by registered airmail to the buyer for their acceptance a certificate issued by the competent government authorities of the place where the accident occurs as evidence thereof. Under such circumstances, the seller, however, is still under the obligation to take all necessary measure to hasten the delivery of the goods. In case the accident lasts for more than... weeks, the Buyer shall have the right to cancel the contract.

（二）不可抗力的后果

不可抗力事故引起的后果有两种：一是解除合同，二是延期履行合同。在何种情况下可以解除合同或延期履行合同，要看所发生的事故的原因、性质、规模以及对履行合同所产生的影响程度而定，并明确地在合同中规定。

（三）发生事故后通知对方的期限和方式

按照国际惯例，当发生不可抗力事故影响合同履行时，当事人必须及时通知对方，对方应于接到通知后及时答复。但是，买卖双方为了明确责任，一般仍规定一方发生事故后通知对方的期限和方式。例如，卖方须用电报或电传通知买方，并须在15日内以航空挂号信件向买方提交由当地商会或其他合法的权威公证机构出具的证明此类事件的证明书。

（四）证明文件及出具证明的机构

一般而言，买卖合同的任何一方援引不可抗力条款时，都应向对方提交有关机构的证明文件。一般由当地商会或合法的公证机构出具，在我国是由中国国际贸易促进委员会或其分会出具。

当我方援引不可抗力条款时，要注意及时通知对方并提供必要的证明文件，而且在通知中应提出处理的意见，以便双方妥善解决；当对方援引不可抗力条款时，应按合同规定严格审查，以确定发生的事故是否属于不可抗力范围，并根据事故的具体情况及时提出我方意见。

第四节　争议、仲裁及仲裁条款

国际贸易的买卖双方的政治、文化、经济和社会背景都不同，有时还有自然因素的影响，造成货物买卖合同往往不能圆满顺利地进行，争议的发生在所难免。所以，如何按照平等互利的原则，采取适当的方式，正确处理对外贸易过程中发生的各种争议，是关系到买卖双方切身利益的重大问题。

一、争议

争议大多发生在贸易合同履行过程中。这里所说的争议是指由于种种原因，贸易双方的一方当事人认为另一方当事人未履行或未全部履行合同规定的责任或义务，而后者不认可或对这种不履行合同的处理办法不认可而发生的意见分歧。争议的内容大致有如下几个方面：

（1）一般来说，当合同的预期结果对双方都有利时，不会发生此类争议。而当合同预期结果对某一方不利，而该方当事人丧失商业道德，作风不良时，便会在这方面寻找借口或理由来做文章，依据的往往是有关的有不同规定或解释的国际惯例和法律。

（2）合同中的有关条款、内容不够具体明确，造成双方有不同理解，有时甚至完全相反。

（3）一方当事人在履行合同时受阻，那么是否应承担责任和承担何种责任，是否应撤销原合同，或延期履行、部分履行、替代履行原合同。

（4）双方或其中一方当事人未履行、未全部履行或未延期履行合同规定的义务，却不愿承担应负的责任。

二、争议的解决办法

国际贸易中的争议解决办法类同于一般民事争议的解决办法。一般有协商、调解、仲裁和诉讼四种。

（一）协商

协商（Consultation）是以争议双方自行进行友好磋商的方式来解决争议。当双方均有较高的资信，有长期的贸易关系，争议的标的金额较小，性质不太严重时，大多采取这种方式。其优点是能迅速解决争议，不发生或极少发生额外费用，不伤害双方的友好关系。其缺点是使用范围较窄，受上述前提条件的限制，因此这种办法的使用有一定的局限性，并非所有的争议都能通过当事人双方的友好协商来解决。

（二）调解

调解（Intermediation）是由争议双方之外的第三方出面进行调停，帮助争议双方在互相谅解、让步的氛围中解决争议。调解人一般具有较为丰富的专业知识及经验，能提出解决争议的建设性意见。虽说调解人的意见不具有法律效力，但由于调解人是争议双方认可的公平的中间人，一般来说，争议双方对调解人的调解意见是相当尊重的。

在我国，国际贸易的争议调解人一般由中国国际经济贸易仲裁委员会仲裁员担任。为避免或消除争议双方有调解人偏袒本国当事人的疑虑，而造成争议双方在选择调解人时不能取得一致意见，近年来，一般采取“联合调解”的方式。其做法是，中外双方各请求本国仲裁机构指派数目相等的调解人联合进行调解。这种方式曾成功地解决了许多我国对外贸易中的重大争议。

（三）仲裁

仲裁（Arbitration）也称公断，是指争议双方达成协议，自愿将有关争议交给双方认可的仲裁机构进行裁决（Award）。

争议双方如提请仲裁，则必须提交双方共同订立的书面仲裁协议。在国际贸易实践中，有两种仲裁协议的订立方式。其一，在订立买卖合同时，加入仲裁条款。双方约定如果发生争议，由某个仲裁机构，按某种仲裁程序进行仲裁。其二，如果买卖合同未设立仲裁条款，双方也可在发生争议后达成“提交仲裁协议”。这两种仲裁协议具有完全同等的法律效力。

仲裁方式比协商、调解要费时，且会发生较大的仲裁费用，但比诉讼要简便。仲裁协议一方面表明了争议双方提请仲裁的自愿性，另一方面也成为仲裁机构受理争议案件的法律依据。仲裁协议排除了法院对争议案件的管辖权，多数国家的法律都规定法院不得受理已经订有仲裁协议的争议案件。仲裁结果是最终结果，双方当事人均可请求法院强制执行。如一方当事人不服裁决结果，可向法院申诉，但无权要求重新审理。

（四）诉讼

诉讼（Litigation）是指争议的一方当事人向法院起诉，请求法院受理争议案件和判决的解决争议的方式。

诉讼具有强制性，只要起诉人起诉的案件被具有管辖权的法院受理，另一方就必须应诉。如不应诉，法院有权在被告缺席情况下作出判决。一般来说，被告缺席被法庭认为是一种对法庭的蔑视，对被告是不利的。判决对双方均有法律约束力。在我国，实行二审终审制，使一方（或双方）在不服一审判决的情况下，上诉请求再审理。诉诸法律可以强制解决争议，但法律程序复杂、费时，且费用较高。更重要的是，双方对簿公堂后，其业务关系难免恶化。

（五）四种方式的比较

发生争议时，应首选协商方式。如不成功，再寻求调解。再不成功，则提交仲裁。不得已情况下才诉诸法律。仲裁与诉讼结果虽均具有法律约束力，但它们之间仍存在较大的区别：

（1）仲裁的速度快。仲裁机构受理案件后，一般应在一周内开庭。诉讼的立案则很难估计，提交诉状后数月甚至一年之后才予以立案的情况时有发生。

（2）仲裁是争议双方自愿达成的一种解决方式，其中有一方不同意仲裁，则另一方不能提交仲裁。而诉讼是强制性解决方式，只要有管辖权的法院同意受理案件，一方当事人起诉后，另一方不得拒绝。

（3）仲裁方式中，仲裁员由争议双方自愿协商指定；而诉讼方式中，法官由法院指定。仲裁员多为贸易和法律方面的资深专家，具有良好的职业道德和职业准则。公平和查明事实、分清是非是对其最基本的要求。因此，案件的处理往往比法院判决更加客观、公平、公正和迅速。因为法律保护的是有证据证明的事实，当一方取证困难时，往往有法律上无懈可击、但事实上并不公正的情况出现。

（4）仲裁费用较低。仲裁费用一般为争议价值的0.1%～1%。而诉讼费用相当大，一般以诉讼标的的1%～10%作为律师费，此外还有法院收取的审理费等其他费用。

（5）仲裁的裁决是终局性的，双方当事人均不得向法院或其他机构提出变更裁决的要求；而法律诉讼的判决，一般是允许上诉并提出变更要求的。

三、合同中的仲裁条款

一般来讲，发生争议的双方中任何一方申请仲裁时必须提交双方当事人订立的仲裁协议。仲裁协议的作用有以下几个方面：

（1）约束双方当事人只能以仲裁方式解决争议，不得向法院起诉。

（2）排除法院对有关案件的管辖权。一般国家的法律都规定法院不受理争议双方订有仲裁协议的争议案件。

（3）仲裁机构取得对争议案件的管辖权。

一般来讲，仲裁协议是书面的，通常情况下，有两种形式供当事人选择使用：一种是由双方当事人在争议发生之前订立的，表示同意把将来可能发生的争议提交仲裁解决的协议。这种协议一般都订在贸易合同中作为合同的一项条款，即仲裁条款（Arbitration Clause）；另一种是由双方当事人在争议产生之后订立的，表示同意把已经发生的争议交付仲裁的协议，这种协议称为“提交仲裁协议”（Submission 或 Arbitration Agreement）。这两种协议在法律上具有同等效力。

我国进出口合同中的仲裁条款一般都包括以下几个方面：

（一）仲裁地点和仲裁机构

仲裁地点与仲裁所适用的程序法以及合同所适用的实体法关系密切，这一点在后文详细表述。现仅举例说明在不同地点仲裁条款的订法。

例如，买卖双方规定在中国进行仲裁：

凡因执行本合同所发生的或与本合同有关的一切争议，双方应通过友好协商解决，如果协商不能解决时，应提交北京中国国际经济贸易仲裁委员会根据该会仲裁规则进行仲裁。仲裁裁决是终局的，对双方都有约束力。

All disputes arising out of the performance of, or relating to this contract, shall be settled through negotiation. In case no settlement can be reached through negotiation the case shall then be submitted to the China International Economic and Trade Arbitration Commission, Beijing, China for arbitration in accordance with its Rules of Arbitration. The arbitral award is final and binding upon both parties.

例如，规定在被告一方的所在国家仲裁：

因执行本合同所发生的或与本合同有关的一切争议，应由签订合同双方友好协商解决。如果经协商后尚不能解决时，须提交仲裁，仲裁在被告所在国进行。如在中国，由中国国际经济贸易仲裁委员会根据该委员会的仲裁规则进行仲裁。如果在××国家，由××仲裁机构根据该机构的仲裁程序规则进行仲裁。仲裁裁决是终局的，对双方都有约束力。

All disputes arising out of the performance of, or relating to this contract, shall be settled amicably through friendly negotiation. In case no settlement can be reached through negotiation, the case shall then be submitted for arbitration. The location of arbitration shall be in the country of the domicile of the defendant. If in China, the arbitration shall be conducted by the China International Economic and Trade Arbitration Commission, Beijing in accordance with its Rules of Arbitration. If in ×× the arbitration shall be conducted by…in accordance with its arbitral Rules of procedure. The arbitral award is final and binding upon both parties.

（二）仲裁程序

仲裁程序主要规定进行仲裁的手续、步骤和做法，以便为当事人和仲裁员提供进行仲裁的准则。一般在买卖合同中的仲裁条款都订明采用哪个国家和哪个仲裁机构的仲裁规则进行仲裁。我国的仲裁程序规则是《中国国际经济贸易仲裁委员会仲裁规则》，其他国家的仲裁机构也都有自己的仲裁程序规则。国际仲裁的一般做法是采用仲裁地的仲裁规则。仲裁的程序大体包括：提出仲裁申请，双方当事人指定仲裁员，由仲裁员组成仲裁庭，仲裁庭开庭审理、搜集证据、调查证人、采取保全措施，最后作出裁决。

（三）仲裁裁决的效力

根据我国仲裁规则规定，仲裁裁决是终局的，争议各方必须执行，任何一方当事人都不得向法院起诉，也不得向其他机构提出变更仲裁裁决的请求。在发达国家，一般也不允许当事人对仲裁裁决不服而上诉法院。即使向法院提出起诉，法院一般也只是审查程序，即只审查仲裁裁决在法律手续上是否完备，而不审查裁决本身正确与否。如果法院认为程序上有问题，才有权宣布裁决无效。因为仲裁的采用是在双方当事人自愿的基础上进行的，因此他们理应承认并执行裁决。尽管如此，为了明确仲裁效力，签订仲裁协议时仍应明确规定：仲裁裁决是终局性的，对当事人双方都有约束力。

仲裁裁决一经作出，就具有法律效力，但仲裁裁决的承认与执行涉及一个国家的仲裁机构所作出的裁决要由另一个国家的当事人去执行，而仲裁员或仲裁机构无强制执行的权力，如果败诉方拒绝执行裁决，仲裁机构无能为力。为了解决在执行外国仲裁裁决问题上所产生的矛盾，国际上曾缔结过两个公约。1927 年在国际联盟主持下，在日内瓦缔结了《关于执行外国仲裁裁决公约》，1958 年在联合国主持下于纽约缔结了《承认与执行外国仲裁裁决公约》(Convention On the Recognition and Enforcement Of Foreign Arbitral Award，简称《纽约公约》)。《纽约公约》强调，承认双方当事人所签订的仲裁协议有效，缔约方应承认根据仲裁协议所作出的仲裁裁决并有义务执行。只有在特定情况下，才根据被诉人的请求拒绝承认和执行仲裁裁决。例如，裁决涉及仲裁协议未提到的，或不包括在仲裁协议之内的一些争议等。我国于1987年1月22日批准加入该公约。我国在加入时作了"互惠保留"和"商事保留"两个声明。"互惠保留"是指中华人民共和国只在互惠的基础上对在另一缔约方领土内作出的仲裁裁决的承认和执行适用该公约。"商事保留"是指中华人民共和国只对根据中华人民共和国法律认定为属于契约性和非契约性商事法律关系所引起的争议适用该公约。此外，我国政府与外国政府签订的贸易协定、航海条约和其他双边协定中，一般都订有互相保证执行仲裁裁决条款的，可据以办理。

对于与我国未签互相执行仲裁裁决协议的外国，或对方国家未加入上述公约，而需要向它请求强制执行仲裁裁决时，只有到对方国的法院去申请执行，或通过外交途径或由当事人直接要求对方国家政府有关部门协助执行，或通过对方国家的有关社会团体如商会、同业公会等机构协助执行。

(四) 仲裁机构的选择

在何地仲裁，是买卖双方在磋商仲裁条款时的一个重点。这是因为，仲裁地点与仲裁所适用的程序法，以及合同所适用的实体法关系至为密切。按照资本主义国家法律的解释，凡属程序方面的问题，除非仲裁协议另有规定，一般都适用审判地法律，即在哪个国家仲裁，即使用哪个国家的仲裁法。至于确定合同双方当事人的权利与义务的实体法，如果在买卖合同中未作明确规定，一般由仲裁员根据仲裁地点所在国家的法律冲突规则予以确定。由此可见，仲裁地点不同，适用的法律可能不同，对买卖双方权利与义务的解释就会有差别，仲裁的结果也会不同。因此，交易双方对于仲裁地点的确定都很关注，都力争在自己比较了解和信任的地方进行仲裁。我国进出口公司在合同中多数规定在我国仲裁，有时规定在被告所在国仲裁或在第三国仲裁。

国际贸易中的仲裁，可由双方当事人在仲裁协议中规定在常设的仲裁机构进行，也可以由当事人双方共同指定仲裁员组成临时仲裁庭进行仲裁。

中国企业在进出口业务中经常遇到的外国仲裁常设机构有：英国伦敦仲裁院、瑞典斯德哥尔摩商会仲裁院、瑞士苏黎世商会仲裁院、日本国际商事仲裁协会、美国仲裁协会、意大利仲裁协会等。东欧各国商会中均设有对外贸易仲裁委员会。国际组织的仲裁机构有设在巴黎的国际商会仲裁院等。其中有许多仲裁机构与我国已有业务上的联系，在仲裁业务上进行合作。临时仲裁院是专为审理指定的争议案件而由双方当事人指定的仲裁员组织起来的，案件处理完毕后立即自动解散。因此，在采用临时仲裁院解决争议时，双方当事人需要在仲裁条款中就双方指定仲裁员的办法、人数、组成仲裁庭的成员、是否需要首席仲裁员等问题作出明确规定。

我国于1956年在中国国际贸易促进委员会（简称“贸促会”）内设立对外贸易仲裁委员会（中国实行对外开放政策以后，为了适应国际经济贸易关系不断发展的需要，对外贸易仲裁委员会对于1980年改名为对外经济贸易仲裁委员会，对于1988年改名为中国国际经济贸易仲裁委员会）。仲裁委员会设在北京，在深圳经济特区和上海设有分会。我国企业在订立合同时，如双方同意在中国仲裁，都订立在中国国际经济贸易仲裁委员会裁决。

本章小结

商检、索赔、不可抗力和仲裁是货物买卖合同中不可缺少的条款。商检、索赔、不可抗力和仲裁虽然不是每笔合同履行必须经历的环节，但是，在实践中企业一旦遇到相关问题，知道如何预防和应对它们将为合同的顺利履行和未来业务的发展带来极大的便利。进出口商品一般都要进行检验，交易双方之中任何一方有违反合同的情况，另一方都可主张权利，提出索赔。买卖合同签订后，如果发生了不可抗力事件，致使合同无法履行、不能完全履行或不能如期履行，当事人可以使用合同中的不可抗力条款免责。在进出口合同履行的过程中，合同双方往往会有争议发生，如果双方无法通过协商和调解解决，又不愿意通过诉讼方式解决时，可采取仲裁方式来处理彼此之间的争议。

本章重要概念

商品检验　索赔　理赔　不可抗力　争议　仲裁

本章推荐阅读文献

[1] 刘宝成. 出口实务操作 [M]. 2版. 北京：中国纺织出版社，2010.

[2] 韩玉珍. 现代国际贸易实务 [M]. 2版. 北京：首都经济贸易大学出版社，2003.

[3] 吴百福，徐小薇. 进出口贸易实务教程 [M]. 5版. 上海：上海人民出版社，2007.

思考题

1. 我国商检的程序是如何安排的？
2. 商检证书的作用是什么？

3. 国际贸易中解决争议的方法有哪些？
4. 什么是仲裁？仲裁协议有何作用？
5. 什么是不可抗力？不可抗力的法律后果有哪几种情况？
6. 一般来讲，买卖双方对仲裁地点非常重视，这是为什么？

作 业 题

一、判断题

1. 在国际贸易实践中，一旦发生了合同规定的不可抗力事件，只能解除合同。（　）
2. 仲裁裁决是最终的，对当事人双方均有约束力。（　）
3. 仲裁的审理过程比法律诉讼复杂。（　）
4. 如果合同中未对进口商品的检验标准作出明确规定，应首先以进口国标准作为检验依据。（　）
5. 通常合同中规定的检验标准不得与国家的有关法律、行政法规及国际惯例相冲突。（　）
6. 调解与仲裁均是在当事人双方自愿基础上进行的。（　）
7. 仲裁协议一定要在争议发生前签订。（　）
8. 诉讼的本质体现为强制管理。（　）
9. 在进出口业务中，进口人收货后发现货物与合同规定不符，在任何时候都可向供货方索赔。（　）
10. 由社会原因引起的意外事故，情况比较复杂，应在合同的不可抗力条款中对其是否属于不可抗力具体加以规定。（　）

二、单项选择题

1. 在进出口货物合同的商品检验时间和地点的规定办法中，（　）较为公平合理。
   A. 货物装船前在出口国检验
   B. 在进口国卸货后检验
   C. 在船上检验
   D. 在出口国装船前检验，凭其检验证议付货款，货到进口国目的港后买方有复验权
2. 我与外商按 CIF 条件成交某商品 1 000 打，允许卖方有 5% 溢短装幅度，我实际装 1 000 打，（提单也载明 1 000 打），货抵目的港后，买方即来函反映仅收到 948 打，并已取得船公司短少证明，向我索赔。我正确答复应是（　）。
   A. 请与船公司和中国人民保险公司或其代理联系
   B. 同意退 2 打货款
   C. 同意补装 52 打
   D. 建议仲裁
3. 不可抗力事件是指当事人（　）。
   A. 故意行为
   B. 不能预见、不能避免的事件
   C. 不能预见，不能避免、不能克服的事件

D. 不能预见，不能避免，不能克服，可以预防的事件

4. 当卖方因不可抗力事故造成履行出口交货困难时，按照法律和惯例（　　）。

A. 只能免除交货责任

B. 只能展延交货日期

C. 有时可以免除交货责任，有时可以展延交货日期，视具体情况而定

D. 必须赔偿对方的损失

5. 在同外商商订买卖合同中的仲裁条款时，关于仲裁地点有以下各种不同的规定，其中对我最有利的一种为（　　）。

A. 在双方同意的第三国仲裁　　B. 在被告国仲裁

C. 在我国仲裁　　D. 在对方国仲裁。只能免除交货责任

6. 下列事件中最易导致国际货物贸易争议发生的原因是（　　）。

A. 价格变动　　B. 包装破裂

C. 汇率变动　　D. 政策变动

7. 在国际货物贸易中出现的索赔，可以包括（　　）。

A. 贸易索赔　　B. 运输索赔

C. 保险索赔　　D. 以上三者

8. 按照国际惯例，索赔都有一定期限，超过期限的索赔为（　　）。

A. 无效　　B. 有效

C. 双方协商后确定　　D. 由理赔方决定

9. 不可抗力的证明文件在我国由（　　）出具。

A. 商务部　　B. 出入境检验检疫局

C. 海关　　D. 国际贸易促进委员会

10. 在贸易中，一方违约，使另一方遭受重大经济损失，受损方依法解除合同后（　　）。

A. 无权再提出损害赔偿要求

B. 有权再提出损害赔偿要求

C. 是否有权提出损害赔偿要求视损失大小而定

D. 只能要求货款 10% 的赔偿

三、多项选择题

1. 进出口合同中索赔条款有两种规定方法（　　）。

A. 异议条款　　B. 索赔条款　　C. 罚金条款

D. 异议和索赔条款　　E. 仲裁条款

2. 50 件衬衣卖方要求延期交货时，买方可获得索赔金额的项目为（　　）。

A. 货价　　B. 银行利息　　C. 保险费

D. 销售损失　　E. 进口关税

3. 多数国家都认定仲裁裁决是（　　）。

A. 终局性的　　B. 可更改的　　C. 无约束力的

D. 不确定的　　E. 对双方均有约束力的

4. 仲裁与诉讼相比，其特点是（　　）。

A. 速度快　　B. 费用低　　C. 费用高
D. 时间长　　E. 没法律约束力

5. 商检证书有多种作用，但下列各项之中，(　　) 并非商检证书的作用。
A. 作为银行议付货款的单据之一　　B. 作为海关通关验放的单据之一
C. 作为仲裁机构受理案件的依据之一　　D. 说明装运完成时间的单据
E. 商品质量的证明单据

案例分析题

1. 我国某公司向希腊某客户出口一批六角螺栓。合同规定："品质异议须于货到目的口岸之日起30天内提出，但须提供已经卖方同意的公证行的检测证明。"合同履行过程中，买方认为卖方交货品质存在严重缺陷，便通知卖方拟聘请国际检验机构，并建议选择劳埃德社在希腊的代理机构对到货进行检测。在卖方未表示同意的情况下，买方于某年9月擅自聘请劳埃德社在比雷埃夫斯港的检测机构进行检测，该机构于第二年1月出证指明该批货物全部为不可议付的货物。卖方认为，该检验报告是无效的，不能作为认定货物品质的依据。因此，双方产生争议，买方向仲裁庭提请仲裁。仲裁庭在查阅双方提供的资料并经开庭审理后，认为申请人单方面对货物进行检验，不符合双方的合同约定，其检测报告不能作为认定货物品质的合法依据，且其检验结论含义模糊。请问：你认同该仲裁庭的裁决吗？为什么？

2. 某年4月3日，双方按信用证付款方式签订了一份2 000MT铝锭的国际买卖合同。签约后，买方依约开出了信用证，但卖方未交付货物。同年12月25日，买方依约提请了仲裁，要求卖方赔偿其经济损失。在审理中，卖方辩称，本案签约后，国家出口退税政策进行了重大调整，致使约定的货价发生重大变动，使卖方无能力继续履行合同。这是不可抗力，合同不能履行，属免责范围，被申请人不负赔偿责任。作为申请人的买方则认为，政府退税率的变动与进口商无关，不能构成不可抗力。双方争执不下，遂按照约定提交了仲裁。

如果你是仲裁员，你应该如何裁决？为什么？

第十四章　进出口合同的商订

本章内容要点

- 出口交易前的准备：选择目标市场与交易对象、制订出口经营方案
- 进口交易前的准备：选择供货商与采购市场、制订进口商品经营方案
- 磋商形式：口头磋商与书面磋商
- 磋商程序：邀请发盘、发盘、还盘、接受
- 合同有效成立的条件
- 书面合同的形式与内容

第一节　交易前的准备工作

国际贸易属于跨国交易，情况错综复杂，风险较大，中间环节较多，竞争也比较激烈。因此，充分做好交易前的各项准备工作，是保证交易磋商和合同签订得以顺利进行的必要前提。

一、出口交易前的准备工作

在出口交易磋商之前，主要应做好以下几方面的准备工作，即选择目标市场、选择交易对象、制订出口经营方案。

（一）选择目标市场

出口商应在充分进行市场调研的基础上选择恰当的目标市场。市场调研主要包括以下内容：

1. 国别调研

国别调研主要是为了选择合适的市场，贯彻国别政策和发展贸易关系。国别调研主要调查国际支付能力、主要贸易港口、对外贸易及外汇管制政策、海关税率、商检措施以及与我国进行贸易的情况。

2. 商品市场调研

商品市场调研主要包括适销商品调查、市场竞争情况调查和市场消费特点调查。适销商品调查包括品种、规格、包装、商标使用等；市场竞争情况调查包括主要竞争者、主要生产商、市场容量等；市场消费特点调查包括消费习惯、消费

水平、销售季节等。

3. 商品营销手段与广告宣传调查

商品营销手段调查主要是指营销渠道调查，包括各类商品的主要销售渠道，各渠道的特点、地位及由谁控制等。广告宣传调查包括主要媒体情况以及与商品特点相适应的广告宣传方式等。

（二）选择交易对象

为了减少交易风险，出口商应对国外客户进行调查并在此基础上选择交易对象。出口商可以通过我国驻外商务机构、中国银行国外分行及往来银行、国外咨询公司、专业信用调查机构、外国商会等渠道来了解国外客户的政治背景、资信情况、经营范围、经营能力等情况。从而选择政治背景友好、资信状况良好、经营能力强的国外客户来进行交易。此外，还应经常注意客户的情况变化，对客户要建立档案，不断完善客户关系。

（三）制订出口经营方案

一般情况下，对大宗商品或重点推销的商品应逐个制订商品出口经营方案；对其他商品可以按商品大类制订经营方案；对一些中小商品，可以制订内容较简单的价格方案，仅对市场和价格进行简要分析，提出对不同国家的出口价格掌握的基本原则和机动幅度。

出口商品的经营方案是在对市场进行调查研究的基础上，按照出口计划的要求，对某种或某一类商品在一定时期内的出口作出较全面的安排。经营方案的主要内容有：货源情况，即国内生产和供应的可行性、出口商品的品种、规格、包装等情况；国内、外市场状况，即对当前市场的分析和对发展趋势的预测；出口计划，即根据前一时期的出口情况和对以往出口中存在的主要问题的具体分析，提出下一步的出口计划安排，如按商品的品种、数量或金额作出分国别的推销计划，以及对贸易方式、收汇方式的具体运用，对价格、佣金与折扣的掌握；出口经济效益核算，即对出口成本、出口盈亏率、出口创汇率的核算和分析。商标注册，即在商品出口前，及时做好国内外的商标注册工作，以便更好地维护自身的合法权益。

二、进口交易前的准备工作

（一）选择供货商

为使进口商品和国内市场更好地相互适应，从而提高进口业务的效率，进口商应对潜在的商品供应者进行考察，以便选择合适的供货商。外国领事馆和贸易组织所提供的贸易企业及其商品目录和工业出版物是获得潜在进口供应商的重要来源。进口商还可以查看相关商品的商业协议来查明供给的可靠性、产品的范围、可选择性及竞争情况。对于大型成套设备，进口商可以通过国际招标来完成采购。此外，进口商还可以通过参加国际博览会、访问相关的商务网站来获取潜在供货商的有关信息。

（二）选择采购市场

进口商在选择采购市场时，应综合考虑以下几方面因素：首先，应满足国内市场的实际需求，不同国家的技术发展情况不同，产品的性能、价格等方面也会有很大差别。必须从市场需求出发有针对性地进行选择。其次，应优先从与我国有友好往来的国家进口以减少政治风险。再次，应考虑多从我国有贸易顺差的国家进口，以有利于贸易平衡。最后，应避免采购市场过分集中，以分散风险和防止受制于人。

（三）制订进口商品经营方案

与出口商品经营方案相似，进口商品经营方案是为完成进口业务而制定的经营意图和各项具体措施。通常包括以下内容：采购国别或地区的安排；订购数量和时间的安排；供货商的选择安排；价格的把握；贸易方式的选择；各项主要交易条件的掌握等。

第二节　交易磋商的形式和程序

一、交易磋商的形式

交易磋商的形式主要有口头磋商和书面磋商两种。

（一）口头磋商

口头磋商主要是指交易双方在谈判桌上面对面的谈判或者通过国际长途电话进行的交易磋商。面对面谈判的形式主要有参加各种商品交易会、博览会、组织贸易小组出访、接待国外客商来访等。由于口头磋商是面对面的直接交流，双方可以及时了解对方的意图与诚意，有利于及时调整谈判策略以便更好地达到预期的目的。对于交易内容复杂、牵涉环节较多的交易，采取面对面的谈判方式较为合适。

（二）书面磋商

书面磋商是指通过信件、电报、电传、EDI（电子数据交换）等通信方式来洽商交易。现代通信技术的不断发展使书面磋商日益便捷，并且费用与口头交易比也要相对低廉。在日常业务中通常采用书面磋商。

二、交易磋商的程序

交易磋商是贸易双方签订合同的基础，双方要对合同的相关内容如品名、品质、数量、价格、支付方式、交货期、运输、保险、不可抗力、仲裁以及索赔等涉及合同各条款的相关问题进行具体洽谈，以期达成一致。在实际进出口业务中，并不是每一次交易磋商都对所有的问题一一进行商谈。因为在一般的商品交易中，都有固定格式的合同，对商检、索赔、仲裁、不可抗力等一般交易条件都有具体的规定，如果双方同意就直接采用，而不必再逐一进行协商。

交易磋商的程序一般包括四个环节，即邀请发盘、发盘、还盘与接受，其中，发盘和接受是两个必不可少的环节。

（一）邀请发盘

邀请发盘（Invitation to Offer）是指交易一方打算购买或出售某种商品，而向潜在的供货人或买主询问买卖该项商品的有关交易条件，或者就该项交易条件提出带有保留条件的建议，它不具有法律上的约束力。邀请发盘有多种形式，其中最常见的形式是询盘（Enquiry）。询盘的目的通常是为探询对方对所提的交易条件的意见。询盘可由买方或卖方发出，可以采用口头形式或书面形式。常用的书面形式有书信、电报、电传、询价单等。

例如，买方询盘“PLS QUOTE LOWEST PRICE CIF NEWYORK FOR 1 500 PCS BUTTERFLYBRAND SEWING MACHINES WITH 3 DRAWS MAY SHIPMENT”

卖方询盘“CAN SUPPLY MAXAM BRAND TOOTH PASTE LARGE SIZE 2 500 DOZENS FOB SHANGHAI MARCH SHIPMENT PLS CABLE IF INTERESTED ”

邀请发盘的内容通常为不肯定或附有保留条件的建议。这些建议对于发盘人没有约束力，一般是起邀请对方发盘的作用。与发盘相比较，邀请发盘有以下特点：主要交易条件不完备，即使对方接受，仍然需要商谈其他交易条件。附有保留条件，内容不够明确。例如，“价格仅供参考”（PRICE REFERENCE ONLY），“以我方最后确认为准”（SUBJECT TO OUR FINAL CONFIRMATION）等。

（二）发盘

发盘（Offer）是指交易一方（发盘人）向另一方（受盘人）提出购买或出售某种商品的各项交易条件，并表示愿意按这些交易条件与对方达成交易，并订立合同的行为。

发盘既是商业行为，也是法律行为，合同法中称其为要约或发价。发盘可以由卖方发出，即 Selling Offer，也可由买方发出，即 Buying Offer，或称为递盘（Bid）。

1. 发盘的构成条件

构成发盘的条件有以下三项：

（1）发盘要有特定的受盘人。受盘人可以是自然人，也可以是法人，可以是一个或者一个以上的人。受盘人必须特定化，一般不能泛指大众。

一般情况下，广告只能作为邀请发盘，而不能视为发盘，原因就在于一般的广告没有特定的受盘人，即使其内容完整明确。但有些情况下，广告中如果作了某种肯定的许诺，则对其发出者就具有约束力。例如，某药厂推出一种感冒药，为了招徕顾客，大做商业广告，宣传这种药有奇效，药到病除。并声称已在银行存入1 000英镑，如服用无效，该厂将赔偿当事人100英镑。有一顾客服用该药，但无效力，因而向药厂索赔100英镑。但该厂认为广告不是发盘，因而与顾客之间没有合同关系，拒绝支付100英镑。法庭审理认为："一个发盘的受盘人，一般应当是特定的人。但是药厂既然希望全世界的人都购买他的感冒药，并且已向全世界任何人作出补偿许诺，在这种特定的条件下，发盘的受盘人也可以不是特定的人。《联合国国际货物销售合同公约》（以下简称《公约》）第十四条规定："并非向一个或一个以上特定的人提出建议，应仅视为邀请发盘，除非提出建议的人明确地表示相反的意向。"本例中，药厂广告中明确地表示"如无效则赔偿100英镑"。虽然是向一个或一个以上非特定的人发出的建议，但这项建议也可以成为一项发盘，而不再是普通意义的商业广告。

（2）发盘的内容要有明确的规定。《公约》第十四条第一款规定，发盘的内容必须十分确定。即在提出的建议中，应包括以下三项内容：标明货物的名称；明示或默示地规定货物的数量或规定数量的方法；明示或默示地规定货物的价格或规定确定价格的方法。凡是包括以上内容的建议就可以构成一项发盘。该发盘一旦被受盘人接受，买卖合同即宣告成立。

对于构成一项发盘的必要内容，各国法律的规定有所不同。《公约》对于发盘内容的规定是构成发盘的最基本的要求。有的国家法律规定，发盘必须对合同的主要条件，如品名、品质、数量、包装、价格、支付方式、交货地点和时间等内容都要有明确、完整的规定，并且不能附有任何保留条件。这样，受盘人一旦接受，就可以制作对于双方都有约束力的较为详细的合同，可以减少日后的异议与纠纷。

（3）表示经受盘人接受，发盘人即受发盘的约束。在《公约》第十四条第一款中有相关的规定："向一个或一个以上特定的人提出的订立合同的建议，如果十分确定，并且表明发盘人在得到接受时承受约束的意旨，即构成发盘。一个建议如果写明货物并且明示或默示地规定数量和价格，或者规定如何确定数量和价格，即为十分确定。"我国《合同法》第十四条规定："要约是希望和他人订立合同的意思表示，该意思表示应当符合下列规定：内容具体确定；表明经受要约人承诺，要约人即受该意思表示约束。"我国一般要求发盘中列明商品名称、品质、规格、数量、包装、价格、交货和支付等条件。

规定有效期不是构成发盘的必要条件，但如果在发盘中规定有效期，则应明确具体。可以规定最迟接受的期限，也可以规定一段接受的期限。在规定发盘的有效期时，应当考虑交易双方由于营业地点不同而产生的时差问题。规定最后期限时，一般采用以接受通知送达发盘人为准的方法。例如，"发盘以3月5日前复至我方为有效"（OFFER VALID SUBJECT REPLY REACHING US MARCH 5TH)。规定一段接受的期限时，如"发盘6天有效"（OFFER VALID FOR 6 DAYS)。按《公约》规定，这个期限应从电报交发时刻或信件上载明的发信日期起算。如信上未标明日期，则按信封所载日期起算。用电话、电传发盘时，则从发盘送达受盘人时起算。如果由于时限的最后一天在发盘人营业地是正式假日或非营业日，则应顺延下一个营业日。在计算接受期限时，接受期间内的正式假日或非营业日应计算在内。

2. 发盘的生效

《公约》第十五条第一款规定："发盘于送达受盘人时生效。"对于用书面形式作出的发盘，《公约》采用的是受信主义即到达主义的原则。到达生效原则是指有关通知于送达接受者时生效。我国合同法也采用到达主义的原则来规定发盘的生效。对于采用数据电文方式的发盘，我国《合同法》第十六条规定："采用数据电文形式订立合同，收件人指定特定系统接收数据电文的，该数据电文进入特定系统的时间，视为到达时间；未指定特定系统的，该数据电文进入收件人的任何系统的首次时间，视为到达时间。"

3. 发盘的撤回

发盘的撤回是指在发盘送达受盘人之前，将其撤回，以阻止其生效。《公约》第十五条第二款规定："一项发盘，即使是不可撤销的，也是可以撤回的，如果撤回通知在发盘到达受盘人之前或同时到达受盘人。"发盘的撤回是阻止发盘的生效。因此，发盘人如果想修改原发盘的内容，可以采用更加快捷的通信方式，将发盘的撤回通知或修改通知赶在原发盘到达受盘人之前或同时到达受盘人，就可以将原发盘撤回或者进行修改。

对于发盘是否可以撤回和修改的问题，英美法系和大陆法系有不同的规定。英美法系认为，发盘原则上对于发盘人没有约束力，在受盘人对发盘表示接受之前的任何时候，发盘人都可以将发盘撤回或修改。而大陆法系则认为发盘人应受发盘的约束。

4. 发盘的撤销

发盘的撤销是指发盘已经送达受盘人，也就是在发盘生效之后将发盘取消，使其失去效力。

对于发盘是否可以撤销的问题，大陆法系和英美法系有着不同的规定。大陆法系认为，发盘人原则上应受发盘的约束，不得将其随意撤销。而英美法系则认为，在受盘人表示接受之前，即使发盘中规定了有效期，发盘人也可以随时予以撤销。《公约》第十六条规定："（1）在未订立合同之前，发盘可以撤销，如果撤销的通知于受盘人发出接受通知之前送达受盘人。（2）但在下列情况下，发盘不能撤销：1）发盘中写明了发盘的有效期或以其他方式表明发盘是不可撤销的；或2）受盘人有理由信赖该发盘是不可撤销的，并且受盘人已本着对该发盘的信赖行事。"

发盘的撤销与发盘的撤回是两个截然不同的概念。

5. 发盘的失效

发盘的失效即指发盘效力的终止。对于发盘的失效问题，《公约》第十七条规定："一项发盘，即使是不可撤销的，于拒绝通知送达发盘人时终止。"

发盘失效的情形主要有以下几种：

（1）受盘人将拒绝通知送达发盘人。

（2）受盘人作出还盘。

（3）发盘人依法撤销发盘。

（4）发盘中规定的有效期届满而未被接受。

（5）不可抗力事件造成发盘的失效，如政府禁令或限制措施。

（6）在发盘被接受前，当事人丧失行为能力、死亡或破产等。

（三）还盘

还盘（Counter Offer）是指受盘人不同意或不完全同意发盘人在发盘中提出的条件，为进一步协商，对发盘提出修改意见，即还盘是对发盘条件进行添加、限制或其他更改的答复。如果受盘人的更改在实质上变更了发盘的条件，就构成对发盘的拒绝，其法律后果是导致了发盘的失效。还盘一经作出，发盘即失去效力。还盘人则由原来的受盘人变为新发盘的发盘人。如果受盘人所做的添加或更改为非实质性变更，则除非发盘人在不过分迟延的期间内反对其差异，可以构成接受。

（四）接受

接受（Acceptance）在法律上称为承诺，是指受盘人接到对方的发盘之后，在发盘规定的时限内，同意对方提出的条件，愿意与对方达成交易，并及时以声明或行为表示出来。

1. 构成接受的条件

（1）接受必须由受盘人作出。因为发盘是向特定的人发出的，所以只有特定的人即受盘人才能对发盘作出接受。第三者所做的接受是无效的，只能将其看做一项新的发盘。

（2）接受的内容必须与发盘相符。有效的接受必须是同意发盘所提出的交易条件。只对发盘的部分内容表示接受，或者是对发盘条件提出了实质性的修改，或提出有条件的接受，都只能视为还盘。而非实质性变更发盘条件，除非发盘人在不过分迟延的时间内表示反对其间的差异外，仍可以构成有效的接受。

《公约》第十九条第一款规定："对发盘表示接受但载有增加，限制或其他变更的答复，即为拒绝该项发盘，并构成还盘。"即有条件的接受（Conditional Acceptance）不是有效的接受，属还盘。

《公约》第十九条第二款对非实质性变更能否构成有效接受作出了规定："对发盘表示接受但载有添加或不同条件的答复，如所载添加或不同条件在实质上并不改变发盘的条件，除非发盘人在不过分延迟的时间内以口头或书面通知反对其差异外，仍构成接受。”即非实质性变更能否构成接受，取决于发盘人是否反对，如果发盘人不表示反对，合同的条件就包含了发盘的内容以及接受中所作的变更。在接受的前提下提出的某种希望和建议，如果不构成实质性修改发盘的条件，应看做是一项有效的接受，而不是还盘。

关于对发盘构成实质性变更，《公约》第十九条第三款是这样规定的：“有关货物价格、付款、质量、数量、交货地点和时间、一方当事人对另一方当事人赔偿责任范围或解决争端等的添加或不同条件，均视为实质上变更发盘的条件。”

（3）接受必须在发盘的有效时限内作出。发盘如果规定了有效期，则接受必须在发盘的有效期内作出。如果发盘没有规定有效期，则受盘人也应在合理时间内作出接受。

“迟到的接受”本身不具有法律效力，但在《公约》第二十一条中规定的两种情况下，逾期的接受仍为有效接受，其决定权在发盘人。一种情况是“如果发盘人毫不延迟地用口头或书面形式，将表示同意的意思通知受盘人，愿意承受逾期接受的约束，合同仍可于接受通知送达发盘人时订立。”另一种情况是“如果载有逾期接受的信件或其他书面文件表明，它在传递正常的情况下是能够及时送达受盘人的，那么这项逾期接受仍具效力，合同于接受通知送达发盘人时成立，除非发盘人毫不延迟地用口头或书面形式通知受盘人，他认为发盘已经失效。”

2. 接受的方式

接受实际上是对发盘表示同意，一般应以某种方式表示出来，既可以是通过口头或书面形式向发盘人发表声明的方式来表示接受，也可以通过某种行为来表示接受。《公约》第十八条规定：“受盘人声明或做出其他行为表示同意一项发盘，即为接受，沉默或不行动本身不等于接受。”同时指出“如果根据该项发盘或者依照当事人之间确立的习惯做法或惯例，受盘人可以做出某种行为，例如，与发运货物或支付货款有关的行为表示同意。”

沉默一般不能表示接受，但如果双方订有长期协议，并且协议对于接受有特殊规定，则沉默也可能表示接受。例如，双方在签订的长期协议中规定：“卖方必须在收到买方订单后14天内答复。如果卖方在14天内未答复，则视为已经接受订单。”在此情况下，沉默对于交易双方而言就等于是接受。

3. 接受的生效

接受的生效原则有两种，一种是英美法系的“投邮生效原则”（投邮主义或发送主义），是指在采用信件，电报等通信方式表示接受时，接受的函电一经投邮或发出立即生效，只要发出时间是在有效期内，即使函电在邮寄途中延误或遗失，也不影响合同的成立。如果按照这一原则，则不存在撤回接受的问题。另一种是“到达生效原则”，大陆法系国家和《公约》都是采用该原则，这是就书面接受而言。对口头及行为的接受，《公约》第十八条中的有关规定是这样的，

"对口头发盘必须立即接受，但情况有别者不在此限"，"接受于该行为做出时生效，但该项行为必须在上一款所规定的期间内作出。"即行为在发盘失效前作出。

4. 接受的撤回

《公约》第二十二条规定："接受得以撤回，如果撤回的通知于接受原应生效之前或同时送达发盘人。"根据"到达生效"的原则，接受在送达发盘人时才产生法律效力，因此，撤回接受的通知只要先于接受通知或者与接受通知同时到达发盘人，接受就得以撤回。

第三节 合同的成立和书面合同签订

一、合同有效成立的条件

根据各国合同法的规定，合同一般要满足以下几个条件，才能有效成立：

（一）合同必须有对价或合法的约因

英美法系认为合同要有对价（Consideration），对价是指合同当事人之间为了取得合同利益所提供的相互给付（Counterpart），即双方互为有偿。法国法认为合同要有约因（Cause），约因是指当事人签订合同所追求的直接目的。合同只有在有对价或约因时，才是法律上有效的合同。

（二）当事人必须具有订立合同的行为能力并在自愿和真实的基础上达成协议

签订合同的当事人为自然人或法人。一般各国法律规定，自然人签订合同的行为能力是指精神正常的成年人才能订立合同，法人订立合同的行为能力是指法人必须通过其代理人在法人的经营范围内订立合同，越权的合同不能发生法律效力。

我国《合同法》第九条规定："当事人订立合同，应当具有相应的民事权利能力和民事行为能力。"

此外，各国法律均认为，合同当事人的意思表示必须是真实的才能成为有约束力的合同，否则合同无效。

我国《合同法》第五十二条规定：有下列情形之一的，合同无效：①一方以欺诈、胁迫的手段订立合同，损害国家利益。②恶意串通，损害国家、集体或者第三人利益。③以合同形式掩盖非法目的。④损害社会公共利益。⑤违反法律、行政法规的强制性规定。

（三）合同的标的、内容与形式必须合法

《公约》第十一条规定："买卖合同无须以书面订立或证明，在形式方面不受任何其他条件的限制，买卖合同可以包括人证在内的任何方法证明。"我国《合同法》第十条规定："当事人订立合同，有书面形式、口头形式和其他形式。法律、行政法规规定采取书面形式的，应当采取书面形式。当事人约定采取书面形式的，应当采取书面形式。"

二、合同的签订

签订合同即指买卖双方达成协议后，制作书面合同将各自的权利和义务用书面方式加以明确。书面合同是履行合同的依据，有时也是合同生效的条件。一般接受生效即合同生效。有些须经批准的合同，获得有关审批机构批准后，合同才能生效。

（一）书面合同的形式：

常见的书面合同形式有以下几种：合同（Contract）、确认书（Confirmation）、协议（Agreement）和备忘录（Memorandum）等。

按照我国的商业惯例，交易当面成交时，由双方共同签署合同；通过函电往来成交的，一般由我方签署后，将正本一式两份送交外方签署后退回一份，以备存查。

（二）书面合同的内容

书面合同一般包括三大部分，即约首、本文和约尾。约首即序言部分，一般包括合同名称、合同编号、缔约双方名称和地址、电报挂号、电传号码等内容。本文也称正文，即合同的主体部分，包括品名、品质规格、数量或重量、包装、价格、交货条件、运输、保险、支付、检验、索赔、不可抗力和仲裁等内容。约尾包括合同份数、文字效力、订约时间及地点、生效时间及双方当事人签字等内容。

销售确认书示例：

SALES CONFIRMATION

S/C No.： AB-DCSC01

Date： April 1st 2003

The Seller： ABI TRADING CO. LTD.　　**The Buyer：** DACDE TOY CO. LTD.

Address： NO. 106 NANSHAN ROAD　　**Address：** 3360 CHURCH ROAD

NEWYORK

BEIJING，CHINA　　PA 66561　U. S. A.

Item No.	Commodity & Specifications	Unit	Quantity	Unit Price(US $)	AMOUNT(US $)
	PLUSH TOY			CIFC5 NEWYORK	
1	ART. 112	PIECE	1 000	15. 15	15 150. 00
2	ART. 114	PIECE	1 000	16. 66	16 660. 00
3	ART. 117	PIECE	1 000	20. 95	20 950. 00
4	ART. 119	PIECE	1 000	17. 55	17 550. 00
				TOTAL	70 310. 00
TOTAL CONTRACT VALUE:		SAY US DOLLARS SEVENTY THOUSAND THREE HUNDRED AND TEN ONLY			

PACKING: ART. NO. 112&119 TO PACKED IN CARTONS OF 10 PIECES EACH
ART. NO. 114&117 TO PACKED IN CARTONS OF 20 PIECES EACH
ALL PRODUCTS IN FOUR 20' CONTAINERS.

TERMS OF SHIPMENT: SHIPMENT IN MAY 2009 AFTER RECEIVING THE RELEVANT LETTER OF CREDIT, WITH PARTIAL SHIPPMENT TRANSHIPMENT NOT ALLOWED.

PORT OF LOADING& DESTINATION: FROM QINGDAO, CHINA TO NEW YORK

PAYMENT: THE BUYER SHALL OPEN AN IRREVOCABLE L/C IN FAVOR OF THE SELLER BEFORE APR. 15TH, 2009. THE SAID L/C SHALL BE AVAILABLE BY DRAFT AT SIGHT FOR FULL INVOICE VALUE AND REMAIN VALID FOR NEGOTIATION IN CHINA FOR 15 DAYS AFTER SHIPMENT.

INSURANCE: TO BE COVERED BY THE SELLER FOR 110% OF TOTAL INVOICE VALUE AGAINST ALL RISKS AS PER THE OCEAN MARINE CARGO CLAUSES OF THE PEOPLE'S INSURANCE COMPANY OF CHINA, DATED JAN. 1ST, 1981.

Confirmed by:

THE SELLER	**THE BUYER**
. ABI TRADING CO. LTD	DACDE TOY CO. LTD
***	***

Remarks:

1. The buyer shall have the covering letter of credit which should reach the Seller 30 days before shipment, failing which the Seller reserves the right to rescind without further notice, or to regard as still valid whole or any part of this contract not fulfilled by the Buyer, or to lodge a claim for losses thus sustained, if any.

2. In case of any discrepancy in Quality/Quantity, claim should be filed by the Buyer within 30 days after the arrival of the goods at port of destination; while for quantity discrepancy, claim should be filed by the Buyer within 15 days after the arrival of the

goods at port of destination.

3. For transactions concluded on C. I. F. basis, it is understood that the insurance amount will be for 110% of the invoice value against the risks specified in the Sales Confirmation. If additional insurance amount or coverage required, the Buyer must have the consent of the Seller before Shipment, and the additional premium is to be borne by the Buyer.

4. The Seller shall not hold liable for non-delivery or delay in delivery of the entire lot or a portion of the goods hereunder by reason of natural disasters, war or other causes of Force Majeure, However, the Seller shall notify the Buyer as soon as possible and furnish the Buyer within 15 days by registered airmail with a certificate issued by the China Council for the Promotion of International Trade attesting such event (s).

5. All deputies arising out of the performance of, or relating to this contract, shall be settled through negotiation. In case no settlement can be reached through negotiation, the case shall then be submitted to the China International Economic and Trade Arbitration Commission for arbitration in accordance with its arbitral rules. The arbitration shall take place in Beijing. The arbitral award is final and binding upon both parties.

6. The Buyer is requested to sign and return one copy of this contract immediately after receipt of the same. Objection, if any, should be raised by the Buyer within it is understood that the Buyer has accepted the terms and conditions of this contract.

本章小结

本章重点介绍了国际货物买卖合同的形式、内容、磋商程序和生效的条件。磋商程序通常包括询盘、发盘、还盘和接受，其中，发盘和接受是两个不可缺少的基本环节。由于发盘和接受直接关系到合同的成立，因此必须掌握构成发盘和接受的条件、发盘的撤回和撤销、接受的撤回和迟到的接受等相关内容。合同通常要满足下述三个条件才能有效成立，合同必须要有对价；订立合同的当事人必须具有行为能力，并且在自愿和真实的基础上达成协议；合同的标的、内容与形式必须合法。另外，本章还简要介绍了出口目标市场与交易对象的选择和出口经营方案的制订，以及供货商与采购市场的选择和进口商品经营方案的制订等有关内容。

本章重要概念

邀请发盘　发盘　发盘的撤回　发盘的撤销　还盘　接受　非实质性变更　实质性变更

本章推荐阅读文献

[1] 董瑾. 国际贸易理论与实务 [M]. 北京：北京理工大学出版社，2008.
[2] 冷柏军. 国际贸易实务 [M]. 北京：中国人民大学出版社，2008.
[3] 刘德标，罗凤翔. 国际贸易实务案例分析 [M]. 3 版. 北京：中国商务印书馆，2005.

思考题

1. 交易磋商的环节有哪些？哪些环节是必不可少的？
2. 发盘的含义是什么？发盘应具备哪些条件？
3. 发盘何时生效？应该如何规定发盘的有效期？
4. 发盘的撤回与撤销有何区别？《联合国国际货物销售合同公约》对此有哪些规定？
5. 何谓发盘的失效？发盘失效的途径有哪些？
6. 何谓还盘？《联合国国际货物销售合同公约》对实质性变更发盘条件是如何规定的？
7. 受盘人作出非实质性变更时合同是否成立？《联合国国际货物销售合同公约》对此是如何规定的？
8. 何谓接受？接受必须具备哪些条件？
9. 逾期接受的含义是什么？《联合国国际货物销售合同公约》对此有何规定？
10. 接受何时生效？《联合国国际货物销售合同公约》对此有何规定？接受撤回的条件是什么？
11. 合同生效的要件有哪些？

作业题

一、判断题

1. 在国际贸易中，使用形式发票对外报盘，通常是询盘。（ ）
2. 发盘和邀请发盘的区别在于对发盘人有无约束力，而不在于是否规定有效期。（ ）
3. 某公司对外发盘，受盘人在有效期内来电接受，双方还未签订合同，发现货源不落实，因此可以不签约，也不承担交货责任。（ ）
4. 先于发盘或与发盘同时到达的取消通知，构成发盘的撤回。（ ）
5. 对于发盘和接受的生效，《联合国国际货物销售合同公约》主张到达生效。（ ）
6. 逾期接受可作为有效的接受，只要发盘人立即表示同意。（ ）
7. 按照《联合国国际货物销售合同公约》规定，在未订立合同前，发盘是可撤销的，只要该撤销通知于受盘人发出接受通知之前送达受盘人。（ ）
8. 《联合国国际货物销售合同公约》规定，非实质性变更同样构成还盘，可以直接导致原发盘失效。（ ）
9. 《联合国国际货物销售合同公约》规定，商品的价格、包装、索赔等条件属于实质性变更合同条件的内容。（ ）
10. 发盘的撤回是指在发盘生效之后将发盘取消，使其失去效力。（ ）

二、单项选择题

1. 某发盘规定了有效期，根据《联合国国际货物销售合同公约》规定该发盘（　　）。

A. 不得撤销

B. 在对方回复前可以撤销

C. 不得撤回

D. 撤销通知在对方收到发盘前或同时到达对方，此发盘可撤销

2. “你方 10 日电我方接受，即开证，望尽早装运。”此电文是（　　）。

A. 询盘　　B. 发盘

C. 还盘　　D. 接受

3. 某公司 10 月 5 日上午 8：30 用电报向日本一公司发盘，规定“10 月 20 复到我公司有效”10 月 18 日上午 11：00 同时收到日本公司的接受和撤回接受的通知，对此接受（　　）。

A. 可以撤回　　B. 不得撤回，必须签约

C. 双方同意，才可撤回　　D. 不可撤销

4. 按照《联合国国际货物销售合同公约》的规定，一项发盘必须表明货物的（　　）。

A. 名称、数量、包装、价格、交货期和支付方式

B. 品名、数量、价格

C. 品名、数量、价格、装运期

D. 品名、品质、数量、价格

5. 外销合同的成立，按照国际惯例是（　　）。

A. 一方的发盘为另一方有效接受　　B. 双方在书面合同上签字

C. 须经双方的上级机构批准　　D. 一方发盘，另一方递盘

6. 某公司于 6 月 6 日向一日本商人发盘限 25 日复到有效，16 日接外商回电：“接受你方 6 日发盘，以取得进口许可证为准”。这是（　　）。

A. 有效的接受　　B. 有条件的接受

C. 还盘　　D. 递盘

7. 在下列规定有效期的方法中，（　　）的写法比较严密。

A. 本发盘 7 月 7 日复　　B. 本发盘 7 月 7 日复到我方

C. 请速复本发盘　　D. 本发盘有效期 6 天

8. 英美法系认为，以书信或电报表示的接受一经发出后，作出接受的人（　　）。

A. 在任何情况下都可以撤回

B. 在任何情况下都不得撤回

C. 只要撤回通知早于或等于接受到达时间，可以撤回

D. 可以撤销

9. 按照《联合国国际货物销售合同公约》的解释，发盘在（　　）。

A. 合理时间生效　　B. 向对方发出时生效

C. 送达受盘人时生效　　D. 受盘人接受后生效

10. 按照《联合国国际货物销售合同公约》的解释，有效的接受必须（　　）。

A. 以口头或书面声明方式表示出来　B. 以某种行为方式表示出来
C. A 或 B 均可　D. A、B 须同时具备

11. 一项接受由于电信部门的延误，发盘人收到此接受时已超过该发盘的有效期，那么（　）。
A. 除非发盘人及时提出异议，该逾期接受有效，合同成立
B. 只要发盘人及时表示确认，该逾期接受有效，合同成立
C. 该逾期接受丧失接受效力，合同不成立
D. 以上都不对

12. 交易洽商可能经过各种步骤，属于合同成立不可缺少的一个法律步骤是（　）。
A. 邀请发盘　B. 询盘
C. 发盘　D. 还盘

三、多项选择题

1. 按照《联合国国际货物销售合同公约》的规定，受盘人表示接受的方式有（　）。
A. 口头通知发盘人　B. 书面通知发盘人　C. 卖方发运货物
D. 缄默　E. 不行动

2. 按照《联合国国际货物销售合同公约》规定，一项发盘的内容必须十分肯定，同时（　）。
A. 标明货物的名称
B. 明示或默示地规定货物的数量或规定数量的方法
C. 明示或默示地规定货物的价格或规定确定价格的方法
D. 规定货物的包装
E. 规定货物货款支付方式

3. 发盘的构成条件有（　）。
A. 发盘要向特定的受盘人发出　B. 发盘的内容必须十分确定
C. 发盘人要受其发盘的约束　D. 受盘人必须答复
E. 发盘规定有效期

4. 接受的构成条件有（　）。
A. 接受必须由受盘人作出　B. 接受的内容必须与发盘相符
C. 接受要在有效期内作出　D. 接受必须告知发盘人
E. 接受必须签订书面协议

5. 在（　）的情况下发盘会失效。
A. 受盘人作出还盘　B. 发盘人撤销其发盘
C. 发盘的有效期届满　D. 发生不可抗力事故
E. 在发盘被接受前，当事人丧失行为能力

6. 合同有效成立的条件有（　）。
A. 合同有对价　B. 合同的标的和内容必须合法
C. 合同的形式合法　D. 当事人具备行为能力
E. 支付订金

四、操作题

合同的拟订：请按照下列交易条件拟订合同。

（1）卖方信息

BEIJING TSINGYU TRADING COMPANY LIMITED

Address：NO. 1666 ANLI ROAD，BEIJING CHINA

E-Mail：henryxu@ sina. com

FAX：0086-010-62366236

（2）买方信息

MAOHAO TRADING CO. LTD

Address：1890 CHURCH ROAD NEWYORK，U. S. A

E-Mail：Bill Wick@ hotmail. com

FAX：215-365-8471

（3）商品信息。三种颜色的拉毛玩具熊（白色、黄色、棕色的货号分别为 A111、B111、C111），数量为每种颜色各 1 000 只，单价均为 11. 10 美元/只，价格条件为 CIFC5 NEWYORK。包装方式为 4 只/纸箱，共 750 纸箱，使用 20ft 集装箱。

（4）装运信息。装运港为青岛，目的港为纽约。2008 年 6 月装运，允许分批装运和转船。

（5）支付信息。不可撤销即期 L/C，2008 年 5 月底前开证，L/C 于装运期后 15 天在中国到期。

（6）保险信息。投保中国人民保险公司海运货物险条款的一切险和战争险，投保加成为发票金额的 110%。

（7）其他信息。品质争议的索赔期限为货物到达目的港后 130 天，数量争议的索赔期限为货物到达目的港后 150 天；如果买方要求加保合同约定险别以外的其他险别，则需在装运前通知卖方并承担相应的费用；由于自然灾害、战争及其他不可抗力事件导致的无法装运或延迟装运，卖方不需负责，但必须尽快通知买方，并在 15 天内用航空挂号信提交由中国国际贸易促进委员会出具的证明；合同执行过程中发生的争议应通过协商解决，如协商未果，则提交中国国际经济贸易仲裁委员会按照其仲裁规则在北京进行仲裁，仲裁结果是终局的，对双方均有约束力；买方在收到合同后应立即签署，并返回一份合同给卖方，如果买方对合同条款有异议，应在 3 日内提出，否则认为买方接受合同条款。

案例分析题

1. 我国大地公司 5 月 1 日向美国 MM 公司报价某农产品，在发盘中除列明各项必要条件外，还表示“用单层麻袋包装”。在发盘有效内，MM 公司复电“用双层麻袋包装”。大地公司收到上述复电后，即开始备货，数日后，MM 公司来电称“我方对包装条件作了变更，你未确认，合同并未成立”。而大地公司坚持合同已经成立。合同是否成立？为什么？

2. 我国 A 公司将从别国进口的初级产品转卖，向美国 B 公司发盘，B 公司复电接受发盘，同时，要求提供产地证。三周后，A 公司收到 B 公司开来的信用证，正准备按信用证规定发运货物，获商检机构通知，因该货物非本国产品不能签发产地证。A 公司电请 B 公司取消信用证中要求提供产地证的条款，遭到拒绝，引起争议。A公司认为对B提出的提供产地证的要求从未表示过同意，因而无此义务，而B公司坚持A公司有此义务。合同是否成立？A公司是否有此义务？为什么？

3. A是B的玩具供应商，6月12日A向B发出报盘。同日，A收到B来电后，发现市场价格上涨，于14日再次致电B，将原价格60美元/打调高到80美元/打。双方往来函电如下：

（1）Seller A outgoing tel. Dated June 12，2008

FIRM HERE 13 PLUSH TOY 1 000 DOZEN USD 60 PER DOZEN FOB CHINAPORT SHIPMENT JULY OTHER TERMS SAME LAST

（2）Buyer B outgoing tel. Dated June 12，2008

FIRM BID PLUSH TOY 1 000 DOZEN USD 60 PER DOZEN FOB CHINAPORT SHIPMENT JULY OTHER TERMS SAME LAST REPLY 13

（3）Seller A outgoing tel. Dated June 14，2008

JUN 12 PLUSHTOY WE RENEWOFFER SUBJECT USD 80 PER DOZEN REPLY US BEFORE 16

B以12日去电与A 12日来电完全一致为理由，坚持按原价格成交，A不同意。合同是否成立？为什么？

4. A向B发盘，“供应500台空调，每台CIF香港3 500美元，订立合同后两个月装船，不可撤销即期信用证付款，请电复。”B收到发盘后，立即电复说：“我接受你的发盘，在订立合同后立即装船。”但A未作任何答复。问双方合同是否成立，为什么？

5. A出售一批农产品C 515，于7月17日向B发盘如下：“报C 515 300MT，即期装船，不可撤销即期信用证付款，每吨CIF鹿特丹USD900，7月25日前复到有效。”受盘人B于7月22日复电如下：“你7月17日发盘，我接受C 515 300MT，即期装船，不可撤销即期信用证付款，每吨CIF鹿特丹USD900，除通常的单据外，要求提供产地证，适合海洋运输的良好包装。”发盘人于7月25日复电如下：“你22日电，十分抱歉，由于世界市场价格变化，收到你接受电报以前，我货已另行出售。”双方发生争论，问该合同是否成立？为什么？

6. 请分析下列情况合同是否成立？为什么？

（1）10月1日：A邮寄一份发盘给B。

（2）10月8日：A邮寄一份撤回通知给B。

（3）10月11日：B收到A的发盘，并立即用电报发出接受通知。

（4）10月15日：B邮寄一份确认函，确认他于10月11日发出的接受电报。

（5）10月20日：B收到A邮寄的撤回通知。

7. 中间商A要求我方发盘，我方于6月1日向A发盘，限他6月6日前复到有效，5日收到美国商人F开来的L/C，同时收到A来电，说他已将发盘给F，此时市价上涨，我方把L/C立即退回美商F，向其发盘，价格上调，F的L/C是在发盘的有效期内到达的，因此F认为已经达成交易，不接受新的报价，问我方能否驳回F的要求？为什么？

8. 卖方A与买方B订有长期协议，规定“卖方必须在收到买方订单后15日内答复，如果卖方在15日内未答复，则视为已接受订单。”2月1日A收到B的订单，订购3 000打服装，但直到2月25日A才通知B不能供货，B提出反对，认为合同已成立，如果A不能履行交货义务，他要求损害赔偿。问合同是否成立？为什么？

9. 请分析下列情况合同是否成立？为什么？

（1）6月1日：A邮寄一份发盘给B。

（2）6月8日：B收到A的发盘，并立即用电报发出接受通知，该接受电报于当日到达A。

（3）6月11日：A邮寄一份撤销通知给B。

（4）6月18日：B收到A邮寄的撤销通知。

第十五章　进出口合同的履行

本章内容要点

- 履行以 CIF 术语和信用证支付方式成交的出口合同的主要程序
- 履行以 FOB 术语和信用证支付方式成交的进口合同的主要程序

第一节　出口合同的履行

以不同交易条件（主要是指价格术语和支付方式）成交的出口合同，其履行程序也各不相同。目前，我国出口合同多采用 CIF 术语和信用证支付方式成交。本节主要介绍这类合同的履行程序。以其他条件达成的合同可以参照执行。

履行以 CIF 术语和信用证支付方式成交的出口合同，其主要程序有：准备货物，落实信用证，办理运输、保险及出口报关，制单结汇等。下面将就这些程序加以详细说明。

一、准备货物

出口合同一经成立，卖方的重要义务之一是在合同规定的时间内，交付符合合同规定以及有关法律或惯例要求的货物。准备货物的具体工作包括：清点、加工整理货物、刷制运输标志以及办理申报检验和领证等。

（一）货物的品质、数量、包装必须符合合同的明文规定

卖方所交货物首先应符合合同规定。

（1）对于凭文字说明成交的合同，卖方所交货物必须与文字说明相符。对于凭样品成交的合同，卖方交付的货物的内在质量和外观形态都应和样品一致。如果在交易中既凭文字说明，又凭样品来表示品质，则卖方所交货物既要和文字说明相符，又要和样品一致，其中任何一种不一致，都构成违约。

（2）货物的数量应符合合同的要求。如合同中规定了一定的数量机动幅度，交货数量应在该机动幅度限定的范围内。例如，如果合同数量条款规定“100MT 大米，允许 5% 溢短装”，则卖方交货数量只能在 95 ~ 105MT 之间。此外，货物的数量应保证满足合同的要求，备货的数量应适当留有余地，如货物在运输过程中发生意外或货损时，可作调换之用。

(3) 合同中对包装的要求有繁有简，凡是合同中有明文规定的，卖方必须严格照办。运输标志应按合同规定的式样刷制。货物的包装应保证货物经过多种环节的长途运输，仍保持完好无损。

(二) 货物的品质、数量、包装应符合有关法律或惯例要求

卖方所交付的货物品质、数量、包装，除必须符合合同规定外，还应符合法律或惯例要求。

1. 货物的品质应符合法律要求

法律对货物品质的要求，主要有以下三个方面：

(1) 货物应适合相同规格货物的通常用途。《公约》第35 (2) a款规定，货物应适合相同规格货物通常使用的目的。买方购买货物心里总是抱有某种目的的，买方有权期望货物符合"通常目的"。例如，罐头水果必须可以食用，保龄球可用于打保龄等。诸如洗衣机、汽车、工业机械产品等耐用消费品，如果不能够"耐用"一段时间，比如，洗衣机只使用了几周就坏了，则不能称为符合通常使用的目的。具体多长时间算符合通常使用目的，则需根据具体商品的特性来确定。

在国际贸易中，货物具有"商销品质"或"可销性"，即货物在正常商业经营中可以转销的，也被看做通常使用目的。

(2) 货物应适合于订立合同时买方曾明示或默示地使卖方知道的特定用途。《公约》第35条第 (2) b款规定，货物适用于订立合同时曾明示或暗示地通知卖方的任何特定目的，除非情况表明买方并不依赖卖方的技能和判断力，或者这种依赖对他是不合理的。例如，买方所购买的电子产品要在特别气候条件下使用。

(3) 货物应符合进口国法律所要求的品质标准。

2. 货物的数量应符合法律或惯例要求

(1) 卖方在交货数量上承担的义务，应符合《公约》规定。《公约》规定，如果卖方多交，则买方可以拒收，也可以接收一部分或全部。如果卖方少交，则买方有权要求卖方补交，并请求损害赔偿；如果卖方少交货物的后果构成了根本违反合同，则买方可宣告合同无效并有权索赔。

(2) 对于合同中的数量机动幅度，应注意符合《UCP 600》的有关规定。该惯例第30条第a款及第b款规定：

1) "约"或"大约"用于信用证金额或信用证规定的数量或单价时，应解释为允许有关金额或数量或单价不超过10%的增减幅度。

2) 在信用证未以包装单位件数或货物自身件数的方式规定货物数量时，货物数量允许有5%的增减幅度，只要总支取金额不超过信用证金额。

在以"箱"、"桶"、"袋"等包装单位及"个"、"打"等货物自身件数的方

式规定货物数量时，交货数量一般能做到准确，因此，不允许有增减幅度。

3. 货物的包装应符合法律要求

对于合同没有明文规定包装要求的，应注意符合有关法律要求。

(1)《公约》规定：“货物应按照同类通用的方式装箱或包装，如果没有此种通用方式，则按照足以保全和保护货物的方式装箱或包装。”在合同包装条款不明确时，这是对卖方在包装方面的最低要求。

(2) 包装应符合各国国内法律对包装或包装上的说明文字的相应规定。例如，销往加拿大的商品包装，要求英文和法文并用；销往阿拉伯地区的商品包装，要求有阿拉伯文说明。

(三) 备货工作的具体内容

备货工作的具体内容主要包括：向生产或供货部门安排生产或催交货物，然后核实应收货物的品质、数量和包装状况。商品进入仓库后，还须根据出口合同规定再次进行整理、加工和包装，并在外包装上加刷唛头和其他必要的标志。针对不同商品的情况和出口合同的规定，对出口货物进行检验，也是备货工作的重要内容。

凡属法定检验的商品，或合同规定由国家商检机构检验出证的商品，在货物备齐后，应向国家商检机构申请检验。例如，我国汽车出口就属于法定检验的商品。一般应在商品出运前一周内提出申请，报验时应填写“出口报验单”，并随附合同和信用证副本以及出口货物报关单等通关用的凭证。

检验合格，由商检机构签发证书，或在“出口货物报关单”上加盖检验印章。发货人应在签发证书之日起 60 天内报运出口，鲜货商品应在规定期限内报运出口，逾期报运出口的，应重新申请检验。

对于不属于法定检验范围的出口商品，可以由生产、经营单位或委托其他检验机构检验，国家商检机构对其进行定期或不定期的抽查，抽查不合格的，不准出口。

(四) 交货时间应符合规定

卖方交货时间在合同规定的期限内或符合《公约》第 33 条规定的时间。未在规定时间交货构成违约。如果交货时间是合同的根本内容，迟延交货还可构成严重违约。

合同规定一段交货时间的，比如规定“12 月底前交货”，则从合同订立后到 12 月 31 日之间的任何时间都可交货，超过 12 月 31 日交货即构成违约。若合同中没有规定交货时间，则应推定为在合同订立后的合理时间内交货。

在允许分批装运的情况下，必须按照合同及信用证相关规定交货。《UCP 600》第 32 条规定：“如信用证规定在指定的时间段内分期支款或分期装运，任何一期未按信用证规定期限支取或装运时，信用证对该期及以后各期均告失效。”该条款仅适用于信用证规定了每批货物的交货时间的情况。例如，“Four partial shipments each of which is not to exceed the amount of... in March, April, May, June 2002”。如果受益人仅错过了某一批货物的交货时间，那么他就丧失了索取以后各批货物款项的权利。当然，该条款不适用信用证仅规定了允许分批装运的批数，而没有规定每一批的交货时间的情形，如“Five partial shipments between January and May 2002”。

二、落实信用证

在凭信用证支付的交易中，落实信用证是履行出口合同不可缺少的重要环节。它关系到卖方能否安全收汇，是卖方交货的前提。落实信用证通常包括催证、审证和改证三项内容。

（一）催开信用证

按照合同规定的时间开立信用证是买方最重要的义务之一。如合同中对买方开证时间未做规定，买方则应在合理时间内开证。但在实际业务中，由于市场行情变化、资金短缺等原因，买方拖延开证的情况时有发生。因此，卖方应向买方发出函电，催促对方及时办理开证手续，特别是大宗商品或为买方特制的商品交易，更应根据备货情况及时催证。

（二）审核信用证

从理论上说，买方根据买卖合同申请开立信用证，开证行根据开证人的申请书开立信用证，受益人收到的信用证，其内容应当是与买卖合同一致的。但是，在实际业务中经常发现国外来证的内容并不完全符合买卖合同的规定，有时甚至是大相径庭。产生这种情况的原因主要有：工作上的疏忽或差错、电文传递的错误、贸易习惯的不同、市场行情的变化或故意设置陷阱等。

卖方既是出口合同的当事人，又是信用证的当事人，故既应按照出口合同的规定履行交货义务，又应按照信用证的规定办事。如果信用证条款与合同规定不一致，卖方将难以履约，处于非常被动和不利的地位，甚至不能安全收汇。为了避免这种情况发生，卖方应依据合同认真审核收到的信用证。

在实际业务中，通知银行和出口企业应共同承担审证任务。通知银行着重审核信用证的真实性、开证行的政治背景、资信能力、付款责任以及索汇路线等内容。出口企业着重审核信用证内容与买卖合同是否一致。出口企业审证的要点如下：

1. 信用证的性质

来证中不得标明“可撤销”字样。通常出口商能够接受的国外来证必须是不可撤销的。值得注意的是，有的来证虽然标明为“不可撤销的”，但是开证银行对其应负责任方面却附加了一些与“不可撤销”相矛盾的条款。例如，“信用证下的付款要在货物清关后才支付”，“货物到达时没有接到配额已满的通知才付款”，等等。这些条款都背离了信用证凭单付款的原则，受益人的利益得不到保证，使“不可撤销”名不副实。

2. 信用证的金额

信用证金额应与合同金额相一致。如合同订有溢短装条款，信用证金额应包括溢短装部分的金额，信用证金额中单价与总值要填写正确，大、小写并用。来证所采用的货币应与合同规定相一致。

3. 交单截止日和最迟装运期

信用证还应规定一个在货物装运后必须向银行交单要求付款、承兑或议付的特定期限，即交单期。《UCP 600》第 6 条第 d（Ⅰ）（Ⅱ）款规定，“信用证必须规定一个交单的截止日。规定的兑付或议付的截止日将被视为交单的截止日”。如信用证未规定交单期，按惯例，银行有权拒受迟于运输单据日期 21 天后提交的单据。受益人必须在交单期内交单，无论如何，不得迟于信用证到期日。信用证的交单截止日还涉及到期地点。在出口业务中，原则上应争取在我国到期，否则由于银行审单和邮递过程，受益人将难以把握及时交单。

信用证规定的最迟装运日期，应与合同中的装运日期相一致，运输单据的出单日期，不得迟于最迟装运日期。若信用证未规定装运期，则最迟装运日期即为信用证的到期日。

以上只是审证的要点。在实际工作中，还应按照买卖合同条款，参照《UCP 600》的规定和解释，对商品名称、规格、包装、数量、保险金额、保险险别、单据种类和份数以及填制方法等逐条对照作详细、全面审核。另外，对有些合同未作规定且我方不能接受的要求，如要求商业发票或产地证明须由国外第三方签证，不准在某个目的港转船等，都应慎重对待。

（三）修改信用证

在下列两种情况下，卖方应及时提出修改信用证的要求：一是审证后，发现信用证有与买卖合同规定不同而又不能接受的条款；二是客观情况发生了变化或其他原因，不能按信用证要求办理。修改程序是：受益人（卖方）向开证申请人提出修改要求，再由后者向开证银行提出改证申请。开证行同意后，即向原通知行发出改证通知书，原通知行再将修改通知书转给受益人。

修改信用证时应注意以下几个问题：

（1）应一次性提出需要修改的内容，以节约开证申请人的改证费用。

（2）对于改证通知书的内容，如发现其中一部分不能接受，应将改证通知书退回，待全部改妥后方能接受。《UCP 600》第 10 条第 e 款规定：对同一修改的内容不允许部分接受，部分接受将被视为拒绝修改的通知。

（3）有些条款虽与合同或惯例不符，但经过努力可以办到的，一般可以不改，以示合作，并减少周折。

（4）直至受益人将接受修改的意见告知通知该修改的银行止，原信用证条款对受益人仍然有效。

三、办理运输、保险及出口报关

以CIF术语成交的出口合同，卖方须承担办理运输和保险的责任。在备妥货物和落实信用证以后，出口企业即应按买卖合同和信用证规定，对外履行装运货物、保险及出口报关的义务。

（一）办理运输

办理运输是指出口企业委托货运代理机构向承运单位或其代理办理租船订舱手续。在使用班轮装运货物出口时，出口企业向货运代理机构办理托运的工作步骤是：

（1）出口企业填制出口托运单，发出明确、详细、准确的托运指示。托运单的主要内容包括发货人、收货人、通知人、装运港、卸货港、运输标志或集装箱编号及封印号码、品名、数量、毛重、体积等，并交付各项报关单据，如出仓单、出口发票及装箱单或重量单、出口货物报关单、出口收汇核销单、出口许可证（如属国家出口管理商品）等。

（2）船公司或其代理签发装货单。货运代理机构在收到出口托运单后，以出口企业的代理身份向承运单位或其代理办理订舱手续。后者根据托运指示，安排船只和舱位，并据以签发装货单。装货单的签发，表明船公司接受该批货物的承运。海关凭装货单查验货物，如准予出口，即在装货单上加盖海关放行章。船公司或其代理凭此接受装货。

（二）保险

出口货物保险，采用逐笔投保方式。在完成托运手续，取得配舱回单后，出口企业即可办理保险手续。投保人在投保时，应将货物名称、投保金额、运输路线、运输工具、开航日期、投保险别等一一列明。保险公司承保后，即签发保险单或保险凭证。

（三）出口报关

出口报关也称出口通关，是指出口货物的发货人或其代理向海关申报，交验规定的单据、证件，请求办理出口的手续。出口报关手续包括申报、接受申报、审核单证、查验货物、征税、结关放行等。

1. 出口申报

出口货物的发货人或其代理人应在装货的24小时内，向运输工具所在地或出境地海关申报。

2. 审核单证

海关须审核如下单证：

（1）出口货物报关单。出口货物报关单是海关凭以进行监管、查验、征税、统计的基本单据。目前使用的出口报关单有四种：普通报关单（白色），“来料加工、补偿贸易专用”报关单（浅绿色），“进料加工专用”报关单（粉红色），以及“出口退税专用”报关单（黄色）。出口货物报关单通常一式两份。

（2）出口许可证。有出口经营权的企业如出口超出其经营范围内的商品以及国家规定必须申领出口许可证的商品，应向海关交验出口许可证或国家规定的其他批准文件。

（3）装货单或运单（非海运货物则为运单）。装货单或运单经海关查验放行后加盖放行章返还报关人凭以装运货物出口。

（4）发票。发票是海关审定完税价格的重要依据。

（5）装箱单。装箱单是对发票内容进行补充，说明出口货物的包装形式、包装内容、数量、重量、体积或件数的单据，是海关验货的凭据。散装货物或单一品种且包装内容一致的件装货物可免交。

（6）出口收汇核销单。它是由外汇管理部门提供的单证，海关办妥结关手续，在其上盖章，出口企业收汇后凭以向外汇管理部门结汇核销。我国2009年实施跨境贸易人民币结算试点后，企业进出口业务以人民币作为结算货币的，因为不再涉及外汇核销业务，也就不用再提供出口收汇核销单。

（7）其他单证。海关认为必要时应交验的贸易合同、产地证和其他有关证明。

3. 查验货物

查验货物是指海关以出口报关单为依据，在海关监管区域内对出口货物进行实际的检查和核对。海关查验货物，一般在海关监督场所，如码头、车站、机场、邮局等地仓库或货场，或者是在装卸现场进行。报关单位应派员在现场负责开箱装箱，协助海关完成查验工作。

4. 征税

准许出口、按规定应当缴纳出口税的货物，由海关根据我国《关税条例》和《海关税则》规定的税率，征收出口税。

5. 结关放行

经海关审核单证和查验货物，在报关单位照章办理纳税手续后，海关在装货单或运单上盖上关印，即为结关放行。

四、制单结汇

货物装运后，出口企业应按照信用证的规定，缮制符合“正确、完整、及时、简明、整洁”要求的各种单据，并在信用证规定的交单期内，将各种单据和必要的凭证送交指定的银行办理要求付款、承兑或议付手续，并在收到货款后向银行进行结汇。

（一）常用的出口单据

1. 汇票

在出口贸易中，通常使用的是“跟单汇票”。在信用证支付方式下缮制汇票应注意下列问题：

（1）出票条款，即出票依据，在汇票的相应栏目填写开证行名称、信用证号码和开证日期。如：“Drawn under Bank of China, Singapore L/C No. 765451 Dated 5th May, 1998.”

（2）汇票金额。

1）除非信用证另有规定，应与发票所列一致。

2）若信用证规定汇票金额为发票金额的百分之几，则按规定填写。这一做法，通常用于以含佣价向中间商报价，发票按含佣价制作，佣金商代开信用证，开证行在付款时代扣佣金的场合。

3）如合同规定部分信用证付款，部分托收付款，则应分做两套汇票：信用证下支付的汇票金额按信用证允许的金额填制，其余部分为托收项下汇票的金额，两者之和等于发票金额。

（3）付款人名称。在信用证方式下，应按照信用证的规定，以开证行或其指定的付款行为付款人。如信用证中未指定付款人，则应填写开证行。托收方式的汇票，付款人为买方。

（4）收款人名称。信用证方式下，通常以议付行为收款人，托收方式下可以是托收行（作成指示式抬头），也可以是出口企业。

2. 商业发票

商业发票（Commercial Invoice）简称发票（Invoice），它是出口商向进口商开立的发货价目清单，是装运货物的总说明。发票全面反映了交付货物的状况，是全套货运单据的中心，其他单据均应参照发票内容缮制。发票的主要作用是供进口商凭以收货、支付价款和进出口商记账、报关纳税。

发票并无统一格式，但其内容大致相同，主要包括：出口商名称和地址、发票名称、抬头人（即进口商）名称、发票号码、合同号码、信用证号码及开票日期、装运地、目的地、运输标志、货物名称、规格、包装、数量和件数、单价和总值、附加说明、出单人名称等。

缮制发票时应格外认真，保证全部内容与信用规定的条款严格相符。另外，对附加证明和出单人名称作以下特别说明：

（1）附加证明。国外开来的信用证，要求在发票上加注的附加证明类型有：①费用清单，如运费、保险费和 FOB 价等。②特定号码，如进口许可证号等。③原料来源地的证明文句等。在缮制发票时，可将上述内容打在发票的描述栏内。若要求在发票上加注“证明所列内容真实无误”或类似文句，即要求出具

“证实发票”或“签证发票”（certified invoice），则需将发票下端的“E. & O. E.”字样删去，“E. & O. E.”是“errors & omissions excepted”的简写，即“有错当查”。

（2）出单人名称。在信用证方式下，发票的出单人必须是受益人。发票习惯上均有发货人的正式签字。但依照《UCP 600》第18条的规定，商业发票可以只标明出单人名称而不加签署。但如来证中明确规定“signed commercial invoice”，则必须签字。

3. 海关发票

海关发票（Customs Invoice）是非洲、美洲和大洋洲等某些国家海关规定的格式，由出口商填制，供进口商凭以向进口国海关报关时使用的一种特别的发票。各国海关发票各有专用的规定格式，不能相互替代。其主要作用是作为海关估价定税、征收差别关税或反倾销税的依据。

4. 形式发票

形式发票（Proforma Invoice，P/I）也称预开发票或估价发票。在未成交之前，买方要求出口商（卖方）按拟出售成交的商品名称、单价、规格等条件开立的一份参考性发票。卖方凭此预先让买方知晓如果双方将来以某数量成交之后，卖方要开给买方的商业发票大致的形式及内容。形式发票是一种试算性质的货运清单。

形式发票在某些国家也可以供买方作为申请进口许可证或申请外汇额度的证件，也作为买方向银行申请向卖方支付货款、开立信用证等的依据。

5. 海运提单

不同的运输方式，使用不同的运输单据。运输单据主要有海运提单（Marine/Ocean Bill of Lading，B/L）、海运单、航空运单、铁路运单、货物承运收据及多式联运单据等。海运提单是我国外贸运输的主要运输单据，通常由出口企业制作，在货物装船后由船公司签署后交出口企业。它主要包括以下内容：

（1）托运人（Shipper），即发货人。一般为信用证的受益人，即出口商。除非信用证另有规定，以信用证受益人以外的一方（例如以外运机构）为托运人的提单，即第三方提单，银行也将接受。

（2）收货人（Consignee），又称提单抬头人。在实际业务中，大多做成“凭指定”或“凭托运人指定”抬头，这种提单须经托运人背书才可转让。也有的要求做成“凭××银行指定”，一般为凭开证行指定。

（3）被通知人（Notify Party）。被通知人是指船方发出到货通知的对象，通常为进口方或其代理人。

（4）货物名称（Name of Commodity）。提单上的货物名称可以用概括性的商品统称，不必列出详细规格，但应注意不能与来证所规定的货物特征相抵触。

（5）毛重和尺码（Gross Weight & Measurement）。除非信用证另有规定，一般以公吨作为重量单位，以立方米作为体积单位。

（6）运费和费用（Freight & Charges）。只填写运费支付情况，不必列出运费的具体金额。按 CIF 和 CFR 条件成交，应填写运费预付，按 FOB 条件成交，一般填写运费到付。

（7）正本提单份数。按信用证规定签发，并分别用大小写数字填写，如“（2）Two”。如果信用证中仅规定“全套”（Full Set）时，是指承运人在其所签发的提单上所注明的全部正本份数。例如，通常承运人签发的提单是三正三副，那么全套就是指三份正本提单。实践中，全套提单到底有多少份要看承运人在签发的提单上所注明的全部正本份数，有的公司只出一份正本或两份正本。

（8）提单日期和签发地点。《UCP 600》第 20 条 a（Ⅱ）款规定，除非提单载有已装船批注，显示了装运日期，此时已装船批注中所显示的日期将被视为装运日期。否则，提单的出具日期将被视为装运日期。此时除备运提单外，提单日期均为装货完毕日期，不能迟于信用证规定的装运日期。提单装运地点按装运地填列。

（9）签署。《UCP 600》第 19 条第 a（Ⅰ）款规定，海运提单表面必须表明承运人名称并由承运人或其指定的代理人，或船长或其指定的代理人。承运人、船长或代理人的任何签字，必须标明其承运人、船长或代理人的身份。代理人签字必须表明其是代表承运人还是代表船长签字。

6. 保险单

在 CIF 或 CIP 合同中，出口人在向银行或进口人收款时，须提交符合买卖合同及/或信用证规定的保险单据，主要包含以下内容：

（1）被保险人名称。通常是信用证的受益人，并加空白背书，便于保险单转让。

（2）标记。标记是指运输标志，应和提单、发票及其他单据上的标记一致，通常在标记栏内注明：“as per Invoice No. × ×”。信用证有时要求所有单据都要显示出信用证号码，则可在本栏空白处表示。

（3）保险货物金额。按信用证规定金额投保，若信用证未规定，则按 CIF 或 CIP 价格的 110% 投保。

（4）保费及费率。保费及费率一般没有必要在保险单上表示。该栏仅填“AS ARRANGED”。但如果来证要求标明保费及费率时，则应填上具体数字和费率。

（5）装载运输工具。参照提单，注上承运货物的船舶名称与航次。如投保时已明确要在中途转船，须在第一程船名后加注第二程船名，如第二程船只未能预知，则在第一程船名后加注“and/or steamers”。

(6) 开航日期、起运地和目的地。开航日期缮打"as per B/L"。起运地、目的地参照提单填写。

(7) 投保险别。按照投保单填制，并应与信用证规定一致。

(8) 赔付地点和赔付代理人。一般为保险公司在目的地或就近地区的代理人。

(9) 保险单签发日期和地点。保险单签发日期应不迟于提单或其他货运单据签发日期，以表示货物在装运前已办理保险。

7. 产地证明书

产地证明书（Certificate of Origin）是一种证明货物原产地或制造地的文件，也是进口国海关核定进口货物应征税率的依据，一般分为普通产地证和普惠制产地证。

(1) 普通产地证，又称原产地证。这种产地证的出具者有：出口商、生产厂商、进出口商品检验机构（我国为各地的出入境检验检疫局）、中国国际贸易促进委员会。在实际业务中，应根据买卖合同或信用证规定，提交相应的产地证。

(2) 普惠制产地证。凡是对给予我国普惠制关税优惠待遇的国家出口的受惠商品，须提供此证，作为进口国海关减免关税的依据。其书面格式名称为"Form A"（格式 A）。在实际业务中，出口企业填制后连同普惠制产地证申请书和商业发票一份，送交国家商检机构签发。

8. 包装单据

包装单据是指记载或描述商品包装情况的单据，是商业发票的补充单据。不同商品有不同的包装单据，常用的有装箱单、重量单（又称磅码单或码单）、尺码单等。

9. 检验证书

各种检验证书分别用以证明货物的品质、数量、重量和卫生条件等方面的情况。这类证书一般由国家商检机构出具，也可根据情况由出口企业或生产企业出具。证书的名称与所列项目或检验结果，应与合同及信用证规定相同。

10. 其他单证

除上述各种单证以外，其他常见的单证还有：寄单证明、寄样证明、邮局收据、装运通知以及有关运输和费用方面的证明。

（二）出口结汇

出口结汇是指出口商按国家外汇管理规定，将出口所得外汇按牌价售予外汇银行的行为。

1. 出口结汇方式

我国出口结汇有"收妥结汇"、"定期结汇"和"买单结汇"三种方式。

（1）收妥结汇，或称收妥付款。银行收到出口企业交付的单据后，经审核无误，将单据寄往国外付款行索取货款，接到付款行将货款拨入银行账户的通知时，即按当时外汇牌价折成人民币拨给出口企业。

（2）定期结汇。银行根据向不同国家或地区索偿所需的时间，预先确定一个固定的结汇期限，到期主动按当日外汇牌价将票款金额折成人民币拨付给出口企业。

（3）买单结汇，又称出口押汇。买单结汇是指议付行审单无误后，即买入出口企业的汇票和单据，从票面金额中扣除从议付日到估计收到票款之日的利息，将余款按议付日外汇牌价折成人民币，拨给出口企业。银行买单后，即成为汇票持有人，即可凭汇票向信用证的付款行索取票款。这种结汇方式，实际是议付行以单据作为质押，向信用证受益人提供资金融通的便利，可促进出口企业的资金周转。

2. 单据不符的处理

在信用证项下的制单结汇中，受益人应做到“单、证表面严格相符”，否则，议付行将拒收单据。但是在实际业务中，由于种种原因，单、证不符的情况时有发生。倘若有较充足的时间改单或改证，做到单、证相符，可以确保安全收汇。但是如果不能及时改单或改证，出口企业可根据情况，采用以下几种方法处理：

（1）表提。表提又称为“表盖提出”或“担保议付”。当议付行审单发现不符点时，如情节不严重，而且也来不及修改信用证，出口商可向议付行出具担保书，要求凭保议付。议付行向开证行寄单时，在随付的单据的表盖（Covering Schedule）上注明单证不符点和“凭保议付”字样。表提的情况一般是在单、证不符情况并不严重，或虽然是实质性不符，但事先开证人已经确认可以接受。

（2）电提。电提又称为“电报提出”，是指在单、证存在实质性不符，或成交金额较大，议付行先向国外开证行拍发电报或电传，列明不符点，待开证行复电同意后，再将单据寄出。如未获同意，受益人可以及时采取必要措施对运输中的货物进行处理。

（3）跟单托收。如出现单、证不符，议付行不愿用表提或电提方式征询开证行意见时，出口企业只能采用托收方式，委托银行寄单代收货款。

值得注意的是，以上三种处理办法，实际上已将银行信用改为商业信用，开证行已不再承担信用证项下的付款责任，对出口人十分不利。因此，除非万不得已，不要轻易采用以上三种补救措施。

第二节　进口合同的履行

在我国进口业务中，一般按 FOB 价格条件和信用证支付方式成交的合同较多，履行这类进口合同的一般程序是：开立信用证、办理运输与保险、审单付款及接货、进口报关。

一、开立信用证

进口企业在向开证行申请开立信用证时，应填写开证申请书，连同所需附件交开证银行，并向银行交付一定比率的押金和开证手续费。开证申请书是开证银行开立信用证的依据。开证申请书的内容应明确包括：受益人名称地址，信用证的性质、金额，汇票内容，货物描述，运输条件，所需单据种类和份数，信用证的交单期、到期日和地点，信用证通知方式等。

对方收到信用证后，如提出修改信用证的要求，经进口方同意后，即可向银行办理改证手续。最常见的修改内容有展延装运期和信用证有效期、变更装运港口等。

二、办理运输

履行按 FOB 价格条件成交的进口合同，应由买方负责办理运输事宜，即买方应负责派船到对方口岸接运货物。通常由卖方在交货期前的一定时间内，将预计装运日期通知买方，买方按该通知规定的日期，及时通过运输代理或自行办理租船订舱手续。在办妥租船订舱手续后，应按规定的期限将船名及船期及时通知对方，以便对方备货装船。

对方装船后，有义务向进口企业发出装船通知，以便其及时办理保险和做好接货手续。

三、办理保险

进口企业在向保险公司办理进口货物运输保险时，有两种做法：一种是预约保险方式，另一种是逐笔投保方式。

（1）预约保险是指进口企业与保险公司订立预约保险合同，合同具体规定进口货物的投保险别、保险费率、赔付方法和承保货物的范围等内容。承保的货物一经启运，保险公司即自动承担保险责任。进口企业在接到出口方的装船通知后，立即填制预约保险启运通知书或将装船通知送达保险公司，即完成了投保手续。

采用预约保险方式，可以简化手续，防止漏保。因此，它成为进口货物运输保险的一种主要方式。

（2）逐笔投保进口企业如果未与保险公司签订预约保险合同，对进口货物须逐笔办理保险。进口企业在收到国外卖方的装船通知后，应立即填制投保单或装货通知单。其内容包括货物名称、数量、保险金额、投保险别以及船名、船期、启运日期和估计到达日期、装运港和目的港。

四、审单付款

审核单据是银行与进口企业的共同责任，为保证自身权益，进口企业必须与银行密切配合，做好审单工作。

收到单据后，开证行必须仅以单据为依据来确定其是否表面上与信用证条款相符。如单据表面上与信用证不符，银行可以拒受单据。在实际业务中，开证银行也征求进口企业意见是否同意接受不符点，对此，进口企业应根据情况决定接受与否。在单据和汇票内容与信用证规定相符的情况下，通常开证行也要交进口企业复审。按我国习惯，如进口企业在3个工作日内没有提出异议，开证银行即应即期付款或承兑后到期付款，开证银行在对外付款的同时，通知进口企业付款赎单。

五、接货报关

（1）接货。进口企业可以委托货运代理公司，也可以自行办理接货业务。提单上的被通知人相应地分别为货运代理公司的名称和地址或进口企业的名称和地址。船舶到港后，船方即向被通知人寄交“准备卸货通知”。货运代理或进口企业应负责现场监卸，监卸时，如发现货损货差，应会同船方和港务当局填制货损货差报告。

（2）报关，即进口报关，是指进口企业或其代理人向海关交验有关单证，办理进口货物申报手续的行为。

进口报关须填写“进口报关单”，交验提单或运单、发票、装箱单、检验证书、产地证以及海关认为有必要提供的其他文件。

海关接受申报后，对进口货物进行查验。进口货物在接受查验，缴纳关税后，由海关在货运单据上签章放行，即为结关。进口企业或其代理人可持海关签章的货运单据提取货物。进口企业应特别注意进口报关的时限。法定申报时限为自运输工具申报进境之日起14天内，超过14天期限未向海关申报的，由海关按日征收进口货物CIF或CIP价格0.5‰的滞报金。

本章小结

以不同交易条件达成的国际货物买卖合同，其履行程序不完全相同。鉴于目前我国一般出口货物多采用CIF和信用证方式成交，进口货物多以FOB和信用证方式成交，本章主要对这类进出口合同的履行进行了介绍。履行以CIF和信用证方式成交的出口合同的一般程序可归纳为准备货物、落实信用证、办理运输、保险、出口报关和收取货款。履行以FOB术语和信用证支付方式成交的进口合同的主要程序可归纳为开立信用证、办理运输与保险、审单付款及接货和进口报关。本章在重点介绍进出口履行程序的同时，对其中应该注意的问题和主要单据的缮制要点作了比较详细的说明。

本章重要概念

出口报关　形式发票　普惠制产地证　出口押汇　表提　跟单托收

本章推荐阅读文献

[1] 吴百福，徐小薇．进出口实务教程 [M]．上海：上海人民出版社，2007.
[2] 黎孝先，石玉川．国际贸易实务 [M]．北京：对外经济贸易大学出版社，2008.
[3] 顾民．《UCP 600》详解 [M]．北京：对外经济贸易大学出版社，2009.

思考题

1. 简述履行以 CIF 术语成交的出口合同的一般程序。
2. 简述履行以 FOB 术语成交的进口合同的一般程序。
3. 我国出口结汇的主要方式有哪几种？各是什么含义？
4. 形式发票的含义是什么？
5. 出口商出运货物后，如果因各种原因无法修改信用证或单据，出口商可采取的处理方法有哪些？这些方式有何风险？

作业题

一、判断题

1. 在国际贸易中卖方所交货物的品质、数量及包装等只要符合合同的规定就不会有问题。（　）
2. 履行 CIF 合同时，卖方在收到信用证后应立即办理装运、保险及报关等手续。（　）
3. 延迟交货不可能导致根本性违约，因为卖方最终还是完成了交货。（　）
4. 按照《UCP 600》规定，在分批交货的情况下，如信用证规定了每批货物的交货时间，那么，任何一期未按信用证规定期限装运时，信用证对该期及以后各期均告失效。（　）
5. 审核信用证时，买卖合同是唯一依据。（　）
6. “电提”是国际货物买卖中采用的一种银行付款方式。（　）
7. “表提”与“凭保议付”是同一概念。（　）
8. 如信用证未规定交单期，按惯例，银行有权拒受迟于运输单据日期 21 天后提交的单据。（　）
9. 提单全面反映了交付货物的状况，是全套货运单据的中心。（　）
10. 按照《UCP 600》的规定，商业发票可以只标明出单人名称而不加签署。（　）

二、单项选择题

1. 出口地议付行收到出口商提交的跟单汇票或单据后，按发票金额扣除从议付日到估计收到票款之日的利息，将余额按当日外汇牌价者折成人民币收入受益人账户，此种做法叫（ ）。

A. 出口押汇 B. 定期结汇 C. 收妥结汇 D. 套汇

2. 在信用证支付方式下，商业汇票的抬头一般应填写（ ）。

A. 议付行 B. 开证行 C. 开证申请人 D. 受益人

3. 提单的收货人一栏内做成“to order of shipper”，这种提单（ ）。

A. 必须经发货人背书才能流通转让 B. 不能流通转让

C. 必须经收货人背书才能转让 D. 必须经开证行背书才能转让

4. 货物运输保险单的签发日期（ ）。

A. 必须与提单日期是同一天 B. 必须晚于提单日期

C. 不得晚于提单日期 D. 早于或晚于提单日期均可

5. 信用证的基础是买卖合同，所以当信用证条款与合同规定不符时，受益人可以要求（ ）。

A. 开证行修改 B. 开证申请人修改 C. 通知行修改 D. 议付行修改

6. 按信用证支付方式和 FOB 条件达成进口合同后，进口方首先要做的工作是（ ）。

A. 租船订舱 B. 办理保险 C. 报关 D. 开立信用证

7. 在采用信用证支付方式时，银行和出口商须共同审核国外来证，出口商着重审核（ ）。

A. 开证行的资信 B. 开证行的政治背景

C. 索汇路线 D. 信用证内容是否与买卖合同一致

8. 进口企业应特别注意进口报关的时限。法定申报时限为自运输工具申报进境之日起（ ）天内。

A. 7 B. 10 C. 14 D. 21

9. 在信用证支付方式下，汇票上的付款人应按照信用证的规定填写。如信用证中未指定付款人，则应填写（ ）。

A. 开证申请人 B. 开证行 C. 议付行 D. 以上三者均可

10. 如信用证要求受益人提供全套提单，则受益人必须提供（ ）。

A. 全部正本及副本提单

B. 承运人在提单上所注明的全部正本份数的提单

C. 全部副本提单

D. 一份正本和全部副本

三、操作题

根据合同条款审核信用证，并指出应该如何修改。

1. 信用证：

Copenhagen Bank

Date: January 4th., 2000

To: Bank of China, Beijing

We hereby open our Irrevocable Letter of Credit No. 112235 in favor of China Trading Corporation for account of Copenhagen Import Company up to an amount of USD1455.00 (Say US Dollar One Thousand Four Hundred And fifty five Only) for 100% of the invoice value relative to the shipment of:

150 metric tons of Writing Paper Type 501 at USD97 per m/t CIF Copenhagen as per your S/C

N. PO5476 from Copenhagen to China port.

Drafts to be drawn at sight on our bank and accompanied by the following documents marked "X":

(X) Commercial Invoice in triplicate

(X) Bill of Lading in triplicate made out to our order quoting L/C No. 112235, marked FREIGHT COLLECT

…

(X) One original Marine Insurance Policy or Certificate for All Risks and War Risk, covering 110% of the invoice value, with claims payable in Copenhagen in the currency of draft (s)

Partial shipments and transshipment are prohibited.

Shipment must be effected not later than 31 March 2000.

This L/C is valid at our counter until 15 April 2000.

2. PO5476 号合同主要条款：

卖方：中国贸易公司

买方：哥本哈根进口公司

商品名称：写字纸

规格：501 型

数量：150MT

单价：CIF 哥本哈根每公吨 97 美元

总值：14 550 美元

装运期：2000 年 3 月 31 日前自中国港口至哥本哈根

保险：由卖方按发票金额的 110% 投保一切险和战争险

支付：不可撤销的即期信用证，于装运前 1 个月开到卖方，并于上述装运期后 15 天在中国议付有效。

案例分析题

1. 某不可撤销信用证规定："37 500 lbs of 1/5.5 mm mohair yarn @ HKD23.98/lb... Delivery instruction：20 000 lbs to be delivered latest 22 Aug 94；17 000 lbs to be delivered latest 27 Aug 94." 并规定"L/C amount & quantity 5 % or more or less acceptable."

卖方交货情况如下：（1）1994 年 8 月 19 日交第一批货物 20 000 磅（支取第一笔款项 HKD 479 600.00)。（2）1994 年 8 月 24 日交第二批货物 18 000 磅（支取第二笔款项 HKD 431 640.00)。

但开证行拒绝接受单据，称单据与信用证规定不符，数量超装了。问：开证行的做法合理吗？为什么？

2. 中国某外贸公司按 CIF 价格及信用证支付方式出口 X 商品。在货物装船后，该公司支付了全部运费并取得了全套已装船提单。但是提单上却漏写了"运费已付"字样。此时，恰好该商品的国际市场价格猛跌。开证行在征求了开证申请人的意见后，拒绝付款，理由是单据与信用证不符。问：该开证行的拒付理由成立吗？为什么？

第十六章　国际贸易方式

本章内容要点

- 国际电子商务的基本理论与国际贸易中的应用
- 综合的贸易经营方式
- 单纯的销售方式
- 各种贸易方式的含义和特点
- 根据不同的贸易环境，灵活运用相应的方式

第一节　国际电子商务

分析角度不同，电子商务会有不同的定义。从贸易角度而言，电子商务可以泛指一切与数字化处理有关的商务活动。电子商务不仅包括商品或服务通过网络进行的买卖活动，同时涉及传统市场的方方面面。除了在网络上寻找供应商和客户，企业还可以通过网络与供应商、财会人员、结算服务机构与政府机构等建立业务联系与沟通渠道，取得竞争优势。因此，电子商务可以解释为现代信息技术（Information Technology，IT）在商业领域内不同层次和不同程度的应用。

电子商务是当前的大势，将来的主流。其内容广泛，是贸易商大有作为的领域。

一、国际电子商务

国际电子商务是指企业通过利用电子商务运作的各种手段所从事的国际贸易活动，反映了现代信息技术所带来的国际贸易过程的电子化。与一般电子商务相比，国际电子商务有以下两个特点：

（1）一般电子商务泛指所有商务活动的电子化过程，主要是国内商务活动；而国际电子商务主要针对国际电子商务活动中的电子商务。

（2）一般电子商务包含所有类型的电子商务活动，如商业机构对消费者、商业机构对商业机构、商业机构对行政机构以及消费者对行政机构等电子商务活动。而在国际贸易活动中，交易行为一般涉及政府的行政管理部门，贸易伙伴和相关的结算、运输、商检等商业部门，国际贸易的交易行为与过程本身一般并不

直接面对最终消费者。

因此，国际电子商务只是商业机构对商业机构和商业机构对行政机构的电子商务活动。贸易伙伴之间，以及贸易伙伴与相关银行、运输机构、保险机构、商检、海关和政府部门等之间传输订单与相关单证、文件，就成为国际电子商务活动的主要内容之一。国际电子商务具体运作所涉及的部门和范围，要远远多于或大于一般电子商务，其相关的协调工作、标准的制定以及法律惯例规范，都是国际性的。

二、外贸企业电子商务的运作模式

和其他企业一样，外贸企业无疑是电子商务运作的主体。目前，根据外贸企业对电子商务的运用程度，可大致分为以下三种模式：

（一）建立易于实施的可操作系统

外贸企业在传统贸易活动中部分引入计算机网络进行信息处理与交换，代替传统的信息储存和传递方式。例如，企业建立内部计算机局域网进行信息共享和一般商务资料的存储与处理；通过国际互联网发送接收电子邮件；在国际互联网上建立网页，宣传企业形象、品牌和产品等。

在这种比较简单的模式里，外贸企业虽然利用计算机网络开展了一些工作，但这些工作并未构成交易成立的有效条件，或者并未构成商务合同履行的一部分。在该种模式里，企业投资成本低，易于操作，并且一般不涉及复杂的技术与法律问题。

（二）维系牢固的商业价值链

外贸企业利用计算机网络的信息传递，完成了某些合同成立的有效条件，或者构成履行商务合同的部分义务。例如，企业实施网上在线交易系统，网上有偿信息的提供，贸易伙伴之间约定文件或单证的传输等。

在该模式中，企业实施电子商务的程度有所加深，特别是电子商务的操作需要涉及交易成立的实质条件，或者构成商务合同履行的一部分。因此，这种模式涉及一些复杂的技术问题（如安全）与法律问题（如法律有效性）等。

该种模式的实施与运转，需要社会各界的相互配合，特别是政府机构和商业服务团体，应该为电子商务创造良好的发展环境。应该说，该模式是世界各国近期的主要发展目标。

（三）全方位的资源整合

这是将来的理想模式。企业将外部的商业活动最大限度地利用计算机网络的信息处理和传输功能，尽可能消除人工干预，在企业内部和企业与客户之间，从交易的达成到产品的生产、原材料供应、贸易伙伴之间单据的传输、货款的清算、产品提供的服务等，均实现一体化的计算机网络信息传输和处理。

目前，一些外贸企业实施的 ERP（Enterprise Resource Planning，企业资源规

划），简单地说就是在企业内部全面整合资源，实现管理流程和决策的最优化；而实施客户关系管理和供应链管理就是实现企业与外部客户和供应商间全方位信息、资源和知识的有效整合和管理。该种模式，需要涉及标准问题、全球供应链管理问题以及知识产权管理等诸多方面的问题。

三、电子商务在外贸业务运作中的作用

一般来讲，外贸业务的运作可以笼统地分为交易准备阶段、交易磋商阶段与合同履行阶段。现代信息技术的应用已经逐渐渗透到了外贸业务的各个阶段与环节。

（一）交易准备阶段

以互联网技术为核心的电子商务手段，虽然所涉及的媒体比较单一，但是却能达到意想不到的效果。例如，企业可以通过国际互联网发布产品信息、进行广告宣传，其效果则可以在全球市场上反映出来。此外，外贸企业还可以设立网上主页，为国外客户提供在线商品目录；电子邮件可以高效地传递有关交易的各项信息，突破了以往传真机的使用局限性，从而为企业大大节省了各项成本费用。

（二）交易磋商阶段

之前纸质的合同与签字方式被电子订单代替。带有安全措施的电子邮件，可以完全取代传真和信函的传递方式。特别是以互联网为基础的 XML 单证标准更是突破了传统网络 EDI 投资过高的不足，有望实现数据一次性录入而共享的目标。有关申领进出口许可证、租船订舱、报关、报检等业务环节，也都可以实现电子化。

（三）合同履行阶段

现代信息技术的手段已经将业务的各个环节连接起来。目前，外贸企业使用一般软件就可以实现单据的自动生成。在安全认证、跟踪运输与实施网上支付等领域，有望实现较大的突破。以国际互联网为基础的 XML 单据传输，将使外贸业务流程和单据的传输实现自动化，而又不增加过多的企业投资和成本。

从长远看，外贸企业至少在物流、资金流、信息流和知识流四个方面面临资源整合的挑战。外贸企业除了实现以国际交易为核心的业务技术处理层面的自动化与电子化之外，其核心战略也需要随着信息技术应用程度的加深而实现升级换代，这样才能与时俱进并取得新的发展。

第二节 综合的贸易经营方式

顾名思义，综合的贸易经营方式是以简单的货物贸易为基础，将进口与出口、贸易与生产、贸易与融资、货物与服务结合起来的新型方式，也可理解为简单的国际经济合作。我国改革开放以来，通过“加工贸易”、“补偿贸易”等方式，推动了我国经济的发展与贸易的进步。

一、加工贸易

加工贸易是指一国的企业利用自己的设备和生产能力，对来自国外的原材料、零部件或元器件进行加工、制造或装配，然后再将产品销往国外的贸易做法。加工贸易又分为进料加工和来料加工两种。二者的共同点是“两头在外”，即原料来自国外，成品又在国外销售。

20世纪90年代以来，我国的加工贸易发展迅速，在对外经济贸易活动中所占比例较大，尤其是纺织品服装等劳动密集型产品的对外贸易中，加工贸易有举足轻重的地位。对于此种状况的利弊，学术理论界与实践界讨论得很激烈，尚无定论。一些有关加工贸易的基本知识与现状介绍如下：

（一）进料加工

进料加工一般是指从国外进口原料，在此基础上加工生产出成品再销往国外。由于进口原料的目的是为了扶植出口，所以又可称为“以进养出”。我国开展的以进养出业务，除了包括进口轻工、纺织、机械、电子等行业的原材料、零部件、元器件来加工、制造或装配出成品再出口外，还包括从国外引进农、牧、渔业的优良品种经过种植或繁育出成品再出口。

1. 进料加工的具体做法

进料加工的具体做法，归纳起来大致有以下三种：

先签订进口原料的合同，加工出成品后再寻找市场和买主。这种做法的好处是进料时可选择适当时机，低价时购进，而且一签订出口合同就可交货，交货期短。但采取这种做法时要随时了解国外市场动向，以保证产品能适销对路，避免产品积压。

先签订出口合同，再根据国外买方的订货要求从国外购进原料，加工生产。这种做法包括来样进料加工。其优点是产品销路有保障，但要注意所需的原料来源必须落实，否则会影响成品质量或导致无法按时交货。

最后是对口合同方式。即与外方同时签订进口原料合同和出口成品两个合同，两个合同相互独立，分别结算。这里的外方，即原料提供者与成品购买者，二者可以是不同的人。这样做的优点在于原料来源和成品销路均有保证，但适用面较窄。

2. 开展进料加工的意义

进料加工在我国并非一种新的贸易方式，但在改革开放以来有了较为迅速的发展。我国开展进料加工的意义主要表现在以下几个方面：

（1）有利于解决国内原材料紧缺的困难，利用国外提供的资源，发展出口商品生产，为国家创造外汇收入。有些不能出口的产品还可以满足国内市场人们多样化的需求。

（2）可以更好地根据国际市场的需要和客户的要求组织原料进口和加工生产，以解决国内在产品开发、品牌和营销渠道管理方面的落后局面。特别是来样进料加工方式，有助于做到产销对路，避免盲目生产，减少库存积压。

（3）进料加工是将国外的资源和市场与国内生产能力相结合的国际大循环方式，也是国际分工的一种形式。通过开展进料加工，可以充分发挥我国劳动力价格相对低廉的优势，并利用企业相对过剩的生产加工能力，扬长避短，促进我国社会经济的发展。

（二）来料加工

来料加工在我国也被称为对外加工装配业务，是指由外方提供部分或全部的原材料、零部件、元器件，由我方按对方的要求进行加工装配，成品直接交由对方处置，作为劳务报酬，我方按照约定收取工缴费。

来料加工与进料加工方式都是两头在外的加工贸易方式，但两者有如下不同：

（1）来料加工在加工过程中货物未发生所有权的转移，原料运进和成品运出属于同一笔交易，原料供应者即是成品接受者；而在进料加工中，原料进口和成品出口是两笔不同的交易，发生了两次货物所有权的转移，原料供应者和成品购买者之间也不一定存在必然的联系。

（2）在来料加工中，我方不承担销售风险，不负盈亏，只收取工缴费；而在进料加工中，我方获得的是从原料到成品的价值增值，但是要自筹资金、自寻销路、自担风险、自负盈亏。

1. 来料加工的性质和作用

来料加工业务不属于货物买卖。因为原料和成品的所有权始终属于委托方，并未发生转移，我方只提供劳务并收取约定的工缴费。因此，来料加工属于服务贸易的范畴，可将其界定为以商品为载体的劳务出口。

目前，来料加工业务对我国社会经济发展的积极作用主要表现在以下几个方面：

（1）可以充分发挥我国的生产潜力，补充国内原材料资源的不足，同时为国家增加外汇收入。

（2）引进国外的先进技术和管理经验，有利于提高企业和相关产业的生产技术和管理水平。

（3）有利于发挥我国劳动力数量和价格上的优势，扩大就业机会，繁荣地方经济。

对国外委托方来讲，来料加工业务也可降低其产品成本，增强产品和企业的竞争力，并有利于委托方所在国或地区的产业结构升级。

2. 来料加工合同的主要内容

（1）对来料来件和成品的规定。在合同中要明确规定来料来件的质量、数量要求和到货时间。外商为了保证成品在国际市场的销路，对成品的质量要求比较严格，因此我方在签订合同时还必须从自身的技术水平和生产能力出发，妥善规定，以免交付成品时发生交货困难和质量纠纷。

（2）关于耗料率和残次品率的规定。耗料率又称原材料消耗定额，是指生产每单位成品所消耗的原材料数量。残次品率是指在全部成品中不合格产品的比率。如果这两个指标定得过高，则委托方必然要增加成本，减少成品的收入；如定得过低，则承接方难以完成。因此，应根据实际情况，合理规定。

（3）关于工缴费结算的规定。工缴费是直接涉及合同双方利害关系的核心问题。来料加工业务中的工缴费结算办法有两种：①来料来件和成品均不作价，单独收取加工费。由对方在我方交付成品后通过信用证或汇付方式向我方支付。②对来料来件和成品分别作价，两者之间的差额即为工缴费。

（4）对运输和保险的规定。来料加工业务涉及两段运输——原料运进和成品运出，须在合同中明确规定由谁承担有关的运输责任和费用。涉及的保险包括两段运输险以及货物加工期间存仓的财产险。从法律上讲，委托方应该承担保险责任。但从实际业务出发，由承接方代为投保较为方便。

此外，来料加工合同还应订立知识产权的保证、不可抗力和仲裁等预防性条款。

二、对销贸易

（一）对销贸易的含义、特点及形式

对销贸易（Counter Trade）是指在互惠的前提下，由两个或两个以上的贸易方达成协议，规定一方的进口产品可以部分或者全部以相应的出口产品来支付。对销贸易不同于单边进出口，它实质上是进口和出口相结合的方式，一方的商品或劳务出口，必须以进口为条件，体现了互惠的特点，即相互提供贸易机会。另外，在对销贸易方式下，一方从国外进口货物，不是用现汇支付，而是用相应的出口产品来支付。这样做，有利于保持国际收支的平衡，尤其是对外汇储备比较短缺的国家，更是具有重要的现实意义。

对销贸易有多种形式，但归纳起来，最基本的有易货贸易（Barter Trade）、反购或互购（Counter Purchase）和补偿贸易（Compensation Trade）三种。

1. 易货贸易

目前，在世界市场的运作中，易货贸易有狭义和广义之分。狭义的易货贸易是纯粹、绝对意义上的以货换货方式，不用货币支付。其特征是交换商品的价值相等或相近，没有第三者参加，并且是一次性交易，履约期较短。这种直接的、狭义的易货贸易是一种古老的贸易方式，在作为一般等价物的货币出现之前，人

们就是用这种方式交换各自的劳动产品。但很显然，这种易货贸易方式具有很大的局限性，在现代国际贸易中很少采用。

现代的易货贸易都是采用比较灵活的方式，即所谓广义的易货。这种易货贸易方式目前主要有以下两种不同的做法：

（1）记账易货贸易。一方用一种出口货物交换对方的另一种进口货物，双方都将货值记账，互相抵冲，货款逐笔平衡，或者在一定时期内平衡，无须使用现汇支付（如有逆差，再以现汇或商品支付）。采用这种方式时，进出口交易可以同时进行，也可以先后进行，但一般说来，时间间隔都不长。如孟加拉国黄麻出口公司采取易货贸易方式出口黄麻，要求双方都在银行开立账户，账户保持平衡。又如20世纪50年代，我国与斯里兰卡的米胶协议，我方以大米交换对方的橡胶，也是记账易货贸易。

（2）对开信用证方式。这是指进口和出口同时成交，金额大致相等，双方都采用信用证方式支付货款，也就是双方都开立以对方为受益人的信用证，并在信用证中规定，一方开出的信用证要在收到对方开出的信用证时才生效。也可以采用保留押金方式，具体做法是：先开出的信用证先生效，但是结汇后银行把款扣下，留作该受益人开回头证时的押金。这样表面上看，双方都以信用证支付从对方购买的货物，但实际上，货款无法提出，本质上还是以货换货。

2. 反购或互购

出口方在出售货物给进口商时承诺，在规定的期限内向进口方购买一定数量或金额的商品。互购贸易涉及两个既独立又相互联系的合同，每个合同都以货币支付，金额不要求等值。这样虽然在两个合同中都使用货币来支付，但由于双方都承担了反购义务，实际上在一定时间内还是等于相互交换货物。这在一定程度上可以解决一方外汇支付能力不足的问题。

要求反购的数额可以相当于进口数额的全部或一定的百分比。在互购这种方式下，第一个合同的出口方只是承诺在以后的数月甚至数年中向进口方反购货物。如何才能保证第一个合同中的出口方顺利履行其反购义务，是一个难题。这个问题不解决，必然影响到这种贸易方式的发展，这也是反购或互购贸易方式的局限性。

3. 补偿贸易

补偿贸易是指在信贷的基础上一方进口机器设备或技术不用现汇支付，而以产品或劳务分期全额或部分偿还价款的一种贸易做法。补偿贸易区别于其他贸易方式的主要特点有以下两点：补偿贸易是在信贷的基础上进行的，设备引进方要承担利息，所以补偿贸易可通过商品交易起到利用外资的作用；设备供应方必须承诺回购对方产品或劳务的义务。

目前，补偿贸易的做法主要有以下三种：

(1) 直接产品补偿法。即一方进口国外的设备或技术后，用这些设备和技术生产出来的产品来分期偿还设备款。一般来讲，设备技术进口方大多愿意采用这种方式，我国在开展补偿贸易中也鼓励采用这种方式。

(2) 间接产品补偿法。即引进设备方用自己所能控制的其他产品偿还。比如，前苏联曾从意大利购进一批大口径的钢管，65%的货款用废金属、煤、铁矿石分期偿还。这种做法虽有点像反购，但不是反购，因为它仍是在同一个补偿贸易合同中，而反购则是分别签订两个单独的合同。

(3) 劳务补偿法。这是将补偿贸易与来料加工相结合的做法，即一方提供设备的同时还提供原材料，委托对方加工装配，另一方用加工费收入分期偿还设备款。比如，我国企业为外商加工装配电子表，由外商提供装配线、元器件，我方用加工费分期偿还设备款。

根据商品、劳务在补偿价值中所占的比重的不同，补偿贸易还有全额补偿和部分补偿之分。全额补偿是指引进设备、技术的货款全部用商品、劳务补偿，引进方不动用外汇。部分补偿是指引进设备的价款中有一定的比例用现汇支付，其余部分用商品或劳务偿还。

补偿贸易合同或协议涉及问题较多，既要对引进的设备、技术作出具体规定（质量、交货期、价款、技术规格、检验等），又要对返销产品作出具体规定。

（二）对销贸易的利弊

对销贸易是在第二次世界大战后开始发展起来的，20 世纪 70 年代在东西方之间以及发展中国家和发达国家之间逐步推广，80 年代又取得新的进展，达到相当的规模。究其原因，主要是由于对销贸易有利于发展中国家冲破贸易壁垒，扩大出口，并且在不增加外债的情况下换取急需的技术、设备和物资。发达国家也可以通过对销贸易以较优惠的价格获得原材料。

但对销贸易也有它的局限性和不足之处，主要表现在：对销贸易是在互惠的原则下进行的，因而使得交易对象的选择和交易的达成及履行存在很大的困难，这在我国对外开展补偿贸易中充分反映出来；对销贸易方式下，市场机制的作用受到很大削弱，合同价格往往与正常价格有很大偏离，对一国来说，难以获得社会劳动的最大节约。

三、商品期货交易

期货交易（Futures Trading）又称期货合同交易，是在商品交易所早期实物交易的基础上发展起来的。期货合同交易只是期货合同本身的买卖，交易结果是交付或取得以及买进或卖出同等数量的期货合同的价格差额。现代期货交易起源于 19 世纪后期的美国，目前已在世界范围内得到普遍发展。改革开放 30 年以来，我国的外贸企业开始涉足国际期货市场来配合现货交易，同时，我国也创建了自己的期货市场，利用它的风险转移机制和价格发现机制来促进国内外贸易的发展。

（一）期货交易的特点

期货交易与现货交易有明显的区别。现货交易，无论是即期交货还是远期交货，交易的当事人都必须交付和接受实际货物，转移货物所有权；而期货交易买卖的是标准期货合同，必须在商品交易所内进行，一般不涉及货物的实际交割，只需在期货合同到期前平仓。平仓也称对冲，是指在期货合同到期前，交易者做一笔方向相反、交割月份和数量相同的期货交易，从而解除其实物交割的义务。期货交易的特点可以概括为以下几个方面：

（1）以标准期货合同作为交易的标的。标准合同是由各商品交易所制定的。商品的品质、规格、数量以及其他交易条件都是统一拟订，买卖双方只需洽定价格、交货期和合同数目。

（2）特殊的清算制度。交易所内买卖的期货合同由清算所统一交割、对冲和结算。清算所既是所有期货合同的买方也是所有期货合同的卖方。交易双方分别与清算所建立法律关系。

（3）严格的保证金制度。清算所要求每个会员必须开立一个保证金账户，在开始建立期货交易时，按交易金额的一定百分比缴纳初始保证金。以后每天交易结束后，清算所都按当日结算价格核算盈亏，如果亏损超过规定的百分比，清算所即要求追加保证金。该会员须在次日交易开盘前缴纳追加保证金，否则清算所有权停止该会员的交易。

（二）期货交易的业务操作

期货交易的业务操作有多种，其中最常见的是套期保值和投机交易。

1. 套期保值的含义和业务处理

套期保值也被一些学者音译为“海琴”（Hedging）。套期保值的通常做法是：在卖出或买入一笔现货的同时，在期货市场上买入或卖出同等数量的期货。套期保值者一般是从事实物交易的经营者和生产者。套期保值之所以能转移现货价格波动的风险，是因为同一商品的实物价格与期货价格变化的趋势基本是一致的。在购入（卖出）现货的同时出售（买入）期货，这样在现货市场和期货市场上作等量相反的交易，必然会出现一亏一盈的情况，套期保值者正是希望如此以期货的盈余弥补现货交易的亏损。

套期保值基本上有两种方式：一种称为卖期保值（Selling Hedge），通常是经营者买进一批实物，为避免其后价格下跌而遭受损失，因而在交易所预售同等数量的期货合同，进行保值。另一种相对应的保值方法称为买期保值（Buying Hedge）。经营者卖出一笔日后交货的实物，为避免交货时该商品价格上涨，在交易所买入期货来弥补损失。

一般而言，企业经营者为了保证企业的正常生产，需要保持一定的原料库存，有时不得不在价高时购进，但又要设法减少损失，为此他可以通过在期货市场上做卖期保值来减少风险。例如，某家工厂买进棉花生产棉布，工厂主估计以后棉花价格要下跌，但为了生产，现在不得不买进。为了避免棉价下跌所造成的损失，工厂主可以在买进棉花的同时到期货市场卖出同等数量的期货合约。这样，将来一旦价格下跌，在实际货物的交易中导致了亏损，但他在期货交易中却会获得一定的盈利，他就能以期货的盈利来补实货的亏损。示例见表16-1。

表16-1 卖期保值示例

现货市场	期货市场
5月8日购入棉花30万磅，单价0.85美元	5月8日卖出6张期货合约，共30万磅，单价0.83美元
7月28日现货市场单价0.78美元	7月28日补进6张合约，单价0.77美元
现货单价亏损：0.85－0.78＝0.07美元	期货单价盈余：0.83－0.77＝0.06美元

由表16-1可知，每磅只亏损0.01美元，假定手续费为200美元，全部算下来，亏损为：300 000×(0.07－0.06)美元＋200美元＝3 200美元。而假如不做套期保值，亏损为：300 000×0.07美元＝21 000美元。由此可见，套期保值可以使亏损大为减少。

以上业务称为卖期保值（Selling Hedge）。同样道理，还有一种对应的保值方法叫买期保值（Buying Hedge），它是通过在交易所买入期货来弥补实际现货的损失。这主要是指保值者担心商品价格上涨，为了配合现货交易，预先在期货市场上买入期货合约，然后再选择适当时机卖出期货合约进行平仓。通常情况下，未来有一笔现货卖出的加工商、中间商或贸易商为了防止价格上涨带来的损失会选择买期保值进行操作。

2. 投机交易

前面所讲的套期保值的目的是转移价格风险，而从事投机交易者则是要承担风险，追求利润。投机交易（Speculation）的基本原则是低价购进、高价抛出，即贱买贵卖，以获取两次交易的差价。

一般而言，期货市场上主要的投机活动是买空和卖空，具体情况简述如下：

（1）买空，又称多头（Bull，Long）。做这种交易的投机商在预计价格将出现上涨时先买进期货合同，使自己处于多头部位（Long Position），等到价格上涨后再卖出对冲，从中获利。

（2）卖空，又称空头（Bear，Short）。做这种交易的投机商则是估计行市看跌，所以先抛出期货合约，使自己处于空头部位（Short Position），等价格下跌到一定程度再补进对冲，同样赚取差价。

投机商是根据他们各自对期货市场价格走势的预测来决定是做多头或者空头

的。他们进行投机交易时同时面临着盈利和亏损两种可能性，能否获利主要取决于他们对行情预测的准确程度。

从事投机交易的商人也有不同情况。小本商人价低时赶紧买进，价高时立即抛出，当日平仓，追逐小利。有些大投机商则以大进大出的方式来获取暴利，他们以各种方式窥测市场动向，寻找有利时机入市，由于成交量大，对市场有较大的影响力。从事投机交易的商人在动机上完全不同于从事套期保值者。投机商对实际货物本身并无兴趣，他们关心的只是如何以贱买贵卖来获取盈利。然而要达到此目的，他们又必须密切关注商品市场上的供求关系的变化趋势，并结合较为科学的分析研究，这样才能作出有利于自己的决策与操作。

第三节 单纯的销售方式

单纯的销售方式是指买卖双方在进行国际贸易时的交易目的和交易方式都比较简单，通过货物买卖合同双方建立起买卖关系，双方的贸易范围仅限于货物和货款。比较常见的单纯销售方式有包销、代理、寄售、招投标与拍卖等。

一、包销

包销（Exclusive Sales）是指买卖双方通过订立协议，由卖方（供货人）把某一种或某一类商品在一定时期和一定地区的经营权单独授予买方（包销人）的一种贸易做法和方式。

包销业务中的两个当事人，即供货商与包销商之间是一种买卖关系，供货人是卖方，包销人是买方。双方通过订立包销协议确立对等的权利和义务。在包销方式之下，只有包销人承担从供货人手里购进指定商品的义务，供货人才给予包销人独家经营的权利。从法律上讲，供货人和包销人之间是货主对货主（Principal to Principal）的关系。在这种关系下，供货人按照协议规定向包销人供应指定的商品，包销人是以自己的名义买进商品，自行销售，自负盈亏，承担货价涨落及库存积压的风险。包销人在协议规定的区域内转售这些商品时，也是以自己的名义进行。接受转售商品的当地客户与外国供货人之间不存在合同关系。

（一）包销协议的主要内容

包销协议是供货人和包销人之间订立的确立双方法律关系的契约。包销协议的内容可繁可简，这要由订约双方根据商品的特点、销售地区的情况以及双方当事人的意图加以决定。我国在实际业务中一般只原则性地在协议中规定双方当事人的权利、义务和一般交易条件，以后每批货的交付要依据包销协议订立销售确认书，明确价格、数量、交货期甚至支付方式等具体交易条件。

通常，包销协议主要包括以下内容：

1. 包销商品的范围

包销商品可以是供货人经营的全部商品，也可以是其中的一部分，这要根据包销人的经营能力、资信情况等来合理确定。在协议中要明确规定商品的范围，以及同一类商品的不同牌号和规格，以便于执行。

2. 包销的区域

包销区域也就是包销人行使其独家经营权的地理范围。包销的区域可大可小，确定包销区域时要考虑包销人的经营能力、经销网点的大小以及商品的性质等因素。对于包销区域的规定并非一成不变，它可以根据业务发展的具体情况，由双方协商加以调整。规定了包销区域之后，供货人就要承担义务，在该区域内不再指定其他经销商经营同类商品，以维护包销人的专营权。不少协议中也相应规定，包销人不得向包销区域之外转售指定的商品。

3. 包销数量或金额

在包销协议中通常要规定包销人在一定期限内负责推销商品的数量或金额。它既规定了包销人应承购的数额，也规定了供货人应保证供应的数额，对协议双方均有约束力。包销数额一般采用规定最低承购额的做法，确定实际承购数额有各种不同的做法，一般以实际发运数为准。

4. 作价方法

包销商品可以在规定的期限内一次作价，结算时以协议规定的固定价格为准。但这种做法对交易双方都有一定的风险，所以，大多数包销协议是采用分批作价的方法，即在协议中只规定价格问题由双方签订具体合同或成交确认书时予以确定，也可以规定价格由双方随时或定期（如按季度）根据市场情况加以商定。

5. 包销商的其他义务

包销商的其他义务主要包括做好广告宣传、市场调研和维护供货人权益等。在通常的包销协议中往往规定，包销商有义务为其所经营的商品做广告宣传工作，以促进销售。在协议中还可以规定包销商承担市场调研的义务，这主要是指收集和报告当地市场的情况，供出口人在制定销售策略和改进产品质量时参考。有的包销协议中还规定，在包销区域内如果发生侵犯供货商知识产权的问题，包销商要及时向供货商通报，并配合供货商采取必要的行动，维护其合法权益。

6. 包销期限

在这一条款中，首先要规定协议的生效时间，一般采用签字生效的做法。协议期限可规定为一年或若干年。本条款中还往往要规定延期条款，其做法可以是经双方协商后延期，也可以规定在协议到期前若干天如没有提出终止的通知则可以继续延长一期。除了协议期限届满可以终止外，还可规定在协议期限内如遇到意外情况，例如，当事人严重违约、破产倒闭，或者发生不可抗力，也可以中止协议。

除上述主要内容外，还应规定不可抗力及仲裁条款等一般交易条件，其规定方法与一般买卖合同大致相同。

（二）包销方式的利弊

对于出口商来讲，采用包销方式是稳固市场、扩大销售的有效途径之一。这主要是因为，在包销方式下，出口商通常要在价格、支付条件等方面给予包销商一定的优惠，这有利于调动包销商的积极性，利用其经销渠道为推销出口商品服务。另外，还可要求包销商提供售后服务和进行广告宣传。

采用独家经销方式，由于包销商在经销区域内对指定的商品享有专营权，在一定程度上可避免或减少因自相竞争而造成的损失。包销方式下，要选择适当的包销商，包销商可以利用自己熟悉所在国或地区的消费习惯，以及政府条令、法规等方面的便利，及时为供货商提供必要的信息，如市场供需情况、消费者对产品的反映等，以帮助其改进产品，做到适销对路，并且减少不必要的法律纠纷。

然而，如果包销商选择不当，其经营能力较弱，信誉不佳，则会使供货商陷入困境。有些包销商在市场情况不利时拒绝完成包销协议中规定的承购数额，或“包而不销”，结果不仅不能使供货商通过包销方式达到扩大出口销售的目的，反而减少了出口销量，又失掉了其他客户。也有的包销商凭借自己多年来独家专营所形成的特殊地位，反过来制约供货商，如在价格以及其他条件上与供应商讨价还价，为自己牟取好处，却损害了对方的利益。为了防止这类情况发生，出口商在确定包销商之前，必须认真进行资信调研，以选择合适的合作伙伴。

二、代理

代理（Agency）的一般概念是：代理人（Agent）按照本人（Principal）的授权，代表本人与第三人订立合同或从事其他法律行为，而由本人直接负责由此所产生的权利与义务。国际贸易中的代理是以委托人为一方、接受委托的代理人为另一方达成协议，规定代理人在约定的时间和地区内，以委托人的名义从事业务活动，例如，为其介绍买主、招揽生意、转递订单或者按约定的条件与当地客户进行谈判并签约等，而由委托人直接负责由此而产生的后果。

在国际货物贸易中，可从不同的角度对代理进行分类。如按委托人授权的大小，可分为总代理（General Agent）、独家代理（Sole Agent Or Exclusive Agent）和一般代理（Agent）。如按行业性质的不同，代理又可分为销售代理、购货代理、货运代理、保险代理等。除此之外，还有广告代理、诉讼代理、仲裁代理等。在这里，仅就进出口业务中最常见的销售代理专门加以介绍。

代理协议也称代理合同，它是用以明确委托人和代理人之间权利与义务的法律文件。协议内容由双方当事人按照契约自由的原则，根据双方的合意加以规定。国际贸易中的代理种类繁多，代理协议的形式和内容也各不相同。业务中常见的销售代理协议主要包括以下内容：

1. 代理的商品和区域

协议要明确规定代理商品的品名、质量、规格以及代理权行使的地理范围。独家代理协议中这部分内容的规定方法与包销协议大致相同。

2. 代理人的权利与义务

代理人的权利与义务是代理协议的核心部分。一般应该包括下述内容：

1）明确代理人的权利范围，以及是否享有独家专营权。

2）规定代理人在一定时期内应推销商品的最低数额。

3）代理人应在代理权行使的范围内保护委托人的合法权益。在协议有效期内，代理人无权代理与委托人商品相竞争的商品，也无权代表协议地区内的其他相竞争的公司。对于在代理区域内发生的侵犯委托人知识产权的不法行为，代理人有义务通知委托人，以便委托人采取必要措施。另外，代理人还负有保守商业秘密的责任。

4）代理人应承担市场调研和广告宣传的义务。

3. 委托人的权利与义务

委托人的权利，主要体现在对客户的订单有权接受也有权拒绝。对于拒绝订单的理由可以不作解释，代理人也不能要求佣金。但对于代理人在授权范围按委托人规定的条件与客户订立的合同，委托人应保证执行。委托人有义务维护代理人的合法权益，保证按协议规定的条件向代理人支付佣金。在独家代理的情况下，委托人要尽力维护代理人的专营权。如由于委托人的责任给代理人造成损失，委托人应予以补偿。

4. 佣金的支付

佣金是代理人为委托人提供服务所获得的报酬。代理协议要规定在什么情况下代理人可以获得佣金。在独家代理的协议中常常规定，如委托人直接与代理区域内的客户签订买卖合同，代理人仍可获取佣金（对此种佣金，业界戏称为Sleeping Commission）。在协议中还要规定佣金率、佣金的计算基础、佣金的支付时间和方法等内容。

除上述基本内容外，还可在协议中规定不可抗力条款、仲裁条款以及协议的期限和终止办法等条款。这些条款规定的办法与包销协议大致相同。

三、寄售

寄售（Consignment）是一种委托代售的贸易方式。其一般的业务操作是：寄售人（Consignor）先将准备销售的货物运往国外寄售地，委托当地代销人（Consignee）按照寄售协议规定的条件代为销售后，再由代销人向货主即寄售人结算货款。

寄售是按双方签订的协议进行的，寄售人和代销人之间不是买卖关系，而是委托与受托关系。寄售协议或合同不属于买卖合同的性质，有人将其称为信托合同，按我国《合同法》的归类，它属于行纪合同。

（一）寄售的特点及其利弊

1. 寄售的特点

寄售与正常的出口销售相比，具有以下特点：

寄售人与代销人是委托代售关系。代销人只能根据寄售人的指示代为处置货物，在货物售出前所有权仍属寄售人。

寄售是由寄售人先将货物运至寄售地，然后再寻找买主，因此它是凭实物进行的现货交易。

寄售方式下，代销人不承担代销过程中的风险和费用，货物售出前的风险和费用均由寄售人承担。

2. 寄售的优势

寄售方式对于寄售人、代销人和买方，都有其明显的优势，体现在以下几个方面：

（1）对寄售人来说，寄售有利于开拓市场和扩大销路。通过寄售可以与实际用户建立关系，扩大贸易渠道，便于了解和适应当地市场需要，不断改进品质和包装。另外，寄售人还可根据市场供求情况掌握有利的推销时机。

（2）代销人在寄售方式中不需垫付资金，也不承担风险，因此寄售方式有利于调动那些有推销能力、经营作风好但资金不足的客户的积极性。

（3）寄售是凭实物进行的现货买卖，买主看货成交，付款后即时提货，大大节省了交易时间，减少了风险和费用，为买主提供了便利。

3. 寄售的负面作用

寄售的负面作用主要是针对寄售人而言的，表现为以下两点：

（1）承担的贸易风险大。寄售人要承担货物售出前的一切风险，包括运输途中和到达目的地后的货物损失和灭失的风险，货物价格下跌和不能售出的风险，以及代销人资信不佳而导致的损失。

（2）资金周转期长、收汇不安全。寄售方式下，货物售出前的一切费用开支均由委托人负担，而货款要等货物售出后才能收回，不利于资金周转。此外，一旦代销人违反协议，也会给寄售人带来意料不到的损失。

（二）寄售协议的主要内容

寄售协议是寄售人和代销人之间就双方的权利义务以及寄售业务中的有关问题签订的法律文件。寄售协议中一般应包括下列内容：协议性质，寄售地区，寄售商品名称、规格、数量、作价办法，佣金的支付，货款的收付等。在签订寄售协议时，要特别注意以下几点：

1. 选择适当的作价方法

寄售协议中所规定的寄售商品的作价方法，归纳起来大致有以下四种：

（1）规定最低限价。代销人在不低于最低限价的前提下，可以任意出售货物，否则必须事先征得寄售人同意。

（2）随行就市。代销人可在不低于当地市价的情况下出售寄售货物，寄售人不作限价。这种做法，代销人有较大的自主权。

（3）销售前征得寄售人同意。代销人在得到买主的递价后，立即征求寄售人意见，经确认同意后，才能出售货物。也有的是规定一定时期的销售价格，由代销人据以对外成交。

（4）规定结算价格。货物售出后，双方依据协议中规定的价格进行结算。对于代销人实际出售货物的价格，寄售人不予干涉。这种做法，代销人须承担一定的风险。

2. 合理规定货款的收付时间和办法

寄售方式下，货款多数是在货物售出后收回。寄售人和代销人之间通常采用记账的方法，定期或不定期地结算，由代销人将货款汇给寄售人，或者由寄售人用托收方式向代销人收款。

3. 明确规定佣金的支付条件

佣金是寄售人付给代销人作为其提供服务的报酬。在佣金条款中，一般应规定佣金的计算基础、佣金率以及佣金的支付时间和方法等项内容。

（三）包销、寄售与代理三种方式的选择

在国际贸易业务中，出口商为了能够将自己经营的商品顺利地打入国外市场，或者在进入市场后能在当地站稳脚跟并逐步扩大市场份额，可以根据具体情况选择包销、寄售或代理方式。只要方式选择得当，合同条款制定合理，又能找到适当的合作伙伴，就可以达到上述目的，扩大贸易出口。

根据我国对外贸易业务中的经验，有的商品有一定的销售基础，但在当地市场上遇到许多竞争对手，可以考虑通过包销方式从巩固销路中求得发展；有些新产品，经过试销发现在当地有一定的发展前途，如果遇到有信誉好、经营能力强的客户表示愿意专销这些产品并且承担一定数量的销售额度，可以利用包销方式来打开局面；在市场上已占有一定份额的产品，再要扩大和发展已感到困难，这时可选择当地销售大户进行包销，以稳住已有的销售阵地。

对于开发新产品或开拓新市场的出口商来讲，寄售这种方式可以起到“投石问路”的作用。另外，寄售是一种凭实物的买卖。在国际贸易中，某些难以划分规格、等级或标准的商品，或单凭“小样”难以成交的商品，或某些需要抢行应市的商品，为了国外买主就地看货成交，按质论价，可以采用寄售方式。另外。在出售一些小型机器设备时，只凭说明书不足以使买主了解其性能和质量，如采用寄售，可以在当地展示或表演，则更易于销售。

代理方式在国际贸易业务中广泛运用，对于促进贸易活动的发展发挥了极其重要的作用。就以本节中重点介绍的销售代理为例，代理人可以利用所掌握的信息资源、销售网络和推销手段替出口商招揽生意、介绍客户，从而创造大量的交易机会，还可代表出口商与买主谈判签约，甚至提供售后服务，这些都为贸易的发展起到了他人无法替代的作用。

由此可见，只要运用得当，包销、寄售和销售代理对于扩大出口都可以发挥很好的作用，但是从法律上讲，它们之间又有明显的区别。在实际业务中，如果不了解它们之间的差异，将其混同起来，易导致一些不必要的纠纷。

在出口业务中，销售代理与包销有相似之处，但从当事人之间的关系来看，两者却有根本的区别。包销商与供货人之间是买卖关系，包销商完全是为了自己的利益购进货物后转售，自筹资金，自负盈亏，自担风险。而在代理方式下，代理人只是代表委托人从事有关行为，二者建立的契约关系是属于委托—代理关系。代理人一般不以自己的名义与第三者订立合同，只居间介绍，收取佣金，并不承担履行合同的责任，履行合同义务的双方是委托人和当地客户。

寄售方式下的代销人也是一个赚取佣金的受托人，其权利与义务同代理人相似，但又有所区别。最主要的区别是：代理人在从事授权范围内的事务时，可以用委托人的名义，也可以用自己的名义，但代销人只能用自己的名义处理寄售合同中规定的事务，而且代销人与第三方当事人之间的法律行为，不能直接对寄售人发生效力。由此可见，寄售既不同于包销，又与一般的代理业务有区别，在实际工作中要注意区别。

四、招投标

招标与投标是一种传统的贸易方式，它在国际工程承包和大宗物资的采购业务中被广为采用。本节仅就商品采购业务中的招标与投标加以介绍。

（一）招标与投标的含义、特点及形式

招投标包括招标和投标两个方面。招标（Invitation to Tender）是指招标人（买方）发出招标通知，说明拟计划采购的商品名称、规格、数量及其他条件，邀请投标人（卖方）在规定的时间、地点按照一定的程序进行投标的行为。投标（Submission of Tender）是指投标人（卖方）应招标人的邀请，按照招标公告的要求和条件，在规定的时间和地点内向招标人报盘，争取中标的行为。

与其他贸易方式相比，招投标具有明显的特点，这表现在：其一，招标与投标通常都是不经过交易磋商，投标人只按照招标人规定的招标条件进行报盘。这种报盘是对投标人有约束力的法律行为，一旦投标人违约，招标人可要求得到补偿。其二，招标与投标属于竞卖方式，即一个买方面对多个卖方。卖方之间的激烈竞争，使买方在价格及其他条件上有较多的比较和选择。

（二）招标与投标的基本业务操作

商品采购中的招投标业务，基本上包括下列四个步骤，即招标、投标、开标和评标、签订合约。

1. 招标

国际上采用的招标方式，主要有以下几类：

（1）国际竞争性招标（International Competitive Bidding）。按其具体业务处理，又可分为公开性招标和选择性招标两种。公开性招标是指招标人在国内外报纸、杂志、网络等媒体上发布招标公告，以便使所有合法的投标者都有机会参与竞争，这种做法又称为无限竞争性招标。公开招标通常要先进行资格预审，即对打算参加投标的企业的能力、资金和信誉等方面情况进行预先审查，只有通过了资格预审的企业才有权参加投标。采取资格预审，有利于提高投标质量。选择性招标是指招标人不公开发布招标公告，只是根据以往的业务关系和信息情报资料或由咨询公司提供的投标者的情况，向少数客户发出招标通知，这种做法也称为有限竞争性招标。非公开性招标多用于购买技术要求较高的专业性设备或成套设备，应邀参加投标的企业通常是经验丰富、技术装备优良并在该行业中享有一定声誉的企业。

（2）谈判招标（Negotiated Bidding）。谈判招标又称议标，它属于非竞争性招标。其具体做法是由招标人直接委托卖方进行合同谈判、确定标价、达成交易、签订合同。严格地说，谈判招标不是通常意义上的招标，它与一般的通过谈判达成交易并直接签订合同的贸易方式相似。

（3）两段招标（Two-Stage Bidding）。两段招标又称两步招标，在采购某些复杂的货物时，通常采用此种招标方式。其具体做法是：第一步，先邀请投标人提出不包括报价的技术投标；第二步，再邀请投标人进行价格投标。

2. 投标

鉴于投标是投标人向招标人发出的报盘，故投标人必须认真对待。投标的做法主要包括获取招标文件、缮制投标书、提供投标担保和递送投标文件等环节。

投标人在投标前先要取得招标文件，招标文件是招标人为投标人制定的规范性文件，其中对投标人应具备的资格、合同的一般交易条件、技术性标准以及投标截止时间、开标日期等事项，都有明确具体的规定。投标人要认真分析研究招标人提出的各项条件，然后再根据自己的意图编制投标书。

投标书实质上是一项有效期至规定开标日期为止的发盘，其内容必须十分明确，中标后与招标人签订合同所要包含的重要内容应当全部列入。因此，投标既是商业行为又是法律行为。投标人在投标书中所提出的各项条件是否合适，直接关系到中标可能性的大小，一旦中标签约，还直接关系到投标人的经济效益。因此，投标人缮制投标书时，应认真考虑，慎重对待。

招标人招标时，通常都要求投标人提供投标担保，以促使投标者在有效期内保证完全履行投标文件中承诺的责任和义务。按照惯例，开标后，如投标人未中标，可收回其提供的保证金，但如投标人在投标有效期内撤回标书，或投标人中标后却拒绝签约，则招标人可没收该项保证金作为补偿。投标担保，可以采用投标保证金、银行保函和备用信用证等形式。

投标书应在投标截止日期之前送达招标人或其指定的收件人，逾期无效。按照一般惯例，投标人在投标截止日期之前，即投标生效之前可以书面提出修改或撤回。

3. 开标和评标

开标有公开开标和不公开开标两种方式。究竟采用何种方式，应按照招标人在招标公告中对开标方式所作的规定办理。

公开开标是指招标人在规定的时间和地点当众启封投标书，并宣读其内容。采用公开招标时，投标人都可参加，并当场监视开标。

不公开开标是指在招标人不参加监视的情况下，由招标人自行开标，并选定中标人。

开标后，招标人对各个投标书中提出的条件进行评审、比较，并从中选择对自己最有利者为中标人，这一过程称为评标。如招标人认为所有的投标均不理想或所报条件不符合要求，可宣布招标失败，并拒绝全部投标。造成招标失败的主要原因有：最低的标价也超过了招标人预定的可接受标准；或者所有投标书所提供的条件，都与招标要求不符；或者只有个别企业参与投标，不具有竞争性。

4. 签订合约

招标人选定中标人之后，要向其发出中标通知书，约定双方签约的时间和地点。中标人签约时，要提交履约保证金，以作为中标人将遵照合同履行义务的担保。在实际业务中，保证金一般以银行保函代替，有时也可由银行开出备用信用证作为履约担保。

五、拍卖

拍卖（Auction）是由专营拍卖业务的拍卖行接受货主的委托，在一定时间和地点，按照一定的章程和规则，以公开叫价的方法进行竞买，最后由拍卖人把货物卖给出价最高的买主的一种现货交易方式。作为贸易方式，拍卖历史悠久，通过拍卖成交的商品通常是品质难以标准化或难以久存的商品，如古玩、艺术品、木材、水果等。

（一）拍卖业务的特点

（1）拍卖是一种公开竞买的现货交易。拍卖开始前，买主可以查看货物；拍卖开始后，买主当场出价，公开竞买，拍卖主持人代表货主选择交易对象；成交后，买主即可付款提货。

(2) 拍卖是在一定的机构内有组织地进行。拍卖一般都是由拍卖行定期组织，集中在一定时间和地点，买卖某种特定商品。也有由货主临时组织的拍卖会。

(3) 拍卖具有自己独特的法律和规章。拍卖不同于一般的进出口交易。在交易磋商的程序和方式、合同的成立和履行等问题上，都有其特殊的规定。各拍卖行也有其不同的章程和规则。

(二) 拍卖的出价方法

按出价方法的不同，拍卖可以分为增价拍卖、减价拍卖和密封递价拍卖三种。其中增价拍卖和减价拍卖，都是公开竞买并当场成交。

1. 增价拍卖

增价拍卖又称英国式拍卖，这是一种最常见的拍卖方式。拍卖人（Auctioneer）按照拍卖目录规定的顺序，宣布预定拍卖的货物的底价，由竞买人（Bidder）按规定的增价额度竞相加价，当主持人认为无人再出更高价格时，即以敲槌方式宣布成交，将货物卖给出价最高的买主。

2. 减价拍卖

减价拍卖又称荷兰式拍卖（Dutch Auction）。由拍卖人先宣布最高价，无人接受就逐渐降低叫价，直到有竞买者认为已降到可以接受的价格，并以规定的方式表示接受时为止。减价拍卖成交速度快，常用于拍卖易腐和鲜活商品，如水果、花卉、蔬菜、鲜鱼等。

3. 密封递价拍卖

密封递价拍卖又称招标式拍卖。其具体做法是：由拍卖人首先公布每批商品的具体情况和拍卖条件，然后由买主在规定的时间内，将自己的出价密封后递交拍卖人，再由拍卖人选择条件最适合的达成交易。这种方式已失去了公开竞买的性质，采用此种方式，拍卖人不一定接受最高的递价，往往还要考虑其他因素。

(三) 拍卖的一般程序

拍卖业务的一般程序可分为下列三个阶段：

1. 准备阶段

参加拍卖的货主首先与拍卖行签订委托拍卖合同，然后依据该合同把货物运到拍卖地点，委托拍卖行进行挑选和分批、编印目录并招徕买主。参加拍卖的买主，可以在规定的时间内到仓库查看货物，了解商品品质，拟订自己的出价标准，做好拍卖前的准备工作。拍卖行一般还提供各种书面资料，进行宣传，以扩大影响。

2. 正式拍卖

正式拍卖是在规定的时间和地点，按照拍卖目录规定的次序，逐笔喊价成交。拍卖主持人作为货主的代理人掌握拍卖的进程。货主对于要拍卖的货物，可以提出保留价，也可以无保留。对于无保留价的，拍卖主持人在拍卖前应予以说明；对于有保留价的，竞买人的最高应价未达到保留价时，主持人要停止拍卖。

在拍卖过程中，买主在正式拍卖时的每一次叫价，都相当于一项发盘，当另一竞买者报出更高价格时，该发盘即失效。拍卖主持人以敲槌的方式代表卖主表示接受后，交易即告达成。

3. 成交与交货

拍卖成交后，买主即在成交确认书上签字，拍卖行分别向委托人和买主收取一定比例的佣金，佣金一般不超过成交价的5%。买主通常以现汇支付货款。拍卖行在买方付清货款后，就有义务按规定向买主迅速交付货物。拍卖行通常开出栈单（Warrant）或提货单（Delivery Order）交给买主。买主凭以在指定仓库提货。逾期不取而发生的保管、保险、运输等费用一概由买主承担。上述一切事项办妥无误后，拍卖行以书面或电话形式通知卖主取款结算或取回未拍卖出去的拍卖品。

由于拍卖前买主可事先看货，所以事后的索赔事件较少。若货物确有瑕疵，或拍卖人、委托人不能保证其真伪的，必须事先声明，否则，拍卖人要负担保责任。

（四）招投标与拍卖方式的比较

招标投标与拍卖在货物买卖、工程承包以及其他经济活动中被广泛采用，显示出巨大的生命力。这两种交易方式的举办者，都是希望借此吸引众多的商家参与其中，形成公开竞争的局面，从而获取渔翁之利。许多事实证明，这两种方式运用得当，均可取得良好的经济效益。招标投标与拍卖，都有各自的特点和优势。

招标与投标属于竞卖方式。招标人通过招标吸引众多的卖方参与竞争。卖方之间的竞争，使买方在价格及其他条件上有较多的比较和选择，从而在一定程度上保证了所采购商品的最佳质量，并可使招标人以相对低廉的价格购进其所需的商品。另外，投标人提交的投标担保和履约担保，也在一定程度上减少了招标人的风险。就投标人而言，这种交易方式也有其有利之处。因为，招标与投标业务一般涉及金额都比较大，属于大买卖。只要投标人事先进行了认真的可行性研究，在投标过程中谨慎小心，科学计算，一旦中标，认真履约，通常都能获得可观的经济效益。

拍卖属于竞买方式。拍卖会的主办人通常都会利用媒体的宣传来扩大影响，吸引尽可能多的竞买人到场参与竞争。2009 年中国圆明园流失的文物兽首在法国的拍卖就曾经引起全球，特别是中国的关注。拍卖中，激烈的竞争使得价格步步攀升，卖主可从中受益。例如在艺术品和文物的拍卖业务中，由于拍卖品奇货可居，引得大亨竞相斗富，互不相让，卖出天价的情况屡见不鲜。拍卖价格的高低，除了取决于拍卖品本身的质量外，竞争的激烈程度也是重要的决定因素。对于竞买人来讲，由于拍卖多采用公开的现场、现货竞买方式，透明度很高，且有相关的法律保证其公正性，因而大大减少了买方的风险。总之，采取这种公开竞买的方式，在一定程度上避免了因买卖双方互不见面导致事后发现上当再索赔或打官司的被动局面。

本章小结

本章主要对其他国际贸易方式进行了说明，这些国际贸易方式包括国际电子商务、包销、代理、寄售、招标与投标、拍卖、商品期货交易、加工贸易和补偿贸易。经销是进口商与出口商签订经销协议，承诺在规定的期限和地域内购销出口商的指定商品。本章重点介绍了经销中的包销。代理是指代理人依据委托人的授权，代理委托人与第三人订立合同或发生其他法律行为，而由委托人直接享有由此产生的权利并承担相应的义务。寄售是一种委托代售的贸易方式，寄售的做法是先出运货物、后出售货物和结算货款。经销、代理和寄售这三节的重点内容是经销、代理和寄售的特点，经销协议、销售代理协议和寄售协议的基本内容。关于招投标与拍卖本章主要对其适用的贸易对象及基本做法作出了说明。本章介绍商品期货交易的目的是为了说明进口商和出口商应根据实际情况选择不同的套期保值策略，以规避商品的价格风险。来料加工业务、进料加工业务和境外加工贸易在我国经济发展中发挥着重要作用。来料加工业务和进料加工业务都可以充分发挥我国劳动力众多的优势，但两者又存在明显的不同，来料加工业务实质上为服务贸易，进料加工业务实质上为两笔一般货物贸易。补偿贸易是以信贷为基础的进出口相结合的一种贸易方式。目前在我国开展的补偿贸易中，对进口设备有直接产品补偿、间接产品补偿和劳务补偿。在补偿贸易合同中交易双方主要应对回购义务作出明确规定。回购义务包括回购产品的名称、品种、规格、额度、作价和销售地区的限制等。

本章重要概念

国际电子商务　加工贸易　补偿贸易　套期保值　包销　代理　寄售　招投标　拍卖

本章推荐阅读文献

[1] 尤盛东. 国际贸易业务教程 [M]. 北京：北京师范大学出版社，2008.

[2] 安徽．国际贸易实务教程［M］．3版．北京：北京大学出版社，2009.
[3] 盛洪昌．国际贸易实务［M］．2版．北京：清华大学出版社，2008.

思考题

1. 从贸易角度应该如何理解电子商务？
2. 外贸企业电子商务有哪些发展模式？
3. 包销方式有哪些优缺点？采用包销方式出口时应注意哪些问题？
4. 包销方式和独家代理相比有什么区别？
5. 拍卖方式有什么特点？英国式拍卖与荷兰式拍卖有什么区别？
6. 什么是寄售？寄售有什么性质和特点？
7. 国际上主要的招标方式有哪几种？
8. 来料加工和进料加工有哪些区别？
9. 补偿贸易主要有哪些种类？
10. 什么是易货贸易？
11. 与其他贸易方式相比，商品期货交易有何特点？

作业题

一、判断题

1. 包销协议中通常还要对包销人的促销责任作出规定。（　）
2. 代理人代表委托人与他人订立合同后，就要对合同的履行负责。（　）
3. 寄售业务中，如采用结算价格方式，实际销价与结算价格相脱节，代销人要承担一定的风险。（　）
4. 在大宗物资的采购中采用的招投标方式是一种竞卖方式。（　）
5. 国际货物拍卖业务均采用由低到高的增价拍卖方式，出价最高的竞买人就是买主。（　）
6. 拍卖是一种公开竞买的交易方式，竞争越激烈，对卖方越有利。（　）
7. 商品交易所内的清算所既是所有期货合同的买方，也是所有期货合同的卖方。（　）
8. 期货交易中的卖期保值是指经营者卖出一批实物，为避免价格下跌遭受损失，而在交易所买进同等数量的期货合约，进行保值。（　）
9. 所有补偿贸易都是在信贷的基础上进行的。（　）
10. 进料加工业务中，原料的供应者与成品的接受者毫无关系。（　）
11. 来料加工贸易从实质上看是一种劳务贸易。（　）
12. 独家代理可以以自己的名义与第三方签订合同。（　）

二、单项选择题

1. 下列贸易方式中，原材料运进与成品运出，实际并未发生所有权转移的是（　）。
   A. 传统的商品买卖　B. 进料加工　C. 补偿贸易　D. 来料加工
2. 包销业务中，包销商和出口商之间是一种（　）。
   A. 买卖关系　B. 委托代理关系

C. 互购关系　　D. 代销关系

3. 关于补偿贸易的特征，错误的说法是（　　）。
A. 在信贷基础上进行　　B. 设备供应方必须承诺回购产品或劳务的义务
C. 设备供应方是直接投资方　　D. 当事人双方存在买卖关系

4. 投标人发出的标书应该被视为是一项（　　）。
A. 不可撤销的发盘　　B. 可撤销的发盘
C. 可随时修改的发盘　　D. 有条件的发盘

5. 包销协议从实质上说应该是一份（　　）。
A. 买卖合同　　B. 代理合同　　C. 寄售合同　　D. 招标合同

6. 补偿贸易的前提条件是（　　）。
A. 银行信贷　　B. 信贷　　C. 延期付款　　D. 分期付款

7. 代理业务的两个基本当事人之间的关系是（　　）。
A. 买卖关系　　B. 委托代理关系
C. 委托寄售关系　　D. 代销关系

8. 代理人所获得的收入为（　　）。
A. 工资　　B. 奖金　　C. 佣金　　D. 利润

9. 寄售人与代销人之间的关系为（　　）。
A. 委托代理　　B. 买卖　　C. 委托受托　　D. 雇佣

10. 寄售方式中，寄售人要承担（　　）为止的一切风险和费用。
A. 货物出运前　　B. 货物出售前
C. 货物到达寄售地点前　　D. 货物交付前

三、多项选择题

1. 按照授权范围的大小，代理的形式有（　　）。
A. 销售代理　　B. 购货代理　　C. 独家代理　　D. 一般代理

2. 对独家代理与包销的正确说法是（　　）。
A. 代理中当事人为委托代理关系，而包销中的当事人为买卖关系
B. 代理人赚取的是佣金，包销商赚取的是商业利润
C. 两者都属于逐笔售定的贸易方式
D. 两者的专营权不同

3. 下列对寄售业务的特点的说法中，正确的是（　　）。
A. 是一种现货交易　　B. 代销人以自己的名义出售货物
C. 代销人拥有寄售货物的所有权　　D. 代销人要承担寄售货物售出前的风险

4. 按照用来偿付的标的物不同，补偿贸易包括（　　）。
A. 以直接产品补偿　　B. 以间接产品补偿
C. 以劳务补偿　　D. 以外汇补偿

5. 来料加工与进料加工的相似之处有（　　）。
A. 都是利用我国的技术设备和劳动力
B. 都属于“两头在外”的加工贸易

C. 都是赚取由原料到成品的附加价值

D. 原料运进和成品运出都发生了所有权转移

6. 以下对进料加工说法正确的是（ ）。

A. 在我国被称为“以进养出”

B. 包括进口原材料和出口制成品两笔业务

C. 国内企业可以获得加工利润

D. 国内企业与原材料供应商之间是委托关系

案例分析题

1. 美国A公司与中国B公司签订了一份独家代理协议，指定B公司为A公司在中国的独家代理，不久，A公司推出指定产品的改进产品，并指定中国C公司为该改进产品的独家代理。请问，A公司有无权利这样做？为什么？

2. 我国某公司与外商洽谈一笔补偿贸易，外商提出以信贷方式向我提供一套设备，并表示愿意为我公司代销产品。根据补偿贸易的特点，你认为对方提出的这些要求我们可以接受吗？为什么？

3. 我国某公司与国外一公司订有包销某商品的包销协议，期限是一年。年末临近，因市场发生变化，包销商“包而未销”，要求退货并索赔广告宣传费用。请问：包销商有无权利提出此类要求？为什么？

参考文献

[1] 尤盛东．国际贸易业务教程［M］．北京：北京师范大学出版社，2008.

[2] 安徽．国际贸易实务教程［M］．2 版．北京：北京大学出版社，2005.

[3] 王明明．国际贸易理论与实务［M］．北京：机械工业出版社，2005.

[4] 程进．国际贸易实务［M］．北京：机械工业出版社，2009.

[5] 田运银．国际贸易实务精讲［M］．北京：中国海关出版社，2008.

[6] 陈宪，韦金鸾，应诚敏．国际贸易理论与实务［M］．北京：高等教育出版社，2009.

[7] 吴百福．进出口贸易实务教程［M］．上海：上海人民出版社，2003.

[8] 胡丹婷．国际贸易实务［M］．北京：机械工业出版社，2007.

[9] 海闻，林德特，王新奎．国际贸易［M］．上海：上海人民出版社，2003.

[10] 陈永富．国际贸易实务［M］．北京：科学出版社，2003.

[11] 莫莎．国际贸易实务学习指导与练习［M］．大连：东北财经大学出版社，2008.

[12] 傅龙海，陈剑霞，傅安妮．国际贸易实务典型例题解析及强化训练［M］．北京：对外经济贸易大学出版社，2008.

[13] 顾民．UCP 600 详解［M］．北京：对外经济贸易大学出版社，2009.

[14] 蔡玉彬．国际贸易理论与实务［M］．2 版．北京：高等教育出版社，2008.

[15] 冷柏军．国际贸易实务［M］．北京：中国人民大学出版社，2008.

[16] 毛筠，孙琪．国际贸易理论与政策［M］．杭州：浙江大学出版社，2003.

[17] 赵春明．国际贸易［M］．北京：高等教育出版社，2007.

[18] 佟家栋，周申．国际贸易学——理论与政策［M］．北京：高等教育出版社，2007.

[19] 董瑾．国际贸易理论与实务［M］．北京：北京理工大学出版社，2008.

[20] 刘德标，罗凤翔．国际贸易实务案例分析［M］．3 版．北京：中国商务出版社，2005.

[21] 张晓明．国际贸易实务与操作［M］．北京：高等教育出版社，2008.

[22] 中国保险行业协会．三星火灾海上保险（中国）有限公司［DB/OL］．http：//www. iachina. cn/，2010-05-1.

[23] 中国人民财产保险股份有限公司．进出口货物运输保险［DB/OL］．http：//www. e-picc. com. cn/service/clause/business/e_cargo/t20061022_2434. shtml，2010-05-1.

[24] 国务院关税税则委员会公布“2010 年关税实施方案” http：//www. gov. cn/gzdt/2009-12/16/content_1488827. htm.

[25] 商务部国际司，中国—东盟自由贸易区知识手册［DB/OL］ http：//gjs. mofcom. gov. cn/table/acfta_manual. pdf.